U0743950

浙江文化教程

千百年来，特有的地理环境和生产生活方式，历史上多次的文化交融，造就了灿烂辉煌、底蕴深厚的浙江文化传统。浙江文化世代传衍，历久弥新，始终显示出强大的生命力。

罗昌智◎主编

浙江工商大学出版社

图书在版编目(CIP)数据

浙江文化教程 / 罗昌智主编. — 杭州：浙江工商大学出版社，2009.7(2022.3 重印)

ISBN 978-7-81140-067-0

Ⅰ. 浙⋯　Ⅱ. 罗⋯　Ⅲ. 文化史－浙江省－高等学校－教材　Ⅳ. K295.5

中国版本图书馆 CIP 数据核字(2009)第 112997 号

浙江文化教程

罗昌智　主编

责任编辑	王黎明
责任校对	张振华
封面设计	王妤驰
责任印制	包建辉
出版发行	浙江工商大学出版社
	（杭州市教工路 198 号　邮政编码 310012）
	（E-mail：zjgsupress@163.com）
	（网址：http://www.zjgsupress.com）
	电话：0571－88904980，88831806（传真）
排　　版	杭州朝曦图文设计有限公司
印　　刷	杭州五象印务有限公司
开　　本	787mm×1092mm　1/16
印　　张	13.75
字　　数	307 千
版 印 次	2009 年 7 月第 1 版　2022 年 3 月第 17 次印刷
书　　号	ISBN 978-7-81140-067-0
定　　价	26.00 元

《浙江文化教程》编委会

顾　问　徐　斌

主　编　罗昌智

编　委　王丽梅　方坚铭　叶志良　阮小波　李　蓉

　　　　李玉娥　何　宏　张晓玥　张慧禾　罗昌智

　　　　珊　丹　赵素文　姚　红　聂付生　韩欣悦

　　　　舒仕斌　谭耀炬　徐晓芳

目录 *Contents*

导　论

一条蜿蜒曲折、迤逦东进的钱塘江成就了"浙江"。古时的钱塘江,亦即"浙江"。江自皖南而来,经长兴、安吉两县,过崇德县北,至嘉兴县境,折而西南,经杭州,至萧山,再折而东,滔滔入海。其水迂回三折,若以太湖为首上一点,其形则恰如"之"状。因而,钱塘江古称"之江"、"曲江"。曲折为"浙","浙江"由此得名。浩浩钱塘,悠悠万世;滋风润物,泽被一方。它养育了勤劳的浙江人民,培育了浑厚的浙江文化。

古老的浙江大地,大约在10万年前就已经出现了"建德人"的足迹。跨湖桥、河姆渡、马家浜、良渚文化,成为中华文明的第一缕曙光。大约在4000—7000年前,浙江就已经建立起可以与黄河流域的中原文化相媲美的灿烂的史前文明,并形成了自己区域的文化特色。夏、商、周三代以降,浙江先民"筚路蓝缕",自强不息,努力改造了本地区恶劣的自然条件,创造了丰富优秀的物质文化和精神文化的成果,使浙江文明的发展有了足够的累积。从魏晋南北朝开始,随着北方移民的南迁,先进的学术文化和技术文明推动了浙江地区的快速发展。南宋定都临安(今杭州)以后,风云际会,政治调整、经济更新、文化重建等各种因素的整合,使浙江社会整体发展迅速提升到了全国的最高水平,并在这个基础上造就了各领域的精英群体。到了明、清两朝,以及民国时期,浙江已发展成为文明富饶的"文化之邦","东南财富地,江浙人文薮",浙江无可争议地成为中国财富命脉和文化重镇,绘就了中华文化辉煌的一页。

第一节　浙江文化生态与沿革

古今沿革,有时代性;山川浑厚,有民族性;文化传承,有区域性。文化的发展既有时代的变迁,又有地域的差异。任何文化现象总伴随有地域的表现,并且都是特定历史的产物。千百年来,浙江特有的地理环境、生产生活方式,历史上的多次人口迁徙和文化交融,造就了在文化生态上兼有农耕文明和海洋文明且"水"性特征十分显著的浙江文化。

浙江文化是以钱塘江流域特殊的自然地理和人文环境为优势的具有认同性、归趋性的文化体系,是一个时空交织的多层次、多维度的文化复合体,是浙江人民在创造物质财富和精神财富的漫长过程中所积累的一切成果。它包括浙江历史演进中所形成的物态

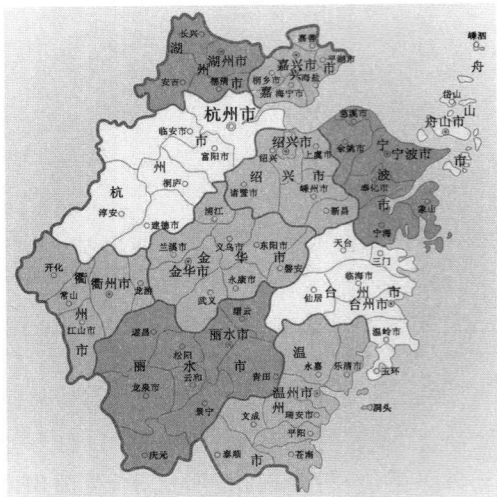

浙江区划简图

文化、制度文化、行为文化和精神文化。

一、浙江文化生态

浙江东临大海，西接彭蠡，北望江淮，南邻八闽，地处中国东南沿海、长江三角洲南翼，东北与中国最大的城市上海为邻，省会设在有"人间天堂"美誉的杭州。

浙江山川灵秀，湖泊密布，有"七山一水二分田"之称。全省陆域面积 10.18 万平方千米，海岸线总长 6486 千米，面积 500 平方米以上的岛屿有 3061 个，是中国拥有岛屿数最多的省份。境内有雁荡山、普陀山、雪窦山、天目山、天台山等名山，有杭州西湖、绍兴东湖、嘉兴南湖、宁波东钱湖、海盐南北湖等名湖，有中国最大的人工湖——千岛湖，有钱塘江、瓯江、楠溪江等名江。京杭大运河穿越浙江北部，在杭州与钱塘江汇合。

浙江属亚热带季风气候，四季分明，光照充足，降水充沛，年平均气温 15℃—18℃。1月、7月分别为全年气温最低和最高的月份，5月、6月为集中降雨期。

据第六次人口普查，2010 年 11 月 1 日零时全省常住人口为 5442.7 万人。除汉族外，约 121.5 万人口分属 55 个少数民族，其中畲族约 16.6 万人。全国唯一的畲族自治县——景宁畲族自治县就在丽水市。

浙江行政区划分为杭州、宁波、温州、嘉兴、湖州、绍兴、台州、金华、衢州、丽水、舟山11 个地级市，下设 36 个县、22 个县级市、32 个市辖区。

浙江历史悠久，经济发达。丝绸、制瓷、造纸、印刷和造船等行业在中华文明史上都居领先地位。在余姚河姆渡遗址出土的大量文物中，有种类齐全的骨、石、陶、木制成的生产工具和生活用具，大量保存完好的古代稻谷，榫卯结构清楚的木构件，以及色彩鲜艳的漆碗，依然能吹出动听音响的陶埙、骨哨等。良渚文化以发达的黑陶制作和精美绝伦的玉器制作闻名，曾经存在世界上早期的大规模犁耕稻作农业、大型营建工程及社会组织形态。春秋战国时越国的铸剑，东汉时的制瓷技术和铜镜制作工艺，唐代以后的丝绸、雕版印刷、造塔、寺院建筑、佛像雕塑等都技艺精湛。南齐建武年间的新昌大佛寺弥勒像，被称为"江南第一大佛"。北宋开宝三年（970）建造的杭州六和塔、唐中和四年（内塔）和北宋开宝年间（外塔）建造的湖州飞英塔等，被誉为全国造塔工艺的典范。

浙江人文荟萃，人才辈出。思想家王充、王阳明、黄宗羲、龚自珍，诗人贺知章、骆宾王、孟郊、陆游，科学家沈括，戏剧家李渔、洪昇等都是杰出代表。20 世纪，中国文坛巨匠鲁迅、茅盾，教育家蔡元培，著名科学家茅以升、竺可桢、钱学森、陈省身，以及李叔同、王国维、夏衍、艾青、徐志摩、陈望道、马寅初、金庸等一批大师名家，声名赫赫，史册流芳。

浙江文物古迹众多，文化昌盛。省内有杭州、绍兴、宁波、衢州、临海 5 座国家级历史文化名城，12 座省级历史文化名城，43 个省级历史文化保护区。有杭州六和塔、岳飞墓，宁波保国寺、天一阁,绍兴古纤道、大禹陵,衢州南宗孔氏家庙,湖州飞英塔等全国重点文物保护单位73处,省级文物保护单位279处。良渚遗址、西湖、普陀山、雁荡山、楠溪江和浙北三古镇(湖州南浔、桐乡乌镇、嘉善西塘)6处景点被列入世界遗产预备名单。

浙江的藏书之盛在中国自古闻名。宁波天一阁、杭州文澜阁、湖州嘉业堂、瑞安玉海楼等著名藏书楼在保存古代文献、培养人才、促进学术研究等方面素负盛名。

浙江艺术繁荣,底蕴丰厚。20世纪初发源于嵊县(今嵊州市)的越剧,曲调优美婉转,细腻抒情,是中国最具影响的地方剧种之一。此外,浙江还是中国古老南戏的诞生地,并拥有婺、绍、瓯、甬、姚、湖等多个剧种。

浙江的书画艺术流派纷呈,在中国书画史上占有重要地位。历史上曾出现王羲之、虞世南、褚遂良、吴镇、赵孟頫、赵之谦、任伯年、吴昌硕等书画大家,现当代又出现了黄宾虹、潘天寿、马一浮、张宗祥、陆维钊、沙孟海、诸乐三等知名书画家。成立于1928年的中国美术学院(前身为国立艺术院),是中国最早的美术高等教育学校,现已成为美术人才辈出的摇篮之一。成立于1904年的西泠印社是中国最早的以研究印学为主的学术团体和专业金石书画的出版机构,在国内外享有很高的声誉。绍兴兰亭因晋代大书法家王羲之曾在此作《兰亭集序》而成为中国的"书法圣地"。

浙江浓郁的乡土风情孕育了绚丽多姿的民间艺术。龙舞、狮舞、东阳木雕、青田石雕、瓯塑蜚声中外,剪纸、刺绣、染织、编织和灯彩丰富多彩。全省涌现出一大批"中国民间艺术之乡"。

二、浙江文化沿革

浙江文化作为中华文明的重要组成部分,有着与中原文化一样悠久和相对独立发展的历史。

早在旧石器时代,浙西山区建德一带已有人类活动,考古界称之为"建德人",这是迄今为止所发现的越人最早的祖先。越人早期主要生活在浙江东部的宁绍平原和浙西北部的杭嘉湖平原一带,由于几次海侵和海退所造成的自然环境与条件变化,越人曾数次迁徙,由高地迁往沿海平原,或由平原迁往高地。大约在7000年前的新石器时代晚期,越人因海侵,再度由沿海平原地带向高处迁徙:一部分向内陆高处,分别在杭嘉湖平原的马家浜、宁绍平原的河姆渡等地建立聚落;另一部分则漂洋过海,迁徙到了日本群岛、南洋群岛等地。《越绝书》将这两支分别称为"内越"和"外越"。可见,浙江是以后逐渐遍及亚洲东南部的"百越"文化的发祥地。古越族又称百越,是我国的一个古老民族,分布于我国的东南及南部,甚至越南北部的广大地区也有百越的足迹。

"越有百种",於越、句吴、扬越、闽越、南越、东越、骆越、瓯越,都是越族中著名的分支。百越是这一族群的统称,随着时代的变迁、社会的变化,百越中的各支有的被融合,有的迁徙他乡,有的消亡。而百越中被称为"内越"、"大越"的於越却发展较好,文明程度较高。於越民族的形成主要来自地区内部不同文化间的融合,通过聚落与民族之间日益密切的交往而最终建立起最亲密的血缘纽带,其时间大约距今4000年左右。於越民族自尧、舜、禹时代已与中原各族发生密切的联系,至少在禹建立夏朝前后,於越地区已加入华夏民族的部落政治联盟。

浙江有文字记载的历史,正是始于夏禹时代。现在绍兴会稽山麓的大禹陵,传说是夏禹的陵墓。相传夏代第六代帝王少康的庶子无余为祭祀大禹而成为於越部落的首领,当时"文身断发,披草莱而邑"。公元前11世纪时,於越首领还参加了周朝廷的朝聘活动。约到公元前7世纪和公元前6世纪,於越人在钱塘江东南岸建立了浙江省第一个部族——於越。初时范围狭小,后来得到楚国帮助逐渐壮大。越王允常死后,句践继位。不久,他把於越部落活动中心从崎岖狭隘的山区迁到北面山麓宽广的平原,开始改造利用沼泽、平原,有力地推动了农业生产的发展。这次大规模的人口迁移,为越国社会经济的发展创造了有利条件。越国与吴国交战多年,国力消耗巨大,人口大减。越王在吴国受辱返国后20年,卧薪尝胆,发愤图强,采取了奖励生育的人口政策,问疾葬死,救贫安富,发展农业生产,优待四方贤士,招徕四方之民,至公元前481年时,越国疆土"东至于句甬(今宁波舟山),西至于檇李(今嘉兴),南至于姑末(今龙游一带),北至平原(今海盐一带),纵横八百余里"(《吴越春秋》卷八)。至灭吴称霸中原时,越国国土范围大致包括今江苏北部、安徽南部、江西东部和浙江全境。

战国后期,由于越国王室内乱,渐趋衰落,约在公元前306年为楚国所败,成为楚国的附庸。公元前223年,秦灭楚,次年于原越国地置会稽郡,郡治为吴县,共设置15个县。15个县名中,诸暨、上虞、余姚、句章、鄞、鄮、乌伤、太末、钱唐、余杭、由拳、乌程、鄮皆属于越语地名,是越文化的标志,表现了越文化发展的延续性;而山阴(今绍兴)、海盐则是以中原语言习惯命名的地名,因为"水南山北为阴",是中原人对地名命名的原则。越语"盐"、"海"分别读为"余"、"夷",则是受了中原文化的影响。

西汉200年内,浙江地区已达20县。汉武帝元狩四年(前119),黄河下游大量贫民迁移,其中迁入会稽郡的关东贫民约为14.5万人。西汉末年王莽改制失败,社会危机加剧,终于爆发了绿林赤眉农民起义,而江南等地社会相对稳定,许多北方士人纷纷南迁,也有大量农民、手工业者南移。由于人口增加,东汉永建四年(129)以钱塘江为界,会稽郡分为吴郡与会稽郡,从此,浙江分属吴、会稽、丹阳3郡,计有23个县。

三国时期,浙江属东吴境内,社会经济得到较快发展,孙吴在浙江北部增设了新都、吴兴郡,中部设置了东阳郡(今金华地区),南部又设置了临海郡(今台州一带)。南朝宋时又置永嘉郡(今温州地区),唐代又设置了缙云郡(今丽水地区),隋唐时期由于社会稳定,浙江的经济得到了较大发展。

唐肃宗乾元元年(758)分江南东道为浙江东、西二道,各设节度使。这是浙江作为行政区域名称的开始。北宋置两浙路,于是有"两浙"之称。南宋分为两浙东路和两浙西路,浙东、浙西之名称始著。五代十国时临安(今杭州)人钱镠建立吴越国。元代时浙江属江浙行中书省。明初改元制为浙江承宣布政使司,辖11府、1州、75县,省界区域基本定型。清康熙初年改为浙江省,建制至此确定。

第二节 浙江文化的基本特征

一切文化形态,无不因所在地域数千年生态环境与精神积淀的差异而秉性有别。生态结构界分中华文化,大体有"山文化"与"水文化"之分。山文化粗犷、刚毅、朴厚、深沉,稳健如泰山之不移;而水文化则阴柔、善变、奔放、兼容,灵动如幼鹿之机敏。深入鸿蒙,直追远古。"水行山处,以船为车,以楫为马"的吴越之地,所生之文化从形态到本质自然当属"水文化"。作为吴越文化的主要构成部分,浙江文化在长期的历史发展过程中,形成了以"水"性文化为主体的区域文化特色。

一、柔慧智巧、开放兼容的文化魅力

浙江文化的源头是水,浙江文化的背景是水。然"山水有灵,亦将惊知已千古矣!"① "凡民函五常之性,而其刚柔缓急,音声不同,系水土之风气。"②旧志就这样载录:吴越古地"山水清佳,风气朴茂",因而"人性柔慧,敏于习文,疏于用武"。江南的自然环境、湿地文化滋养了浙江人柔慧俊逸的性格:温文尔雅、浪漫洒脱、机智敏捷、精明强干。尤其是文人,个性气质深受江南水性的滋润。张方平《府学记》云:"山水发秀,人文自江左而后,清流美士余风遗韵相续。"刘焘《进士题名碑记》亦云:"水逶迤而清深,山连属而秀拔,人才之生是以似之。"现代文化名人徐志摩、戴望舒、郁达夫等就极为典型。他们崇尚信马由缰的笔致,潜心于抒写性灵,将水的俊逸恣肆张扬到了极致。尤其是海宁徐志摩,这位素来被人称为"抒写性灵的诗人",其为人,自由洒脱、飘风俊逸;其做诗,至情至性,申抒真心。性灵之美,充溢在诗人的人生与创作之中,这种诗美特质的本源则在于诗人对故土文化的依恋。

水的柔性与灵性,也激发和培养了浙江人的智巧。身处江河湖泊之畔,在长期的捕鱼、耕织等近水劳作中,要求人善于把握时机、时节。水在孕育生灵的同时也促使人学会与水打交道,进而使生活在水环境中的人们的社会生活尤其是商业行为也带有明显的水性印记。于是,善于抢抓机遇的经商意识也就成为浙江人个性精神的体现。同时,由于浙江"七山一水二分田",人多地少,且偏于一隅,因此,思维敏捷的浙江人为开拓生存空间,或实现自己的人生价值,就有了强烈的向外拓展的冲动。浙江人几乎与生俱来的创业意识,由此而来。

水文化的恣肆汪洋与博大浩荡,造就了浙江文化的开放性与兼容性。吴越地域自古以来就是中原文化、闽粤文化与吴越文化交融会通之地,对异质文化少有排异性,具有十分自然而不勉强的开放兼容气度。越与楚各有文化渊源,内涵、风格和影响存在着较大的差异,但由于两国部分境土相接、玉帛相通、交流密切,故在文化上相互影响较深。越国的青铜冶铸、陶瓷、农具、建筑及音乐歌舞等对楚国都有较大影响。吴越青铜工艺为楚国的青铜业发展注入了新生机,越的干栏式建筑对楚国建筑产生了一定影响,如楚国的"层台累榭"中的"累榭",或多或少受到了越人干栏式建筑的启示。在陶瓷制造上,战国时期越式鼎对楚式罐形铜鼎和陶鼎的形态演变产生了极大影响。越国的农业和手工业工具也曾对楚国产生影响。在文学上,有研究表明,《楚辞》中的《九歌》是屈原在越人之地仿越人之歌而作的,《离骚》与越歌,至少与越人有着某种关联。在绘画艺术上,楚国

---

① 郦道元:《水经注》,上海古籍出版社 1980 年版,第 35 页。
② 周振鹤:《汉书地理志汇释》,安徽教育出版社 2006 年版,第 117 页。

更是受到越文化的濡染。文化的交流影响是多向的,越文化也受到楚文化的多方面影响。越国长期生活在比较闭塞的环境中,国力较弱,楚国为了牵制吴国,曾采取助越攻吴的策略,如担任越国执政大夫的范蠡和文种,都是楚国人,他们带来了楚国治国的丰富经验,对越国的政治、经济和文化产生了深刻影响。在建筑方面,当时的越国国都"山阴大城"的建设格局就按照范蠡的构思设计,故清代屈大均在《广东新语》中就明确认为"越宫室始于楚廷"。在民俗方面,越国也同样受到楚文化的熏染,越楚文化之间的交融对于其以后地壤相邻区域的风俗都有很大的影响。越与中原文化的关系也十分密切。根据文献记载,早在商代初年,居住在东南沿海的於越,就已经与中原地区的华夏族在政治、经济、文化各方面有频繁的交流,两者关系密切。到了春秋战国时期,随着越国的"横行江淮东",并"兴师北伐齐","两伐楚与中国争强"(《史记·越王勾践世家》),国力不断强盛,与中原华夏族的文化联系更为密切。其时,越国已使用华夏文字,以华夏语为官方语言,越国的一些风俗也受到中原文化的影响。因此,有学者认为,"至少从春秋后期起,越族已开始与华夏族融合"①。

二、自强不息、开拓创新的文化力量

水之柔,滋养了浙江人的柔慧智巧,培育了浙江文化的开放兼容;而水之动,同样也滋润和濡养了浙江文化自强不息、开拓创新的文化品格。亘古之时,古越先民生活于长江下游的太湖和钱塘江湾及沿海地区,在长期与水拼搏的过程中,养成了眼界开阔、创新进取、富有活力的开拓的思想性格。古越先民充分利用天时、地利的有利因素,发挥丰富的水资源优势,创造了古老的农业文明。余姚河姆渡遗址发现的大量稻谷、稻秆、稻壳、稻叶证明,古越先民早就进行人工栽培水稻,吴兴钱山漾和良渚文化遗址也都发现了人工栽培的粳稻和籼稻的稻谷。秦汉以后,在落后于中原地区的情势下,古越先民善于学习南下北方人的长处,使浙江经济、文化逐渐呈现上升趋势,最后赶上并超过北方。地处江南的越人,由于濒临大海大江,地下水位较高,缺少穴居的基本条件,为了生存和繁衍后代,在实践中创造了全新的居住建筑方式——干栏式建筑。古越先民极具自由的个性,善于变革自己的观念形态。他们从不固守家园,总在不断流徙的过程中寻求新的发展空间。例如,於越民族的历史,就是一部流徙的历史。公元前468年,句践迁都琅琊。公元前379年,"於越迁于吴"。公元前333年,越王无疆为楚所败后回走"南山"。公元前210年,秦胁迫越人迁徙异地,并改"大越"为"山阴"。其后,西汉和三国时期,於越时而内迁,时而流徙,且多遭征讨。

於越先民或是被迫,或是自发的频繁迁徙生涯,却培养和锻炼了他们的顽强拼搏、开拓进取、善于汲取的品格和精神,并且总是对理想执著追求,对人生价值的实现锲而不舍。大禹为治水,"劳身焦思十三年于外,三过家门而不入"。其人格精神已成为中华民族坚强意志与献身精神的理想化身。《吴越春秋》里的记载当是浙江人的励志经典:越王句践任用贤臣,练习攻战,修筑城池,建造车船,繁殖人口,薄赋轻徭,韬光养晦,结交盟

---

① 李学勤:《东周与秦代文明》,文物出版社1991年版;杨宽:《战国史》,上海人民出版社1990年版,第267页。

国。"十年生聚,十年教训",终于击败吴国,一雪丧权辱国之耻。南宋之时,宁海人胡三省为《资治通鉴》作注,穷尽终生之力,书稿几度散失,但仍不气馁,痴心不改。从大禹坚定信念、敬业治水,到句践卧薪尝胆、励精图治;再到钱王保境安民、纳土归宋,直至方孝孺、张苍水刚正不阿、以身殉国……一部浙江史,就是一部浙江人坚忍不拔、自强不息的奋斗史。

浙江人敢于创新,锐意进取,不盲从权威,不墨守成规,颇具冲决罗网、一往无前的精神气概。南宋之际,面对主流文化——程朱理学,叶适力倡"事功之学";明代中叶,王阳明以"心学"改造儒学传统,反对据守经典,坚守人的主体精神;近代之时,龚自珍、章炳麟更具创新精神。在新的历史时期和社会条件下,浙江文化开拓创新的水性特质进一步衍生为艰苦奋斗、知难而进、积极进取、敢于拼搏的文化力量。在这种力量的支配下,浙江人取得了令人瞩目的成就。

浙江人的创新精神还表现在对新思想的接收和容纳上。佛教本是印度的宗教,在两汉之际开始由西域传入中国,不久也传入了越地。据佛教史的记载,佛教传入越地约在东汉末年,越地与中原一样,有着肥沃的宗教土壤,尚鬼好祀,道教非常盛行。印度和西域的僧人,如安世高、支谦、康僧会等高僧相继进入,尤其是代表佛教宝典的佛经,迅速在浙人中产生影响。南朝乃至隋、唐、五代,是浙江佛教发展的鼎盛时期,佛门出现了众多流派,如天台宗、三伦宗、唯识宗、华严宗、律宗、净土宗和禅宗等,特别是滋生于浙江天台的天台宗,信众广泛,社会影响力持久,其教理富有思辨性,哲理性强,成为佛教理论中的代表,在海外的佛教徒和学者中享有美誉。明末,大批西方基督教传教士来到中国,带来了西方文化思想和科学技术。浙江是传教士觊觎的主要地区,浙江的学者对西方的科学和思想表现出了极大热情,李之藻、杨庭筠、黄宗羲、张岱、李善兰等都是当时介绍西方科学思想的有名学者。到了近代,这种具有开拓、创新、进取精神的文化特征又有了新的内容,浙江人较其他地区的中国人早一步迈出国门,去学习近代西方资产阶级的思想和文化。一些人在西方资产阶级民主思想的熏陶下,勇敢地投入到反对清王朝、推翻封建专制的斗争中去。陶成章、秋瑾、徐锡麟就是他们中的典型代表。

这种思维敏捷,兼具开拓、创新、进取精神的文化特征,使得浙江在文学、艺术、哲学、历史、科学等方面人才辈出。东汉时期的王充(27—约97),出身贫寒,自幼勤奋求学,聪慧过人。后入洛阳太学深造,师从大历史学家班彪,终于著成《讥俗节义》、《政务之书》、《养性之书》和《论衡》。其中的《论衡》,实乃彪炳史册之作。不仅在当时以其议论石破天惊而为时人所重,就在今天,其洋溢的朴素的无神论思想也给人以有益的启迪。明清时期,绍兴的"师爷文化"更是彰显出浙江人的智慧与灵气。师爷是明清时代地方官署中主管官员聘请、帮助自己处理刑名、钱谷、文案等事务的无官职佐理人员。师爷凭借自己具有的刑名律例(法律)和钱粮会计(财会)、文书案牍等方面的专业知识与才能辅佐主官。由于绍兴人当师爷的极多,几乎遍布全国,且名声极大,久而久之,形成了一个专门的称谓——"绍兴师爷"。清代有句俗谚,"无绍不成衙","绍"就是指绍兴籍的师爷和书吏。绍兴籍师爷龚未斋形容本乡人从事幕僚业的盛况说:"吾乡之业于斯者,不啻万家。"清代人说绍兴有"三通行",即绍兴酒、绍兴话、绍兴师爷。当时绍兴师爷成为绍兴读书人主要从事的职业之一。"绍兴师爷"文化现象的产生,是由于绍兴教育兴盛,读书人多,因而科场竞争激烈,许多科场不顺的读书人就选择当师爷这条路。绍兴地处水乡,绍兴人头脑敏捷,他们并不守株待兔,而是乐于迁徙,开拓进取。绍兴民谚说:"麻鸟(麻雀)、豆腐、绍兴人。"意思是绍兴人和麻雀,豆腐一样,到处都有,随遇而安,随遇而兴;绍兴读书人大多具有精细谨严、善于谋划、处世圆滑、善于交际、八面玲珑等师爷职业所具有的素质。绍兴师爷兴于明中叶,盛于清雍正、乾隆朝之后。清朝的重臣曾国藩、张之洞、左宗棠、李鸿章身边都聚集了绍兴师爷,出名的有邬斯道、汪辉祖等,这些师爷为主人排忧解难、出谋划策,起到了非常重要的作用。清末"四大奇案"主角之一的杨乃武,也是个擅长刀笔的师爷,其平反出狱后,替人写诉状,深受欢迎,因为他深知官府内情和诉讼的曲折。师爷文化正是浙江人思维敏捷、善于算计,富有开拓创新精神的体现。

近现代的浙江,更是大放异彩。这一时期,浙江出现了一大批学贯中西、闻名中外的大科学家、大教育家、大文学家、大历史学家。浙江海宁人王国维,对文学、美学、哲学均有深湛的研究,他是我国近代第一个把尼采哲学引进中国的人,对安阳殷墟甲骨文字、中国古代戏曲及词学的研究,使他成为我国近代最有影响的文化名人之一。蔡元培,著名的教育家,早年参加光复会、同盟会,后来担任南京临时政府教育总长、北京大学校长等职,他为近代资产阶级思想在中国的传播和中国教育的发展作出了卓越的贡献,他在北京大学校长任上提出的"思想自由,兼容并包"的办学理念对中国的教育产生了深远的影响。鲁迅,早年留学日本学医,后来觉得中国人最需要的是解除思想上的顽疾,为此弃医学文,以笔为匕首,与封建专制进行坚决的斗争,他的杂文起到了惊醒一代国人的作用,从而成为我国近现代文学史上的大文豪。此外,还有翁文灏、竺可桢、严济慈、赵忠尧、钱学森、钱伟长、钱三强、贝时璋、钟观光、伍献文、苏步青、茅盾、范文澜、吴晗、潘天寿,等等。绝代大师,数不胜数。

浙江人最大的成就就是令国人惊奇的富裕。许多人将浙江的富裕归于地理环境、政策优势,但浙江并没有任何资源优势,政策的惠及对于浙江人来说也没有例外。浙江的富裕与繁荣全在于浙江人特别能吃苦,异常坚忍。改革开放之初,"浙江人民走全国"。在国内任何一个地区,最底层的职业中,几乎都有浙江人。他们往往干着当地人所不屑的装修、包装、修鞋、理发之类的工作,甚至有妇女身上背着孩子在街头为同样是母亲的妇女和她们的孩子擦鞋。艰难的生存状态,让人落泪。但浙江人深深懂得,生活不相信眼泪,他们并不认为自己低贱,也不以自己的工作为耻辱,更不会拿着自己的贫困作资本,他们始终都在寻找生存发展的机会。正是靠"白天当老板,晚上睡地板"的吃苦耐劳、自强不息的生存意念,许多浙江人完成了自己的原始积累,并创办起自己的企业。而这些乡镇企业从诞生到发展,走过的也是一条坎坷曲折的道路。为了创业,求得市场经济发展的一席之地,浙江企业家想尽千方百计,走过千山万水,说遍千言万语,历经千难万险,在创业的过程中,严酷的竞争环境迫使他们艰苦奋斗,锐意进取,不怨天尤人,不灰心丧气。雅戈尔集团和飞翔集团等都是靠着这种坚忍不拔的精神,艰苦创业,从小企业发展成为富有名气的大企业。而今,"全国人民奔浙江"。发展壮大的乡镇企业成为全省国民经济的重要支柱,"五分天下有其四",规模宏大,市场广阔。

浙江现代化建设成就的取得,展示了浙江人的精神、浙江人的素质。而浙江人的精神和素质又进一步丰富了浙江文化自强不息、开拓创新的传统内涵。

三、敢于冒险、重利事功的文化个性

黑格尔《历史哲学》在对人类历史的地理性差异进行研究后指出：生活在水域环境的人极富勇敢、机智、为追求利益敢于冒险的品性。因为依水而生、傍海而居、出海而航，浙江先民在对水的长期利用、与水的长期拼搏过程中，养成了冷静、机敏、富于冒险的性格。前面提及，身处江河湖泊之畔，在长期的捕鱼、耕织等近水劳作中，浙江人的性格烙上了善于把握时机、时节，商业意识敏锐的水性印记。同时，也正如张世昌《崇顾庵记》所载："由吴兴而东，皆平沙沃野，其俗敦庞勤俭。故治业易滋，养生送终，得以尽心而无憾。"浙江人是很重实惠的。因而，水环境与近水行为以及生活习俗不仅培育了浙江人敢于冒险的个性，也养成了浙江人讲求实惠、崇尚工商、务实求真的精神。

浙江先民在与水的长期拼搏斗争中，养成了冷静、机敏又富有冒险的性格。《汉书·地理志》记载说："吴越之君皆好勇，故其民至今好用剑，轻死而易发。"在越国历史上，句践与文种、范蠡一起卧薪尝胆，"十年生聚，十年教训"的坚忍不拔、以柔克刚的韧性战斗精神，正是这种水文化特征的具体体现。

春秋战国之时，列国纷争。越国以小胜大，以弱胜强，灭吴称霸，充分展现了越人敢于冒险的个性风采。在浙江思想文化史上，王充既重视理论思辨，又强调实际"效应"，主张"崇实知"、"实事疾妄"；叶适认为应"务实而不务虚"；朱舜水力举"学问之道，贵在实行"，"圣贤之学，俱在践履"；黄宗羲提出"经世致用"，这些主张都反映了浙江人的务实品质。长期以来，浙江思想界还特别强调义利合一，理欲相容，崇尚工商。叶适认为，"抑末厚本，非正论也"，主张"崇义以养利"。其对"重本抑末论"的大胆批评，力倡重视工商的思想一时影响非凡；袁燮也提出"食货为本"；王阳明则直陈士、农、工、商"四民平等"；黄宗羲明确主张"工商皆本"。这些思想，极大地促成了浙江文化以货殖为重、重利事功为显著特点的商贸传统的形成。

重利事功、货殖为重的商贸文化传统，使历代浙江人乐于经商，善于经商。有文献记载的商业活动，在中国大约是商代逐步发展起来的。故有商朝亡于周时，其遗民"肇牵车牛远服贾"，以获取利润、供养父母长辈的记载。"商人"一词传说肇始于此。越国的商业活动，见诸历史文献的，主要是计倪和范蠡的经商活动。《越绝书·计倪内经》载，计倪本楚国亡公子，游于吴、越、楚之间，从事商品买卖，渔三邦之利，后定居越国，帮助句践兴越灭吴，主持商品生产和交换活动，为越国制定了一套兴农利商的政策。范蠡更是堪称"浙商"鼻祖。他敢于打破越王句践的规矩，"下海"经商，求利之"精"，无与伦比。浙江地处东海之滨，居大陆海岸线中段，海道辐辏，内陆河道纵横，交通方便，与外地联系便捷，加之土地肥沃，物产丰富。三国、南朝时，宁波、温州"商贾已北至青徐，南至交广"。其后，"唐宋市舶，遥达海外"。隋、唐、五代时期，宁波、温州都是贸易港口，泛海兴贩的浙江商人从宁波、温州出发，横渡东海，到日本岛、高丽。当时大商人李邻德、李延赤、李处人等皆自备船舶，往返于日本、高丽与宁波、台州、温州等港口之间。两宋期间，杭州、宁波、温州等地官方都设立市舶司，专管海外贸易，与高丽（今朝鲜半岛）、真腊（今柬埔寨）、日本都有商船往来；在开放的港口，官方设立宾馆，以接待外国使节和商人。当时温州以"其

货纤靡、其人善贾"而名闻全国。名闻当时的永嘉学派薛季宣、叶适和"四明学派"杨简、袁燮，永康学派的陈亮等人皆受当时温州、宁波、金华等地经济发展、商贾发达的空气影响，讲究功利，认为"既无功利则道义乃无用之虚语耳"，主张义与利的一致性，鼓吹"夫四民交致其用而后治化兴，抑末厚本非正论也"（叶适：《习学记言序目》卷一九），提倡扶持商贾，流通货币，发展工商业。明清时期，浙江成为资本主义萌芽最早的地区。吴兴人凌濛初的《初刻拍案惊奇》、《二刻拍案惊奇》对当时商业发展的盛况就有栩栩如生的描述。清末民初，湖州已涌现出一批以经营丝绸为主业的产业巨头。尤其是南浔的"四象八牛七十二金狗"，富可敌国，为世人瞩目。至于"宁波商帮"与"温州模式"，更是把浙江人经商的本能与精明张扬到了极致。"无宁不成市"，这是人们对宁波人的总结。宁波人的经商才能，与宁波悠久的商业文化积淀有关。历史上的宁波人，敢为天下先，善于把握机遇，以灵活的手段和方式来开拓市场并占有市场，奠定了它在中国经济发展中的特殊地位。鸦片战争后，很多宁波商人在充任买办的过程中，接受了西方现代经营管理思想，具有了西方的经商手段和技术专长。这使他们如虎添翼，脱颖而出，成为实力雄厚的民族资本家。宁波商帮也以全新的近代商人群体形象跻身于全国著名商帮之列。较之于宁波商人，温州商人则走出了另一条发展道路。温州自然资源较为紧缺，更无地利可赖，自古便以外出经商为荣，温州人因而被誉为"中国的犹太人"。他们的性格是"只要有百分之一的可能，就会以百分之百的努力去做"。他们从商往往从小处着手，赚钱不嫌小利，只要有市场需求，有利可图，就会涉足其中，以至于"哪里有市场，哪里就有温州人，哪里没有市场，哪里就会出现温州人"。温州人这种求真务实、重利事功的精神，与南宋时期兴起于本土的浙东学派凡事但求事功、不求义理，从客观实际出发、讲求实效的文化思想极其吻合。

浙江人敢于冒险、重利事功的文化个性，在新的历史时期和市场经济条件下，不断被充实，不断被发展。讲究实际、注重功利的价值取向，勇于创新、敢为人先的个性精神，善于商谋、智巧灵变的文化品格，构成浙江人致力于经济发展的内在动力。改革开放30年来，浙江人善于吸收外来文化，广泛学习各地乃至各国先进经验，博采众长，催生出大批具有开放意识与创新精神的企业家与商人，创造出富有特色的现代企业文化。最为典型的当数义乌人，他们发扬"鸡毛换糖"的开拓精神，兴办起全国乃至全球最大的小商品批发市场。其小商品价格指数、小商品市场景气指数及若干单独检测指标指数构成的"义乌·中国小商品指数"，被业界称为"小商品市场道琼斯指数"。"义乌指数"的每一次跳动，都影响着全球小商品的生产、供应和销售，义乌也由此成为全球小商品的定价市场，成为世界小商品文化的一个代号、一个品牌。事实证明，浙江文化的精神内涵正衍生出无穷的现代文化魅力。

第三节　浙江文化与浙江精神

人类的精神是人类文化的最高表现，是凝聚人类社会、推动人类前进的重要力量。而人类文化则是人类精神产生的土壤。浙江辉煌灿烂的文化，支撑、推动着浙江精神的成长。在漫长的历史演进过程中，从大禹的因势利导、敬业治水，到句践的卧薪尝胆、励精图治；从岳飞、于谦的精忠报国、清白一生，到方孝孺、张苍水的刚正不阿、以身殉国；从沈括的博学多识、精研深究，到竺可桢的科学救国、求是一生；无论是陈亮、叶适的经世致用，还是黄宗羲的工商皆本；无论是王充、王阳明的批判、自觉，还是龚自珍、蔡元培的开明、开放；无论是百年老店胡庆余堂的戒欺、诚信，还是宁波、湖州商人的勤勉、善举，等等，都给浙江精神奠定了深厚的文化底蕴。

浙江精神是充满浙江地域文化个性和特色的价值取向。浙江在 2000 年提炼出的浙江精神是 16 个字："自强不息、坚忍不拔、勇于创新、讲求实效。"2005 年，进入发展新时期的浙江，又把浙江精神再次提炼为 12 个字："求真务实、诚信和谐、开放图强"。新的浙江精神有了新的内容和内涵，它兼顾了浙江各地的地方精神的个性和差异性，也展现了浙江人对现代精神的追求。

一、求真务实：浙江精神的内在价值

具有悠久历史的浙江文化，深刻地展现了浙江人民独有的生命品质、价值观念和人文风采。浙江文化"求真务实"的内涵，成为"浙江精神"最根本的属性。

大约在 7000 年前，大海对浙江的最后一次入侵达到最高峰，浙江沿海平原的绝大部分区域成为一片汪洋。很难想象，浙江先民是以怎样的意志，在这恶劣的生存环境中创造"沧海桑田"的奇迹，在一片盐碱的滩涂和沼泽洼地上，逐渐开辟出可耕种的水田，开垦出富饶的平原。由于浙江先民首先要解决的是生存问题，因此他们必须吃苦耐劳、务实开拓，才能赢得生的希望。

求真务实，强调主体自觉的理性思维，不仅体现在浙江先民的生产实践中，而且集中反映在浙江学者的学术成就中。长期身处逆境的奋斗经历，让古代浙江人形成了独特的思想和品格。

早在东汉，王充就对当时散布虚妄迷信的谶纬之学、虚论惑众的经学之风，给予了严厉的批判。他提出"疾虚妄"、"重效验"，主张认识必须以事实为对象，同时以效验来证明，做到"订其真伪，辨其虚实"，使主观认识与客观事实相符合。

南宋时，浙中金华成了全国的学术中心。几次大的移民潮带来了大量的外来文化和思想，但浙江学者不迷信权威和经典，总是结合生活现实提出自己的观点，弘扬"求真、独立"的科学精神。

永嘉学派代表人物叶适曾说："物之所在，道则在焉。"他指出，必须从具体事物中总结出规律和原则来。永康学派同样强调学术的目的在于经世致用，需要总结历史经验，探讨有关国计民生的实用之学。其代表人物陈亮就主张从实践的结果看待是非，判定能否，"人才以用而见其能否，安坐而能者，不足恃也；兵食以用而见其盈虚，安坐而盈者，不足恃也"。

明代，王阳明创立阳明心学，鼓励人们摆脱理学的束缚和教条的蒙昧性，主张知行合一，对主体精神和人的自我意识大加肯定，再次彰显了浙江精神中务实、自觉的理性思维。此后，黄宗羲以其朴素科学性和民主性的思想，成为明清之际思想解放的最重要代表。近代龚自珍"不拘一格降人才"的呼吁，马一浮"默然不语，其声如雷"的净言，都可以看出浙江学者一以贯之的"求真务实"的文化基因。

"高帆斜挂夕阳色,忽橹不闻人语声。"南宋诗人陆游用诗歌记录了古代浙江人的实干精神,只见"忽橹","不闻人语",正是反对空言说教、注重社会实践的生动体现。"低调行事,讲求实效",源自先人不断的积累和生发,却让浙江人世代受益。

当今,进一步培育和弘扬"求真务实"的浙江精神意义重大。"求真"的本质在于追求真理、遵循规律、崇尚科学。"务实"的关键在于尊重实际、注重实干、讲求实效。在科学精神的指导下,在"务实"精神的促动下,当代浙江人在实践中激发创新、创业、创造的智慧和勇气,为中华文明再添辉煌。

二、诚信和谐:浙江精神的核心品质

自然资源的有限性,加之"以人为本,注重民生"的文化因子,使得浙江素来具有重商的氛围。通过发展商业来改善百姓的生活品质被浙江人看作社会和谐、国家安定的不拔之基。

东汉的《越绝书》记载,越王询问国策时,计倪建议让多余的粮食流通起来,让商家得利,从而实现富民强兵,由此产生了最早的"农商并举"的思想萌芽。先秦这种"农末俱利"的观点,后来演变为黄宗羲"工商皆本"的思想,对于冲破儒家重农轻商的迂腐价值观起到了重要作用。

虽然浙江的商业文化十分发达,但是浙江学者强调"义利双行",浙江精神中"诚信"的文化因子向来就很丰富,并且成为核心品质。

永康、永嘉学派尚功利、崇事功,但并不是就功利论功利,就事功而言事功。他们所谓的"功",既指治国安民的实际功效,又指与"立德、立言"并列的"立功"的人生价值旨归。提出"义利双行"的永康学派代表人物陈亮,曾痛斥精于盘算、唯利是图的策士谋臣,强调其所追求的"利",是"立国本"和"活民命"的"利",他所企慕的事业,是合乎"天道人心"和"举而措之天下之民"的事业。

在"义利双行"的价值旨归中,历代浙江商人建立起了讲义守信的朴素诚信观。先秦的"陶朱公"范蠡就信奉"务完物,无息币"和"无敢居奇"、"正心求也",也就是货物要保证质量,不囤积居奇,经商获利,要取之有道,取之有度。

国药老字号胡庆余堂,自建立起就奉行"戒欺"的经营理念和商业伦理,主张"采办务真"、"真不二价"。其创办者胡雪岩奉行诚信经商的道德准则,认为"有诚信便能立世,无诚信则会失世"。同样,曾创下50个"全国第一"的"宁波帮"企业家,产生过俗称"四象八牛七十二金狗"工商巨子的湖州南浔商人,之所以能取得骄人业绩,也是因为秉承了浙江精神中"诚信"的文化基因。这种基因经过世代的历史积累,已经对现代诚信社会的构建,产生了积极的作用。

在浙江历史行进过程中,浙江先人"三过家门而不入"、卧薪尝胆、励志奋发的自强精神得到发扬和继承,浙江人似乎从不为困难和逆境所折服。在浙江人自强不息的人格当中,也不失温和的文化因子。这造就了浙江人和衷共济、天人合一、人我共生的人生情怀和精神品质。尤为难得的是,浙江历史上就具有贫富间相互扶持的传统,仁爱、和谐的氛围十分浓郁。世称"陶朱公"、被尊奉为中华商主的范蠡,经商19年,三次赚得千金财富,却将之"分散于贫交疏困弟",实现了"人富而仁义附"的境界。他的善举,可谓是浙商致力于慈善事业的发端。浦江郑义门是浙江精神中"和谐因子"的典型凝结点。郑氏家族合居共炊长达15世,历宋、元、明三朝,长达330余年,以孝义持家,名冠天下,"江南第一家"的美名传扬至今,是浙江人主张"人我共生"的典范。

浙江精神中蕴涵的人与环境、人与人和谐共存的文化因子,映衬出浙江人美丽的人生情怀。当我们观赏河姆渡原始艺术中驯服的猪、羊,敏捷的飞鸟,颗粒饱满的稻穗,光辉夺目的太阳纹饰等雕刻时,不难感受到先人热爱自然、赞美自然的情愫。《白蛇传》中人妖感人的爱情,梁祝故事里化蝶的美幻,无不是这种美好情愫的民间表达。这种情怀,也将成为我们进一步建设和谐社会的文化动因。

"诚信",就是重规则、守契约、讲信用、言必信、行必果。"诚信",应是现代社会文明之基。"和谐"就是民主法治、公平正义、诚信友爱、充满活力、安定有序、人与自然和谐相处。"和谐",实乃现代社会文明的标志。浙江人在创造了一个又一个经济神话的同时,正传承着"诚信和谐"的优良传统,努力创造着具有现代文明的美好家园。

三、开放图强:浙江精神的永恒魅力

浙江历史文化的发展既是浙江人在独特的地理环境、生产生活方式下的传承与丰富,也是一个不断接受外来文化影响的过程。面对中原文化的强势影响,浙江人必须在开放的过程中学会与强者共舞,因此,自主创新历来是浙江文化界的一个重要命题。

浙江精神中融入了大量中原文化的因子,但同时又保持浙江文化固有的特色,呈现"兼容并蓄"的特征。

由于生存环境的恶劣和人口渐增的压力,一部分古越族人顺着季风、沿着海流,向日本列岛和南洋列岛等地迁移。越族数千年不断向外迁徙,使得包括中国南方在内的整个东亚和南亚,都受到古越文化的影响。

唐宋以后,浙江已然成为东亚文化的集散地。日本东京大学曾启动一个计划历时5年、投入近1亿元人民币的项目,研究宋代以后宁波在东亚文化交流中起到的枢纽作用。这也说明,宋代以后,浙江精神是在开放式的环境中培育和发展起来的,对内吸纳内陆文化、对外吸纳海洋文化。

到了近代,浙江人的开放精神仍然让人印象深刻。上海甫一开埠,就有大量来自宁波的船员、木匠、洗衣工等劳务人员来到沪上。最为人称道的就是奉帮裁缝,他们发愤图强,执上海服装业牛耳,做出了中国第一套西装和第一套中山装。

勇于"走出去"的精神,在早期是浙江人为改善生存环境而作出的现实选择,在后来则造就了浙江精神中日益浓厚的"兼容并蓄"的开放态度。众多的侨民、侨乡,使得浙江具有了更多利用"拿来主义"的机会。特别是党的改革开放政策,为走南闯北的浙江人提供了创新创业的广阔舞台,让浙江经济发展写下了众多的"全国第一":发放第一个个体工商执照,建设第一个新型农民城,建设第一个城镇专业市场……

历史启示我们,"开放创新"的文化因子,与"求真务实"一起,构成了当代浙江精神中最为核心的部分,这也是未来浙江社会能否成为中国自主创新能力最强地区的关键所在。

浙江文化具有内生的创新冒险精神,其总体特征可以归纳为 8 个字:"勇于创新,注重功利。"创新冒险精神是浙江文化最显著的特征,巨大的生机和创造力是其文化的生命能量;功利主义和自然人性观构成了浙江文化的人生观基础。浙江人讲究实际、注重功利的价值取向,构成了浙江人致力于经济发展的内在动力;自主创新、敢为天下先的品格,构成了浙江人在经济改革中致力于制度创新,实现体制外增长的精神动力;善于经营、富于机变的文化性格,赋予浙江人在适应市场机制中胜人一筹的素质和优势。

当今,浙江人正进一步培育和弘扬海纳百川、兼容并蓄的"开放"精神,进一步培育和弘扬励志奋进、奔竞不息的"图强"精神。"开放",就是全球意识、世界胸襟,就是海纳百川、兼容并蓄,以我为主、为我所用。"图强",就是勇于拼搏、奔竞不息,就是奋发进取、走在前列。在探寻"浙江精神"的文化因子及其历史传承的过程中,浙江精神以她那海纳百川、兼容并蓄的博大胸怀,不断地处于丰富和发展之中。唯有将其视为一种具有历史渊源的活力所在,才能自然而然地对浙江精神进行审视和充实,促使其不断发展,与时俱进。

人类的精神在人类发展进程中,一方面,随着不同民族、国家和地域的差异,表现出坚韧的稳定性和文化的多样性;另一方面,各种不同的文明精神也总是随着人类社会的发展而与时俱进、不断创新。浙江精神作为中华民族精神的重要组成部分,是浙江人民在千百年来的奋斗发展中孕育出来的宝贵财富,世代传衍,历久弥新,始终激励着浙江人民励精图治,开拓创业,显示出强大的生命力和创造力。

思考与讨论

1. 浙江文化在历史流变的过程中形成了哪些特色?
2. 浙江文化凝练成怎样的区域文化精神?有怎样的时代意义?

第一章

浙江文化的历史生成

浙江具有悠久的历史。早在 10 万年前,"浙江人"的祖先——古"建德人"就在这里"落户"。跨湖桥文化遗址的发现则实证了距今约 7000 年前,宁绍平原、杭嘉湖平原就开始了河姆渡文化、马家浜文化延续发展的历史。河姆渡文化向世人宣告:长江流域和黄河流域一样,同样也是我们中华民族的伟大摇篮。而良渚文化则被称为中华文明的曙光,成为中华 5000 年文化的确证。

上古之时,舜和禹到过浙江的传说,使浙江成为中华民族精神文化资源的源头。迈入文明的门槛后,浙江早期文明经历了几次高峰,其中春秋越国、五代吴越国对于形成浙江的文化性格具有非常重要的意义。古越先民独特的生活方式,形成了勤劳进取、勇悍刚烈的古越民风,构建了浙江文化农耕文明和海洋文明兼具的文化特质。

在过去 2000 多年漫漫历史长河中,数次的中原人口南迁,对浙江文化的历史产生了重大影响。永嘉南渡使浙江文化和经济进入高速发展的时期;而南宋定都临安之后,浙江不论是经济、科技、教育,还是学术思想、文学艺术,都成为全国领先的标杆。

第一节　浙江文化的渊源与谱系

浙江文明史发轫极早。在地处中国东南的浙江大地上,早在 10 万年前,人类就已经在这里安家落户了。能证明这一结论的,是"一枚伟大的牙齿"。

1974 年,在建德市李家镇新桥村的乌龟洞,考古工作者发现了一颗人牙化石!确切地说,这是一枚 30 岁左右男性的右上犬齿。与北京猿人的上犬齿相比,这枚犬齿的形状和结构有了明显的进步,但与现代人比较,这枚牙齿的齿冠略大,齿根也不像现代人那样成桩形,而是显得更粗壮,这和旧石器时代的柳江人十分相似。同时,这枚牙齿出土的地层以及相邻的动物化石,都与那一时期相当。于是结论出来了,这是一枚处在人类进化阶梯上的晚期智人时代的古人类牙齿,距今约 10 万年左右。

因为这枚牙齿是在浙江建德出土的,人们把这次发现的古人类称为"建德人"。

这是一枚伟大的牙齿!它证实了在那遥远的不可思议的年代里,浙江人的祖先已经在这块土地上"落户"了。这是浙江首次发现旧石器时期人类的化石,它带来了人类生命的消息,初露了浙江远古文化的端倪,并且充分证明,远在旧石器时代的晚期,浙江就有了人类活动的踪影。

而在 2000 年,考古工作者又在毗邻建德的桐庐县印渚镇延村两个钟乳岩洞中,发现了 5 片智人头盖骨化石、一枚智人左上第一白齿。专家们得出结论:这是旧石器时代晚期距今约 1 万—2 万年左右的智人化石。在延村的洞穴里,人们还发现了明显被人工砸过的动物骨骼化石及许多木炭层的痕迹,这是用过火的证据,表明万年前古人类曾在这里安"家"。

能探究新石器时代人类在浙江活动行迹的是上山文化遗址。上山文化遗址位于金华浦江黄宅镇渠南村,是中国长江下游及东南沿海地区迄今发现的年代最早的新石器时代遗址。在这个遗址中出土的夹炭陶片的表面,发现了较多的稻壳印痕,并出土了稻米遗存,这是迄今为止长江下游地区最早的稻作遗存。这一发现使长江下游的稻作历史比河姆渡文化提早了 3000 年,比跨湖桥文化提早了 2000 年,证明了长江下游是世界稻作和栽培稻作最早的起源地之一。在该遗址中还出土了以大口盆、平底盘、双耳罐为典型代表的陶器群,这些陶器明显不同于长江下游地区以往发现的其他新石器时代遗址,是全新的考古学文化遗存,因此成为一种独立文化的代表。中华文明史的万年传奇,都在上山文化遗址得到了充分的体现。跨湖桥文化、河姆渡文化、马家浜文化、良渚文化等长江下游新石器文化,均可在上山文化中找到源头。

跨湖桥文化遗址因古湘湖的上湘湖和下湘湖之间有一座跨湖桥而命名,距今 8000 年左右。位于萧山城区西南约 4 千米的城厢街道湘湖村,是一处以湘湖及其周围地区为重要分布区,面向海洋,最后为海洋所淹没的考古学文化。由于长期的湖底淤泥沉积,跨湖桥文化遗址的表土厚达 3—4 米,遗址内的文物保存比较完整。跨湖桥文化遗址出土了大量陶器、石器、木(竹)器、骨角器,发现了灰坑、黄土台、残存墙体等建筑遗迹,尤其是发现了独木舟及相关木作加工遗迹。跨湖桥文化遗址的发现,突破了中华文明直线演进的认识模式,提供了浙江文明多个源流谱系的实证。距今 7000 年左右,跨湖桥文化因海侵而湮灭,宁绍平原、杭嘉湖平原开始了河姆渡文化、马家浜文化延续发展的历史。

河姆渡文化距今 7000 多年,其中心遗址位于余姚市罗江乡河姆渡村东北,主要分布在杭州湾南岸的宁绍平原,并越海东达舟山岛,出土了骨器、陶器、玉器、木器等各类质料组成的生产工具、生活用品、装饰工艺品以及人工栽培稻遗物、干栏式建筑构件、动物遗骸等文物近 7000 件,全面反映了我国原始社会母系氏族时期的繁荣景象。陶器主要是夹炭黑陶和夹砂红陶、红灰陶。除素面陶外,盛行在釜类腹底交错拍印绳纹,陶器的宽边口沿上常刻画平行条纹、波浪、圆圈、叶形、谷穗状等几何图样,偶见白地深褐色纹的彩陶。以平底器和圆底器为大宗。代表性器物有釜、罐、带把钵、宽沿浅盘、垂囊式、支脚等。与支脚配合使用的陶釜,始终是河姆渡文化的主要炊器。骨制生产工具丰富,尤其在早期,骨器数量远超过石、木、陶质各种工具的总和,就目前所知,为中国新石器文化所独有。木器较精巧多样。梯形不对称刃石斧、拱背厚体石锛、骨耜、斜铤骨镞、管状骨针、骨哨、木矛、木刀等,都是具有特色的器物。大批榫卯木构件及干栏式建筑的遗迹,显示了河姆渡文化的住房特点。河姆渡遗址的发掘为研究当时的农业、建筑、纺织、艺术等东方文明,提供了极其珍贵的实物佐证,是新中国成立以来我国最重要的考古发现之一。

它将长江流域人类生活的文明画卷展现在了人们眼前,向世人宣告:长江流域和黄河流域一样,同样也是我们中华民族的伟大摇篮。

河姆渡遗址

马家浜文化遗址在距嘉兴市区 7.5 千米的南湖区城南街道马家浜村,距今约 6000—7000 年,马家浜文化遗址上承河姆渡文化,下启良渚文化。在马家浜文化中,多处遗址中出土了稻谷、米粒和稻草实物,证实当时已普遍种植籼、粳两种稻。马家浜文化遗址还出土了穿孔斧、骨耜、木铲、陶杵等农用工具以及骨镞、石镞、骨鱼镖、陶网坠等渔猎工具,并且有陆生、水生动物的遗骸。从马家浜文化遗存来看,古代浙江地区的生态已经是渔猎与农耕并存的形态。

良渚文化是长江下游太湖流域一处重要的古文明,是铜、石器并用的时代,因发现于浙江良渚镇而得名,距今约 4000—5300 年。经半个多世纪的考古调查和发掘,发现分布于余杭境内的"良渚遗址群"是良渚文化的中心。良渚文化遗址出土的文物非常丰富,且具有比较鲜明的江南特征,不仅有日常生活所必需的石犁、石锛、石刀、石轮、石针、独木舟、渔网、陶器等工具,更有具有审美价值的精美玉器和烧制品。良渚文化玉器数量很多,玉雕技艺非常精湛,以琮、璧、钺最多,造型宏大雄浑,风格严谨深刻,纹饰以神秘莫测的神人兽面为主,阴线雕刻和浮雕完美组合,成为当时南方玉雕的最高水平代表。良渚玉器与北方红山文化玉器相映生辉,共同写下新石器时代玉雕的灿烂篇章。在上山文化与跨湖桥文化未发现时,良渚文化曾被称为中华文明的曙光,被当作中华 5000 年文化的确证。

在浙江文化史上,古越人创造的文明是非常灿烂的一页。

学界以往普遍认为,古越人是指使用一种石钺的人类群体。石钺,也就是石斧头。这个使用石斧头的群体,在自身的发展过程中,不断地接受许多不同的部落集团与氏族,又形成许多彼此谁也不服谁统属的部落集团,被统称为"百越"。

"百",其实就是多的意思;"百越",是古代南方少数民族的统称,比如於越、闽越、南越、瓯越、山越、扬越等。生活在浙江的越人,一般被称为於越。

於越的起源,众说纷纭。

其一,夏族后裔说。越人来源于黄河流域的夏民族。按照司马迁的说法,"越王句践,其先禹之苗裔,而夏后帝少康之庶子也,封于会稽,以守禹之祀"。既然越是禹的后代,那自然是源于夏民族了。夏民族来源于黄河中上游的西羌,与炎、黄族有血缘关系。还有一个观点,认为越虽然是夏的后人,但不是受封而来的,而是夏族被消灭了之后,有一支人死里逃生来到了南方,活了下来。

其二,楚越同源说。楚人和越人有同亲的祖先,因此也有同样的习俗。这一派观点认为,越族人"文身断发"的风俗与中原华夏民族"束发加冠"的风俗不同,语言也不同,倒是与楚有着同样的习俗。而且,古代著作中关于楚、越同祖,也不是没有记载。《汉书·地理志》就引《世本》说:越为芊姓,与楚同祖。

其三,越为苗后说。越人是从苗人而来的,属于三苗一支的后裔。这一观点是从江南地区大量出土的印纹陶与古代三苗的活动地域出土的器物相一致而得出来的。所以有人认为,浙江先民是夏王朝衰落后,南方地区三苗集团中特别兴旺的一支发展而来的。

其四,於越合族说。於人加上越人,形成於越。於人和越人的结合,形成了於越。这一派认为,越人作为少康之后,这一点倒是没有错的,不过商灭夏之后,有一部分夏人就逃到了南方,在安徽南巢这个地方,用石斧头开发了家园,就这样形成了越族。到了商代中叶,他们又与於人强强联手,从此就被叫作了於越。

其五,土著说。哪儿人都不是,就是土生土长的。这一派认为越族不是从什么地方来的,更不是什么夏民族的后人,根本就是从当地的先民发展起来的。那乌龟洞里的"建德人",也就可以算作是越人最早的祖先了。

沧海桑田,远古时期的几次海侵使得古越人在浙江这块土地上几次迁徙。大约7000年前,大海又漫上大陆,古越人再度搬迁,一部分人在宁绍平原的河姆渡和杭嘉湖平原的马家浜等地落脚;另一部分则干脆漂洋过海,到了今天的日本列岛和南洋等地另起炉灶,重新安家。《越绝书》将两支移民分别称为"内越"和"外越"。

至于土著的浙江先祖为什么会被称为越族,近年来多数学者认为,古汉语中"越"通"钺",而"钺"是越人发明的一种石制农业生产工具,这在河姆渡文化遗址、马家浜文化遗址、良渚文化遗址中都有发现。这种石制生产工具的发明对于水稻种植来说有着重大的意义。良渚文化时期,又出现了玉石制作的"钺","钺"此时已成为军权、神权、政权的象征,或者说,"钺"已经是越族人的图腾符号。到汉代,"越"字出现,成为"钺"这个字的同音假借字。"越",也就成了越族名称的来源。

研究中,人们发现浙江史前文化与中原文化有着极大的差异,这说明於越民族文化是独立发生和发展起来的,不仅在我们中华民族发展史上写下了浓重的一笔,而且作为"百越"的发源地,也是亚洲文明的重要源头之一。从地域上来说,古越民族的居住地是以会稽(今绍兴)为中心,大致包括今天浙江的杭嘉湖平原、宁绍平原,再加上金衢一带,地盘不大,偏隅东南,远离中原。所以古越人在语言上与黄河流域也有着很大差异。古越语一字多音,而中原人说的却是一字一音的"雅言"。在饮食上,古越人吃的是稻米,而黄河流域至今还是以面食为主。在服饰上,古越人和夏族人也大不相同,如"越人跣行",说的是越人行路不穿鞋。"越人披发",说的是越人不束发。还有"文身断发"等,这些习俗都和中原不同。因此,说越民族确实是由在浙江生活的土著居民构成的,并不是没有充足的理由。

对"越"的理解也可以是宽泛的,它可以解释为地域、国家、文化、人种、民族,甚至资源,等等。因为浙江是越人历史的重要发祥地,越,往往被人们视为"浙江"的象征。

有关越国最早的文字记载见于《春秋》:"阍弑吴子余祭。"关于此事,《左传》这样解释:鲁襄公二十九年(前544),吴国攻打越国,大获全胜,大批越国俘虏成了奴隶。吴国君王余祭让俘虏去看守大船。有一次,余祭去巡视这些战船,俘虏们发生了暴动,余祭被越国战俘用刀刺死。

越人建国是很早的,夏禹的第五代少康,封他的庶子无余到会稽,建立了国家,国号就叫做"於越"。这个小国家的主要任务,就是看守祖先大禹之陵。

当时的越国很小,甚至直到春秋的末期,越国疆界北不过嘉兴,南不过诸暨,东不过宁波,西不过衢州,只包括今天浙北和浙东的大部分地区。这样一个小国在战事频频的春秋时期,只是吴国的一个附属国。

吴在越国的北面,紧邻越国,说起来与越还是同源同宗,一脉相承。从今天的版图来看,浙江的一部分,古代是属于吴国的。春秋时吴、越同为地处东南的小国,一向不为地处中原的诸强瞩目,但到了春秋末期,吴越两国却先后成就霸主功业,在春秋五霸后又各占一席。吴、越虽同为弱邦,但与越国相比,吴国更靠近中原,吴王寿梦在位时就和北方的晋国修好,吴国与晋国结成联盟,拓展疆土,扩充势力,吴国很快强大起来。倚仗地缘上的优势,吴国在争霸的道路上捷足先登。

眼见吴国有了北方晋国为靠山,越国亦不示弱,便有意接近南方大国楚国。这样,越国与晋吴联盟的冲突在所难免。

公元前510年,吴国出兵伐越,这场战争的起因就是在吴国与楚国的交战中,越国拒不出兵,这显然违背了当时宗主国在发生战争时附属国应出兵相助的条约。于是吴王愤然遣兵讨伐越国。《左传》这样记载:"吴伐越,始用师于越也。"

对这一次惩罚性的军事行动,越国当然耿耿于怀,一直伺机报复。五年之后的公元前506年吴国又出兵攻打楚国,吴王阖闾亲掌帅印,在柏举大败楚军,吴军长驱直入,连郢都也落在了吴人的手里,楚昭王逃之夭夭,眼看灭楚就在旦夕。借此机会,越国乘虚直捣吴国龙门。吴军后院起火,腹背受敌,不得不匆匆班师回朝。越国对吴国的偷袭大获成功,从此与吴国的属国关系不复存在。这次战争对两国关系的影响是深远的,吴越两国因此反目成仇,刀光剑影,数十载烽火不绝。

公元前496年,越王句践继位还不满一年,吴王阖闾觉得这是个可乘之机,两国大军在今天浙江嘉兴附近摆下了阵势。结果,吴国一败涂地,阖闾重伤,还没回到国内,便一命呜呼。死不甘心的父亲把最大的精神遗产——复仇——传给了儿子夫差。夫差不忘父仇,积极备战的事很快就传到越王句践的耳朵里。句践听了火冒三丈,亲点三万大军前去讨伐,两军在太湖展开了一场水上大厮杀。复仇的吴军气势如虹,有进无退。夫差败越于夫椒,越王句践困守于会稽山。危急之际,句践纳范蠡委曲求全、以退为进之谋,卑辞厚礼以求和,派文种向吴求和。

句践五年(前492)五月,越王率妻和大臣范蠡亲去吴国臣事夫差。他忍辱负重,自称贱臣,对吴王执礼极恭,三年不愠怒,无恨色,胜过夫差手下的仆役,使夫差认为句践已真心臣服,决定放句践夫妇和范蠡回国。

句践七年(前490),句践归国后,卧薪尝胆,苦心焦思,以"十年生聚,十年教训"为国策,发愤图强,富民兴国。周敬王三十八年(句践十五年,前482)春,吴王夫差率全国精锐部队北上黄池会盟诸侯,国内只留下太子友和老弱兵卒守卫,吴国国内空虚。句践率五万大军攻打吴国,歼吴守军,攻破吴都,吴军大败,太子友阵亡,焚姑苏台。夫差向越求和。后经多次征伐,越国终于在句践二十四年(前473)一举灭吴,报仇雪耻。

公元前468年,越国国都迁到了琅琊。三年之后,越王句践去世。在以后的50多年中有三代越王继位,当时越国"以攻战之故,土地之博,至有数千里也;人徒之众,至有数百万人"。但"水满则溢,月满则亏",到句践第五代孙翳时,越国露出败象,国中内乱不断,外部又有诸雄相逼,只好迁都回越。后来,越国成了楚国的附属国,又过了17年,公元前306年,国力式微的越国又发生了一次内乱,楚国趁机就把越国彻底吞并。

第二节　吴越酿就的文明底蕴

文化的发展与传承,绝非诸种文化因子之间单纯的"传"或"递",也不是各种传承方式和路径的简单叠加。文化传承的本质,在于各种文化基因的累积和裂变,在于诸种传承方式的相互协调、相互配合与相互作用,从而使文化具有流动性、延续性和再生性。浙江文化的历史生成,源头在吴越文化传统。吴越文化的繁衍,使浙江文化在漫长的演进过程中,形成了自己鲜明的特征。

上古之时,炎黄子孙公认的"明君"圣贤——舜,就曾经到过浙江。有文献记载,舜来浙江,名为狩猎,实为避难。原因是由于他继承了尧的王位,引起尧的儿子丹朱的嫉恨。关于此事,《水经注》引用《晋太康地记》说:"舜避丹朱于此,故以名县;百官从之,故县北有百官桥。亦云舜与诸侯会事讫,因相虞乐,故曰上虞。"中国传统文化中向来就有以优秀人物的称谓来命名地方的习惯,舜就这样作为一个文化符号,镶嵌进浙江历史长河的源头。不但他驻足的地方被叫做上虞、余姚,他走过的桥被叫做了百官桥,他登过的山被叫做了虞山,他用过的井被叫做舜井,他路过的溪也名为大舜溪、小舜溪,而流淌在上虞身边的那条曹娥江,也还有另外一个名字,就叫舜江。后人为纪念舜,专门建庙,还不止一处,绍兴、余姚、上虞,都有虞舜庙。绍兴的舜王庙,就建在双江溪的舜王山上,清同治年间曾经重修。

舜到浙江,对浙江民风乃至整个文化形成的影响是不言而喻的。王十朋在《会稽风俗赋》中说:"舜为人子,克谐以孝,故其俗至今烝烝是效;舜为人臣,克尽其道,故其俗至今孳孳是蹈;舜为人兄,怨怒不藏,故其俗至今爱而能容;舜为人君,以天下禅,故其俗至今廉而能逊。"这番话,若进行诠释,亦无非忠孝节悌,是中国封建文化的核心部分了。这表明王十朋所在的南宋时代,上古舜的风范深深左右着国家的伦理道德,在浙江的民间影响,更是源远流长。

大禹是中国历史上第一个王朝夏朝的立国始祖,古代伟大的治水英雄。大禹,是被人们认为死在浙江、葬在会稽的。他在浙江的分量之重，可想而知。在中国众多的历史典籍中，大量记载着大禹治理洪水、奠定九州的丰功伟绩，大禹治水的故事在中国家喻户晓，成为中华民族精神文化资源的源头。

大禹治水，不仅是一种人改造自然、顺应自然、与自然磨合的过程，而且上升为一种民族精神，比如公而忘私、坚忍不拔、战天斗地、堵不如疏等，都是从大禹治水中来。人们忘不了禹治水的光辉业绩和奉献精神，尊称其为大禹。后人对此记载颇多，《左传·昭公二年》就记录了刘定公的话："美哉禹功，明德远矣，微禹吾其鱼乎！"

大禹晚年，曾经来东南巡视，并且在会稽山召集部落首领开会。关于大禹来越地的传说，在《越绝书》中也是有记载的："禹始也忧民救水，到大越，上茅山，大会计……"这里的"大会计"，既有封爵赏功的意思，也包含着国家初成形时的税收工作，这就是会稽地名的由来。

传说中杭嘉湖平原上的部族领袖、德清人的老祖宗防风氏开会迟到了，因此被大禹杀掉。又传说防风氏是个大个子，高到一根腿骨有七尺长，刽子手要砍他的头，够都够不着，只好专门为防风氏建一个刑场，筑了一个塘，也就是堤坝，刽子手站在塘上，好歹把防风氏的脖子给够到了。此地因杀人而出名，从此唤作刑塘。刑塘到底听上去令人恐惧，后人改了个同音字"型"，所以现在绍兴还有一个地方叫型塘。

大禹后来死在了会稽，并长眠在这里。司马迁记载说："帝禹东巡狩，至会稽而崩。"大禹埋葬在一个叫禹穴的地方，后人为了纪念大禹，在这里修筑了大禹陵。今天绍兴大禹陵一直是中华文明的象征之一。《吕氏春秋》和《墨子》中均有记载："禹葬于会稽。今尚有窆石，高丈许，状如秤权。"人们后来发现在这里确实有窆石。窆石是古人下葬后用的镇石。

人们又在禹陵旁边建起了禹庙，这样，来禹陵祭祀大禹就成了历代君王的大事。据说祭禹活动始于禹之子启，启"立宗庙于南山（会稽山）之上"，"岁时春秋祭禹于越"。到夏朝六世帝少康封庶子无余于越"以守禹冢"，这样，越地又成了无余的封地。从那时候起，越地，也就是古浙江，已经有了一个能发号施令的行政中心了。其后，越王句践"祭陵山于会稽"；中国历史上第一个皇帝秦始皇，巡视天下，专门来会稽祭祀大禹；司马迁为了写《史记》，也千里迢迢来会稽搜集大禹的故事。会稽祭禹，直至明清时期，历数千年而不绝。

迈入文明的门槛后，浙江早期文明经历了几次高峰，其中春秋越国、五代吴越国对于形成浙江的文化性格具有非常重要的意义。

自商末周初起，吴和越两个国家分别在今天的江浙地区逐渐形成，并于春秋时期相继称霸。这一地区在公元前 11 世纪"泰伯奔吴"之前，已经达到较高的文明程度。这从半个多世纪以来马家浜文化遗址和良渚文化遗址的考古发现中可以得到佐证。但相比中原地区，吴越文化的落后是明显的。而就总体性状而言，粗犷中蕴涵精雅，是当时吴越文化的显著特征。从近年出土的良渚文化遗址的玉器以及春秋吴国大墓的玉器、青铜器中可以看出，吴越人已具有从粗犷中追求精雅的审美心理和实践创造力。古越先民"处海垂之际，屏外藩以居，而蛟龙又与我争焉，是以剪发文身，烂然成章"，沿江临海的自然环境，"水行山处，以船为车，以楫为马"的生活方式，形成了勤劳进取、勇悍刚烈的古越民风。越人好勇轻死、刚劲勇猛的地域性格不仅得于自然环境的塑造,句践"十年生聚,十年教训"的慷慨之志对越民族文化性格的形成更具有较大的示范作用。后世史籍对越人勇猛贞刚的记载史不绝书:"吴越之君皆尚勇,故其民好用剑,轻死易发","人性柔慧……善进取","兼并好胜,挟持善斗,楚越之旧染","民朴而勤,勇决而尚气","民多刚劲质直","民性质直而近古,好斗而易解","锐兵任死,越之常性也"。至南宋王十朋《会稽风俗赋》尚曰:"故其俗,至今能慷慨以复仇,隐忍以成事。"可见,"好勇"这种地域性格,作为一种文化传统,已被吴越地区的民众世世相传。

春秋越王句践为复国报仇,招贤礼达,使贤任能,"其达士,洁其居,美其服,饱其食,而摩厉之于义。四方之士来者,必庙礼之",形成了"养贤"的传统,这种传统对于后世影响非常深远,从此以后,越地"儒风之盛,冠于东州",出现了上虞的王充等越地文化氛围哺育出的学术大家。东晋以后,随着大批北方儒士的南渡,越地的"养贤"之风更盛。越地之人对读书具有非常强烈的渴望与向往,形成了"有志者习举业,迟钝者亦求通句读"的局面,素亲耕读的社会风气使得越地形成了重藏书、刻书以及创办书院的传统。

在越文化体系的构建中,五代吴越国的作用更为突出。吴越王钱镠建都于临安,越地丰腴而润泽的地质使其水道纵横、平畴无际,加之钱王以"善事中国,保境安民"为国策,越地逐渐成为鱼米之乡、丝绸之府。越地丝绸历史非常久远,距今 4700 年的良渚文化中就有了丝织物;春秋时代,越王句践以"奖励农桑"为富国之策;至五代吴越国时期,"闭关而蚕织",杭嘉湖地区更成为中国重要的丝绸产地。

吴越国对于浙江文化的另一重要影响是佛教的繁盛。钱塘(今杭州)佛教历史非常漫长,始于两晋,盛于吴越国。吴越国寺塔之盛,为南方诸国之首,致有"佛都"之称。东晋咸和初,西印度僧人慧理来钱塘,连建灵鹫、灵隐、下天竺翻经院等五刹,为钱塘建寺之始。至南北朝梁武帝赐田扩建灵隐寺,钱塘佛寺才粗具规模,建立了仪制。《宋史·地理志》云:(越人)"性柔慧,尚浮屠之教……善进取,急图利,而奇技之巧出焉"。中唐时期,朝廷崇佛,钱塘的寺庙非常多,遍布湖山之间。五代时期,吴越建都临安,四代钱王以"保境安民"、"信佛顺天"为国策,扩建原有佛寺,在都城周围广建新寺,吴越寺庙,"倍于九国"。崇佛的传统一直绵延不绝,到南宋时期,"凿山增室、广聚学徒、教苑之盛、冠于二浙",形成了"三百六十寺,幽寻遂穷年"的高峰。佛教的发展,使西湖周围形成了以灵、竺为中心的北山寺庙群和以南屏净慈为中心的南山寺庙群。径山、灵隐、净慈、三竺等佛寺均名列佛教禅、教、律三宗"五山十刹"的前列。

第三节　两次中原文明南迁的吸收与创新

在过去 2000 多年漫漫历史长河中,规模不一的人口迁移始终没有停止过。在中国历史上,中原每一次较大的政治变动,都会引起一次较大规模的人口南迁,其中对浙江文化的形成影响最大的是永嘉南渡和北宋南渡。

西晋建立后,武帝司马炎将司马氏家族的子弟封为王,分取赋税,一些同姓王甚至统领中央军队。继武帝位的晋惠帝是个白痴,皇后与皇太后展开争权斗争,并引起了长达

16年(291—306)的八位诸侯王(汝南王、楚王、赵王、齐王、长沙王、河间王、东海王及成都王)争夺皇位的混战,同室操戈,骨肉相残,是为"八王之乱"。这给了少数民族入侵中原以可乘之机。怀帝永嘉五年(311),匈奴攻陷洛阳,掳走怀帝,纵兵烧掠,杀王公士民三万余人,中央朝廷受到威胁。晋建武年间,晋元帝率中原汉族臣民南渡,晋朝首都迁至江东建康(今南京),自此史称东晋。永嘉南渡时,北方的许多士族、大地主携眷南逃,随同南逃的还有他们的宗族、部曲、宾客,等等,同乡同里的人也往往随着大户南逃,"洛京倾覆,中州士女避乱江左者十六七"(《晋书·王导传》)。随从一户大地主南逃的往往有千余家,人口达到数万之多。有的逃到广陵(今江苏扬州),有的逃到京口(今镇江)以南。如此大规模的迁移,在中国历史上是空前的,对迁出地和迁入地都造成很大影响。

永嘉南渡又称衣冠南渡,这是中原汉人第一次大规模南迁。"衣冠"代表文明的意思,衣冠南渡即是中原文明南迁,这是中国首都迁至江南的开始。北方政权倾巢迁来,北方人民大量涌入,中国历史上出现了第一次南北文化大融合。北方豪门望族及其士人的性格气质、生活方式、思维方式和行为规范以及人生价值取向对于越地也产生了重大影响。永嘉南渡对浙江文化的建设具有非常大的影响,从此浙江文化和经济进入高速发展的时期,形成了后世瞩目的江南文化。

永嘉南渡以前,中国的政治、经济、文化中心在北方。永嘉之乱后,中原世族南迁,将学术文化中心移于江南,这既使传统的民族文化得以保存、延续、传播,同时也促进了南北方文化的进一步交流、融合,从而改变了当时江南地区的文化面貌和历史进程。六朝至隋唐的晋室南渡,士族文化的阴柔特质及其对温婉、清秀、恬静的追求,改变了吴越文化的审美取向,逐步给其注入了"士族精神、书生气质"。

北宋重文轻武的政策使社会一直潜伏着"积贫积弱"的危机,辽、西夏、金等少数民族政权对中原虎视眈眈。钦宗靖康二年(1127),在金军的强势攻击下,徽、钦二宗被俘,北宋覆亡,这就是"靖康之难"。康王赵构逃到应天府(今河南省商丘县南)即位,后定都临安。北方广大沦陷区的人民不堪忍受金朝贵族的统治和民族压迫,被迫举族迁移,南方相对安定的社会环境和大量尚未垦种的可耕地吸引了渴望安居乐业的各地人民,大批王族、官员、士民涌向南方荆湖、两浙等地,归于南宋。"中原士民,扶携南渡,不知其几千万人",以至于"建炎(1127—1130)之后,江浙湖湘闽广西北流寓之人遍满"。到这时,随着北方大量劳动力和先进垦殖技术的南迁,在风俗习惯上南北方互相融合,经济上南强于北的局面完全确立。宋朝倡言文治,军事上虽不及辽、金、西夏、蒙元,每战辄北,文化事业却极为发达。宋朝皇帝大多具有较高的艺术修养,宋代文臣之盛也胜于前朝。随着宋室南渡,一大批文人官僚阶层驻留临安,文化事业发达,建书院、刻书籍等都极大地提高了文化普及率,"今吴、越、闽、蜀,家能著书,人知挟册"。即使是偏僻乡村,"虽牧儿妇,亦能口诵古人语言"。陈寅恪先生即说:"华夏民族之文化,历数千载之演进,造极于赵宋之世。"整个江南地区,人民不论男女老少,普遍具有较高的文化素养。

随着晋室南渡和南宋驻跸,吴越之地的地域个性也发生了潜在的变化,移民对长江流域的学术文化起到了不可估量的作用。六朝名士的风流文采以及南宋王朝倡言文治的立朝基础把越地"尚勇"的价值取向引向了"崇文"的方面,"尚勇"的吴越开始逐渐"好文"了。吴莱曰:"自东都文献之余,天下士大夫之学日移于南。或推皇帝王霸之略,或谈道德性命之理,彬彬然一时人才学术之盛,不可胜纪。"越人不再从剑拔弩张中寻找自尊,反而越来越沉浸在山水乐舞与学术诗文的优雅中,越人的刚强恃勇也变成了柔中带刚的温和蕴藉。

吴越之地自古就有擅歌舞、重倡优的传统。早在夏代,涂山女歌"侯人兮猗"的歌吟就开始向世人展示其轻歌曼舞的舒缓柔媚,涂山歌为"南音之始",南音史称之为"吴歈"、"越吟"。"吴歈"和"越吟"深情旖旎、绵邈幽怨、入耳绕梁,深得人们的喜爱。《晋书·乐志》云:"盖自永嘉渡江之后,下及梁陈,咸都建业,吴声歌曲,起于此也。"《宋书·乐志》又云:"吴歌杂曲,并出江东,晋宋以来,稍有增广。"西晋陆机有"楚妃切勿叹,齐娥切莫歌。四座并请听,听我歌吴歈"的描写,其歌之动人可见一斑。从南朝刘宋之际钱塘的歌声舞节就已经非常繁盛了,"凡百户之乡,有市之邑,歌谣舞蹈,触处成群"。又说齐永明时,"都邑之盛,士女昌逸,歌声舞节,袨服华妆,桃花绿水之间,秋月春风之下,无往非适"。吴歌与越吟曼丽宛曲的情调,清辞俊语,令人情灵摇荡,有"西湖歌舞,沉酣百年"之称。南宋时期,勾栏瓦舍遍布钱塘城内城外,同时也遍布吴越之地的中小城市。北宋末年吴越之地出现的南戏,因其能给观众提供包括轻歌曼舞、讲史传奇、杂技百戏在内全方位的艺术享受,很快就由或许只是偶尔为之的表演,开始盛行于各地,成为一种新颖且极受欢迎的表演艺术样式。

元代,钱塘乃至整个江南地区,虽然不再是中国的政治中心,却俨然还是当时全国娱乐文化的中心。在元代,具有明显的北方文化风格的杂剧压倒南宋时期的南戏,成为当时最有影响的戏剧样式,但是元杂剧的中心却并非全在北方。钱塘是当时杂剧最重要的创作中心之一,并不输于北方的大都(今北京)。北方的杂剧正因为宋亡之后大批南方乐工被强行征召到北方才得以兴盛,尤其是从浙江的杭州被征召去北方的乐工和演员,多到无法计数,而杂剧也正因回流到了南方,尤其是回流到了江南一带才成了大气候,成就了"一代之文学"。元代至明初,杭州涌现了一大批杂剧作家和优秀演员。被誉为元曲四大家之一的郑光祖,所作杂剧18种,以《倩女离魂》最有影响。元曲大家关汉卿一度来杭,与杭州的书会才人广泛接触,进一步推动了南戏的发展。自温州传入的南戏,在杭州盛行两百余年,在我国戏剧史上具有开创性的意义。宋元间,中国戏曲两大体系的北曲和南曲先后在杭州得到发展,有杂剧、院本、唱赚、诸宫调、傀儡、影戏等,百戏杂陈,专业性演出场所——瓦舍勾栏也大量出现。至明清时期,由宋元南戏发展而成的传奇剧盛行,杭州人洪昇所作《长生殿》成为中国明清传奇的压卷之作。

宋室南渡,汴梁等地的艺人云集杭州等地,大大促进了艺术的繁荣。南宋杭州的绘画艺术,名家辈出,高手如云。成立于绍兴年间的南宋画院,集北宋南渡画家和江南绘画高手于一堂,宫廷绘画空前发展,造就了大批多才多艺的绘画人才,创作了众多具有时代风格的绘画作品。在南宋150年的历史中,有姓名可考的画院画家近120人,其中李唐、刘松年、马远、夏珪,号称南宋四大家。元代山水画家黄公望历时三年画成一幅二丈四尺(8米多)长的《富春山居图》长卷,为中国绘画史上的瑰宝。

自春秋绵延而来的养贤传统到了南宋以后放射出迷人的光彩,文人士子辈出,藏书文化、刻书文化与书院文化更是其中的奇葩。

书院是中国古代的一种教育机构,具有培养人才、研究学术、传播文化等多种功能。

书院之名始于盛唐,初为官方修书、藏书、校书之所。晚唐出现的私立书院,开始具有隐居读书、聚徒讲学的功能。唐末至五代,因连年战乱,官学多数废毁,于是有识学者选择名山胜地,开始个人出资创立书院或精舍,以之作为学术研究和聚徒讲授的场所,此时书院具有以讲学为主的教育功能。至宋初,著名的学者纷纷创办书院,著名者有白鹿洞、应天、岳麓、嵩阳四大书院,这四大书院成为天下学人向往的学术研究中心。仁宗后,州县官学盛行,书院趋于低潮。南宋时,书院复兴。孝宗后,各地官员竞相创建书院,几乎遍布全国。宋代的一些书院往往是著名学者的讲学之地,但大多数书院则是准备科举应试的场所。浙江书院发轫较早,元代有杭州西湖书院、东阳八华书院、婺州(今浙江金华)正学书院等,但浙江书院鼎盛时期则在明清。明代浙江书院有 290 余所,其中较著名的有杭州万松书院、余姚姚江书院等。明成化十二年(1476),在孤山重建西湖书院。此后,万松书院、浙江提学书院、天真书院、正学书院、吴山书院、虎林书院、崇文书院、近山书院、两峰书院等相继建立。清代时期,浙江书院更多达 560 余所,著名的有杭州崇文书院、紫阳书院以及宁波的月湖书院等。浙江著名学者吕祖谦、陈亮、叶适、王守仁、黄宗羲等都曾主持过书院或在书院讲学,阐发自己的学术观点和见解,并培养嫡传门生,由此形成了历史上闻名全国的金华学派、永嘉学派、永康学派、四明学派和姚江学派。

为了大量收藏与保存书籍,许多具有文化情怀的学子世家创办了藏书楼。中国藏书文化历史非常久远,文献中记载的最早私人藏书楼始于北魏,在此后的 1500 多年中,相继出现过几千座藏书楼。藏书楼是中华学子的精神家园,它们哺育一代代读书人,传播着博大精深的中国历史文化。同时对于古代典籍的收藏、保护,乃至古文献的研究、校勘、刊布、发行等方面,也都作出了不可磨灭的贡献。藏书文化所具有的"涉天涯如近邻,逮远古如今日"的功能,为中华优秀文化世代相传搭起了桥梁。浙江藏书之盛,闻名全国,以历代私家藏书楼为主体的藏书事业以其久远的历史、宏大的规模、鲜明的特色和突出的贡献著称于世。自晋至清末,浙江的藏书家约有 500 多人,出现了诸如"天一阁"、"嘉业堂"、"八千卷楼"等著名的藏书楼。

浙江在宋代成为中国最发达的刻书地区,尤其以杭州为最,刻书既多且精,有国子监官刻的监本,有民间书坊所刻的坊本,更有些富豪之家出于自赏或扬名的需要自己出资刻印的书籍。坊本指书商刻印的书,其刻书以售卖流通赢利为目的。一般书场都有专职的写工、刻工、印工,刻书之处往往也称为书林、书肆等。坊肆刻书起源最早,从唐代印刷术发展以来,坊间刻书十分兴盛,入宋后,坊刻更为普遍。有些坊肆从事刻书卖书之业,甚至几代人相继传承。古书的刻印与流传非常艰难,书中常常难免出现错字、掉字、增字、重复等错误,但是宋代的读书人与刻书人都非常重视校勘工作,校勘细致,极少出错,而且所印的书籍,一般都用唐代书法家欧阳询、颜真卿、柳公权字体。除此之外,刻印所用的纸张、墨色以及装帧都非常精美考究,因此,浙江所刻之书以纸墨精良、版式疏朗、字体圆润、做工考究、传世稀少、价值连城而闻名于后世,至明清时期,宋版书已经是藏书家竞相搜求的宝贝了,到了新中国成立前即有"一页宋版一两黄金"之说。

随着工商实业的萌芽,吴越文化除阴柔、精细之外,又平添了消费特征和奢华之习。到清康乾盛世,苏、杭已成为人们心目中的天堂。杭州自古繁华,地居钱塘江下游北岸,当运河之终点,南倚吴山,西临西湖,到南朝时,已经"带海傍湖,良畴亦数十万顷,膏腴上地,亩值一金"。南宋后,杭州西湖历经元、明、清三朝前后六百多年的修建,成为歌舞升平的"销金锅",其地风俗"四时奢侈,赏玩殆无虚日",文人雅士名宦慕名来游者终年不绝,意大利旅行家马可·波罗称赞杭州是"世界上最美丽华贵"的"天城"。宋朝吴自牧也从商贾繁华方面描绘了杭州:"杭城大街,买卖昼夜不绝。夜交三四鼓,游人始稀。五鼓钟鸣,卖早市者又开店矣。大街关扑,如糖蜜糕、灌藕、时新果子、像生花果、鱼鲜猪羊蹄肉,及细画绢扇、细色纸扇……春冬扑卖玉栅小球灯、奇巧玉栅屏风、捧灯球、快行胡女儿沙戏……又有夜市物件,中瓦前车子卖香茶异汤,狮子巷口燋耍鱼,罐里燋鸡丝粉,七宝科头。"苏松杭嘉湖一带地方,不减当年郑卫之奢侈,成为烟柳繁华之地,温柔富贵之乡。

从南宋以后,浙江不论是经济、科技、教育,还是学术思想、文学艺术,都成为这一文化走向高峰并在全国领先的标杆,影响一直延续至今。

思考与讨论

1. 结合史实,讨论"百越"生存状态,缕析古越文明的历史谱系。

2. 在现存的浙江文化现象中找出例证,证明两次中原文明南迁对浙江文化的重要影响。

第二章

浙江农业文化

浙江地处我国东南沿海,属亚热带湿润季风气候,气温适中,雨量丰沛,其地理环境历经多次变迁,形成了如今西南高,东北低,山地多,平原少,"七山一水二分田"的地形。再加上杭嘉湖平原肥沃的土地,东南丘陵星罗棋布的湖泊河流,最终成就了浙江农业的发达。浙江不仅是最早的水稻栽培地区之一,而且有着发达先进的耕作灌溉技术、繁荣多样的经济作物种植。

秦汉以前的浙江是一个"南蛮缺舌"之地,它经历了一段创造辉煌,然后又渐渐走向衰落,终被秦所灭而统一于全国的历史。在浙江先民的积极进取、辛勤劳动之下,浙江不断学习中原文化、楚国文化、吴文化之长,改造本地区恶劣的自然条件,创造了丰富优秀的物质文化和精神文化的成果。特别是两宋以后,稳定的社会形势和发达的农业生产,使其成为全国的经济重心。直至今日,浙江依然是文明富饶的"文化之邦"、"东南财富地,江浙人文薮",依然是中国经济、文化最发达的地区之一。

第一节 文明曙光:河姆渡文化与良渚文化

河姆渡文化遗址所代表的是长江下游地区的新石器时代文化。它的发现与确立,说明在长江流域同样存在着灿烂和古老的新石器文化。在其遗址中遗存的陶器、生产工具、稻谷、家畜的碎骨和牙齿、原始渔猎与手工业印记、古干栏式建筑,等等,都证明河姆渡文化是我国农业文明起源的标志。

良渚文化所处的太湖地区也是我国稻作农业的最早起源地之一,在众多的良渚文化遗器中,普遍发现较多的石制农具,表明良渚文化时期的农业已由耜耕农业发展到犁耕农业阶段,这是古代农业发展的一大进步,表现出当时生产力的一定程度的先进性及其所孕育的文化内涵。"良渚文化在中国古代文明史上,是个熠熠发光的社会实体",它的发现,使研究者开始认识到太湖地区是与中国文明起源最密切的地区之一。

一、河姆渡文化的特征

河姆渡遗址位于杭州湾南面,四明山和慈溪南部山地之间一条狭长的姚江冲积平原上。河姆渡遗址的发现,是考古学界一件划时代的大事,它证明早在距今7000年以前,长江流域已崛起了可与黄河流域的仰韶文化相媲美的灿烂文化,从而打破了中国古代文明起源的一元论,说明长江流域与黄河流域一样,都是中华民族的摇篮。

发达的农业文化 河姆渡的先民们已经过着定居生活,这是原始农业发展,并占据主导地位的标志。他们在这个水乡泽国的沼泽地里,凭借骨耜、木耜等农业工具种植水稻。在河姆渡遗址的第四文化层上部"普遍夹有一层至数层谷壳、稻秆和稻叶等的混合堆积物,中间也有烧成炭的稻谷。这种堆积的厚度约为20—50厘米"。这些稻谷经过科学鉴定,系人工栽培稻,其中大多为籼稻,少量为粳稻,也有少量中间类型的品种。这是我国迄今发现的最早的栽培水稻遗存之一。在第四文化层中,还发现了大量的骨耜,说明这里已经进入耜耕农业阶段。尤其是稻谷刚出土时呈金黄色,外形完好,连谷壳上的稃毛和谷芒仍清晰可见,说明当时长江下游公社居民已从刀耕火种发展到使用安柄骨耜翻耕土地的耕作阶段。从而证明这里也是世界稻作文化的起源地之一。

河姆渡遗址——养殖业

此外在河姆渡的第三、第四文化层中,还发现了猪、狗、水牛三种驯养动物的遗骸,以及其他动物的大量遗骸,还有小葫芦、橡子、菱角、酸枣、芡等果籽。在第四文化层中,还发现了陶猪,说明饲养业在河姆渡人的生活中也占有重要的地位。由此可以得知河姆渡文化的经济形态是以稻作为主的耜耕农业,同时兼营渔猎采集驯养业。

先进的制造技术 河姆渡遗址出土了大批重要生产工具,有石斧、石锛等。骨质的数量较多,有骨针、织网器、锯形器、箭镞等。骨耜是令人瞩目的重要发现。成套的骨木制作的纺织、缝纫工具,十分罕见。生活用品中有上百件苇席残片,大的有1平方米以上,出土时色泽亮丽。出土陶器属于夹炭黑陶。河姆渡的居民们还发明和建造大规模的干栏式建筑,以遮风避雨,避寒驱湿。他们掌握了原始的纺织技术,发明了独木舟和船桨,还制造陶器,挖掘水井,改善饮用水的质量,并且造出了迄今世界上最早的木质漆碗。

河姆渡遗址——建筑业

早期的图腾崇拜 河姆渡时代浙江人的精神世界也同样令人瞩目,遗址里出土了几件以双鸟与日月同体为母题的骨雕艺术品,其中一件象牙雕刻上刻有两只左右对称、向上飞舞的神鸟,在这连体双鸟象牙雕上阴刻尖喙长尾两鸟,引颈振翅、昂首昵视;两鸟头相对、身相连,左鸟头须长一冠羽,似为雌;右鸟头颈有冠羽三,似为雄;中心连体五重同心圆圈呈孕育日出状,上部有火焰形茂密尾羽,一派鸾凤和鸣、一双两好、时和岁丰、合家欢乐之祥和气象,表明了双鸟育阳创世、百年和合昌盛的主题。这件精美的艺术品向我们展示的,是远古时代浙江先民中流传的鸟日同体神话,是中华民族"和合"理念的原始雏形。

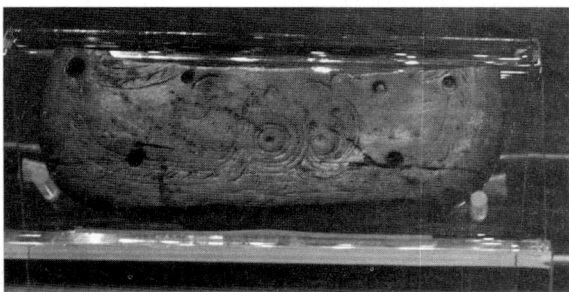

河姆渡遗址出土的骨雕艺术品——"双鸟朝阳"

二、良渚文化的特征

新石器时代的良渚文化是继河姆渡文化之后浙江历史发展的第二次高潮。良渚文化的分布空间以太湖流域为中心,涵盖现江苏省的长江以南地区、上海市和浙江省的北部地区。其影响所及,北跨黄河流域,西入两湖江汉流域,南及现江西、福建、广东诸省。良渚文化是一种以稻作农业为主,多业为辅(特别是发达的制玉业)的新石器时代文化,它已跨入阶级社会的门槛。

良渚文化时代的社会、经济和文化的发展水平比河姆渡文化时期又有了长足的进步。那时的人们已经使用犁耕,稻作农业、蚕桑丝织业、玉器制造业,以及陶器、木器、竹编、造船、酿酒等手工业的生产规模已经十分可观,特别是各地出土的成千上万件精美的玉器,还有湖州钱山漾遗址出土的5000年前的丝绸残片,制作工艺令人叹为观止。

先进的农耕文明　良渚文化大型三角形石犁的普遍使用,标志着长江下游环太湖地区的人们早在5000年以前就已从传统的耜耕阶段进入了较为先进的犁耕阶段,成为中国古代犁耕农业发展的开拓者。良渚人栽培和种植水稻,不仅充分利用了江南水乡的自然环境,更重要的是积极改进生产工具,力求提高劳动效率。与崧泽文化出现的小型三角形石犁相比,良渚文化产生了更多的形体硕大的石犁,有的全长达50厘米。这些三角形石犁的器形扁薄,前锋夹角一般在40—50度之间,中心常穿有1—3个孔,多用片状页岩制造,背面平直,正面稍稍隆起,两腰磨出锋刃,并留有磨损痕迹,它们应是安装在木犁床上的石犁铧。这类农具可借助前拉后推的力量,用来进行连续性翻土,其耕田的效率显然大大超过了耜耕方式。这一地区的稻作农业正是由此达到了前所未有的发达程度。

良渚文化时期的农业虽然以水稻种植为主,但其他种植业也很发达。在钱山漾遗址中,发现了成堆的粳稻和籼稻,并发现舂米的陶臼。在钱山漾和水田畈遗址中,还发现了许多植物种子,已鉴定的种类有花生、芝麻、蚕豆、两角菱、甜瓜子、毛核桃、酸枣核、葫芦等。农业生产水平的提高,也为良渚人在其他方面生产技术的创新与发展如凿井、编织、纺织、髹漆、镶嵌、治玉等提供了坚实的物质基础,从而使得社会生活发展到了一个较高的层次,同时也在客观上促进了良渚社会结构的变化。

良渚文化玉琮

精美的玉器工艺　良渚文化遗址中玉器的大量制作和普遍使用,是长江下游环太湖地区早期文明的一个突出特征。玉器的数量之多、品种之丰富、雕琢之精美,都达到了中国古代玉器发展史上的一个高峰。在玉器方面,除佩戴于身体的装饰用玉之外,玉礼器成为良渚玉器的主流。与礼仪系统相对应的,是对主题纹样的表现。在良渚玉器中,不仅许多玉器上雕刻有神人兽面神徽,而且许多玉礼器的构形都与表现这一神徽有着直接的关系。如良渚玉琮的造型与发展,即是对神人兽面神徽的直接表现的产物。冠状饰的形态,主要来源于对神徽冠帽的表现。

良渚文化玉礼器形态的产生,许多都与神徽形象有着密切的关系。除神人兽面的神徽之外,龙首纹作为从崧泽文化继承发展的一种主题,只有在良渚文化的早期存留了一段时期,并处于十分次要的地位,发现数量较少,目前仅在浙江余杭反山、瑶山、梅园里,桐乡普安桥,海盐仙坛庙,江苏常熟罗墩等遗址有所发现。龙首形纹饰主要刻于圆牌形玉饰、玉管、玉柱形器、玉镯以及玉璜等玉器上。

良渚文化用玉之风盛极一时,固然有其深刻的社会原因,但同时也反映了当时人们已经具备了识别和利用玉矿资源的出色能力,掌握了雕刻玉器的高超技术。马家浜文化就已经有了以玦、璜、管、珠一类小件饰物为特征的用玉传统,但当时所选用的原料大多为石英、玛瑙或萤石,尚属于假玉范畴,制作技术也比较简单。崧泽文化玉器的品种及其组合与马家浜文化基本相同,但总数增加而璜多玦少,并且开始出现了以线切割为特征的玉材开采技术和以透闪石——阳起石为原料的真玉(软玉)。

良渚文化大量精致玉器的涌现,标志着长江下游环太湖地区玉器的发展进入了鼎盛时期。通过对草鞋山、张陵山、寺墩、福泉山、反山、荷叶地等地出土的上百件良渚文化玉器的标本所作的矿物学鉴定分析,证实这些玉器绝大部分属于软玉,说明此时人们已经熟知所用玉料的质地和颜色特征,因而能做到有目的地寻找矿源、开采玉料。在玉料的最初开采加工中,已经比较普遍地应用拉丝、管钻、锯切等多种以砂为介质的开料手段,并逐步地形成了独立的琢玉工艺。

鲜明的社会分层　身份等级的分化与聚落等级的分化,是良渚社会分层的两个重要标志。身份等级的分化是指当时的社会成员已经分化为贵族和平民两大阶层。根据大量墓葬材料显示,贵族阶层大多埋在人工营建的高台墓地之上,墓穴较为宽大,常见棺椁一类葬具;随葬大量玉器,包括各类玉礼器和玉装饰器;石器以石钺为主,并有精致的细刻纹陶器。平民阶层一般没有专门的人工营建的墓地,大多埋葬在居址附近或稍远的高地之上,墓穴浅而窄小,少数死者有木棺;随葬品中玉器仅有一些小饰件而无礼器,陶器较多,石器较少,一些墓中甚至一无所有。

就贵族阶层而言,其墓地与墓地之间、墓地内部之间还存在着明显的等级差异。贵族墓地至少可以分为三个等级:最高等级以反山和瑶山墓地为代表,前者是由人工堆筑而成的大型高台墓地,严文明先生曾称之为"史前王陵"。瑶山墓地则设置在一座经过人工修整的小山顶上。反山、瑶山墓地在出土玉器的数量、种类以及玉器制作的精美程度上都超过了其他大型墓地,尤其是琮、钺等玉礼器上完整、精致的神人兽面纹雕像,在其他贵族墓地出土的玉器中更是极为罕见;第二等级以福泉山、寺墩、草鞋山等墓地为代表,这些墓地大多是在早期文化堆积形成的高地上再经过专门的人工堆筑而成的。墓中随葬的玉器在数量、种类、制作上也略逊于反山、瑶山墓地,因而死者生前的社会地位应低于反山、瑶山墓地的墓主人,虽然有琮、璧、钺等玉礼器的出现,但制作却较为粗糙;第三等级以荷叶地、大坟墩墓地为代表,它们也是人工堆筑而成的,但规模不及福泉山等墓地,随葬品中玉器的数量也大大少于福泉山等墓地,陶器则相对较多。由此可见,良渚文化贵族墓地之间存在的这种等级差异,实际上是贵族阶层之间不同社会地位的反映。

在同一贵族墓地内部,由于随葬品之间的差别,往往也可以显示出个人身份和地位的不同。在随葬的各类玉礼器中,以琮、钺、璧最为重要。玉琮制作得最为精致,神人兽面以及各种形式的兽面纹是玉琮雕刻装饰的主题与标志。玉钺表面高度抛光,以素面居多,一般未开刃,无使用痕迹。一般认为玉琮是宗教祭祀重器以及贵族身份的标志,是王权甚至是神权的体现;玉钺作为一种非实用的权杖,则象征着军权;玉璧可能是财富的体现。除此之外,贵族墓中有的只随葬琮,而不随葬钺;有的则有钺而无琮。这些贵族生前在身份和地位上应低于同一墓地中同时随葬玉琮和玉钺的贵族,前者所拥有的权力范围大概只限于宗教祭祀或军事方面,而那些既无琮又无钺却随葬了一些其他种类玉礼器的贵族,其地位显然就更低一些,但可以肯定的是,他们同样也具有某些特殊的权力。

三、河姆渡文化、良渚文化对中国农业文明的影响和意义

中国是一个以农业立国的文明古国,因此一切政治、经济活动都以农业发展为立足点,农业既是中华文明孕育和发展的基础,又是文明的源泉和组成部分。河姆渡文化和良渚文化作为中国古代文明的一部分,对中国的农业文明亦作出了许多贡献。

首先,河姆渡文化以及良渚文化的发现证明了早在 7000 年前,长江下游的江南就已经进入村落式的农业生活,这也说明中国的稻作比印度要早,是中国先民自己栽培成功的。1986 年,联合国发布的文件称"考古学家已在中国大陆南部的浙江省发现证据,显示中国的文明,比中国第一个朝代——夏代,约早 3000 年,这项理论是根据 50 年来在浙江省太湖地区的 20 个县所挖到的新石器时代的文物而提出的",更是将中国的古代文明又向前推进了几千年,也揭示了中华史上的第一次辉煌。

河姆渡遗址——农业

其次,农业逐渐社会化、手工业专业化。从农具和土地遗址上看,大量的生产器物的出现,证明当时的农民除了供应自己的生活需要外,还能供应其他的手工业者或者掌握

权势的人及巫师集团等,由此可见,当时的农业生产已经开始趋向社会化,这对以后的农业生产有很大的影响。在农产品出现剩余时,手工业成为农民的副业,手工业品除一部分自用外,还有一部分可供社会集体使用或者买卖,手工业的生产出现专业化倾向。

再次,史前稻作农业的产生成为长江流域史前氏族社会发展的新的物质基础,进而促进了家庭饲养业、建筑业、纺织业和手工业的发展,种植水稻和饲养家猪成为中国传统的稻作农业以及社会生产活动。由于史前稻作农业生产的需要,人们学会了观察天象和气候的变化,并逐步掌握了其中的规律,天文历法应运而生,这对以后的农业生产产生了巨大的影响。此外,史前稻作农业的发展使人们逐渐认识到土地的重要性,进而产生了对土地的崇拜,于是有了祭祀大地的祭坛和礼器,礼制被提到了非常重要的地位。

第二节　品茗思源:茶文化

唐代陆羽《茶经》中称:"茶者,南方之嘉木也。"浙江,地处东海之滨,四季分明,雨量充沛,土壤肥沃,生态条件非常适宜茶树生长,素有"鱼米之乡,丝茶之府"之美誉。浙江茶叶,历史悠久,茶区辽阔,品种繁多,茶叶在全省农业生产和地方经济中占有重要地位。据史料考查,茶最早传入浙江可追溯到 2000 年以前的汉代;唐代陆羽从湖北天门辗转至浙江湖州,在此编著《茶经》,成为中国茶文化发展的里程碑。历史上有日本、高丽僧人至浙江禅院学习佛教,传播饮茶文化至日本、韩国,从而形成了日本茶道、韩国茶礼。浙江茶文化在中国茶文化的发展和传播中发挥了重要作用。

一、茶文化的内涵

茶是中华民族自尊、自信和自豪的表现。唐代刘贞德曾总结茶有十德:"以茶散郁气,以茶驱睡气,以茶养生气,以茶除病气,以茶利礼仁,以茶表敬意,以茶尝滋味,以茶养身体,以茶可行道,以茶可养志。"由此可知,茶代表着一种文化,一种价值取向,表达了对情感、对生命的态度,有着更深层次的精神境界。《茶经》中亦言,懂茶之人必定是"精行俭德之人"。

茶与文化关系至深,内容丰富,涉及面广,包括科技教育、文化艺术、医学保健、历史考古、经济贸易、餐饮旅游和新闻出版等学科与行业,包含茶叶专著、茶叶期刊、茶与诗词、茶与歌舞、茶与小说、茶与美术、茶与婚礼、茶与祭祀、茶与佛教、茶与楹联、茶与谚语、茶事掌故、茶与故事、饮茶习俗、茶艺表演、陶瓷茶具、茶馆茶楼、冲沏技艺、茶食茶疗、茶事博览和茶事旅游等二十多个方面。此外,茶文化还有其社会功能,包括以茶思源、以茶待客、以茶会友、以茶联谊、以茶廉政、以茶育人、以茶代酒、以茶健身、以茶入诗、以茶入艺、以茶入画、以茶起舞、以茶歌吟、以茶兴文、以茶作礼、以茶兴农、以茶促贸和以茶致富。这里既有精神文明的体现,又有意识形态的延伸。无疑,茶文化的出现,把人类的精神和智慧带到了更高的境界。世界著名科技史家李约瑟博士,将中国茶叶作为中国四大发明之后对人类的第五个重大贡献,可见中国茶文化对世界影响之大。

茶与婚礼　自古以来,中国人就有以茶为聘的习俗。对此,明代郎瑛的《七修类稿》

中说："种茶下籽,不可移植,移植则不复生也,故女子受聘,谓之吃茶。又聘以茶为礼者,见其从一之义。"尽管古人误认为茶树只能用种子繁殖,移植就会枯死,但对男女青年爱情"从一"、"至死不移"的祝愿,是符合我国传统道德的。自唐代起,把茶叶作为高贵礼品伴随女子出嫁后,宋代又有以"吃茶"订婚的风俗,明代以后,"吃茶"几乎成了男女订婚求爱的别称。

直至今日,在不同地区不同民族还保留着许多与茶有关的婚俗。如:流行于浙江西部地区的食茶之礼,亦称"走媒",即提亲;流行于江浙一带的三茶之礼,即订婚时的"下茶",结婚时的"定茶",同房时的"合合茶"。还有南北方皆流行的茶礼,也称"下茶"、"聘礼茶",是定亲的聘礼,以茶为礼取茶种"不移"之意,寓其白头偕老;蒙古族订婚五道礼中三道与茶有关,认为茶叶象征婚姻的美满和谐;内蒙古、辽宁一带撒拉族则以茶订婚;流行于甘肃东乡族自治县及广河、和政等地区的"总茶",是男方送给女方"亲家伍"中的某一户的彩礼;吃喜茶则是回族的婚俗,男方将茶砖交于女方表示订婚;等等。

茶与祭祀　用茶祭祀,在中国茶叶史上,可以追溯到两晋南北朝时期。茶叶作为祭品,无论是尊天敬地或拜佛祭祖,比一般以茶为礼,要更虔诚、讲究一些。用茶为祭的正式记载,直到梁萧子显撰写的《南齐书》中才始见及。该书《武帝本纪》载,永明十一年(493)七月诏:"我灵上慎勿以牲为祭,唯设饼、茶饮、干饭、酒脯而已,天上贵贱,咸同此制"。齐武帝萧颐,是南朝少数比较节俭的统治者之一。这里他遗嘱灵上唯设饼、茶一类为祭,是现存茶叶作祭的最早记载,但不是以茶为祭的开始。在丧事纪念中用茶作祭品,当创始于民间,萧颐则是把民间出现的这种礼俗,吸收到统治者的丧礼之中,鼓励和推广了这种制度。王室用于祭奠的,全部是进贡的上好茶叶,就是一般寺庙中用于祭佛的,也总是选留最好的茶叶。

茶与佛教　魏晋时期,品茗吃茶被逐步引入佛教。及至盛唐,佛教在中国的发展达到鼎盛时期。耐人寻味的是,茶文化也恰在此时在中原各地广泛传播,于是,佛教文化与茶文化相互影响、相互融合,自此结下了不解之缘。唐代以后的佛寺建筑中,有不少名称与茶有关。佛寺专门招待贵客的品茶之处叫"茶寮"或"茶堂"。一些规模较大的寺庙设钟鼓楼各一,左钟右鼓,如设两鼓,则要分设于北面墙角,放在东北角的叫"法鼓",西北角的叫"茶鼓","茶鼓"响时,表示寺院招集僧众来饮茶。寺院里专门负责煮茶和献茶的僧人叫"茶头",每日在佛前供奉茶汤,称为"普茶",而化缘得到的茶则称"化茶"。若寺院做斋会,富户以茶汤助缘,供应斋会信众,则称"茶汤会"。

茶之所以和佛教特别是禅宗结下不解之缘,原因可能是多重的,但最主要的是因为茶有兴奋中枢神经、驱除疲倦、利于清心修行的功能。禅宗的修行者坐禅时除选择寂静的修行环境外,还特别强调"五调",即调饮食、调睡眠、调身、调息、调心,饮茶往往能够达到"五调"的修行要求,因此,禅宗僧众尤尚饮茶。由此,逐步形成了佛教禅宗的禅茶文化。禅茶在冲沏过程中,先要用各种手势组合成"手印",向菩萨祷告,然后用纱布将茶叶包起来放入铜壶内煮沸,然后再慢慢地品茗。整个过程强调"禅茶一味",以茶礼佛。在从茶中体味苦寂的同时,也在茶道中注入佛理禅机,以此达到明心见性的目的。

茶与楹联　茶联,乃是我国楹联宝库中的一枝夺目鲜花。它字数多少不限,但要求对偶工整,平仄协调,是诗词形式的演变。在我国,凡是有"以茶联谊"的场所,诸如茶馆、茶楼、茶室、茶叶店、茶座的门庭或石柱上,茶道、茶艺、茶礼表演的厅堂墙壁上,甚至在茶人的起居室内,常可见到悬挂以茶事为内容的茶联。使人见之,不但有古朴高雅之美,而且有"公德正气"、情操高尚之感,还可以给人带来联想,增加品茗情趣。

自唐至宋,饮茶兴盛,又受文人墨客所推崇,因此,茶联的出现,至迟应在宋代。但目前有记载的,而且数量又比较多的,乃是在清代,尤以郑燮为最。郑燮能诗善画,又懂茶趣,善品茗,一生中曾写过许多茶联。他在镇江焦山别峰庵求学时,就曾写过茶联:"汲来江水烹新茗,买尽青山当画屏",将名茶好水、青山美景融入茶联。在家乡,郑燮用方言俚语写过茶联,乡亲们读来感到格外亲切,其中有一茶联写道:"扫来竹叶烹茶叶,劈碎松根煮菜根"。这种粗茶、菜根的清贫生活,是普通百姓日常生活的写照,使人看了,既感到贴切,又富含情趣。

茶与戏曲　我国是茶叶文化的肇创国,也是世界上唯一由茶事发展产生独立剧种——"采茶戏"的国家。所谓采茶戏,是流行于江西、湖北、湖南、安徽、福建、广东、广西等省区的一种戏曲类别。在各省,每每还以流行的地区不同,而冠以各地的地名来加以区别。如广东的"粤北采茶戏",湖北的"阳新采茶戏"、"黄梅采茶戏"、"蕲春采茶戏",等等。这种戏,尤以江西较为普遍,剧种也多。如江西采茶戏的剧种,又可细分为"赣南采茶戏"、"抚州采茶戏"、"南昌采茶戏"、"武宁采茶戏"、"吉安采茶戏"等。其表演内容多为种茶、制茶的劳动过程。采茶戏的舞蹈动作一般以模拟采茶劳动中的动作为主,也有模仿生活中的动作,如梳妆,表示青年男女爱慕之情的动作等。有的地区在表演过程中,穿插演唱小调,所唱的曲调和数量,视采茶表演的时间和内容而定,一般为2—4首,亦有加入民间传说故事。采茶戏是直接由采茶歌和采茶舞脱胎发展而来的,它不仅与茶有关,而且是茶叶文化与戏曲文化相互融合而形成的一种文化样式。

茶歌、茶舞　茶歌、茶舞是由茶叶生产、饮用这一主体文化派生出来的一种茶文化现象。它们出现在我国歌舞发展的较迟阶段上,是我国茶叶生产和饮用形成为社会生产、生活的经常内容之后形成的。从现存的茶史资料来看,茶叶成为歌咏的内容,最早见于西晋孙楚的《出歌》,其称"姜桂茶荈出巴蜀",这里所说的"茶荈",就是指茶。在我国古时,如《尔雅》所说:"声比于琴瑟曰歌";《韩诗章句》称:"有章曲曰歌",认为诗词只要配以章曲,声之如琴瑟,则其诗也亦歌了。宋时由茶叶诗词而传为茶歌的这种情况较多,如熊蕃在十首《御苑采茶歌》的序文中称:"先朝漕司封修睦,自号退士,曾作《御苑采茶歌》十首,传在人口。蕃谨抚故事,亦赋十首献漕使。"关于以茶事为内容的舞蹈,现在能知的,只有流行于我国南方各省的"茶灯"或"采茶灯"。茶灯和马灯、霸王鞭等,是过去汉族比较常见的一种民间舞蹈形式。除此之外,我国有些民族盛行的盘舞、打歌,往往也以敬茶和饮茶的茶事为内容,这从一定的角度来看,也可以说是一种茶叶舞蹈。近四十年来,我国文艺工作者在"采茶灯"的基础上,先后又创作出了"采茶扑蝶舞"、"采茶舞"等一系列茶叶舞蹈,使"采茶灯"这一原先行于山村的民间舞,由山区跳至城市,由南方舞到北方,由中国展姿世界,从而使这一由茶文化派生出来的中国特有的舞蹈形式,直接迈进了世界舞蹈艺术的殿堂。

二、浙江优质名茶

浙江茶叶声名显赫,唐代已有顾渚紫笋、径山茶、鸠坑茶、婺州方茶、举岩茶、东白茶、剡溪茶、灵隐茶、天目茶、明州茶等。经多年发展,目前全省的传统名茶和新创的名优茶共有七十多种,分别属于绿、红、黄、花、白五大类,其中著名的有:西湖龙井、顾渚紫笋、开化龙顶、径山茶、临海蟠桃、安吉白片、金奖惠明、江山牡丹绿、银猴茶、雁荡毛峰、天目青顶、普陀佛茶、莫干黄芽、仙都曲豪、兰溪毛峰、东海龙舌、四明龙尖、双龙银针、千岛玉叶、大佛龙井等。

西湖龙井茶 西湖龙井茶经千余年的历史演变,成为绿茶皇后,它不仅色翠、香郁,集味、甘、形、美四绝于一身,且集名山、名寺、名湖、名泉、名茶于一身,还与众多名人留下许多的逸事佳话,构成了独特的龙井茶文化。

相传,乾隆皇帝巡视杭州时,曾在龙井茶区的天竺作诗一首,诗名为《观采茶作歌》。西湖龙井茶向以"狮(峰)、龙(井)、云(栖)、虎(跑)、梅(家坞)"排列品第。龙井茶外形挺直削尖、扁平俊秀、光滑匀齐,色泽绿中·显黄。冲泡后,香气清高持久,香馥若兰;汤色杏绿,清澈明亮,叶底嫩绿,匀齐成朵,芽芽直立,栩栩如生。品饮茶汤,沁人心脾,齿间流芳,回味无穷。

西湖龙井

龙井茶文化是浙江茶文化的骄傲,西湖龙井茶成了中国绿茶的代表,浙江各地以生产龙井茶为时尚,各地茶叶生产亦以龙井茶为目标,至今龙井茶的生产工艺已传播至越南等国家。西湖龙井茶成为中国绿茶中最有特色的茶品之一,在很大程度上,是由于龙井茶所蕴涵的文化内涵,其影响力远远超越了名茶本身的物质层面,它成了中国茶的代名词。

安吉白片茶 安吉白片产于浙江省安吉县的山河、章村、溪龙等乡。又名玉蕊茶,因色腻如脂、滑如玉而得名,为浙江省名茶的后起之秀。

白片茶采摘幼嫩叶芽,谷雨前后开采,采摘标准为芽苞和芽叶初展,芽叶平均长度2.5厘米以下,通常炒制1千克高档白片茶需采6万个左右芽叶。采回的芽叶需经过筛青、簸青、拣青、摊青"四青"处理。其炒制技巧独树一帜,主要工艺分杀青、清风、压片、干燥四道工序。经过精湛技术炒制的安吉白片,外形扁平挺直,显毫隐翠,香高持久,滋味鲜爽回甘,汤色清澈明亮,叶底成朵肥壮,嫩绿明亮。

余杭径山茶 径山茶,因产于杭州市余杭区西北境内之天目山东北峰的径山而得名。径山主峰为凌霄峰,亦是天目山的东北峰。因此,山有东、西两径,东径通余杭,西径通临安的天目山。这里属亚热带季风气候区,空气温和湿润,雨量充沛,峰岭之间云雾缭绕,泉水淙淙,茶区多为黄壤,土质肥沃,结构疏松,对茶树生长十分有利。径山茶属烘青绿茶,以手工炒制,小锅杀青、扇风散热是径山茶的工艺特点。成品茶条索纤细苗秀,芽锋显露,色泽翠绿,香气清幽,滋味鲜醇,汤色嫩绿莹亮,叶底嫩匀明亮,经饮耐泡。

径山产茶历史悠久,始于唐,闻名于宋。径山又是佛教圣地,茶、佛素有不解之缘。

南宋时,日本佛教高僧圣一禅师、大应禅师(即南浦昭明)渡洋来我国,在径山寺研究佛学。归国时带去径山茶籽和饮茶器皿,并把中国"碾茶法"传入日本。据《续余杭县志》记载:"产茶之地有径山四壁坞及里山坞,出者多佳,凌霄峰尤不可多得……径山寺僧采谷雨茗,用小缶贮之以馈人。开山祖钦师曾植茶树数株,采以供佛,逾年漫延山谷,其味鲜芳特异,而径山茶是也。"

松阳银猴茶 神奇美丽、古朴迷人的松阳县地处浙南山区,瓯江上游,全县呈"八山一水一田"的地理格局,境内群峰连绵,山水苍翠,风光秀丽,空气清新,无污染,被誉为"世外桃源"。松阳银猴茶系 20 世纪 80 年代由卢良根等人新创的名茶,产于松阳县古市区半古月"谢猴山"。产地境内卯山、万寿山、马鞍山、箬寮观,峰岭逶迤,土壤肥沃,茂木苍翠,终年云雾缥缈,四季雨水充沛,山下溪流纵横,瓯江蜿蜒其间,生态环境优越。得天独厚的自然环境,造就了 1800 年历史文化名茶,松阳银猴茶形似深山活泼小猴,满披银毫,令人喜爱,内质栗香持久,滋味鲜爽,汤色叶底嫩绿明亮,饮之心旷神怡。

金奖惠明茶 景宁惠明茶是浙江传统名茶,古称"白茶",又称景宁惠明,简称惠明茶。惠明茶产于景宁畲族自治县红垦区赤木山的惠明村,因于 1915 年获巴拿马万国博览会金质奖章而得名。茶园多在海拔 600 米左右的山坡上,土质肥沃,雨量充沛,云雾缭绕,茶树生长环境得天独厚。山上林木葱茏,常年云雾弥漫。尤以惠明寺及际头村两地居赤木山山腰,海拔约六七百米,所产茶叶最佳。惠明茶条索紧缩壮实,颗粒饱满,色泽翠绿光润,全芽披毫,茶味鲜爽甘醇,带有兰花香,汤色清澈明绿。该茶生产始于唐代,因交通闭塞,知者甚鲜;清咸丰年间,始渐有名气;1915 年获国际金奖后,遂在全国扬名。

开化龙顶 开化龙顶是浙江新开发的优质名茶之一,简称龙顶,产于开化县齐溪乡的大龙山、苏庄乡的石耳山、溪口乡的白云山等地。茶区地势高峻,山峰耸叠,溪水环绕,气候温和,地力肥沃,"兰花遍地开,云雾常年润",自然环境十分优越。开化龙顶茶壮芽显毫,形似青龙盘白云,沸水冲泡后,芽尖竖立,如幽兰绽开,汤色清澈明亮,味爽清新,齿留遗香,冲泡三次,仍有韵味。成品色泽翠绿多毫,条索紧直苗秀;香气清高持久,具花香,滋味鲜爽浓醇,汤色清澈嫩绿,叶底成朵明亮。

第三节　千年丝路:蚕桑文化

中国是蚕桑丝织业的发祥地,是丝绸的故乡,种桑养蚕制丝织绸是中国的伟大发明。浙江是中国蚕桑业最繁盛的地方,自然环境优越,气候温和,四季分明,适宜栽桑育蚕。蚕桑产业是浙江省农业十大主导产业之一,2010 年全省桑园面积 103 万亩,蚕茧产量 6.4 万吨,分别占全国的 9%、10%,位居全国第 4 位;茧丝绸出口 13.2 亿美元,占全国的 40%,位居第 1;全省养蚕农户达 50 多万户。

一、蚕桑文化的内涵

中国蚕桑文化有着深刻的民族印记,这从中国人对蚕神的崇拜,以及众多与丝绸文化相关的神话、传说、歌谣、谚语等方面可以看出。中国人的蚕神崇拜具有数千年的历史,早在甲骨文中就有"蚕示三牢"("示"是祭祀,"三牢"指牛、猪、羊三牲,这就是说,用猪、牛、羊三牲祭祀蚕神)的文字记载。数千年来有关蚕神的神话绵绵不绝,至今在杭嘉湖蚕乡的蚕农中间还传诵着不少蚕神神话。比如,关于蚕业起源的"伏羲化蚕"、"嫘祖始蚕"等传说,关于"桑"的"汉桑城"、"成汤祷雨"、"空桑降伟人"、"帝女桑"等传说。

中国蚕农崇拜蚕神,而且蚕神众多。旧时的蚕桑生产习俗中有不少禁忌,印染丝织行业也有不少行规。更有甚者,中国蚕丝文化中的民俗色彩具有极强的辐射力,影响所及,中国人的许多习俗都被打上了蚕丝文化的烙印。蚕乡人的一生中,时时处处被蚕丝文化包围、熏陶。当婴儿还在娘胎里时,外婆家就送来了包括婴儿丝绸服饰在内的"催生礼";人死了以后,还要穿上丝绸质料的寿衣,盖上丝织被,亲朋好友还要"讨蚕花"。中国人的文化观念或多或少都受到中国丝绸文化的整合。时代变迁,虽然一些古老的民俗在移风易俗中消失了,但一些新的民俗事象又产生了。如近年来,苏州、湖州先后举办过几届"丝绸文化节",嘉兴也举办过"丝绸服装节"。

二、蚕桑文化的特征

中国蚕桑文化既是物质层面上的文化,表现为桑树、桑叶、蚕茧、生丝、绸缎、丝绸服装、丝绸工艺品等;又是制度层面上的文化,因为蚕桑丝织生产总是在一定的生产方式下进行的;也积淀着中国人特有的观念,中国人的宗教观、道德观、政治观、经济观、外交观、美学观、价值观等无不制约着中国的蚕丝文化,而中国蚕丝文化又渗透进了上述各种观念,从而形成了中国蚕丝文化特有的观念层面。整体说来,中国蚕桑文化在历史的发展过程中,形成了自己独特的品质和特征,表现在如下几个方面。

(一)蚕丝文化是实用性与审美性的结合

植桑养蚕源于蔽体保暖的需要,这是一个非常现实的问题,故中国蚕丝文化最早的功效应是其实用性。但正是中华民族的祖先不满足于丝绸成衣的保暖功效,中国的蚕丝文化才像现在那么丰富多彩。丝绸印染、织锦刺绣等强化了丝绸的审美功效,于是中国蚕丝文化的魅力大大加强了。

中国蚕丝文化的实用功效是多方面的。据《禹贡》记载,中国早在夏时就有了织锦。在中国古代,丝绸产品作为高档物品,大多不是蚕农自产自销的。蚕农用一部分丝绸来充当国税或用来替代皇粮,或用来充抵徭役,另一部分丝绸则作为商品流入市场。所以,有的蚕农支付赋税、购买粮食、穿衣日用,甚至婚丧嫁娶、买地造房,"唯蚕是赖"。对于社会来说,丝绸首先是一种商品,有利于社会繁荣和经济文化发展。此外,蚕丝在中国还长期充当货币。唐代白居易《卖炭翁》中写道:"半匹红绡一丈绫,系向牛头充炭直",这便是中国古代钱帛并用状况的生动写照。

中国蚕丝文化一方面具备实用功效,另一方面具有审美功效,而且两者往往是相结合的。保暖遮羞和美化生活是人们穿衣的主要目的。比起棉麻织物和化纤织品,丝绸更显得色彩丰富、线条流畅、轻柔飘逸,因而丝绸服装更具有美感。中国丝绸文化的审美功效同样是多方面的。丝绸服装、绸缎被面既实用又富于美感,而织锦、刺绣、缂丝等体现的是工艺美,丝绸饰物、帧裱书画的绫绢所体现的是装饰美,帛书、绢画表现的是艺术美,描述蚕桑丝绸生产和习俗的诗歌、散文、小说、戏曲又具有文学美。

（二）蚕丝文化中功利性与娱乐性的渗透

中国蚕丝文化的实用性决定了其功利性。就中国的有关蚕桑丝绸方面的习俗来说，无论是祭祀蚕神、鞭打春牛、龙舟竞渡、语言禁忌、养猫逼鼠、占桑卜蚕、点蚕花灯，还是烧田蚕、呼蚕花、困蚕花、轧蚕花、祛白虎、贴蚕猫、簪蚕花、讨蚕花，等等，都有很现实的功利目的，即祈求蚕事大吉。在不懂得科学养蚕以前，围绕蚕事所进行的诸多习俗，其功利目的主要是为了迎来蚕花喜气、祛除蚕祟晦气。同时我们也应看到，随着蚕神崇拜的淡化，不少蚕桑丝绸习俗又有了游戏鬼神、借神娱乐的意味。有不少蚕桑丝绸方面的习俗跟民间的文艺和体育结合了起来。如杭嘉湖蚕乡在清明时节有"闹桑田"的习俗，此时的竖爬标竿、龙舟竞渡、表演拳术、耍弄刀枪都是富于水乡风味的民间竞技体育活动。再如，有些地方的"蚕花戏"、"小满戏"、"唱蚕花"等习俗，都是极富地方特色的民间文艺。甚至近年来兴起的"丝绸文化节"和"丝绸服装节"，也是既有功利性又有娱乐性的。举办这些活动的宗旨是"文化搭台，经济唱戏"。从中可以看出，这些活动的商业色彩是很浓的，具有很强的功利性，不过，既然要让文化来搭台，那就自然要有娱乐性。这些活动中安排的丝绸灯展、大型歌舞、丝绸时装表演等，都很有娱乐性。

（三）蚕丝文化是开创性与开放性的互补

中国蚕丝文化对于世界丝绸文化的贡献是世人有目共睹的。中华民族的祖先开创了世界丝绸史上植桑、养蚕、缫丝、浣练、织造、印染、成衣等方面的先河，并在长期的生产实践中不断丰富和发展了世界丝绸文化。所以，中国蚕丝文化具有开创性的特点。与此同时，中国蚕丝文化还具有开放性的特点。通过消化吸收由丝绸之路传入中国的外来文化，大大丰富了中国本身的蚕丝文化。工业革命以后，世界蚕丝文化得到迅速发展，使得中国的蚕丝文化不再居世界领先地位，中国的丝绸业也遭到了外国丝绸业的强大冲击。面对挑战和机遇，中国的不少有识之士远渡重洋，奔赴日本和欧美国家学习先进的丝绸文化，学成归国后努力从事于发展中国的相关文化。例如：有的留学生从日本学来了科学的育种技术，办起蚕种场，开始了中国人自己的科学育种；有的从国外购买来机械缫丝机和纺织机，开办了中国人自己的工厂，致力于发展中国的民族工业；有的开办了蚕桑丝绸学校，为中国的丝绸业培养现代人才。于是，中国的丝绸业开始向机械化、科学化和现代化迈进。

三、浙江蚕桑品的品牌效应

浙江是中国丝绸的故乡，其丝绸的生产历史悠久，品种繁多，质量精美，在中国乃至世界丝绸文化史上占有突出的地位。河姆渡遗址中就发现了似丝印痕，良渚文化时期的钱山漾、水田畈遗址中也发掘出土了断丝败絮，这些都给人们确凿的养蚕证据。河姆渡文化遗址还出土了大量雕刻蚕纹和编织纹的牙雕小盅，并有木卷布棍、骨机刀等纺织工具，遗址中还发现了桑科花粉，表明远在 6000 年前，宁绍平原上已存在桑树，而河姆渡人已可能开始利用蚕丝了。良渚文化的湖州钱山漾遗址中出土了精致的家蚕丝织品，以及盛有绸片、丝线、丝带等物的竹筐，这是迄今为止发现的我国也是世界上最早的丝织品。到越王句践时代，蚕桑业已有了一定的规模和相当的水平，《越绝书》和《吴越春秋》中往往农桑并提,如"劝农桑",可见蚕桑在经济上有举足轻重的地位。当时,越国民间的丝绸纺织业已较为普遍,丝绸花色品种有帛、丝、罗、纱等多种。

早在先秦时期,长江下游的江南和上游的川渝、中游的两湖就已是中国蚕桑丝绸生产比较集中的地区。从汉代开始,在这些丝绸生产一向发达的地区依次出现了三大名锦和三大名绣,它们是中国丝绸文化的突出代表。大约从宋代开始,中国丝绸生产的重心南移,江南、四川和黄河流域共同成为中国丝绸生产的三大中心,特别是江南地区。明朝时,数千年的历史渊源,使得蚕丝业一直处于鼎盛的杭嘉湖和苏南平原,蚕业繁荣昌盛,兴旺发达。此时,浙江"丝绸之府"的美誉逐步闻名于海内外。早在 4 世纪,这种华丽的丝绸就已输入印度。以后,丝绸又输入中亚、西亚和欧洲各国。元朝初年,马可·波罗来游中国时,曾在他的游记里盛赞浙江丝绸的华丽和城市的豪华,使浙江的丝绸在国外市场上的声誉更加高涨。明朝郑和下西洋的时候,也曾带了大批浙江丝绸,成为中国和西洋贸易的最好媒介。

千百年来,浙江的丝绸始终是中国工业的荣誉出品,还是祖国瑰丽的艺术花朵之一。每年从杭州、湖州、绍兴等地的绸厂里,输送出各式精美的绸缎数以万计。

浙江的丝绸,大体上可分为绸、缎、绫、罗、丝绒以及绢丝绸等几大类。浙江的著名生丝织品,有杭州的杭罗、杭纺,绍兴的绍纺、绍花,湖州的湖绉、湖丝葛,嘉兴的画绢、小纺,温州的绉丝等;熟丝织品有杭州的绒纤缎、丝纤缎、纯色缎、三闪缎和绍兴的宁绸等。生熟丝织的成品,花色和品种总共有五千多种,此外还有闻名中外的著名的丝绸工艺品——绸伞、绸扇、织锦。

杭罗 杭罗是产于浙江杭州的传统丝织物。有横罗、直罗之分,其绸面有等距平行的纵条或横条纱孔,呈纵条的称直罗,呈横条的称横罗。杭罗为纯桑蚕丝白织罗织物,质地紧密结实,孔眼清晰,手感挺括、滑爽,穿着凉爽透气。宜做夏令男女衬衫、夏季裤料。杭罗曾与苏缎、云锦被称为东南三大丝绸名产,织工精细,色泽艳丽,轻盈柔软,风靡全国,远销海外。

绍兴丝绸 唐代大诗人白居易曾做过《缭绫》一诗,盛赞绍兴丝绸之精美。绍兴作为丝绸之乡,早在春秋战国时代就见诸记载。其时,越王句践为实现复国大业,奖励越国父老耕荒和养殖蚕桑,重视丝绸生产。至隋唐,绍兴不仅是国内重要的蚕桑地区,而且成为全国范围内丝绸的主要产地。那时的越罗已闻名中外,而耀光绫则作为珍品进贡皇上。而后,随着丝绸业的发展,绍兴丝绸品种日益增加,如:白编绫、轻绸宝华罗、十样绫、花纹绫、轻容纱、花纱等,这些产品编织各异,工艺精湛,显示出绍兴丝绸纺织的一定水平。

湖州丝绸 湖州素以"丝绸之府,鱼米之乡"著称于世。春秋战国至南北朝,湖州绫绢就已出口十多个国家,至唐朝,湖州丝绸进入鼎盛时期,被列为朝廷贡品。在明代,沿太湖一带,乡民兼营纺织,产绵、绸、绢、丝,统称"湖绉";清咸丰元年(1851),湖州丝绸作为中国唯一参加伦敦首届世界博览会的产品即获大奖;1910 年,湖州丝绸参加南洋劝业会获超等奖;1915 年在巴拿马博览会获奖;1929 年,参加全国首届西湖博览会,获特等奖。湖州丝绸具有"细、圆、匀、坚"和"白、净、柔、韧"的特点,享誉世界。

嘉兴绢纺 嘉兴素有"鱼米之乡、丝绸之府、文化之邦"的美誉,是镶嵌在长江三角洲平原上的一颗璀璨的明珠。嘉兴古为蚕桑生产发达区域,传说与习俗繁多。东晋海盐人干宝著《搜神记》载,蚕为女子裹马皮所化,此为我国最古老的关于蚕的神话。以后经历代积累,形成有地方特色的蚕桑文化。

据记载,有一种浙江嘉兴宓家所制的"宓家绢",其绢细而匀净厚密,赵孟頫、盛子昭、王若水等古代书画名家多用这种绢作画。古绢由于年代久远,它的基本丝绢性已经消失,同时经过装裱后,无复坚韧,用指在丝绢上微微拖过,则绢如灰堆般起纵,闻之有古香,若古绢有碎纹,则裂纹横直,皆随轴势作鱼口形,且丝不毛,色淡而匀,表旧里新,薄者不裂,厚者易碎。

温州瓯绸　温州处于东海之滨,气候温暖宜人,雨量充沛,适宜种桑养蚕。在古代,蚕丝生产一度比较发达。西晋时代,曾出现过"城郭桑园成片,采用土丝缲丝"的局面。东晋时期,温州已能饲养"八辈蚕",一年蚕茧八熟。早在宋元时期,温州生产的绫、绢、绸就很出名了。南宋嘉定年间,温州已有机织户。明代是瓯绸发展的第一个黄金时期,当时温州府织染局每岁额造常课,温州府还在德清坊设立了织染局,派官监造宫廷中所用的丝织品。可见当时的瓯绸生产已十分发达,并具有一定规模和相当高的技术,品种也较多。瓯绸的特点是:轻薄而柔软,飘逸而光滑,轻盈如水;纹理细密,图案排列有序,"素丝经纬,彩线横纵,织就一方文绮";色彩鲜艳,其纹如锦,诗云"五色丝缲织锦衾,织成红绿浅和深"(清郭钟岳《瓯江竹枝词》)。

思考与讨论

1. 考察河姆渡文化与良渚文化遗址,写一篇随笔。
2. 结合史实,讨论古代浙江农业文明的成就。

第三章

浙江科技文化

科技文化亦是浙江文化辉煌的一页。"七山一水二分田"的自然生态,"面朝大海"、偏安一隅的地理形态,迫使思维敏捷的浙江先民为开拓生存空间,形成了强烈的创造与创新冲动和矢志不移、永不懈怠的实践精神。千百年来,浙江科技日渐发达,传统手工业、民间工艺、制造业、医学等诸多方面不断进步,促进了社会经济的迅速发展,推动着人类文明日新月异。湖州钱山漾文化遗址发现的"世界上第一片丝绸",标志着中国古代精湛冶铸技术的"吴王金戈越王剑",萧山跨湖桥文化遗址发现的"中华第一舟"标本,蜚声中外的东阳木雕、青田石雕、温州黄杨木雕和"瓯塑",被称为中国最早化学家的葛洪与他的炼丹术,"中国整部科学史中最卓越的人物"沈括与他的《梦溪笔谈》,中药文化的集大成者朱丹溪与江南药王"胡庆余堂",无一不证实着浙江科技曾经有过的繁荣盛世。

第一节　发达的传统手工业

传统手工业和农业是古老中国国民经济的两大支柱,是综合国力的重要体现。浙江作为传统手工业比较发达的省份,手工业不仅门类齐全,发展程度也非常高。丝绸、制瓷、造纸、印刷和造船业等都居当时领先地位。如春秋战国时越国的铸剑,东汉时的制瓷技术和铜镜制作工艺,唐代以后的丝绸、雕版印刷、造塔、寺院建筑、佛像雕塑技艺,都被誉为全国工艺的典范。

一、纺织业

浙江纺织业历史悠久。杭州中国丝绸博物馆陈列的发现自湖州钱山漾文化遗址距今4700—5200年的绸片,被誉为"世界上第一片丝绸"。1975年,浙江余姚河姆渡遗址第四文化层,除出土了木制和陶制的纺结、引纬用管状骨针、打纬木机刀和骨刀、绕线木棒等纺织工具,还出土了大大小小的木棍,它们可能都是原始织机的组件。这些都充分证明早在新石器时代,浙江就开始了它"丝绸之府"的历史。

在吴越文化中,发展蚕桑丝织被视为立国之本。在《史记·吴太伯世家》中记载:"初,楚边邑卑梁氏之处女与吴边邑之女争桑,二女家怒相灭,两国边邑长闻之,怒而相攻,灭吴之边邑。吴王怒,故遂伐楚,取两都而去。"讲述的正是吴楚两国边民因为争夺桑地而发生的民斗终至演变为两国军事对立的事件,由此可见两国对桑蚕丝织的重视。

在古老浙江的历史进程中,纺织业的繁荣恰似春蚕吐丝,不绝如缕。三国时,日本女王卑弥呼派遣专使来中国,吴服(即后来的和服)就是用三国时从浙江一带输入的丝织制成。在晋代,浙江地区已出现了脚踏三锭纺麻用的纺车,采用这种三锭纺车进行麻缕的合并和加捻,比用手摇单锭纺车提高效率2—3倍。越与吴本来就以产麻、葛织物驰名。鲍溶《采葛行》诗云:"葛丝茸茸春雪伴,深涧择泉清处洗。殷勤十指吐蚕丝,当窗袅袅机声起。织成一尺无一两,进贡天子五月衣。"生动描写了当时所产葛布的精美。

唐朝是中国纺织业飞速发展的一个朝代,这个时期,浙江纺织业在全国更是举足轻重。唐代浙江有十州,即杭州、湖州、睦州、越州、婺州、衢州、处州、明州(今宁波)、台州、温州。当时除温州和台州外,其他各州均须向朝廷进贡丝织品,浙江是"丝绸之乡",名不虚传。白居易诗云:"红袖织绫夸柿蒂,青旗沽酒趁梨花。"他还在下面作注说:"杭州出,柿蒂花者尤佳。"白居易盛赞杭州产绫很多,有白编绫、绯绫,但最好的还是柿蒂花图案的绫。

北宋时,江南已经成为朝廷岁赋的主要供给地,朝廷所需的大批丝绸等物质"仰给东南"。特别是到了南宋时期,随着北人的又一次大规模南移,北方各种熟练工匠涌入江浙一带,使江浙的丝绸等手工业生产技术有了全面提高,江浙也一跃成为全国丝织业的重镇。当时杭州等都市,成为名副其实的"丝绸之府"。

在元代,浙江湖州养蚕、缫丝与丝织印染以及买卖开始专业性分工,出现机户、染坊、绢行。明清两代,浙江纺织业继续发展,杭、嘉、湖的丝织业在全国首屈一指。杭州西溪一带,到处是"陌头翠压五叠肥,男勤耕稼女勤织"的景象。在嘉兴、湖州两地,蚕桑业更是兴旺,"以蚕代耕者十之七",几乎是人人皆桑麻了。在这样一派蚕桑业的热潮中,明代的杭、嘉、湖三府出现了许多以经营丝绸商品为主的城镇。时人称"湖丝甲于天下",而湖州府南浔镇丝市最盛。明王朝有两个"国有企业"——苏、杭织造局,朝廷每年都要到这里来采购新丝。清朝前期,浙江许多专门靠织绸为衣食来源的手工业者更是"以机为田,以梭为禾"。从数量上来看,仅嘉兴濮院就有"日出万绸,盖不止也"。从品种和市场上来看,"濮院镇花纹绸出淮院,名色甚多,通行天下"。又如湖州府安吉县,"细茧为之,有细丝、绸丝、串伍、肥光等名目,细丝最多。新丝将出,南京贸丝者络绎而至"。从生产工具来看,杭州的丝织业"观其为器,则有杼、有轴……佐之者有构、有梭……盖一器而工聚焉"。说明丝织工具已分得很细。不仅在生产工具上分工细,在生产工序上也是如此。杭州、绍兴的私营丝织业中有先织后染和先染后织之分。杭州先织后染的有罗、纺、线春、官纱、绞、绢等,绍兴先染后织的有宁绸、缎子等。

北宋时还限于两广和福建地区栽培的棉花,到了南宋后期则在长江流域普遍种植起来。陆游的祖父陆佃在《鉴湖道中》诗中写道:"霜月满天清不寐,篷窗吟依木棉裘。"可见,当时在越州山阴一带已经有棉花种植。浙江曾经出土一条南宋时期的棉毯,细密厚软,反映了这一时期棉纺织业精湛的工艺。明清以后,棉花种植普遍,因而棉织业迅速发展,尤以嘉、湖一带的魏塘、王店、枫泾等镇的棉织业更为著名。魏塘镇的棉纱产量巨大,以致民间流传有"买不尽松江布,收不尽魏塘纱"的谚语。镇上纱庄布号密布,生意兴隆。

清代康熙、乾隆以后，由于钱塘江出口转移，绍兴、萧山以北的涨沙扩展，这片沙地也迅速发展了植棉业，到道光年间其产值已经"岁登数十万"。

二、冶铸业

"冶铸"一词，在古代泛指炼铁、炼钢和铸造、锻造等技术。中国是世界上最早发明冶铸生铁技术的国家，而冶铁业首先发展于古老的南方。据学者考证，当时南方的铁所以远比北方好的原因，一是南方炼铁使用优质材料作燃料，二是使用的原材料质量好，主要是"河谷里、沿海边的铁砂，福建、浙江甚多"。《吴越春秋》记载："童男童女三百人鼓橐装炭"，炼铁高炉运用皮制的"橐"作为鼓风器的冶铁技术绝不是凭空杜撰。光绪《永嘉县志》卷六引《东瓯杂俎》说，铁砂"溪山处处有之，在黄土中淘出色黑者，是以松炭炼之成铁，以栎炭炼之成钢"。栎炭应该是一种炼铁的材料，火力较旺，因而可用来炼出优质生铁。

冶炼和铸造在浙江可谓历史久远，成就突出。春秋以前，於越之地的青铜冶铸业已相当发达。1960年，在绍兴西施山的考古挖掘现场，发现铸铜工场遗址，出土了大批青铜刀、削、锯、镰、斧、凿和犁等农具和手工业工具。在春秋时代，越国铜器继续发展，铁器铸造也开始兴盛。据王嘉《拾遗记》卷三记载，越都会稽"铜铁之类，积如山阜"。在绍兴西施山出土的金属工具中，除前面提到的大量青铜器具外，还有铁镬、铁凹口锄、铁锯齿镰、铁削等。浙江还是炼铁技术最早的发源地，《考工记》载有"吴越之金锡，此材之美者也"之说。铜锡美材与发达的冶金业有力地促进了本地经济文化的发展，而诸侯战争更加速了兵器制造技术的进步。当时就有"吴王金戈越王剑"之说。《战国策·赵策》记载："夫吴干之剑，肉试则断牛马，金试则截盘匜。"足见当时制作技术的精良。

《越绝书》专为宝剑列传："昔者越王句践有宝剑五。闻于天下……一曰湛庐，二曰纯钧，三曰胜邪，四曰鱼肠，五曰巨阙。"1965年，湖北江陵纪南城遗址望山一号墓出土了越王句践自作用剑（越王剑），这是一柄装在素漆木剑鞘里的青铜宝剑。全剑长55.6厘米，剑身长47.2厘米，把长8.4厘米，剑格宽5厘米，重857.4克，柄上缠以丝绳，又称为"缑"；剑格两面镶嵌蓝色琉璃，整个剑身满饰暗纹，出土时剑身插在素漆木鞘内，深埋

越王剑

2400多年而不锈，出鞘时寒光闪闪，毫无锈斑，剑身一面近格处有美丽遒劲的鸟篆铭文两行8个字。除越王句践自作用剑外，值得一提的还有：越王者旨於赐剑、越王盲姑剑和越王朱句剑。者旨於赐是句践之子，盲姑是句践之孙，朱句是句践曾孙。这三把剑可以说明句践之后三代君王，均有身铸铭文的宝剑传世，说明句践之后较长一段时间内，越国铸剑技术仍保持优势。当代专家认为，上述剑身的花纹只有钢才能铸成，从而可以推断出欧冶子冶铸的剑是一种复合金属，其中包括钢的成分。这为我国写下了炼钢史的一页。

东晋南朝时,江南手工业有了进一步发展,私家炼钢师上虞人谢平冶炼技术高超,发明了杂炼生鍒的冶炼法,被称为"中国绝手"。这种"杂炼生鍒"指的就是兼用生铁和熟铁作原料的灌钢冶炼法,这是炼钢技术史上的一次重大革新。梁时黄文庆运用"刚朴"(炼钢的矿石)炼成神剑,能够斫断用头发丝悬挂起来的捆为一束的 15 根"芒"(稻杪)。

唐宋以后流行于长江流域的用熟铁和钢锻造的"铁塔",浙江有些地方称为"铁耙"、"铁齿耙",坚韧而锋利,如果由强壮的劳动力使用,可以取得牛耕一样的效果。南宋陆游诗中不时提到"长镵"这一垦耕工具:《山园杂咏》有"笑携长镵伴畦丁",《杂感》诗有"药口随长镵"。这两首诗都是陆游在故乡所作,可知当时浙江山阴一带流行这种农具。沈括《梦溪笔谈》卷二一《异事》载:"钱塘有闻人绍者,常宝一剑,以十大钉陷柱中,挥剑一削,十钉皆截,隐如秤衡,而剑锋无纤迹,用力屈之如钩,纵之铿然有声,复直如弦。"这说明当时钢的热处理加工技术已经达到很高的水平。浙江北雁荡山能仁寺保存一口大铁锅,上口直径 2.2 米,高 1.55 米,上有铭文记载是北宋元祐七年(1092)铸造,并写明"重二万七千斤"。经实地观察,是用灰口生铁整体铸造的。这样大而厚薄均匀的生铁铸件充分说明,宋代的冶炼和铸造技术已达到了较高水平。

元代王祯认为长镵即是踏犁。铁镵必须坚韧而锋利,肯定是用熟铁和钢锻成的。明徐献忠《吴兴掌故集》记载,湖州归云庵老僧说:由于先用人耕,继用牛耕,耕深八寸,收获加倍。由此可见,铁镵这一农具的创造和使用,对南方和浙江的农业生产发展起到很大作用。

明代宋应星《天工开物》卷八《冶铸》,详细记载了这方面的铸造技术。其中所说的铸造铁锅的方法,可见技术之先进。这种铁锅"厚约二分",最大的能够"煮糜受米二石",要铸造得厚薄均匀一致,是非有很高的技术水平不可的。不但制作泥模技术要高,"差之毫厘则无用";而且浇注铁水也要十分周到,如有"未周之处",就要成为废品。这种铸造铁锅的工艺,在宋代以后发展到高度水平,正是我国铁器铸造技术进一步发展的结果。元代浙江的庆元(今宁波)、台(今临海县)、衢、处州(今丽水)是全国重要的冶铁基地。明末清初,杭州出现不少锻造刀剪的著名工匠。清范祖述《杭俗遗风》说:"五杭者:杭扇、杭钱、杭粉、杭烟、杭剪也。"又说,"剪店则唯张小泉一家而已"。

三、陶瓷业

浙江的陶器手工业发轫甚早,余姚河姆渡遗址出土的大多数是夹炭黑陶,烧制温度较低,胎质较松,器壁粗厚,造型也不规整,制作技术较为简单,表现了初期陶器手制的特点。到了良渚文化时期,出现了夹细砂的灰黑陶,制作较为精细,以轮制代替手制,造型较为规整,器表磨得光亮,纹饰多样,镂空技术也发达,陶器种类繁多,制陶工艺较为复杂。

春秋时期,由于制陶技术的迅猛发展,浙江境内出现了原始瓷器,制陶、制瓷的窑址非常密集。迄今为止,在绍兴就发现了东堡印纹陶、万户印纹陶、吼

多角沿刻花陶釜(现藏浙江省博物馆)

山原始青瓷、倪家溇原始青瓷和印纹陶等多处窑址。

位于上蒋乡东堡村庙前山东北坡的东堡印纹陶窑址,面积约1400平方米。出土罐、坛等,胎呈褐色。用泥条盘筑法成型,口沿经慢轮修整。器表拍印方格纹、回纹、菱形填线纹、复合纹及麻布纹。

位于富盛镇万户村渡桥头山南坡的万户印纹陶窑址,面积约800平方米。出土坛、罐等。器表拍印方格纹、网纹和回纹等。

位于皋埠镇吼山村吼山东坡的吼山原始青瓷窑址,面积4000平方米。出土器物多为碗、钵、盘。轮制成形,胎质细腻,呈灰白色,外施青黄色薄釉。

从原始陶器到东汉进入瓷器阶段,完成了我国古代劳动人民的伟大发明。据考古学家考证,我国最早一批瓷器,在浙江的上虞、宁波、永嘉与慈溪的东汉遗址中出土最多。上虞出土的东汉瓷片,瓷质表面颇具光泽,透光性较好,吸水性很弱,大约在1260℃—1310℃的高温中烧成。器表通体施釉,釉层比原始青瓷增厚,具有胎与釉结合较为紧密、釉层透明等特点。

东汉瓷窑已普遍采用窑炉,这种窑炉多是长方形,往往利用自然山坡修筑而成,窑身前后有相当大的高度差,形成自然抽力,适合江南多山多水地区的自然环境,有免建烟囱的好处。浙江的瓷土矿藏资源极为丰富,促进了当时制瓷业的较大发展。选择胎料、胎釉配方、窑炉结构等都有较大改进,浙江成为汉代瓷器业的主要产地。考古发现的东汉窑址,充分证明了浙江瓷器业的发达。

位于上虞上浦镇石浦村四峰山东北坡的小仙坛青瓷窑址,出土了壶、碗、洗、罐、五管瓶等。器表拍印杉叶纹、三角纹、窗棂纹、麻布纹、方格纹,或刻画弦纹、水波纹等。胎质灰白,釉色有淡青、青绿、青灰、青黄等,光亮匀润。

浙江瓷器以青釉制品闻名于世,但在上虞、宁波的东汉窑址中又发现了黑釉瓷器。这种黑釉瓷器的坯泥炼制不精,胎骨不够细腻,器形较为简单,以壶、罐等为多,质量虽然粗糙,但它别具一格,为扩大瓷器的原料开辟了新途径。

到了三国两晋南北朝时期,浙江的瓷器业更是繁盛。上虞古代窑炉除少数马蹄形陶窑外,绝大多数是龙窑。随着时代的演进,窑身不断加长,构造不断改进,窑温不断提高,终于在东汉烧制成功了成熟瓷品。出土的商代龙窑仅长5.3米,到三国孙吴晚期,窑身已增加到15米以上。三国时期又创造了"火膛移位"新工艺,即在窑室壁上设投柴孔,实施分段烧制。这一新工艺避免了"烧生",既增加产量又降低成本,显示了上虞人民的聪明才智。三国时上虞有陶瓷名匠袁宣、范休可,其作品广为流传,为世人所重。江苏南京赵士冈曾出土青瓷虎子,上刻铭文"赤乌十四年会稽上虞宣作"。江苏金坛县白塔东吴墓出土一只青瓷扁壶,上刻铭文"紫是会稽上虞范休可作者也"。紫,即"此"。此时是江南瓷业获得迅速发展壮大的时期,尤其是浙江地区,成为我国瓷器重要的发源地和主要产地之一。窑场遍布浙江北部、中部和东南地区,最著名的有四大名窑:越窑、瓯窑、婺州窑和德清窑。

越窑 主要分布于上虞、余姚、绍兴等地区,此地制作陶瓷业历史悠久,其产品风格又具有胎质细腻、釉层光滑发亮、纹饰简朴、美观实用等共同的特点。生产品种日益多样,人们日常生活中所用的酒具、餐具、文具、茶具、卫生用瓷以及殉葬用的冥器等,广泛采用陶瓷器取代了竹木漆器和金属用品。

瓯窑 分布于瓯江流域的温州一带。因胎料中含铁量约2%左右,其瓷胎色较白,白中带灰,釉色淡青,时人称为"缥",以彩盖盒、四系罐、天鸡壶、牛形灯等最具特色。

婺州窑 位于今天的浙江金华地区。三国时婺州窑所产瓷器,胎色浅灰,断面较为粗糙,釉层厚薄不匀,常常结成芝麻点状,往往呈淡青色,形成了婺州窑的一些特点。婺州窑的产品也多种多样,造型别致,手法传神,虽比不上越窑,但自三国以来,制瓷工艺不断改进,品种日益繁多,成为我国比较出名的青瓷产地之一。

德清窑 分布于杭嘉湖平原西端的德清县,是以烧制黑瓷为主兼烧青瓷的瓷窑。黑瓷的胎多呈砖红、紫色和浅褐色,由于胎色较深,对青釉呈色不利,所以在胎外普遍上一层奶白色的化妆土,改善胎面呈色的外观。因此,该窑青瓷釉色也比较深,一般作青绿、豆青或青黄色。黑瓷釉层较厚,色黑如漆,釉光闪闪,可与漆器相媲美。

隋唐五代时期,我国瓷器业有了较大的发展,出现了"南青(瓷)北白(瓷)"的特点,三彩釉器的绚丽斑斓,反映了唐代工艺的新成就。《中国陶瓷史》说:越窑青瓷的成就代表了当时南方的最高水平,在我国陶瓷史上占有重要地位。唐代越窑以上虞、余姚、宁波最为集中,此外,绍兴、镇海、鄞县(今宁波)、奉化、临海、黄岩等地均有生产。越窑烧制的茶器,是最负盛名的茶具。越瓷成了当时宫廷最喜欢用的茶具,不仅为国人喜爱,就是域外之人也同样青睐,所以还远销到日本、高丽、印度等地,成了唐朝出口商品中的重要一类。此外,婺州出产的青瓷也很有名。陆羽在《茶经》中这样说:"碗,越州上,鼎州次,婺州次。"婺州窑排在了全国第三位。

宋代是我国制瓷业的繁荣时期,也是浙江瓷器发展的高峰,以龙泉窑为代表的青瓷体系,成为宋代六大体系(定窑系、耀州系、钧窑系、磁州系、龙泉系、景德镇白瓷系)之一,代表了我国青瓷的最高成就。

龙泉窑青瓷是南宋以后兴起的著名窑场,以哥窑及弟窑产品著称。这使龙泉窑形成两种不同的烧制方法。弟窑以青翠欲滴的梅子青、宛如碧玉的粉青著称;而哥窑产品以釉上裂出许多的片状为特色,素有百极碎、鱼子纹、蟹爪纹、冰裂纹之称。龙泉窑造型以仿古代青铜器、玉器为特点,造型古朴端庄,颇有儒雅之气。元以后,龙泉窑以制作大型的陶瓷器物见长,如高达1米多的瓶或直径达1米的大盘等。现今由于市场经济的繁荣,民间制瓷作坊众多,产品主要是仿古青瓷。龙泉窑的制瓷艺人在吸收传统陶瓷工艺的基础上,不断开拓新的表现手法,如哥窑、弟窑泥的纹胎拉坯器皿,具有很高的工艺性。这些产品"青莹纯粹,无瑕如美玉","冠绝当世"。

元代,制瓷业的中心移至江西景德镇,越瓷开始衰落。但明清仍然有不少精美之作,甚至大量行销国外。

四、造船业

浙江有漫长的海岸线,又有多个岛屿环列于大陆周围,且境内湖泊密布,河流纵横,这就为浙江先民进行水上活动提供了极为有利的条件。频繁的水事活动,促成浙江的造船史绵亘数千年。

2002年,在萧山跨湖桥文化遗址发现的独木舟标本,经碳-14测定,约为8000年前制造。这是目前世界上发现的最早的船,有"中华第一舟"的称号。河姆渡考古发现,越族先民在 7000 年前已使用木桨。良渚文化时期,木桨形制已经得到改进,有宽翼、窄翼等样式。《艺文类聚》卷七一引《周书》说:"周成王时,於越献舟。"《竹书纪年》记载:"越王使公师偶来献舟三百,箭五百万,及犀角、象齿。"可见当时越国造船业的发达。当时,吴越战争频繁,两国为争三江五湖之利,相互攻伐,生死决战,无不在水上进行。因此,水师

楼船模型

(军)是吴越争霸的主要军种,而战船则是运载军队、运输军需的重要工具。当时战船种类繁多。如交战中有一种"楼船",其特点是一高二大,是一种有叠层的大船,在船上建楼,用弓箭射击敌船。与"楼船"相对应的是"戈船",即一种只有戈和矛的战舰,体积比较小,是便于近战的快船。"三翼"是水师中较为轻捷灵活的三种战舰的合称,往往整体出动,故合称为"三翼"。大翼船,宽 1 丈 6 尺,长 12 丈;中翼船,宽约 1 丈 3 尺,长约 9 丈 6 尺;小翼船,宽约 1 丈 2 尺,长约 5 丈 6 尺(古代 1 丈约为 3.3 米,1 丈＝10 尺),均配有钩、矛、斧、弩、箭等兵器。"冒突船",是水师中担任冲撞敌船任务的战船。此外还有"桴",用数量不等的竹和木编扎而成,是用来运输士兵和军需的水上交通运输工具。越国庞大的水师所用战船的造船场所和专管造船的官署,据《越绝书》载:"舟室者,句践船官也,去县五十里"。钱塘江边设军港,又有水师大本营。越国造船有着悠久的历史。开始是为适应人们所处的水环境中的生产、生活需要的小型独木舟;随着越王句践和吴王夫差相争,战争频繁,分别建造了一大批大小不等的战船。越国战胜吴国后,接纳了吴国的造船技术力量,逐步发展壮大,当时越国的造船业不仅用于军事,也用于水上交通运输和航海。因此,有人说:"越人精于造船和善于航海,他们是中华民族中最出色的航海家和造船技艺师"。

三国东吴时期,海上贸易很是发达,会稽是对外贸易的城市,当时从会稽航行南海的船舶"大者长二十余丈,高去水三二丈,望之如阁道,载六七百人,物出万斛"。有的开往大秦,是"张七帆"的大船。东晋南朝时期,浙江造船业有了进一步发展,隆安五年(401),史载"孙恩率战士十万,楼船千余"。隋文帝天皇十八年(598)下诏说:"吴越之人,往承敝俗,所在之处,私造大船因相聚结,致有侵害。其江南诸州,人间有船长三丈以上,悉括入官。"

在唐代,杭州、越州皆为造船业所在地。唐工部下属的水部郎中和都水监属下的舟楫署令常在浙江打造船只。唐太宗"发江南十二州工人,造大船数百艘"。浙江的造船业此时体现出船体不断增大、数量不断增多、工艺越来越先进的特点。

宋元时期,浙江海上交通发达,国内漕运繁忙,造船业随之兴盛,明州(后改庆元)、秀州、越州、台州、严州、温州、杭州、婺州居于前列,明州则居首位。北宋时期,温州港等各港口的海上交通贸易往来渐趋活跃,因而浙江沿海、沿江一带停泊和往来的船只众多。哲宗元祐五年(1090),明州官船场年造船 600 艘,用于漕运的官船频繁出没于海上。除官船场外,民间造船亦盛。南宋理宗开庆时,仅民船总计 7900 艘。其中昌国(舟山)船只

3328艘,占总数的42％。有资料称,明州船多而且质量好,船型尖头、尖底、方尾,是中国传统名船——浙船的代表。造船业的发达,自然与港口相关。宋元时期的"海上丝绸之路"东向日本、高丽,而明州则是长江以南的基本出发港。航行季节多在夏、秋,利用东南季风渡海。其路线,自明州起航,斜向东北横渡东海,至日本值嘉岛,再转航博多。南宋时,若前往高丽,舟山不仅为必经之地,而且是安全的避风港。宋元渡海远航,已广泛使用指南针导航,其器一为水罗盘,二为磁性工具。可以说,宋代首用磁性工具导航,开创了世界航海史的新纪元。宋元二代所以能开创远航新局面,俱得益于造船工艺的精湛。宋元造船技术有三大发明:船尾舱、水密舱、尖底造型及龙骨结构。其中技艺虽说宋元前已具雏形,然其工艺的改进及广泛使用至此则臻成熟。宋元海船之巨也令人咋舌。

明清两代,由于数度海禁,其船舶制造业与航海业经过了曲折发展的过程。在此之际,战事频繁,因而战船颇具特色。如舟山沈家门为明朝水师驻地,时多泊战船。鸦片战争期间,这些战船多用于海战。明清两代,中日交往,所用港口以宁波、舟山为主,所用"封舟"即是座船,多属浙船、福船、广船。

随着时代的进步,造船技术有了很大进步,从木帆船初改机帆船,到各式钢质船,直至万吨巨轮,浙江人民征服大海的梦想从没有停止过。

第二节　精湛的民间工艺

浙江浓郁的乡土风情孕育了绚丽多姿的民间艺术。龙舞、狮舞、竹马、高跷、灯会遍及城乡,山歌、田歌、渔歌、民间器乐种类繁多。"三雕一塑"——东阳木雕、青田石雕、温州黄杨木雕和"瓯塑"蜚声中外。剪纸、刺绣、染织、编织和灯彩丰富多彩。以嘉兴秀洲、宁波慈溪和舟山为代表的农民画与渔民画充满了生活劳作气息。浙江民间的舞蹈、音乐、器乐、戏曲、曲艺独具特色,群众文化的众多领域在全国颇有影响。全省涌现出一大批"中国民间艺术之乡"。

一、奉化布龙

山川秀丽的奉化,有很多山涧渊潭,传说这些深潭为藏龙之处,称为龙潭。

奉化布龙

南宋诗人楼钥《隐潭》有诗为证:"中有卧龙君勿狎,有时平地起风雷。"每当亢旱,田地龟裂,禾苗枯萎,乡民们便敲锣打鼓,成群结队去龙潭祈祷,向龙王求雨。见潭中蛇、鳗、蛙等水生动物,请而归之,如神供奉。待旱情解除,再把它送回原潭。把"龙"送回原潭时,要举行"送龙行会",其间有舞龙表演。久而久之,就形成了舞龙的民间习俗。

《奉化市志》记载，南宋时期奉化境内已有舞龙，当地百姓称为滚龙灯、盘龙灯。从朴素的求雨舞龙习俗，逐渐发展到新年、吉庆、丰收之时舞龙，舞龙成了乡民喜闻乐见的文艺活动。

奉化龙以山竹制成骨架，以布料做龙身、龙面，故名"布龙"。最初的布龙，只是将稻草捆扎起来做成龙的形状，慢慢地，村民们在龙身上覆盖一层当地出产的普通土彩布。后来，艺人们对龙的造型进一步改革，在龙身蒙上龙肚布，染上色彩，印上龙鳞，装上龙爪，使原来比较简陋呆板的土布龙越来越漂亮，成为今天鳞光闪闪、栩栩如生的"中华神龙"。

舞得活、舞得圆、神态真、套路多、速度快是奉化布龙的主要艺术特征。整个舞蹈由盘、滚、游、翻、跳、戏等基本套路和小游龙、大游龙、龙钻尾等过渡动作组成。舞者动作矫健，舞姿变化多端，技艺娴熟。舞蹈动作都在龙的游动中进行，形变龙不停，龙走套路生，人紧龙也圆，龙飞人亦舞，动作间的衔接和递进十分紧凑。

奉化布龙曾一度衰落，改革开放后，奉化龙舞才渐渐复苏，直至声誉鹊起。1996年，奉化被文化部命名为中国民间艺术——布龙之乡。

二、东阳木雕

东阳四面环山，气候适中，物产丰富，尤其是盛产木材。当地雕刻艺人农忙务农，农闲从事木雕手艺，遍及全县各地，号称"木雕之乡"。

东阳木雕历史悠久，大约始于唐代，发展于宋代。明清两代，东阳木雕的发展达到了繁荣鼎盛阶段，作为建筑和家具装饰，木雕普遍盛行起来，并形成了一套完整的体系。

东阳木雕用材要求木质坚韧、质地细腻、木色纯洁，现在使用的木

东阳木雕

材有：浮雕材，如椴木、东北松、白杨木等；彩木镶嵌材，如白桃木、苦槠木、桑木、檀木等；发香防蛀材，如樟木；仿古家具材，如紫檀木（红木）、花梨木等；圆雕材，如黄杨木等。

东阳木雕工艺精湛，采用传统技艺，生产流程以手工操作为主。雕刻车间常用的主要工具有平凿、圆凿、翘头凿、蝴蝶凿、雕刀、三角凿六大类30多种雕刻刀，运用这些简单的生产工具，经过设计图样、打轮廓线、脱地、分层次、分块面、细坯雕、修光、打砂纸、细刻9道工序和阴雕法、薄浮雕法、深浮雕法、半雕法、锯空雕法、圆雕法、半圆雕法等11种雕刻法，把木雕品雕饰得精致美观、形神兼备、栩栩如生。

东阳木雕的艺术特色和风格是多层次、散点透视、保留平面。其品种繁多，诸如屏风、壁挂、台屏、插屏、挂屏、屏条、首饰箱、梳妆台、写字台、书橱、衣橱、文物架、茶几、宫灯、落地龙灯、台灯、壁灯、成套家具等1000多个花色品种。雕刻精美，古朴厚重，既是艺术欣赏品，又是实用工艺品。

三、黄岩翻簧

翻簧竹刻是一种竹制工艺品,历史悠久。"竹简"记事是我国的传统,这一传统在唐宋年间发展为一种艺术品,明清两代又有了更进一步的发展。翻簧竹刻则是在竹刻艺术上的创新。清代同治年间,浙江黄岩就有一家"师竹馆"(刻竹店)。一些官家豪绅常请竹刻艺人雕刻竹对联、翎筒、朝珠盒、朝帽筒、雅扇等翻簧竹刻制品。20世纪30年代后又发展了印章盒、照相架等产品。新中国成立以后,翻簧竹刻得到了空前发展,不仅生产成倍增加,而且艺术质量迅速提高。

黄岩翻簧竹刻雕工精细,造型优美,色泽黄亮,既富有艺术欣赏和装饰价值,又是一种实用工艺品。其独特的制作方法是:先用当地盛产的好毛竹削去青皮,通过分层开片,只剩一层竹簧,放在水中煮过,然后压平、胶合,再在上面雕刻各种山水风景、花鸟人物作为装饰,最后经过抛光处理、上蜡等制作成各种精美的产品。

黄岩翻簧竹刻产品经过多年发展,目前已达到200余种。有小巧玲珑的印章盒、邮票盒、牙签具、照相架,情趣雅致的雅扇、笔筒、花瓶、台灯,大方实用的茶具、烟具、水果盘、食品罐,以及专供欣赏的台屏、挂屏、壁挂、竹筒,等等。每种产品又有不同规格,如茶叶盒,就有方形、圆形、扇形、菱形、六角形和花瓣等形状,琳琅满目,丰富多彩。

四、瓯塑

瓯塑,俗称彩色油泥塑,又称"彩色浮雕",是浙江温州独有的民间艺术。瓯塑源于汉代,到宋代已具有相当高的艺术水平。这种工艺具有构图自由,层次清晰,色彩明快,立体感强的特点。据考证,它是在古代传统泥塑的基础上,吸取民间漆器制作的堆漆工艺

瓯塑——台屏

演化而成的。泥塑色彩单调,后来艺人们将漆泥改用多种原料配成油泥,具有配色自由,可塑性强,细腻坚韧,不易剥蚀,经久耐用的优点。外加贴金、镶银装饰,使作品典雅古朴,绚丽多彩。

新中国成立后,瓯塑艺人们在继承传统技艺的基础上,大胆革新创造,把堆塑和绘画、雕刻的艺术手法巧妙地结合起来,使之发展成为一门综合性的工艺美术行业。其特点是画面多彩,格局不限,层次清晰,大都用于大插屏、挂屏、多扇联屏、挂钟及小首饰箱等,其内容有花鸟、山水和戏曲人物等。作品题材广泛,品种多样,有壁画、挂屏、家具、台屏、首饰箱和各类包装盒等,深受人们喜爱。

周锦云是中国工艺美术大师,享受国务院特殊津贴,是瓯塑艺术的代表人物。近年来,在传统艺术结合国内外高级民用建筑环境艺术装饰上取得了骄人成绩,多次获得"鲁班奖"等奖项。据他介绍,他是以宁夏奇特的地理风貌、西夏古代文明和宁夏民族团结为主要内容进行设计的。火石寨、六盘山红军长征纪念亭、泾河源头、须弥山石窟、沙坡头、贺兰山、西夏王陵和绕银川城而过的黄河、沙湖等美景尽收其壁画之中。

五、乐清细纹刻纸

乐清早期的剪纸艺术是依附于民间刺绣工艺的发展而形成的。最初,它只起了粉本的作用,如帽花、鞋花、肚兜花等,局限性比较大,工具也较粗糙,形式单一。这种剪纸被民间传统娱乐——"龙船灯"所采用后,就发展到一个崭新的阶段,其内容不再限于花草、鱼虫鸟兽,而戏曲人物、神话故事与山水风景也逐渐兼收并蓄。其形式也随内容而有所发展,开始出现了较为细腻的细纹装饰。

"龙船灯"是乐清人民一种独特的传统手工艺,每逢新春佳节,乐清县中雁荡山麓村村都扎起"龙船灯"。其体积有 3—4 立方米,分为日龙、夜龙与活动首饰龙三种。前有龙头,后有龙尾。整个龙体造型象征着自由和力量。在一年一度的新春佳节,人们希望在新的一年里能驱凶纳福,人口平安。正由于寄托着这个美好的愿望,人们就不惜工本聘请扎纸艺人来扎制"龙船灯"。"龙船灯"上除装有一个个绸制的古装戏曲人物外,在灯四周从里到外还贴着 4—7 层琳琅满目、五彩缤纷的细纹刻纸。这些刻纸,本地称之为"龙船花"。

"龙船花"极为精致而富于装饰性。夜晚,首饰龙腹内点着灯,映照得四周七层刻纸花样,玲珑剔透,瑰丽多姿,令人神往。由于装饰"龙船灯"的特殊需要,民间剪纸的内容和形式也相应有所突破,工具也由原来的剪刀发展为锋利的特制刻刀。以"刻"代"剪",艺人们更加得心应手,创作自如;同时也使刻纸作品的刀法更加挺拔有力,线条更加明快利落,表现力更加丰富。凡此种种,使这一刻纸艺术品构成精细的独特风格。而今,"乐清细纹刻纸"已跳出过去只是装饰点缀的附属地位,在内容和技法上都有了新的突破,成为完整独立的艺术品。

六、青田石雕

青田石雕是以青田石作为材料雕制而成的艺术品。青田石,地质学称"叶蜡石",是一种耐高温的矿物。其色彩丰富,光泽秀润,质地细腻,软硬适中,可雕性极强。用青田石雕制的作品五彩缤纷、玲珑剔透、晶莹如玉,别具艺术效果。青田石石英分子结构均匀细密,雕镂的线条可细微到如头发丝而不断裂,做成印章,篆刻时走刀利落顺畅,印章久用不损边锋,印油不易渗入印体。

青田石雕是中国传统石雕艺术宝库中一颗璀璨的明珠,以秀美的造型、精湛的技艺博得人们的喜爱,被喻为"在石头上绣花",令人叹为观止。

唐宋时期,青田石雕创作题材和技艺有了突破性的进展。至宋代,青田石雕吸收了"巧玉石"制作工艺,运用"因势造型"、"依色取巧"的技巧,并发挥青田石自身石色、石质、可雕性的优势,开创了"多层次镂雕"技艺的先河。元明时期,青田石被赵子昂、文彭等文人应用到印章篆刻艺术上,拓宽了石雕艺术门类。清代和民国初,青田石雕作为江南名产屡被选作贡品。乾隆八旬万寿节,大臣们用青田石雕制作了一套"宝典福书"印章作寿礼。随着远洋商贸的开通,青田石雕远销英、美、法,并多次参加诸如巴黎赛会、巴拿马太平洋赛会、美国圣路易博览会等国际性赛会。新中国成立以后,青田石雕得到快速的发展,目前石雕从业人员逾万人,年产值数亿元,作品远销四十多个国家和地区,享誉国内外。

七、硖石灯彩

位于天下奇观"钱江潮"观潮胜地海宁东北面的水乡古镇——硖石,千百年来一直是我国重要的灯彩产地。

传说硖石灯彩最早起源于秦代。当时秦始皇东巡江南,令 10 万囚徒在浙江硖石凿山,以断"王气",要百姓户户扎灯为之照明,以便昼夜开工。从此,硖石开始有了"灯乡"之称。以后延续到了唐宋时期,灯会更盛,已成为大规模的民间民俗活动,灯彩艺术空前发展,制作技艺精益求精。现在,在硖石除"走马灯"外,还有栩栩如生的虎、豹、象、狮立体动物灯;群众喜闻乐见的人物故事灯;大型多层次重叠结构的仿古典建筑、亭台楼阁等品字台阁灯,以及花灯、花篮灯、灯中珍品"珠帘伞"。其中大型龙舟灯,长几米至几十米,而玲珑小巧的小花灯,仅 3—6 厘米,制作巧夺天工,令人目不暇接。

硖石灯彩的工艺,是集彩扎、编织、裱糊、刺绣、髹漆、雕刻、剪纸、金属工艺、书画之大成。其中最具特色的是针刺小花灯,即在花灯四周裱糊的宣纸上,用绣花针刺出一个一个细孔,形成各种美丽的图案和画面。透过灯光的散射,映出各种人物、花卉、山水,华丽夺目,丰富多彩,形成独特美妙的光学效果;同时又能使灯内的热气散发出来。制作灯彩的能工巧匠,个个身怀绝技,都是祖祖辈辈传下来的,是我国民间工艺中的一朵奇葩。

八、蓝印花布

江南水乡中,村姑民妇们的蓝印花布衣,使细雨濛濛的风景更添风韵。

嘉兴一带,历来就有众多的民间染坊,制作蓝印花布。织物印花技术通常分为两大类:一是雕刻模版,敷色于版面再捺印于面料上,印出花纹成反像,这是"印";另一是在面料上设置防染浆料组成的花纹,然后投入染液中将面料染色,再除去防染物而呈现花纹,花纹是正像,这是"染印"。蓝印花布是指用靛蓝染料印染而成的织物。"蓝"本是一种蓼科草本植物提取的色料。古人很早就发现从蓝叶中经发酵提取的不溶性淀粉具有溶于碱液变色,置于空气中则氧化返回不溶性靛蓝色的特性。

蓝印花布,先以纸质雕镂成花版复蔽布坯上,然后把配制好的黄豆粉刮上漏印,再把布坯染成蓝色,脱去黄豆粉即成为蓝白相间的美丽花布。由于是通过雕镂纸刮浆印制,花纹只能是由大小斑点组合而成,可分蓝地白花和白地蓝花两类,经反复搭配,具有独特的形式美感。特别是利用疏密不同的蓝白阵点组成不同层次的效果,增强了形象表现力而达到"墨分五彩"的境界。蓝印花布多表现民间吉祥喜庆的题材,如"凤穿牡丹"、"蝶恋花"、"鲤鱼跳龙门"等图案,具有浓郁的民族性。

第三节　耀眼的科技之光

浙江古代的科学技术,在一个相当长的历史时期内都居世界的领先地位,在天文、历法、数学、医学、农学等方面均取得了举世瞩目的辉煌成就。在这些辉煌成就的背后,蕴立着一大批历代杰出的科技人才,由他们所取得的科学研究成果,构成了浙江科技文化最重要的标志。

一、葛洪与炼丹术

道教产生于东汉后期,而形成体系则在魏晋之际。早在道教产生之初,浙江就是最早的流行地之一。

东汉时期,会稽上虞人魏伯阳,"博瞻文词,通诸纬候",所撰《周易参同契》成为传世之作,这也是世界炼丹史上最早的理论著作,被称为"万古丹经王"。《周易参同契》全书共 6000 余字,基本上用四字一句、五字一句的韵文及少数长短不齐的散文体和离骚体写成。在内容上,《周易参同契》是用《周易》理论、道家哲学与炼丹术参合而成,列陈炼丹修仙之术。由此观之,东汉时期道教就在浙江有着相当深厚的文化和思想基础。因此,到了东晋时期,浙江就顺理成章地成了道教传播和发展的重要地区了。

在东晋时期,浙江有一个在道教中称得上重量级的人物,这就是大名鼎鼎的道学家葛洪(283—约 363),也就是抱朴子。葛洪以儒学知名,学问精深,寄情高远,后又转向道教。葛洪历经战乱,遂萌栖息山林、服食养性之念。他晚年来到杭州,就在黄龙洞上面的山头——宝石山西面岭上结庐,庐名抱朴,山也因此名为葛岭。

葛洪最初从郑隐学道炼丹,晚年闻交趾产丹砂,要求去勾漏当县令。携子侄去罗浮山修道炼丹并从事著述。所著《抱朴子》分内、外篇,《内篇》20 卷,"言神仙方药,鬼怪变化,养生延年,禳邪却祸之事",为现存完整的"神仙家

葛 洪

言"。《外篇》50 卷,详论"人间得失,世事臧否",反映了他内神仙而外儒术的根本立场。他在长期研制金丹的实验中,积累了不少朴素的化学知识。内篇《金丹》、《黄白》等,研究用矿物炼丹、炼金银。在《仙药》及其他篇中,有用植物治疾病的记载,对化学和制药学的发展有一定贡献。葛洪一生著作较多,除《抱朴子》外,还有碑、诔、诗、赋百卷,《西京杂记》6 卷,《金匮药方》100 卷,《肘后备急方》3 卷。葛洪的炼丹成就和著作,对唐宋以后的炼丹和阿拉伯的炼丹都起了重大的影响,对我国的化学、医学发展也有重大的贡献。

二、沈括与《梦溪笔谈》

沈 括

沈括(1031—1095),字存中,杭州钱塘人。出身官宦之家,承袭父荫,在江苏沭阳谋了一个县主簿的差事,以后又代理县令。宋嘉祐八年(1063),沈括考取进士,从此正式步入仕途。他先后任过提举司天监,太常臣兼判军器监,淮南、两浙灾伤体量按抚使,宣州知州等不同官职。

沈括为官政绩斐然,且一生著书宏富,著有《忘怀录》、《天下州县图》、《凯歌》、《浑仪》、《浮面》等。沈括晚年的代表作是《梦溪笔谈》。正是这本书的问世,使沈括天下扬

名,功垂万世。

数学是一切科学的基础,沈括在数学上的贡献早就为世人所公认。日本数学史家三上义夫由衷地赞叹沈括是"中国算术史上之模范人物或理想人物"。在《梦溪笔谈》里,沈括详尽介绍了他独创的隙积术和会圆术。他在《梦溪笔谈》中所有的科学论断,都与他卓越的数学才能分不开。

中国古代容易形成"岁年错乱,四时失位"这样一种历日与节气脱节的现象。沈括主张废除十二月为一年,改用十二节气为一年的算历。这样一年共有 365 天或 366 天,和现在的太阳历基本一致了。直到 20 世纪 30 年代,英国气象局才采用"萧伯纳算历",但比沈括晚了足足 800 年。

沈括不仅是数学家、天文学家,同时又是一个地理学家,他在地理学的领域中也有不少精辟的见解。雁荡山为中国名山之一,壁立千仞,峰峦峭拔。人们很早就对雁荡山的地理现象产生了兴趣,因为雁荡山的地貌特征与我国古代"高山为谷,深谷为陵"的说法极为吻合,但又始终没能科学地说明这种"山"和"谷"互为变迁的原因。沈括亲自前去考察,得出的结论是雁荡山峰是由于流水侵蚀形成的,从而首创了河流侵蚀形成地貌的学说。

石油这个名字来源于中国,可是在宋以前,它被叫做"石漆"、"石蜡水"、"黑香油"、"猛火油"等。在《梦溪笔谈》中,记录了沈括对陕西等地采集石油的考察,他把这种地下资源定名为"石油"。在工业时代远未到来的 900 多年前,沈括就大胆预言:"此物后必大行于世,自予始为之"。

沈括对民间各行各业的科技成果非常重视,并加以记录。例如活字印刷术的发明,正是由于《梦溪笔谈》的记载,才使今天的人们得以了解我国古代由雕版印刷到活字印刷的历史过程。

《梦溪笔谈》的巨大成就,使沈括备受世人关注与推崇。美国的中国科技史专家席文博士赞誉沈括是"中国科学与工程史上最多才多艺的人物之一",而英国的科学史家李约瑟更是直截了当地称沈括是"中国整部科学史中最卓越的人物"。

三、毕昇与活字印刷术

北宋仁宗庆历元年至八年间,即公元 1041—1048 年间,一位名叫毕昇的普通劳动者发明了活字印刷术。沈括在《梦溪笔谈》这样记载:"庆历中,有布衣毕昇又为活版。"

活字印刷

关于毕昇的生平事迹,以及他发明活字版的经过,除了沈括的上述记载外,再难找出确信的文献资料。关于毕昇的职业,以前曾有人作过各种推测,但最为可靠的说法,毕昇应当是一个从事雕版印刷的工匠。因为只有熟悉或精通雕版技术的人,才有可能成为活字版的发明者。由于毕昇在长期的雕版工作中,发现了雕版时最大的缺点就是每印一本书都要重新雕一次版,不但要用较长时间,而且加大了印刷的成本。如果改用活字版,只需雕制一副活字,则可排印任何书籍,活字可以反复使用。虽然制作活字的工程大一些,但以后排印书籍则十分方便。正是在这种启示下,毕昇才发明了活字版。关于毕昇的籍贯,沈括也没有交代。有人认为他是湖北英山人。但人们都知道,毕昇死后,他制作的泥活字为沈括的侄子所收藏,从这一点可以推测毕昇和沈家或者是亲戚,或者是近邻。沈括是杭州人,毕昇可能也是杭州人。杭州是当时雕版印刷较为发达的地区,活字版在这里发明,也是符合历史规律的。

活字印刷术的发明,是印刷史上的一次伟大革命,是中国古代四大发明之一,为中国文化经济的发展开辟了广阔的道路,为世界文明的发展亦作出了重大贡献。

据沈括的《梦溪笔谈》记载,毕昇的活字印刷术可以分为三个主要步骤:首先要在胶泥制成的小方块上刻好一个个的单字,放在火上烧硬,变成陶活字。平时将这些陶活字装入纸袋,按照字音韵母的次序排列在木格里。其次,依照稿本拣出所需要的陶活字,排在一块铁板上,字下放一层脂蜡和纸灰,放到火上烘烤,脂蜡熔化后,再用另一块铁板在上面压一压,使字面平整,待铁板冷却,所排的字就固定在铁板上,这就是排版。最后一个步骤就是施墨印刷。印刷完毕,将铁板重新放到火上烧,脂蜡一化,便可将活字拣出来,再放回纸袋中,排到木格里,以备再用。为了提高效率,毕昇准备了两块铁板,组织两个人同时工作,一块板印刷,另一块板排字;等第一块板印完,第二块板已经准备好了。两块铁板互相交替使用,可以大大提高印刷效率。

然而,一些欧洲人曾经把活字印刷术的发明归功于谷登堡。谷登堡是德国人,他发明铅活字印刷术,大约是公元1440—1448年间的事,比毕昇发明陶活字印刷术整整晚了400年。

四、朱丹溪与中药文化

中药文化是一种极为实用又充满了审美精神的文化现象。在元代,中国中医发展史上就已经形成了"金元四大家"——刘河间、朱丹溪、张子和、李东垣。金元四大家,都有理学训练的经历,他们的知识背景,都来源于"道德性命",尤其是李东垣和朱丹溪,一直以"理学弟子"自居。

朱震亨(1282—1358),字彦修,号丹溪。婺州义乌人。朱震亨自幼好学,天资敏慧,36岁之前,一直在东阳的八华山学习程朱理学。但因母亲久病不愈,自己又两次应乡试而不中,40岁之后,他才开始专心学习医道。他曾说:"医为吾儒格物致知一事",可见医在他心目中乃是达到儒的一种方式。后来,他离开家乡义乌,四处遍访名医名方。到杭州之后,他听说了罗知悌的名声,前往拜师,谁知十次求见,都被拒绝了。朱丹溪每天就拱手站在罗家门口,风雨无阻。皇帝的御医到底被朱丹溪的精神感动了,将他收为徒弟,把自己所有的经验都传给了朱丹溪。也正是在这样的基础之上,滋阴说终于创立了。

朱丹溪

滋阴说的核心就是补阴。因为南宋以往的中医理论,多强调补阳,所以药方往往偏于温燥,而朱丹溪却认为人生病时,常常是一水不能胜五火,阴常不足而阳常有余。当然他也不是一味地强调补阴,而是对症下药,因此往往有神效。后人认为,儒之门户分于宋,医之门户分于元,足见朱丹溪滋阴说在中医学上的划时代意义。朱丹溪先后游历江浙一带,访求名医。在总结前人经验的基础上,他运用理学中的太极之理,贯穿《内经》旨义,创造性地发挥了"阳有余阴不足论","相火论","气、血、痰、郁"学说。朱丹溪还在治疗上发扬"滋阴清热"主张,形成个人医学特色。

朱丹溪的许多弟子,后来都成为著名医家。如赵以德(良仁)师承朱氏学说,著有《金匮方衍义》,对杂病颇有发挥;王履(安道)著有《溯洄集》,他结合张仲景的《内经》要旨,发扬了朱氏学说,使"丹溪学说"兴盛一时。在朱丹溪众多的学生中,戴思恭(1324—1405)最得其传。其著述多以朱丹溪学术思想为本,参以诸家学说,结合临证实践,寓理论于证治,均有发挥。在理论方面,对朱丹溪的"阳常有余,阴常不足"论,阐述其所未尽;在杂病的辨证论治方面,对气血痰郁之治亦多阐发。戴思恭还能采撷前代张仲景、张从正、李杲等医家要旨,"触而伸之,类而长之,研精覃思,明体适用","以之治疗诸病,往往奇验"。

明清时代,医家刘纯、徐用纯、王纶、虞搏、程钟龄等亦多吸收朱氏学说,特别是朱氏重视的"滋阴"学说,对后世医家影响极大。同时也受到日本医家重视。1487年,日本医家田代三喜来到中国,并在我国留居12年,专攻李杲和朱丹溪医学,返国后成为倡导李、朱学说的日本医学著名人物。

其实,在古城杭州,中药文化源远流长。杭州的中医药传统,可以从北宋说起。苏东坡第二次到杭州来的时候,杭州先是旱后是涝,然后就是旱涝之后的瘟疫。苏东坡拨了专款,又自己捐款筹钱,在今天的众安桥边,建了一座病坊,叫安乐坊,这是中国最早的公立医院的雏形。苏东坡不但开医院,还亲自制药,试制了一种丸药,叫"圣散子",这种药很便宜,一帖只要一文钱,疗效很好,苏东坡自己也说:"去年春,杭之民病,得此药全活者不可胜数。"与苏东坡同时的大科学家、杭州人沈括,除了著有《梦溪笔谈》,也会制药,救了许多人的性命。后人就把他和苏东坡的验方合在一起,编了一本书,取名《苏沈药方》。南宋绍兴年间,杭州创建了一个医药机构——太平惠民药局。元代时,杭州名医辈出,并且有了中国历史上第一家药店,这就是名医夏应祥开的寿安堂。明清以降,杭州中药事业发达,江南药王胡庆余堂正是其繁盛的象征。

思考与讨论

1. 你熟悉的浙江代表性工艺品有哪些?介绍1—2件工艺品的制作方法。
2. 浙江科技的突出成就表现在哪些方面?

第四章

浙江商业文化

浙江商业的主角必定是浙商。何为浙商？其意大致有三：一曰，浙商等于做生意的浙江人，这种属地化的认识尽管表面上界限分明，但难以揭示浙商的本质属性；二曰，浙商是浙江人创办、经营的企业，这是一种法人意义的认识，但比较泛化；三曰，浙商即浙江民营企业，这种经济组织意义上的认识动因乃浙江为中国的民营经济大省、强省。

上述各种界定都只是局限在一种静态的现象观察的方法，无法透析浙商的本质。浙商作为一个复杂的社会系统，必须是一种全方位的立体透视和前瞻，而文化视角是一个很好的角度。所以，宜从历史、地域、文化的视角，对浙江悠久的商业传统和历史商帮的文化生态进行描述，对现代浙商进行文化解读，并在对现代浙商整体面貌宏观把握的基础上对浙商的未来进行展望。

第一节　悠久的商业传统

世人皆知，犹太人热衷交易；中国人也皆知，浙江人热衷商业。与中国一直以来就有的强烈的"重农轻商"、"强本抑末"的社会传统不同，浙江人素来悯商重贾，视民间工商活动为社会生活的重要组成部分，工商与农皆本，甚至做官也不如经商。孙枝蔚在《溉堂后集》中感慨："满路尊商贾，愁穷独缙绅。"所以说，浙江商业传统是很悠久的，也是一脉相承的。

一、浙江商业的奠基期

浙江商业的萌芽，可追溯至春秋战国时期。那时出了中国最早的大商人，也就是后代商人的鼻祖陶朱公——范蠡。

范蠡（前517—前448），字少伯，本楚国宛三户（今河南南阳）人，春秋末战国初著名的政治家、军事家、实业家。他出身低微，特立独行，唯与文种相识，遂成至交，后一起弃楚归越。

据司马迁在《史记·越王勾践世家》中记载："范蠡事

范　蠡

越王句践,既苦身戮力,与句践深谋二十余年,竟灭吴,报会稽之耻。"句践二十余年几乎唯范蠡之计是从。但在范蠡不待王命亲率大军灭吴之时,就已经决定了范蠡的归宿。助越灭吴后,范蠡不贪求越王"与子分国"的许诺,也不畏惧于越王"不然,将加诛于子"的威胁,曰:"君行令,臣行意",毅然隐去。其直接原因在他给文种的信中说得很明白:"飞鸟尽,良弓藏;狡兔死,走狗烹。越王为人长颈鸟喙,可与共患难,不可与共乐。子何不去?"范蠡了解句践的性格,知其只可"共患难",不可"与共乐",所以不贪图高官厚禄,毅然决定做一介平民,享生活平实之乐。

范蠡隐去之于何处?《国语·越语下》仅言"遂乘舟以浮于五湖,莫知其所终",而《史记》则说范蠡"浮海出齐",改姓为"鸱夷子皮",先是父子耕作,后曾做过齐之国相,又辞相位,间行以去,止于陶。据司马迁记载,范蠡去越如齐之后,把在越所学的哲学思想、军事思想用于商战谋略中,故所谋必成,"致赀累巨万,天下称陶朱公"。更为可贵的是陶朱公不为金钱所累,去齐时便尽散其财,与知友乡党共同分享。居陶经商19年,其中三致千金,分与贫困的乡亲。

范蠡曾求学于计然,他秉承了计然的思想,有些成熟的商业思想很值得后人借鉴。比如与时逐利,满足市场需求——"旱则资舟,水则资车";尊重"贵上极则反贱,贱下极则反贵"(《史记·货殖列传》)的价格波动规律,认为应当"贵出如粪土,贱取如珠玉",即在贮存的商品价格已贵时,要把它当做粪土一样立即抛售,毫不吝惜;在物价下跌时,将便宜的货物,当做珠玉一样大胆地购进,待价格上涨时出售。商品价值规律一直被西方视为自己的"专利",殊不知,早在他们的蛮荒年代,中国的先哲已经可媲美"商品市场经济之父"了。

范蠡在中国先秦史上的地位举足轻重。兴一国,败一国,"兵圣"孙武没做到,"智圣"诸葛亮没做到,两人几乎都是"出师未捷身先死",只活到五十出头,而范蠡做到了。他不仅创造了以弱胜强的光辉战例,还开中国商业之先河,经商之道被后人不断效仿,而不尚虚功、求实利的风格更是浙商祖祖辈辈笃信力行的一贯理念。

浙江真正的商业起步大约在东汉末年。东吴时期,商品经济开始发展。孙坚为县吏时曾与父亲一起,在钱塘江驱散"掠取贾人财物"的海盗,由此开始名扬天下,可知当时今杭州湾一带已常有商人活动。宋代范成大《吴郡志》卷二根据《隋书·地理志》记载而言:"宣城(今安徽境内)、毗陵(今江苏常州)、吴郡(今江苏苏州)、会稽、余杭、东阳,其俗皆同,然数郡川泽沃野,有海陆之饶,珍异所聚,故商贾并凑。"由此可见,隋以前浙江商贸繁荣程度非同一般。而当时,民间商贩已经成为浙江商业经营的主体。

二、浙江商业的鼎盛期

宋、元、明、清时期,是古代浙江经济最鼎盛的时期。

南宋时期,北方连年战乱,民不聊生。南宋政权迁都临安,文人贤士、商业富贾也一路南下,来浙江寻找一片安宁栖身之地。人口的大规模南移,扩展了浙江商业市场,促进了商业的发展,同时也向浙江传播了先进的中原文化。

南宋政治的衰败使活跃在浙东地区的哲人们忧思难酬,企图以从政来报国的梦想破灭了,他们转而将实现国富民强的手段诉之于经济的发展,期望经由工商事功,梦寻《清明上河图》的往日繁荣。在这种经世致用思想的影响下,从贾人数骤增,商业贸易大大发展。杭州周边杭嘉湖平原为江南鱼米之乡、丝绸之府,物产丰沛,商路四通八达,海路有杭州港和稍北的乍浦港、澉浦港,运河直通北京,沿途诸地为江浙商品集散地。境内河网密布,商船往来不绝。宋吴自牧《梦粱录》卷一三记载了临安城贸易繁荣的景象:"杭为行都二百余年,户口蕃盛,商贾买卖者十倍于昔,往来辐辏,非他郡比也。"

临安当时经济市井之家,往往多于店(宅)舍。临安处处皆有茶坊、酒肆、面店、果子、彩帛、绒线、香烛、油酱、食米、下饭、鱼肉、鲞醋等铺。城南的吴山一带,即是外地"江商海贾"的寄寓地,商人中还形成了一批善于钻营、牟取厚利的大商人。商业的繁荣,也促进了城市的发展,当时的临安有许多行业街市,同行业的店铺、货摊相对集中于一条街巷中,简称"行"、"团"或"市",这是浙江商业贸易行业集聚、实现规模效益的初级模板。

到元朝,浙江商业进一步发展。《马可·波罗行记》就载述了临安当时的情况:城中有大市十所,沿街小市无数,大概有四五万人在临安从事贸易。连中等城市湖州,也因丝织工业的迅猛发展,使其商业资本活跃起来。

明清时期,由于商品经济的迅速发展,浙江成为我国资本主义萌芽的最早地区之一。此时商帮作为一种新型的区域型商业群体开始活跃在各个地区,像浙江的龙游商帮、南浔商帮等。

浙商经营活动的内容主要以贩卖盐、茶、纸张、瓷器、丝绸为主,其中丝绸、茶最为有名。

浙江海外贸易的历史也同样久远,海上交通独具优势,有着杭、明、温、台诸府良好的港口,可以直达沿海诸地以及近邻国家。如宁波濒海又多岛屿,为浙东海上门户;温州为滨海之城,东界巨海,西际重山,俯瞰大海,江出郡城之后,东与海合。早在唐宋时期,就已有商船出海贸易。有古书记载"唐宋市舶,遥达海外"。日本学者木官泰彦也说,唐时泛海兴贩的中国商人,南路一般从明州出发,横渡东中国海,到达值嘉岛,从此而进入博多津。所以当时浙江确实已出现了一批从事海外贸易的巨商。到了宋、元、明、清时期,海外贸易"南则闽广,东则倭夷,商舶往来,物资丰衍"(顾祖禹:《读史方舆纪要》卷九二),港口船舶交错并行,一派繁荣之景。

鸦片战争以后,中国被西方炮舰打开了国门,浙江等沿海地区首当其冲,成为列强们争相抢夺的"肥肉"。

1840 年,《南京条约》签订,宁波开放为通商口岸;

1876 年,《烟台条约》签订,温州开放为通商口岸;

1895 年,《马关条约》签订,杭州开放为商埠。

西方的政治、经济、文化大举入侵,使浙江经济发展受到了严重的摧残,列强的掠夺、压榨使中国的民族工业举步维艰,在这样一个内忧外患、国破家亡的复杂环境下,浙商凭借自己的先天优势和独特的商业精神,使商业之火得以保存,并延续下去。民国《鄞县通志》记载了清末民初浙江沿海人热衷于经商的情形:"夹道商铺,鳞次栉比,自科举废后,商多士少,世家子弟至有业学校,仍往上海而为商者。"

从某种角度来讲,西方的入侵,也为浙江经济的发展创造了契机。近代工商业的兴起、新式教育的开办、中西人员的往来等,都使浙江人较早地接触到近代商品经济的生产方式和管理模式,接触到大量同资本主义文明相关的价值观念、思想意识、行为模式及生活方式,开阔了自己的视野。大批浙江人到海外谋生,使浙江成为重要的侨乡,海外华侨成为浙江吸收外来文化的重要纽带，这对浙江人商业素质的形成和商业文化理性的完善产生了直接影响。长袖善舞的浙商因循着开放创新的文化传统，提前走上了工业化道路，逐步完成了由传统浙商向现代浙商的转型。

胡雪岩

正是在这个时期，杭州出现了一代巨商——胡雪岩。

在杭州吴山脚下的清河坊大井巷，坐落着一座形如仙鹤、古朴典雅的国药名店，高12米、长60米的青砖封火墙上写了"胡庆余堂国药号"七个特大汉字，引人注目，这就是胡雪岩创办的胡庆余堂。胡庆余堂建筑颇为讲究：青砖角叠的门楼，精雕细刻的梁枋，镏金描彩的招牌，错落有致的花木，无不显示出当年这座建筑主人的显赫声势，同时也蕴藏着厚重的文化底蕴。雪泥鸿爪，吸引无数游人驻足；曲径长廊，撩拨几多思古幽情。

胡雪岩在历史上声名显赫，一是他充满悲剧的传奇官商命运，一是对他颇有争议的历史评价。不过褒也好，贬也好，所有人都不得不承认他"知人善任"的商业管理之道和诚信经营的商业精神。

古人常云："利之所在，虽千仞之上，无所不在。"商人给人的印象大多是狡诈和吝啬的，但历来浙商却不乏义利并举的良贾，胡雪岩就做了表率。

"北有同仁堂，南有庆余堂。"这句话遐迩闻名，反映了杭州胡庆余堂国药号声名之隆。杭州胡庆余堂创立于清同治十三年（1874），正值胡雪岩事业鼎盛之时。高大的青砖门楼上悬挂着一幅木匾，上书"是乃仁术"四个大字，这就回答了当时胡雪岩创办药堂的目的。当时兵荒马乱，瘟疫盛行，民不聊生，胡雪岩深感创办一家药堂来救济世人的必要性，所以胡庆余堂的创立是胡雪岩的慈善之举，"是乃仁术"。

胡庆余堂最宝贵的除了这个国药老字号的慈善之名外，还有大厅正中的"戒欺"匾。此匾乃药堂创立之初，胡雪岩亲自立下，黄底绿字，笔力遒劲。匾曰："凡百贸易均着不得欺字，药业关系性命，尤为万不可欺，余存心济世，誓不以劣品得厚利。惟愿诸君心余之心，采办务真，修制务精，不致欺予以欺世人，是则造福冥冥，谓诸君之善为余谋也可，为诸君之善自为谋也亦可。光绪四年四月雪记主人跋。""戒欺"匾没有惊天动地的豪言壮语，没有绚丽多彩的文赋辞藻，但正是这朴实的不以"劣品得厚利"的承诺撼动人心，掷地有声。"戒欺"反映出近代一部分顺应时代发展需要的商人对整肃假冒伪劣现象、确立商品经济伦理规范的呼声。它在人心躁动、价值混乱的近代中国，具有匡正祛邪的教化功能，在当代更有现实指导意义。

"白云苍狗多翻覆，沧海桑田几变更。"一心想建万世功业的胡雪岩，却在事业发展的顶峰瞬间"摔"了下来。外商排挤，经营亏本，靠山左宗棠的去世，官场的倾轧，这座繁荣的商厦顷刻倒塌了。胡雪岩还是逃不过官商和时代注定的悲剧命运。真可谓其盛也勃如，其衰也倏忽，犹如南柯一梦。胡雪岩，犹如中国商界的一颗流星，在奔腾不息的历史长河中化作稍纵即逝的泡沫。但是其兴衰浮沉的人生却是耐人寻味，苦心经营奋力拼搏的商业精神让人感叹，"急公好义、戒欺立业"的良贾风范和"义利并举"的东方式商业道德更是现代浙商一直恪守的基本原则。

第二节　蜚声古今的商帮

浙江商业起步早，历史悠久。浙江商帮早在唐宋之际已经有了实际的存在，而"浙商"的名称则是近代才有人提出。明清时期，资本主义萌芽并发展，商品经济活跃，出现了徽、晋、陕、鲁、闽、粤、洞庭、江右、宁波、龙游十大商帮，在竞领风骚中显示了中国商业文明的非凡活力，而其中就有两家属浙江商帮。除十大商帮之一的龙游帮、宁波帮当年的实力能与徽商、晋商等并驾齐驱之外，浙江商帮中还有一些实力相对较小、活跃于浙江各地的历史商帮，如南浔帮、婺州帮、杭州帮、绍兴帮等。

一、无远弗界·龙游帮

所谓龙游商帮，是指以浙江衢州府龙游县为中心的衢商集团，它萌发于南宋，兴盛于明代中叶，以经营珠宝业、贩书业、纸张业著名。龙游帮以龙游县商人为中坚，集合了整个衢州的商界精英，以自身的实力和业绩与晋商、苏商、徽商等地域性大商帮一起纵横驰骋，并驾齐驱，跻身中国十大商帮之列，享誉当时的商坛。

龙游位于浙西金衢盆地，仙霞岭横亘盆地南缘，千里冈逶迤于盆地北边，恰好形成合围之势，衢州深困其中，幸好一条衢江的存在，给衢州添加了活力，成为与外部世界沟通的途径。龙游先民们世世辈辈生活于斯，劳作于斯，很少和外界联系，过着平静的农耕生活，一直到唐宋之际。

一天，一帮陌生客人在衢江边上岸，他们发现这里山清水秀、安宁祥和、民风淳朴，俨然一座世外桃源，于是决定不走了，扎根于此。这就是第一批从北方逃难而来的巨家望族。从此以后，在这里下船不走的人越来越多，其中有官员、商人或者文人学士，他们在这里经商、耕田，传播着一种新的文化和生活习惯。衢州千年的沉寂被打破了，衢民们意识到"天外有天，人外有人"，大山外面有个很精彩的世界。于是胆大者把目光投向了仙霞岭以外的广阔天地，点燃了浙商精神的第一把大火。

路是人走出来的，商脉是商人开拓的。龙游人带着自己生产的竹浆纸，翻过险峻的上塘岭，再循着水道到达温州，贩卖商品。慢慢地，走出盆地的人们口袋越来越鼓，视野开阔了，心态开放了，脑子活络了，影响力也就变得越来越强，这些"吃螃蟹"的人，为龙游帮完成了资本的原始积累。从此，衢江变得热闹起来，船帆片片，号子声声，一片繁荣的景象。

当衢江的水流经唐、宋、元而至明时，一个以龙游商人为中心，带动整个衢州商人的地域性商业团体在历史的舞台上亮相。龙游人的生意越做越大，路越走越远，他们对家乡的依赖意识就越来越淡薄，所以"无远弗界"成了他们的特点，"遍地龙游"是对他们的赞誉。

龙游商人在经商活动中，历来相信"财自道生，利缘义取"，所以在经营活动中，以诚信为本，坚守以义取利，"以儒术饰贾事"，获得了良好的市场信誉。如纸商傅立宗，所经营纸张质优价廉，纸品统加印"西山傅立宗"字号，以保证质量。姜益大棉布号特聘 3 名验银工，凡经该店的通货，皆加盖印记，以示负责。

龙游商帮是浙商的血脉源头和精神祖先之一。但遗憾的是，龙游商帮未能超越区域主流人文观念的桎梏,其可贵的商业精神最终淹没于强势农耕文化中。到民国时期,连龙游本地商业也几乎全部落入外地商人手中,"遍地龙游"之说渐成绝唱。

二、儒蕴犹存·南浔帮

与古代十大商帮相比,南浔商帮显然个子太小,太不起眼了,甚至不能分得一席之地。

南浔,位于美丽富饶的杭嘉湖平原,本是浙江名不见经传的众多乡镇之一。竹林深处、小桥流水、青山绿田、水稻桑麻,一条浔溪,从镇上穿越而过。南浔,充满了温文尔雅的儒家气质。

南浔商帮,崛起于晚清时期,鸦片战争将中国推向了耻辱,却让这个偏安一隅的小镇得到了发展的契机,南浔也成为江南商贸的重镇、富镇。

南浔商人多经营丝业,浔商又被称为丝商。丝和南浔"结缘"有着800多年的历史,当地人喜欢亲切地称丝为"丝姑娘",称桑蚕为"蚕宝宝",对它们是疼爱有加。其出产的七里丝(辑里丝)闻名全国,"苏人入手即识,用织帽缎,紫光可鉴。其地去余镇仅七里,故以名"。

经营丝业,给南浔带来了丰厚的利润,出现了很多巨商富贾。当时江浙地区有这样一句传言:"一个南浔镇可以轻松买下一个苏州城,而一个苏州市买不了半个南浔镇。"

但是浔溪并没有因为金钱的涌入而沾染一点铜臭之气,它的水依然清澈地流淌着温雅的儒商气息。"诗书簪缨"一直是南浔商人普遍认同的价值取向。顾家世代热衷投资教育,庞青城建浔溪公学和浔溪医院,张静江倾其财产支持孙中山革命,而刘承干则建起了私家藏书楼"嘉业堂"。一个小小的南浔,却容下了五大名园,其中当属小莲庄最为有名,雅观别致的庭院,精雕细琢而又不失自然之趣,浑然天成,建筑非凡。

但是南浔商帮毕竟是那个病态时代的附属品,这也意味着这个"畸形儿"生命的短暂,它只不过是昙花一现,然后灰飞烟灭。不过令人欣慰的是南浔文化却奇迹般地近乎完整地保存下来,"嘉业堂"藏书楼至今还意气风发地矗立在那儿,向世人讲述着南浔商人曾经的辉煌。

三、风雨不倒·宁波帮

宁波帮形成于晚清时期,而真正称雄商界,声势煊赫之时已是民国时期。历史浩浩荡荡,大浪淘尽多少风云人物;商海浮沉,诡异莫测,使多少风光一时的富商大贾经历了起伏坎坷人生。"上自绸缎,下至葱蒜,无所不包"的晋商,挟"盐、典、茶、木"四大优势纵横商界三个多世纪的徽州商帮也难逃烟消云散的劫数,渐渐在历史的视野中消逝了。就算是自己的"亲兄弟"龙游帮、南浔帮也由盛而衰,唯有宁波帮劈风斩浪,屹立于东海之滨,风雨不倒。浪再大再猛,淘尽的只是宁波帮身上的尘土和腐旧,越来越新的宁波商帮展现在世人眼前,薪火相传,引领着现代浙江商帮。

宁波商帮是个既古老又年轻的商帮,古老缘于它有着7000年的河姆渡文化和5000年的良渚文化;年轻,一是缘于宁波商帮历史不到百年,二是缘于宁波帮始终年轻的思想。

负山面海临江的宁波,有着江的灵动、山的沉稳和海的胸襟。所以宁波市政府将宁波精神定义为:"诚实、务实、开放、创新",这是一种大地文化和海洋文化的完美结合,特别是大海赐予宁波人远大的目光和宽广的胸襟,包容着五洲四海的宾客。早在秦汉时期,宁波就有了海外贸易,到唐朝,已经成为"海上丝绸之路"、"陶瓷之路"、"茶叶之路"的起点。

宁波人天生会经商,他们目光敏锐、眼界开阔,总能第一时间把握住商机。

《南京条约》签订,宁波和上海同时成为通商口岸。当时的上海只不过是蜷缩在东南沿海的名不见经传的海滨渔村,但宁波人目光敏锐,看到了它真正的价值,于是大批甬商到上海闯天下。凭借自己早已打下的江山和累积的雄厚资本,甬商在上海异军突起,成为在沪最有手腕和实力的客商群体之一,拉开了宁波商帮的序幕。19世纪60年代到20世纪初叶,宁波帮抓住开埠通商和洋务运动两个契机,开始了旧式商帮向近代工矿实业家的转型。宁波商帮依靠自己雄厚的金融资本,从事多种事业的投资。宁波近代以经营钱庄、药堂闻名于世,当时北京有恒兴、恒利、恒和、恒源四大钱庄,均为甬商经纪,这些钱庄开设京都已200余年,以信用著称,流通亦最广。中国现存中华百年老药铺81家,其中13家是甬商创办,包括宁波乐氏家族的北京同仁堂。当时宁波开创了很多个"第一":中国人自办的第一家银行——中国通商银行,中国人自办的第一家纱厂——宁波通久源机器轧花厂,中国人最早开办的一家对外贸易商行——老顺记洋货号……

20世纪40年代末,大批宁波人移居港澳台,后又扩散到美洲、大洋洲和西欧,其中心转向海外,形成了"新宁波帮"。新宁波帮与老宁波帮一脉相承,遥相呼应。他们将西方先进的经营管理技术和中国传统的经商之道结合,在海外再掀旋风。这其中有世界船王包玉刚、影视大王邵逸夫、电子大王邵炎忠、钟表大王李惠利等,他们真正把宁波推向了世界。

1984年8月1日,邓小平讲了一句振聋发聩的话:"把全世界'宁波帮'都动员起来建设宁波。"

于是包玉刚无偿捐资1000万美元建了一座饭店——"兆龙饭店"。

应昌期从台湾"偷偷"跑回宁波,在慈城举办了"应氏杯"世界围棋比赛,将宁波推向世界,投资800万美元建小学、中学、幼儿园、医院。

邵逸夫在全国捐建教育项目1600多个。

还有赵安中、包玉书、闻儒根、王宽诚、董浩云……

"宁波帮"帮宁波,宁波的经济搞活了,宁波的形象传向了世界。

宁波帮的成功不是偶然,而是必然,宁波帮在浙江商帮中的地位是举足轻重的。内忧外患、国破家亡之时,宁波帮凭着毅力和创新,开辟出一条光明大道,连接着浙江的旧商帮和现代商帮。宁波帮像是一座精神丰碑,引领着浙商,告诉世人:只要肯改变,不倒的浙商不是神话,而是一个可追寻的梦,梦在前方,而路就在脚下。

第三节　现代"浙商":天下第一商帮

现代浙商,除了当年"宁波帮",还有现代的龙游商帮、南浔商人、婺商、江浙财团,和各具特色的温州、台州、金华、杭州、绍兴等浙江各地的商人群体,他们个性鲜明、各有特色,可以称为"个性商帮"。像温州商人吃苦耐劳,勇于闯荡,灵活变通,曾以"温州模式"开中国经济改革开放之先声;台州商人踏实肯干,敢打敢拼,富有灵气,把"温州模式"逐渐演化为"温台模式";金华商人勤耕苦读,精思巧为,海纳百川;杭州商人温文尔雅,厚积薄发,立意高远……他们重视传统又有所创新,在"变与不变"中完美地融合,书写着吴越大地的新篇章。

著名经济学家吴敬琏这样评价浙商:"浙江是一个具有炽热企业家精神的地方,浙江非常有利于发挥华人的才能,浙商完全可以媲美全球成功的华商。"

浙商的成功,用数据解读更具有说服力。这是一份不完全统计:

全国工商联公布,2006年度规模民营企业调研结果,浙江共有31家民企进入全国100强;203家民企进入全国500强,占总数的40.6%。其中,杭州市有65家民营企业进入前500强行列,占全国的13%,占浙江省的32.01%,连续五年位居全国城市、全省第一。

据浙江省对外经济贸易厅统计,2007年中国民营企业500强中,浙江占了200多家,相当于总数的40%多,占据几近半壁江山;截至2007年12月,浙商在中国创造了500多个产值超亿元的特色产业区。

"2007胡润百富榜"的800名入榜者中,浙商上榜124名。浙江依然是企业家的摇篮。在企业家出生地的排名上,浙江居首位,有105名企业家出生在浙江。这个位次在"2013胡润全球富豪榜"大中华地区中仍未改变。

除了在国内市场的辉煌灿烂外,浙江商人"十五"期间在海外投资了1390家企业,投资总额达到5.97亿美元,两项指标都是"九五"时期的4倍左右;全省目前累计核准境外企业达到2160家,列全国各省市第一位;2005年全省的国外经济合作营业额达到16亿美元,居全国第三位;到2007年,已经有1910家浙江企业在海外投资9.12亿美元。

经济学者们说,浙商正在引领着中国的民营经济。现代浙商的历史还很短,从改革开放到现在也不过30年的历史。30年里,浙商的辉煌让人瞠目结舌,浙商模式成为大家争相效仿的模式,浙商精神成为大家学习的精神。人们在称赞之余,又不免担忧,浙商的辉煌还能走多远,真的能造就"不倒浙商"的神话,还是应了"三十年河东,三十年河西"之说?30年,新旧浙商交替,而新浙商是否能成功地接过接力棒?

一、三代浙商

现代浙商,通常被分成老、中、青三代。人们将宗庆后、鲁冠球等依靠传统产业白手起家的浙商归为第一代,把诸如陈天桥、马云等依靠互联网等新兴产业而崛起的财富新贵归为第二代,将那些出生在20世纪70年代末80年代初,深受互联网熏陶的年轻浙商称之为第三代浙商。

(一)第一代·先驱

鲁冠球于20世纪70年代末期创建了万向。30年时间,他把当时的一个生产农业机械的小作坊,发展成为中国制造业第58位、汽车零部件业第1位的大型企业集团;2005年,万向集团营业收入25.2亿元,利税12.4亿元,出口创汇8.18亿美元。

作为胡雪岩胡庆余堂的"关门弟子",冯根生更是在1972年就在杭州开始了国营药厂的改革探索。正是有这么一批"早起者",浙江才能在20世纪八九十年代就因民营经济的发展令国人刮目相看。

⋯⋯⋯⋯⋯

第一代浙商，大部分出生在 20 世纪四五十年代，白手起家，凭借"闯劲＋机遇"，从无到有，从零开始，掘到了"第一桶金"。第一代浙商是最名副其实的"草根浙商"，是"三无、五低"的浙商，"三无"指的是"无资金、无技术、无市场"，"五低"指的是"起点低、知名度低、文化程度低、企业组织形式低、产业层次低"，却成为全国人数最多、比例最高、分布最广、影响最大的投资者及经营者群体。

人们喜欢用发源于浙江农村的越剧来比喻第一代的浙商。余秋雨说："由于从农村起步，它始终没有沾染太多都市的浮华气和学究气，总是朴朴素素地讲述着一个个人情故事。它进入城市的时间较早，基本艺术格局在城市定型，而且进入的又是上海这样一座城市，这使它既保留着朴素又过滤掉了山野之气，它的剧目大多重情感少哲理。"（余秋雨：《文化视野中的越剧》）余秋雨在讲越剧，也像是在讲浙商。"朴素踏实"是他们共有的特点，这并非指草根们的"低级和落后"，只是他们更贴近中国这个市场的文化和国情，也更了解这个新兴市场的水土和脉搏。他们凭着"经验"行走"江湖"，最好的老师不是 GE[①]，也不是韦尔奇[②]，而是他们自己。

如今，老一代浙商大部分退出了商业的第一战线，把智慧棒传递给了下一代。对于新浙商来说，老浙商"无中生有"的创业精神已经是一笔巨大的财富，老浙商成为了一种精神的支撑，激励后代延续浙商的命脉。

（二）第二代·主体

第二代浙商大多出生在 20 世纪六七十年代。童年经历了中国的贫穷落后，而壮年时期又见证了中国的改革变迁，所以他们更多地与现代经济元素联系在一起，大多是投资互联网等新型产业的财富新贵。

全球经济一体化的趋势越来越强，在这种趋势下，如何保持和提高自己的竞争力与国外强势企业对抗，是浙商面临的重任。时代赐予浙商更多的危机感，他们骨子里有了更多的使命感。盘点历年"风云浙商"，会发现不一样的浙商风云世界。仅以 2007 年为例，浙商的成就足以让世界为之侧目。

南存辉领导的"正泰"起诉全球 500 强之一施耐德电气专利侵权案，以施耐德败诉结案。施耐德向正泰集团支付高达 3.3 亿多元的赔偿，并被勒令停产侵权产品。

浙江帅康电气股份有限公司董事长邹国营在厨房里掀起四次技术革命的浪潮，将烹饪妙趣与影音娱乐完美结合，颠覆传统。

马云率领阿里巴巴 B2B 业务在 2007 年成功登陆香港联交所，冲出了一个将近 2000 亿港元（以 2007 年 11 月 30 日收盘价计算）的市值神话，也造就了一个庞大的阿里巴巴富豪群落：20 个亿万富翁，100 多个千万富翁，4000 个百万富翁。

"海归浙商"朱敏捐赠 1000 万美元，建立浙江大学国际创新研究院，打造以浙江大学

---

① "GE"即通用电气公司（General Electric Company），是世界上最大的提供技术和服务业务的跨国公司之一。

② "韦尔奇"指杰克·韦尔奇（Jack Welch），通用电气公司（GE）1981—2001 年度的首席执行官，被认为是当时最杰出的商业管理人员之一。

为核心的创新、创业支持体系。

汪力成发起、设立了非公募性慈善基金会——浙江绿色共享教育基金会,致力于教育事业、野生动物保护和环境保护事业。

…………

风云浙商,再起风云,这些人让人们看到了新浙商的新面貌,也许还有很多浙商在传统与创新的边缘打拼,努力实现蜕变,但是能有这么多的杰出浙商做先导,人们又有什么理由怀疑这代浙商撑不起这片天空呢?

马 云

关于这个话题,也许马云是一个不得不解读的范本。

时光回到 1978 年,杭州香格里拉饭店。一个十二三岁的瘦小男孩,天天清晨 5 点在饭店门口等外国人,为他们免费当导游,为的是有练习口语的机会。他请老外坐在他的破自行车的后车座上,既当导游又当翻译,外加自行车司机。第二年老外再来的时候发现他还在门口,第三年,那个男孩依然在那里。一天,一个外国老太太对小男孩说,我给你取个名字,我想把我丈夫的名字给你,他叫 Jack。从此,他的英文名字就叫 Jack Ma。那个男孩就是今天的马云。

马云从小痴迷两件事:一是英语,二是武侠。英语使他在世界上通行无阻,武侠使他成为商界巨侠。马云还有件执著的事,就是一定要把阿里巴巴放在杭州,要称自己为“杭州人马云”。他告诉自己:人要脚踏实地地在杭州,但是脑袋要伸出杭州,去知道这个世界正在发生什么。

2000 年,《福布斯》50 年来,第一次把中国企业家作为封面人物。对马云的介绍是:“凸出的颧骨,扭曲的头发,淘气地露齿而笑,拥有一副 5 英尺 100 磅重的顽童模样,这个长相怪异的人有拿破仑一样的身材,同时也有拿破仑一样的伟大志向。”

有人问马云,为什么要给自己的网站起名为“阿里巴巴”?马云说:“创立的时候我们希望它能成为全世界的十大网站之一,所以要有个响亮的名字,阿里巴巴这个名字很好,第一人家记得住,全世界的发音都一样。然后我觉得阿里巴巴是一个比较善良正直的青年,他希望把财富给别人而不是自己抓财富。所以我们后来说这英文叫 open sesami,给中小型企业网上芝麻开门。”

从 1998 年 12 月马云和其他 17 位同伴集资 50 万元开设“阿里巴巴在线”,到 2012 年调整淘宝、一淘、天猫、聚划算、阿里国际业务、阿里小企业业务和阿里云为七大事业群,组成集团 CBBS 大市场,十多年的时间阿里巴巴一步步实现着自己的梦想,成为领先全球的电子商务网上贸易平台。马云和阿里巴巴正在改变全球商人做生意的方式,改变全中国人的生活方式,毫无疑问,马云是 IT 的商业巨子,但这个 IT 领袖说自己既不“I”也不“T”——“我对电脑一无所知,会做的只有收发电子邮件和浏览网页”。这简直是个破天荒的神话,但是在马云身上,“没有什么不可能!”“我有一个好的团队。”这是马云一直强调的,而他更像是一个把关者,“有太多的人不 I 也不 T 了,我得代表他们的利益。如果开发的技术我会用,那么全世界的人都会用了。”马云才是真正地做着 CEO 的工作,他常说，"I do the talk，you do the work"。

马云常说自己是个平常的杭州人，只是自己赶上了机会，"如果我创业能成功，80％的人也能成功"。但就是这样一个平民，缔造了一个网络神话；就是这样一个平民，几分钟的谈话使高盛注资阿里巴巴2000万美元；就是这样一个平民，克林顿、布莱尔访华时要带在身边；就是这样一个平民，在哈佛大学短短一场演讲，几十个顶尖人才投奔阿里巴巴旗下；这个平民不简单，而这个平民说："大概因为自己的真诚"。

（三）第三代·新军

出生在20世纪70年代末80年代初，深受互联网熏陶的年轻浙商可以算作是第三代浙商。

当年过花甲的宗庆后还执著地跟外国资本讨价还价时，四十多岁的李书福正在琢磨着怎样把廉价的汽车卖到非洲，而陈天桥则在考虑如何通过与惠普这样的跨国公司合作来优化自己的游戏产品。第三代浙商也在前辈们的惠泽下悄悄地成长，他们是浙商中最年轻的分子，尽管暂时还无法从福布斯等各种富豪榜上找到他们的名字，但是他们是浙商未来的希望。

也许人们还叫不出一个响亮的名字，但是仔细寻找，会发现有这样一批力量在生根发芽，而他们喊出的口号是："创业是第一选择"。浙江大学城市学院就为有志于创业的家族企业后代开设了一个特殊的班级"创业人才孵化班"。在第一届少帅班29人中，出人意料的是，没有一个在毕业后选择回家继承自己的家族产业。他们不想做"拿来主义者"，他们也要学习老浙商的"无中生有"精神。"有些要变，有些不能变。"第三代浙商相比以往，他们不乏创新精神，但是少了老浙商们吃苦耐劳的品质，"浙商"作为一个金字招牌，不管商业潮流如何变化，其中一些规律性的东西并不会随之改变。对于新崛起的第三代浙商来说，他们能达到什么样的高度，可能更多的是在于对这种传统的继承。

"小荷才露尖尖角"，第三代浙商还没有真正地起飞，但是却满怀希望。正如马云所说："心有多大，舞台就有多大。"第三代浙商终有一天也会接过这根接力棒，去寻找更大的舞台。

二、千面浙商

浙商是一个复杂的社会系统，一首复杂的歌，这首歌时而急促，时而轻缓；时而壮烈，时而柔美；时而像飞瀑万丈直下，时而像小桥流水缓缓而行。千人千面，亦方亦圆。因此，必须多方位地立体透视才能透析浙商的本质，浙商是民商，也是智商，更是情商。

（一）民商·浙商

浙商是民商。浙江遍地都是民营企业，众多的民营企业家活跃在这块热土上，浙江民营企业家的经商意识是渗透到骨子里面的，在他们眼里，没有办不成的事，而且还喜欢不断地给自己设定新的目标，不等不靠，相信市场，相信自己，本着独立的经商人格。

民商除了从政治意义上与官商相对的概念外，民商也可作平民性的私营企业家。浙商是民商，这体现在他们的"草根性"上。"草根"们大都白手起家，艰苦创业，但是星星之火一旦燃起，形成的便是燎原之势。

早在清道光年间的《商民便览》中，吴中孚便说："凡创业之人，内有才干，外不矜张。外虽朴实，内则丰盈，得一文实受一文，起家亦易耳。"浙江商人对先人这种吃苦耐劳、务实肯干的精神发挥得淋漓尽致。

浙江人喜欢走南闯北,四海为家。"哪里有市场,哪里就有浙商","哪里有浙商,哪里就有市场"。从通都大邑到穷乡僻壤,甚至在世界各国城市,到处都有操浙江口音的投资者和生意人,到处都有"浙江村"、"温州路"、"义乌街"这样命名的地方。有人给浙商又起了一个新的称号——他们是现代工商文明社会中典型的"逐市场而居的游牧民族"。他们敢于走出去,满世界地跑,为了摆脱贫困,他们敢为天下先。

(二)智商•浙商

在温州的纽扣市场,一颗纽扣可以赚多少?答案是几厘钱!在义乌小商品市场,一双袜子赚多少钱?答案是一分钱。"就凭几厘几分钱的生意,能发大财?"浙商发了大财。

浙商是智商,如果说"卧薪尝胆"的精神影响了浙商祖祖辈辈,同样绍兴师爷文化传统也渗透到了企业家的血液里,他们擅长于谋划,善于借势。在他们眼里,一针一线都蕴藏着巨大的商机,甚至"针头线脑"里造就的财富比"飞机大炮"还要多。所以我们常用"浙商的头发芯是空的"来形容浙商的精明。

浙商拥有大量的民间资金,总是要把死钱变活钱,要使钱生钱。他们追求利润至上,信奉个人自主、契约共赢的经营理念,把市场经济的技巧用至娴熟,他们毫不避讳自己的"金钱价值观"。从根本上说,企业所从事的一切经营活动,本质上是追求利润。正因为浙商是基于这样一种价值观念,是在竞争中获得生存和发展的"野生"生命体,所以才更强大,更持久。

草根生长往往会出现两种可能:一是根部不变,枝叶繁茂,但仍然还是"草民";另一种则是根扎得更深,枝叶变粗变长,长成大树。"草"非栋梁,最多也只能盖一座简陋的栖身之所,要想成为"栋梁",支撑起整个商业大厦,那么浙商必须要创新。

从第一本个体营业执照,到第一家自然人控股的上市公司;从我国第一家具有进出口经营权的私营流通企业,到首家民营企业在港上市;从最早的私营企业,到全国第一的私企党建……这背后体现的都是浙商敢于冒险、敢于创新的精神。

浙江人最会"无中生有"。浙江桐乡不出羊毛,却有全国最大的羊毛衫市场;浙江余姚不产塑料,却有全国最大的塑料市场;浙江海宁不产皮革,却有全国最大的皮革市场;浙江嘉善没有森林,却有全国最大的木业加工市场。

独特的地缘和人文环境,赋予了浙商敏锐的社会洞察力和强烈的危机感,锻造了浙商善于化危机为转机,化不利为有利的超强生存与发展能力。"春江水暖鸭先知",浙商不是那种埋头赚钱不看天的传统商人,人家在"冷空气"来临一筹莫展甚至倒退时,浙商却精神抖擞地抓住了新机遇。

浙江人千锤百炼,"无中生有",闯出了一片创业模式的新天地,取得了令世人瞩目的辉煌成就,也使浙江人自己获得了"东方犹太人"的美誉。浙商身上折射出一种精神,这就是"四千精神",它是浙商精神的形象体现,它激励着浙江人去创业,去创新。浙商精神激励浙商去不断创新创业模式,推动和促进了浙江乃至国内外区域文化的丰富发展和区域经济的繁荣兴旺。

(三)情商•浙商

浙商是情商。浙商的独立性和自主性虽然比较强,但是仍然自觉或不自觉地受很多约束与限制,既有受自然人伦和亲情关系的限制,也有受地域文化和老乡关系的限制。

浙商往往与家庭或家族的联系密切,家族化经营和管理比较普遍,闯世界做生意往往是亲带亲、邻带邻,在外经商办企业往往是同乡扎堆、老乡抱团,形成凝聚力。这种可以依靠的商人群体,必然使浙江的商业文化带上了团队主义的光环和行业经营的特征,同时这种强烈的同乡团结精神,对整个浙江,乃至全国的经济发展起了很大的促进作用。正如有人说,浙江人是"大家庭制度的拥护者,乡党的观念非常强烈。只要有一个在一处地方成功,立刻一家一族、朋友亲戚甚至同乡都闻风云集了,不数年间,就成为一大群"(上海通志社编《上海研究资料·续集》)。从少数温州人到巴黎谋生,与犹太人争夺地盘,创建温州街,到开辟温州人经济活动区,几万温州人在巴黎的奋斗经营史就是一个"同乡三分邻,同姓三分亲"的团队精神的极好佐证。

当然,这种地缘血缘从某种程度上也限制了浙商的发展,浙江很多的私营企业都是"打虎亲兄弟,上阵父子兵"。家族管理模式在当今的市场经济体制下暴露出诸多的弊端,但并不意味着家族管理代表的是专行、独断。新浙商应该更好地想办法解决家族管理的矛盾冲突,平稳成功地实现新的转型。

人们总是主观地认为,四处闯荡的浙江人应该拥有一颗流浪者的心,可是事实却不然。拭不去的乡土情结依然在浙商的血液里流淌,每个荣归故里的浙商们捧出的都是一颗虔诚的赤子之心。

他们说自己是"身体跳出浙江,灵魂留在浙江"。

1984 年包玉刚第一次回家乡,给家乡的一个惊喜就是投资创建宁波大学。

邵逸夫捐资助学,项目布满了全中国。

2006 年浙江省已达成回乡投资项目 305 个,协议投资总额 286.72 亿元,实际到位资金 101.14 亿元。

⋯⋯⋯⋯⋯⋯

浙商,就是这样一个至情至性的商帮。长成于斯,终老于斯。即使离开久了,他们还是能读出这青山的心事,也能听懂这绿水的歌吟,春播秋收,寒来暑往。渐渐地,浙商就像是长在浙江这棵树上的叶子,即使落了,随着流水流向更远的地方;即使掉了,伴着风飘向更远的角落。但在他们的心里始终有这样一棵树,这棵树生他养他,并让他能更高更好地飞翔。

第四节　浙商：一个独特的文化存在

独特的地理环境和自然条件造就了浙商的独特气质,因着水的柔性,浙商有了灵动;因着海的开放,浙商有了创新;因着山的朴实,浙商有了务实。同时,商业文化又是多种文化、多种脾性、多种利益、多种心思并存的文化。如果浙商只朝其中一个方向发展,必然会流于极端,而因着"经世致用"的哲学思想,使多重性格完美地整合,成就了今天务实肯干、义利并举、开拓创新、兼容并包的浙商。

一、商业和地域文化的共融

浙江独特的地理环境和自然条件造就了浙商的独特气质,使浙商拥有水的柔性、海的开放和山的朴实。

浙江悠久的文化历史,可用"清水绿山、丝府茶乡、书圣佛国、文物之邦"十六个字来概括。水在浙江人那里,如同生命一样重要。在历史的长河中,无论是太湖之滨浙北南浔富甲一方的丝商,衢江之畔浙西龙游"无远弗界"的纸商,还是甬江大地久盛不衰的宁波帮,人们都能在他们的成就中找到水的巨大赐予,找到灿烂商业文化的真正滥觞。

浙江气候温和湿润,降水丰沛,省内水系发达。杭州西湖、绍兴东湖、嘉兴南湖,以及中国最大的人工湖——千岛湖等都闻名中外;钱塘江、富春江、新安江水系纵横交错,河网密布。水,不仅仅带来的是舟楫之便、大异于内地马帮驼队的商业活动,更是孕育了浙江人"水"的柔性、"水"的精明与灵巧。

浙江文化是一种适应性非常强的软文化,它没有鲜明的棱角和显露的锋芒,它首先寻求的是适应、理解与相互沟通,然后才逐步形成权力和控制。它可以走向任何一种文化,被其接受,与其共存;同时,仍然保持自身的文化个性,这恰恰是商业文化的要求。

如果说水的柔性是商业文化的要求,那么海所蕴涵的海洋文化和商业文化也是同质的,海洋文化在本质上是开放性的文化。水对浙商是一种精神气质和商业战术的影响,如果将这种"精于权变"的柔性文化作为性格培养的话,那么,"浙商"要沦为"奸商"之列了。庆幸的是,浙商的人格魅力更多的是来自海的精神。海的宽广胸襟和宏大气魄,给人们以豪情、信心与力量;大海亘古常新,既有周而复始,更有气象万千、沧海桑田的特色,启迪人的创新思想;"海纳百川,有容乃大"的大度,教导人学习它包容的精神。在海的文化熏陶下,浙商善于接受新事物,善于捕捉商机,锐意进取,开拓新领域,越是新兴事物越是勇于尝试,这是浙商能够快速发展,走在市场前列的"绝招"之一。同样,包容性形成的多元性交融互补,把"舶来品"外来文化和当地的传统文化结合在一起,取长补短,优势互补,造就了浙商文化的珍贵特色。

山地文化属于大陆文化,与江河湖海相比又属于一种静态的文化,这是农耕文化的代表。它理应与浙商的商业文化毫无关联,但是浙江"七山一水二分田",山地面积占70.4%,是主要的土地结构类型。

浙江的山首先赐予浙江人勤劳踏实、执著抗争的精神。因为山地贫瘠,农作物耕作品种和产量都很少,环境比较恶劣。所以只有勤苦劳作,衣食住行才有着落;另外生存环境的恶劣使山民们必须与天斗、与地斗、与兽斗、与贫困落后斗,若光靠一家一户的力量是无法和强大的自然抗衡的,所以他们就开始了团结合作、互帮互助,这也是浙商们重商帮意识的来源之一。

另外,山给人的还是一种诚信、平等的伦理价值取向。山地人口密度低,山民多以村落的形式聚居生活在一起。村落间彼此相距甚远,交流不便。所以村落内部的交流成为主要的交流内容。由于共同生活在一起,"抬头不见低头见",人与人之间相互帮助、相互提携,彼此熟悉,故日常交往就能诚实守信。所以朴素的诚实守信原则在他们的观念中根深蒂固。同样因为他们物产不丰富,生活困苦,所以日常集体活动出去打来的猎物都是共同享用、平均分配的,从而就有了一种"平等"意识。

山地文化是种朴实的精神文化,因为闭塞的环境使这种精神文化得以延续,但是这种文化本身是脆弱、不稳定的,当从农村走向城市时,它遭遇的城市文化洪流足以将它湮没。但是在城市形成初期,这种文化作为原始积累对浙江人的性格产生了深远的影响,这种朴素的文化精神演变为一种和现实相契合的精神品质,并将这种朴实肯干、诚实守信的精神留给浙江的后代人。

二、商业文化和人文的共融

"人是物质的,但人的存在却并不仅仅是物质的;经济活动是以财富的增长为指向的,但这种活动却也确乎需要文化精神的内在支撑。"[①]浙商的创造是属于物质的,但是浙商所体现的商业精神却同属于文化,也许回顾对浙江有着深刻影响的浙东学派,对浙商能做更好的诠释,也有利于浙商文化的重建。

浙江思想学术的传统形成于东汉时期。东汉的王充倡导"疾虚妄"的批判精神,反对空洞无稽之谈,主张实事求是,为浙江学术文化"实用"传统奠定了根基。

南宋时期,政权动荡,民不聊生,如何平息战乱,恢复中原一统大业成为最迫切的问题。而当时作为学术主流的理学,提倡一种"超凡入圣"的修养方式,这与现实存在着巨大的疏离。位于浙东地区的部分学者首先察觉到这一点,开始了对理学的反省。浙东学派包括南宋时期以陈亮为代表的永康学派,以叶适为代表的永嘉学派,以吕祖谦为代表的金华学派,以及明清时期以王阳明为代表的阳明心学派和以黄宗羲等为代表的清代浙东学派,他们大胆地提出了具有倡导功利、注重工商的新思想,在中国传统文化中独树一帜,直接影响着浙江商人的经营理念与方式,直至商业行为。浙东事功各学派虽有不同之处,但其学术主张在本质上有很多共同点,即都提倡"经世致用、义利并举、工商皆本、古今通变"的思想。这既是对传统抑商理论的否定,又是对传统商业文化的一种全新的整合,集中反映了浙江人在长期的社会实践中所形成的价值观念和行为方式,成为浙商文化的重要思想源流。

同时,浙江历史上书院兴盛、私塾众多、耕读传家、尊师重教,各种民间文艺繁荣,使这些思想观念在民间得到广泛传播,构成了浙江人的"遗传因子",形成了"义利并举"和"工商皆本"的精神遗产,并代代相传,潜移默化地影响着浙江人的社会心理,形成了浙江重商的区域文化传统。这就为现代浙商的形成、发展作了充分的理论上的铺垫、心理上的准备、文化上的扶持,从而构成浙江商人崛起的文化背景。

思考与讨论

1. 浙江为什么商业尤为发达?
2. 浙江的著名商帮有哪些?
3. 现代浙商创造了怎样的辉煌?

---

① 董平选注,祁茗田评析:《浙江精神之哲学本源》,浙江古籍出版社2004年版,第19页。

第五章

浙江思想文化

文化的存在形态一般表现为器物文化、制度文化、思想文化。思想文化主要是指处在最高层次、以精神形态存在的文化,即关于世界观、人生观、价值观和方法论的文化。人们也把这种对"知"和"行"的本质及其规律认识的文化,谓之哲学。

浙江钟灵毓秀,文化昌明,俊杰辈出,号为人文渊薮。翻开一部中国思想史,浙江思想家群星璀璨,流派纷呈:王充、吕祖谦、叶适、陈亮、王阳明、黄宗羲、章学诚、龚自珍、章太炎、王国维……永康学派、永嘉学派、金华学派、浙东史学派……这一切都充分表明,浙江实乃思想者的家园、学术文化的中心。

第一节　王充与《论衡》

王充,字仲任,浙江上虞人,祖籍魏郡元城(今河北大名),祖上因军功在会稽任了一小官,上任不久就被罢免。王充的祖父便带全家又迁往钱塘,"以贾贩为事"。这时的王家虽为"南人",但幽燕任侠遗风犹存,因与豪族强宗争斗,结下了怨仇,不得已又举家迁往上虞。如此颠沛流离,比起许多从北方迁来的豪门望族,王充算是出身于"细族孤门"了。

王充出身虽然贫寒,且父母早逝,但不坠青云之志。他自幼学习刻苦,聪慧过人,建武二十年(44),18 岁的王充因成绩优异与乡里称孝的好名声被选入京城太学深造,这是王充一生的转折点。王充虽学富五车,却从不落俗套,对正宗儒家学说从不一味盲从,甚至还认为"伪书俗文,多不实诚"。《后汉书》本传记载:"后到京师受业太学,师事扶风班彪,好博览而不守章句。"

学成后的王充,先后在上虞县、会稽郡、扬州任职。由于他个性偏强,对事又好发议论,因此虽有学问,但不仅得不到上司欢心,还屡遭黜斥。以后他又在丹阳郡、九江郡、庐江郡担任一些无关紧要的职务。

章和二年(88),东汉王朝撤销扬州郡,62 岁的王充免职回家。王充也终于明白,他实际上不是一块做官的料,便决然告别官场,回家做一介布衣。有同乡惜其才学,将他推荐给皇帝,当朝天子还真当回事,特诏王充入朝。但王充颇有严光之风,以生病为由,推辞不行。他归居乡里后，"闭门潜思，绝庆吊之礼，户牖墙壁，各置刀笔"，一面教授生徒，一面著书立说。

大约在公元 97 年，王充"病卒于家"，终年约 71 岁，葬于今上虞章镇浜笕乡林岙村。

王充的一生，多是在读书、教书与著书中度过的，其中《论衡》是他最重要的著作。此书共 85 篇，20 余万字，今缺《拓致》一篇，存 84 篇。秦始皇崇尚法家，严刑峻法；汉高祖迷信黄老，无为而治；汉武帝独尊儒术，罢黜百家，从此儒学一统天下。西汉中期唯心主义代表人物董仲舒的核心论点是"天人感应"说，把先秦儒家"天人合一"的思想发展到了极致。而王充的《论衡》，正是对西汉当时学术上的那种神雾迷漫、死气沉沉的局面的激烈批判和前所未有的大胆冲击。因为是一本充满批判精神的著作，《论衡》曾长期被列入禁书，只在江东民间有人偶作收藏。据传，东汉末三国初年，蔡文姬的父亲蔡邕到江东，当他读了《论衡》后，如获至宝，独自研习，秘不示人，由此学问大进。当时有人认为他"不见异人，当得异书"，于是，蔡邕不得已才道出原委，从此《论衡》广传天下。

从《论衡》中可以基本窥得王充的学术思想。王充在《自纪篇》中说："伤伪书俗文多不实诚，故为《论衡》。"在《对作篇》中又说："是故《论衡》之造也，起众书并失实虚妄之言，胜真美也。"在《佚文篇》中还说："《论衡》篇以十数，亦一言也，曰'疾虚妄'。"所述要旨，列陈为三。

一、自然观："天地合气，万物自生"

王充提出了"天道自然无为"的著名观点。他首先肯定物质第一性，意识第二性。在《自然篇》中，王充说："天地合气，万物自生"。在《纪妖篇》与《卜筮篇》中，他分别提出了"非形体则气"与"非物则气"，而在此所谓的"物"是指有形之物，所谓的"气"则是无形体者。王充用气一元论否定自然界万物与人是上天创造的，从而批判了"君权神授"的思想。其次，王充有力批判了"天人感应"说。他直接指出，所谓"符瑞"说和"天怒谴告"说是为君权神授制造依据与欺惑民众，为腐败的政治开脱。王充说："物生为瑞，人生为圣，同时俱然，时其长大，相逢遇矣。"说明祥瑞的产生是偶然巧合，绝非天人关系所致。对于"天怒谴告"说，王充认为，"天之运气，时当自然"。他还运用了大量的自然科学知识，对灾异的原因加以分析，认为天地万物都是气所构成，自然而生，天地本身是自然无为的，从而驳斥了天能以灾害谴告人的虚妄。如迅雷风烈之变，只是圣人感物以自诚，并非天以雷雨告诫人，所以所谓灾变乃是人的感觉，从而有力批判了"天人感应"说。

二、无神论："人之所以生者，精气也，死而精气灭"

王充反对有神论，坚持无神论。他认为："人之所以生者，精气也，死而精气灭。能为精气者，血脉也。人死血脉竭，竭而精气灭，灭而形体朽，朽而成灰土，何用为鬼？"（《论死篇》）既然人的形与神是相连的，人死形消失，那么他的神也就不能作怪，也就随之消失。王充还说："形须气而成，气须形而知。天下无独燃之火，世间安得有无体独知之精？"（《论死篇》）他进一步认为产生鬼神思想的根源是疾病，是人们病态心理在思维上的鬼神幻觉，而社会根源是当时社会大力提倡的卜、筮、祭等世俗迷信，从而对当时占统治地位的唯心主义神学进行了驳斥。

三、认识论:"知物由学,学乃知"

在认识论上,王充支持"学而后知"的观点,反对"圣人生知"、"圣人天知"、"生而知之"的先验论。他说:"不学自知,不问自晓,古今行事,未之有也。"又云:"知物由学,学乃知。"(《实知篇》)他认为,不论任何人,包括圣人在内,要认识客观事物,必须先通过感官的闻见,"如无闻见,则无所状",不"目见口问,不能尽知"(《实知篇》)。有了正确的感性认识后,王充认为需要通过思维来分析判断,主张要"诠订与内","是非者不徒耳目,必开心意"(《薄葬篇》)。而对于认识是否正确,则要以客观的效验作为检验的标准。他说:"事莫明于有效,论莫定于有证。"(《薄葬篇》)又说:"凡天下之事,不可增损,考察前后,效验自列。自列,则是非之实有所定矣。"(《语增篇》)如果没有效果与事实的根据,则人们认识事物的本来面目就可能出错,对事物的了解就会有偏差。

《论衡》的基本哲学思想在"疾虚妄"。整部著作破虚妄不实之言,而立实事求是之论,即从实际出发,实事求是,反对一切虚妄和浮夸。后世对《论衡》褒贬不一,正如清代纪昀主编的《四库全书总目提要》说,《论衡》问世后,历代"攻之者众,好之者终不绝",但王充的哲学思想体系,在中国哲学发展的历史进程中树立了一座永不磨灭的丰碑。

第二节 南宋浙东学派

历史往往出奇地幽默,就像亡国的君主偏偏写出了千古诗章一样,羸弱的南宋小朝廷却产生了一群思想大师。南宋之际,浙江经济繁荣,世风以好学为荣、不文为咎、不学为辱。浙江的州、县学,从北宋时期的 48 所增加到了 74 所。《宋元学案》中记载的浙江学者有 527 人,其中南宋学者竟是北宋的 4 倍之多,因此,时称"宋之南也,浙东儒者极盛"。自然,在重文的宋王朝,文人比武士更容易得到朝廷的重视,浙江文人地位也相应提高。比如北宋时期的宰相,浙江人只有 4 个,而至南宋,则有 20 人之众。北宋时的浙江就已经是学术思想的重镇,到了南宋,顺理成章地成了学术思想的中心。浙东学派的产生就极显当时的学术气象。

浙东学派生发出了各具特色的支派,他们分别可以总结成以下四支思想锐军:以吕祖谦为首的金华学派、以叶适为首的永嘉学派、以陈亮为首的永康学派和以"甬上四先生"为首的心学。

一、金华学派

金华学派,又称"吕学"、"婺学",是南宋中期由吕祖谦开创的一个儒家学派。它是南宋"浙东学派"重要的一支。"婺学"之得名,是因为唐宋时期金华名"婺州"之故。金华学派在当时影响极大,与朱熹的"理学"、陆九渊的"心学"齐名并鼎足相抗。全祖望《宋元学案》中曾说:"宋乾淳以后,学派分而为三:朱学也,吕学也,陆学也。三家同时,皆不甚合。"(《宋元学案》卷五一《东莱学案》)

吕祖谦(1137—1181),字伯恭,浙江婺州人,学者称东莱先生。他在中国思想史上极富盛名。尽管他一生短暂,但他度过的是一个标准的学术生涯。26岁那年他考上进士之后,就一直在从事着讲学著述及参政等活动,且著作等身,共有五百多卷。他的学问冠以其姓,号称"吕学",他本人也与朱熹和张栻一起,被称为南宋理学三大师,被学人尊为东南三贤。

吕祖谦为学素有"博杂、务实"的特点,"不主一门","不私一说","兼取其长",他学术思想的宗旨是:不"尚奇",不"尚胜",不"尚新",不"尚异",而求安、求是、求常、求达。以此为基础,吕祖谦也形成了自己"明理求实"的教育思想。

吕祖谦的哲学思想,可以概括为"道与心一",即客观法则和内心的法则应该是一致的。吕祖谦把"理"或"天理"作为自己哲学思想的最高原则,认为"理"是指存在于事物中的普遍法则,唯"理常在"(《易说·离》)。还认为"心"是世界本原,他说:"本然者谓之性,主宰者谓之心"(《杂说》)。吕祖谦坚持"心即是道"的观点,在他看来,"心"与"道"是同一概念的东西,两者没有任何差异与界限。他在认识论上以"明心"作为第一要务,认为心即理,所以"明心"也就是"明理",所以他主张"明理躬行","明理"要求在"义、利之上,不可增减分毫";"躬行"则注重实用与趋向变革,以为"惟出寰臼外,然后有功",他的"力行"、"致知"等认识突破了宋儒性命之学的藩篱。

而吕祖谦的政治思想,也可以用"惠民图强"来总结,这当然包括了因革弊政、雪耻图强、取民有政、勤政廉政等要素,这些思想都有着积极的现实意义。

吕祖谦的历史观可以概括为"文明向前"。他的历史观是前进发展的,重视历史经验,并为现实服务。他注重史学为现实服务,力求在历史古籍中寻求救国救民之道,他认为从历史的客观发展的道路上分析与总结历史兴亡之更替的经验,有利于经世致用。在治史方法上,他遵循求实考信的治史态度,探究历史本身的真实内容,以无褒贬的态度全面证实史实。在认识方法上,他主张研究问题"不可有成心",强调"参合审订"、"再三商榷",并且十分重视民众实际生活的经验,认为"闻街谈巷语,句句皆有可听;见舆台皂隶,人人皆有可取"(《文集·杂说》)。

吕祖谦的思想充分反映了南宋时期思想界的特点,他那种兼取别家之长,又能顺应历史发展潮流的思想内容,对以后的史学界有重要影响。

二、永嘉学派

永嘉学派是指以温州永嘉为中心区域而形成的学术流派。"永嘉之学"发端于北宋,而"永嘉学派"形成于南宋。开始是由浙东温州地区"永嘉九先生"(即周行己、许景衡、沈躬行、刘安节、刘安上、戴述、赵霄、张辉、蒋中元)从事学术研究与教育活动,在关洛之学的基础上建立起了独特的永嘉之学。通常所说的"永嘉学派"是以薛季宣、陈傅良、叶适为代表的"事功之学"。

叶适(1150—1223),字正则,是永嘉学派的主要代表人物。永嘉,即今天的温州地区。早年,叶适随父亲从处州龙泉县搬迁至此,定居在永嘉城郊的水心村,所以叶适还有一个雅号:"水心先生"。1208年,即嘉定元年,59岁的叶适蹉跎半生,终于回到故乡水心村,开始专心从事著述和讲学。以"事功之学"为特色的"永嘉学派",到了叶适手里,才完全理论化、系统化了。

叶适的哲学思想和史学思想,一在对道统说的评析。他明确提出物质第一性,认为客观世界是物质的统一体。在道和物的关系上,叶适认为"物之所在,道即在焉",故"道在物中",而宇宙系由八卦所依据的八种自然现象和五行所代表的五种物质构成。他认为道不能离开天地和器物而独存,具有唯物主义倾向。二在朴素的唯物论的辩证法。叶适认为"道源于一而成于两","凡物之形,阴阳、刚柔、逆顺、向背、奇偶、离合、经纬、纪纲,皆两也"(《水心别集》)。提出了"凡天下之可言者,皆两也,非一也"的命题。三在古为今用的史学思想。叶适十分强调史学要为现实的需要服务,在编写历史著作方面认为要坚持据事直书,务实可信,看重史德的原则,把"六经"当作史来看待。

而叶适的政治思想与经济思想,其一在于明夷夏之辨,谋恢复之行;其二在扬民本之说,施宽仁之政;其三在论宋政之弊,开疗复之方;其四在斥"厚本抑末"之说,赞"通商惠工"之策;其五在重理财之道,斥聚敛之资。叶适主张重民限君,对封建专制进行了一定程度的批判,宣扬宽仁之政,提倡法治中重视人治的作用。他主张发展工商,在《习学纪言序目》中就认为:"古人以利与人,而不自居其功,故道义光明。既无功利,则道义者乃无用之虚语尔。"明确、公开地反对和否定重本抑末思想,提倡"工商皆本",这是南宋时期商品经济进一步发展的事实在经济思想领域中的反映。

叶适的伦理思想与教育思想,则可以概括为:(1)修实政,行实德,建实功;(2)以利和义,不以义抑利;(3)性者习之一焉,礼者学之始也;(4)取士而用,必先养之。叶适发扬了北宋永嘉之学中注重实际和学以致用的精神,大胆怀疑程朱理学所提出的道统说,极力主张义和利的一致性。

三、永康学派

永康学派,或称"永康事功学派",南宋重要的哲学学派,因代表人物是婺州永康人陈亮,故得名"永康学派"。有时也把永康学派归入"婺学"。永康学派对后世中国学术影响较大。永康学派的哲学及政治主张上都与朱熹的学派存有论争,可谓分庭抗礼。永康学派在当时外交上"力主抗金",反对议和;在国家治理政策上主张"简法重令";在学术上主张"经世致用",倡有益国计民生之"事功之学",反对空谈。

南宋学术史上,陈亮、朱熹和陆九渊分别代表了浙学、闽学和赣学,并形成了学术史上的三足鼎立,其中陈亮又可以说是最激进的一位。

永康人陈亮(1143—1194),字同甫,原名汝能,婺州永康龙窟山人,人称龙川先生,著有《龙川文集》。他的出身绝不比叶适显赫到哪里去,只是一个"散落为民,谱不可系"的破落地主家庭。而他生活的时代,也正是南宋王朝偏安东南、妥协生存的时代,而陈亮的一生,正是在抗战的奔走呼号声中度过的,他研究学问,也围绕着这一家国大事的主题进行。

陈亮和前面提到的两位大师不同的地方,是他没有专门的哲学著作,但散见于各类政论和文稿中的言论,还是可以看到他的思想面貌,比如,朴素的唯物论和辩证法倾向,以及力主"中兴"的政治、军事主张。他一再提到,要明夷夏之辨,雪国之大耻;要振天下之气,动中原之心。他的雄才大略,重兵机利害,主张王霸并用,义利双行。他尤其重视人才且不以为人的才智是天生的;他主张用人,用人才能知其能否用,坐而论道的人是不足重视的。

　　陈亮的事功思想,最集中反映在伦理道德观方面。他明确反对程朱理学的"天道",主张讲"人道"。在他们的思想对立中,主要围绕着两个方面展开。一是论理与欲的统一。陈亮认为物质追求是人性内容,但物欲是要节制的,道德就是对物欲的限制和规定。二是论功利与道德的统一。陈亮认为功利和道德是完全可以统一的,道德和法制不应该对立而应该相辅相成。这些见解,和程朱理学的观点是完全对立的。

　　淳熙十一年(1184)开始,陈亮和朱熹有过长达 3 年的书信来往,此间展开了历史上著名的"王霸义利"哲学观念之争。南宋时期,由于朱、陆等人提倡的理学在社会上造成了一种空谈道德性命、不讲求实际事功的风气,陈亮于是提出"务实"口号,大力提倡"着实而适用"的"实事实功"之学。他认为汉唐的"霸道"政治值得颂扬,汉祖、唐宗爱民利物、救民于水火之中的历史功绩足以与上古圣贤的"王道"相提并论,并以历史事实为依据,认为三代以下不仅不是混乱的黑暗时代,而且认为"汉唐之君本领非不洪大开廓,故能以其国与天地并立,而人物赖以生息"(《陈亮集·又甲辰答书》),他们使国家统一,使经济文化得以空前发展,其"大功大德因已暴著于天下"(《陈亮集·问答》)。陈亮用历史事实的铁证,有力地驳斥了朱熹的倒退历史观,提出了"王霸并用,义利双行"的命题。在陈亮看来,"义"与"利"或"天理"与"人欲",在人类社会生活中从来就是相互并存的,所谓王道政治与霸道政治,从来就是交杂并用的,根本不存在"三代以上"和"汉唐以下"的绝对不同。由此也可以看出,对于历史发展,陈亮持一种进步的观点,在南宋时期,具有重大的进步意义。

　　在政治上,陈亮主张变革,他主张南宋政府积极抗金,收复大好河山,统一全国,他主张限制君主的权力,扩大地方权力。陈亮认为"自古乱离战争之际,往往奇才辈出"(《中兴遗传序》),他认为人才对于国家来说是十分关键的,并提出了一系列选人用人的观点与标准。

　　在经济思想上,陈亮主张"农商一事"的思想,他认为农业与商业之间存在有机的联系,希望统治者减轻工商业者的赋税与负担,提倡农业与商业的一视同仁,这种对商业的看法是走在时代前列的,具有历史的进步意义。

第三节　阳明先生与"心学"

　　王阳明(1472—1529),名守仁,字伯安,浙江余姚人,世人称之曰阳明先生。

　　王阳明是明朝中叶以来在政治、思想、文化上有重要影响的人物。他一生经历了明朝宪宗、孝宗、武宗、世宗 4 位帝王的统治时期,是明王朝由盛转衰又渴望中兴的时期。他出身于官僚地主家庭,5 岁还不会说话,于是改名为守仁。改名后不日即会背诵祖父所读之书中的语句,11 岁赋诗,12 岁就读私塾。15 岁随父走访居庸关、山海关,遍览山川名胜。17 岁拜著名学者娄谅为师,学习朱熹"格物"思想。弘治十二年(1499),28 岁的王守仁中了进士,从此开始做官,从事政治活动先后共 21 年。

　　从王阳明的仕途生涯来说,这位明中期的大儒,应该说是一个忠诚的封建王朝的政府官员。他一路从知县、刑部主事、兵部主事、吏部主事、左金都御史,最后当到南京兵部尚书。但后来的人们,没有人会把他和他的职位放在一起。他的名字,牢牢地和中国哲学史上的一个专有名词——"心学",紧密地联系在一起了。

心学,实际上就是那种把"心"作为天下第一的世界观。"天地之所以位,由此心也;万物之所以育,由此心也。""天下之物孰为大?曰:心为大。"在中国哲学史上,统治中国哲学界五六百年之久的程颢、程颐兄弟与朱熹的客观唯心主义的"程朱理学",已逐渐僵化为教条和文人士大夫猎取功名的工具,逐渐失去束缚人心的力量。王阳明继承了陆九渊的主观唯心主义,逐步形成和提出了"心外无物"、"致良知"及"知行合一"等主要哲学命题,完整地建立起自己的主观唯心主义哲学体系。因此,后人有"陆王心学"之说。

王阳明是明朝中叶主观唯心主义哲学的集大成者。他身后一百多年,其学说一直都统治着中国思想界,他与他的弟子创立的这个学派,被人们称之为"姚江学派"。归纳王阳明的思想:一是心外无物、心外无理的世界观;二是致良知的道德修养论;三是"知行合一"的认识论。

一、心外无物、心外无理的世界观

王阳明哲学观的核心,即认为人的心才是宇宙的本体。他提出的"心即是理",形成了"心外无物"、"心外无理"的宇宙观。其一,"心外无物"。"心"指人的精神活动。他认为:"身之主宰便是心,心之所发便是意,意之本体便是知,意之所在便是物。"(《王文成公全书·传习录》)又说:"物者事也。凡意之所发,必有其事,意所在之事,谓之物。"(《王文成公全书·大学问》)认为客观事物是人意识活动的产物,离开了人的意志,就没有客观万物的存在。王阳明把人的思维能动作用夸大,把事物的客观存在和人们对它的认识混淆起来,并且认为只有感觉者是唯一的存在,这是极端的唯心论和先验论。其二,"心外无理"。"理",指封建社会的伦理道德原则。他说:"礼字即理字。"(《王文成公全书·传习录》)"理",就是仁、义、礼、智、信。他认为这种"理"存在于心,是人头脑所固有的,认为"理"为心所发。这种说法是对"心即理"的观点的具体阐发,一是针对朱熹分"心"与"理"为二而言;二是针对官僚、士子满口讲仁义道德,实则男盗女娼的时弊而言。其三,"万物一体"。王阳明否认外间客观世界的独立存在,认为天地万物都是"心"的产物,只有人心才是宇宙的本体,也就是天地万物的主宰。他说:"人者,天地万物之心也;心者,天地万物之主也,心即天,言心则天地万物皆举之矣。"(《王文成公全书·答季明德书》)

二、致良知的道德修养论

所谓"良知",据王阳明的解释,就是"知是心之本体,心自然会知。见父母自然知孝,见兄自然知弟,见孺子入井自然知恻隐,此便是良知,不假外求"(《王文成公全书·传习录》)。他所讲的"良知",是指人人具备、不教自会的先天的道德观念,就是一种先验主义道德意识。他认为这种"良知"是"心之本性",人人都有,与生俱来,也就是存在于人心的"天理"。

有些人的"良知"由于被"私欲"蒙蔽,"本性"退去,私欲就显露出来,要除掉"私欲",

恢复"本性",必须"致良知"。"致良知"就是教育人们克服私欲,恢复天理,使人人都能按照封建伦理纲常去行事,达到"良知"的极限。

三、"知行合一"的认识论

"知行"是中国哲学史上一个重要范畴,是不断发展的哲学命题。王阳明认为,"知"之真切笃实处即是"行","行"之明察精觉处即是"知",两者是不能分开的,而且,他所说的"知"是指"良知",并不是一般的知识;"行"是指"真知",并不是一般的实践。知行统一于"理",而"理"是心之本体。王阳明将"知行合一"的含义概括为:"是非之心,人皆有之。即所谓良知也。孰无是良知乎?但不能致之耳。《易》谓知至至之。知至者,知也;至之者,致知也,此知行之所以一也。"王阳明提出"知行合一"论,除了与朱熹的"知先行后"论抗衡外,还在于针砭时弊,体现出干预现实的特点。

第四节　清代浙东史学派

清代的浙东史学派既是一个哲学学派,又是一个史学学派。主要是指以黄宗羲、万斯同、郑梁父子、邵廷采、全祖望、邵晋涵、章学诚等为代表的学派。

浙东史学派以研经读史为基本研究方向,明显继承了叶适和王阳明"六经皆史"的观点,在史学研究的过程中形成了自己所特有的学术风气,一是反对门户之见,二是主张"经世致用",三是贵在创新,四是注重理性,五是贵专家之学。这种学术风气与当时的考据之风截然不同,积极为后来的学术发展创造了良好的学术氛围,开创了一代光辉灿烂的学风。

一、黄宗羲:"浙东之光,一代宗师"

浙东史学派的开山鼻祖应当首推清初思想家、史学家黄宗羲。

黄宗羲(1610—1695),字太冲,号南雷,浙江余姚人,人称梨洲先生。黄宗羲有四个弟弟,他居长,与其弟宗炎(鹧鸪先生)、宗会(石西先生)号称"浙东三黄"。在清代,他与孙其逢、李颙齐名,并称"三大儒"。近现代以来则将他与顾炎武、王夫之并称为"三大启蒙思想家"。黄宗羲的学术成就和学术思想在各个领域都有十分辉煌的成就,在史学上的地位尤为突出,后人称之为"浙东之光,一代宗师"。

黄宗羲青少年时代受业于著名哲学家刘宗周,刘氏的哲学思想和民族气节给了黄宗羲以很大影响。在《明夷待访录》一书中,黄宗羲提出了"盖天下之治乱,不在一姓之兴亡,而在万民之忧乐"的思想。这在中国思想史上是空前的,近代资产阶级改良主义即是从黄宗羲处受到了启蒙。

黄宗羲在治学上不愧为一代宗师,他悉心探究明代灭亡的历史原因和教训,通过大量明代社会风尚、历史掌故和学术文化的文献资料,对明代历史和学术文化作了卓有成效的研究,编成了《明史案》、《明文海》等一批重要历史著作。在他的发动下,让史学界为之瞩目的浙东史学派终于在浙江建立起来。

黄宗羲博学多才,精通文、史、哲以及自然科学诸领域,其学术思想概括起来表现有四。

其一,"天下为主,君为客"的政治思想。黄宗羲作为启蒙思想家的地位是由《明夷待访录》一书奠定的。这是一部充满民主启蒙思想的著作,是对封建君主专制统治进行声讨的政治檄文。晚清维新人物梁启超在《中国近三百年学术史》中称之"实为刺激青年最有力之兴奋剂。我自己的政治运动,可以说是受这部书的影响最早而最深"。

在《明夷待访录》中,黄宗羲集中阐明了自己的治国观点。他强烈痛斥了封建君主专制制度,"明夷"取自《易经》,意为光明隐没,黑暗来临;"待访"即为光明出现谋划。书中谈到专制主义制度形成以来,君主把天下当成一家一姓的私有财产,君主将"天下"视为己有,把世上的财产当做"此我产业之花息也"。黄宗羲指出,就是这些君主,为了一己私利,以我之小私为天下之大公,坑害别人,所以,"天下之大害者,君而已矣!"黄宗羲认为君主是从民众兴利除害的需要中产生的,立"君"是为民办好事,不是凌驾于民众之上的,所以他提出了"以天下为主,君为客"的社会政治结构的原则,这种观点启迪人们去思考封建社会政治结构的不合理性,是对封建君主专制理性的批判。黄宗羲还从政体、立法、教育文化等方面提出了"为天下"的政治思想,他主张国家大事不能由君主一人独断,应该由君臣共同合作,要求设立君臣"每日便殿议政"制度,要求宰相设"政事堂",以接纳"四方上书言利弊者",使凡事无不达。黄宗羲对于学校也有独特的见解,他认为学校不是为了养士而设,更在于参政议政,使学校能起到对君主进行舆论监督的作用。在法律上,黄宗羲要求立"天下之法",废"一家之法",主张法治重于人治,这是一种君主立宪思想的萌芽。

其二,"工商皆本"的经济思想。在《明夷待访录》中,黄宗羲提出了一系列有利于发展商品经济、发展工商业的进步主张。他认为:"世儒不察,以工商为末,妄议抑之。夫工固圣王之所欲来,商又使其愿出于途者,盖皆本也。"(《财计》)这种"工商皆本"的观念充分体现了黄宗羲试图打破"崇本抑末"的传统观点,与"视商为本"观点相一致。黄宗羲提出了货币理论,他认为商品流通必须借助于货币的流通,因此需要"常有千万财用,流转无穷"。他进一步指出货币流通需两个条件:一是要有可以流通的货币,所以他主张"废金银"而"通钱钞";二是要求币制的统一。货币政策的提出有利于市场上商品的流通,这些理论客观上是符合发展资本主义的历史要求的。《明夷待访录》中一种"人各得自私,人各得自利"的价值观更富有启蒙主义思想,这是明中叶以来资本主义新经济萌芽及市民运动在观念上的反映,是一种实利主义的价值观。

其三,理气心性一体圆融的哲学思想。理气心性之一体圆融,在黄宗羲哲学中是至关重要的一个基本观念。自孟子以来,儒家哲学之最终的理论目的,乃在基于主体道德境界的升华而实现赞天地之化育,天人之间在本质精神上的相感互通是作为一种基本理念而固存于这一哲学目的。而在黄宗羲那里,理气心性原为一体,本无间隔,则天人相通作为一种哲学理念的意义就获得了充分凸显。不仅如此,由于人的主体性对于宇宙现象之全体的普遍渗透与涵摄被充分显化为一种人获得其本身之存在方式的基本原理,而最终消解了现象层面上的主、客体之间的对立与隔离。所谓"气"的客体世界,原不与主体世界相分离,并且恰须在主体性的统摄与驾驭之下才显现其意义;而所谓"心"的主体世界,亦原不与客体世界相悬隔,唯其一体而互融,才显现心体之博厚高明,以至于经天纬地。

在黄宗羲的阐述里,他确认"理在心,不在天地万物"。其所以言"心"不言"气",不仅是由于"心"原本就是"气",而且更重要的还在于要充分凸显出人的主体性,强调宇宙万物之存在的意义与价值是必然显现于人的主体世界本身的。由于万物的本身即是气,气即是理,因此气别无本体,心亦别无本体,若必求其本体,则必求之于此心的流行发用,必求之于工夫的实地践履,舍此绝无他途,所以说"心无本体,工夫所至即其本体"。同时,若就个体生命的有限性而论,物无穷,量无止,"穷万物之万殊"实际上是不可能的;在个体那里,他只能在主体性所能渗透与干预的那个时空界阈之中、在他可以与之构成动态关系的那个作为"客体"的对象世界当中完成其主体性的赋予;源于人本身之生存境域的这种基本情境规定,"穷理"作为个体的实践性活动,在现实性上亦只能是"穷此心之万殊",而"非穷万物之万殊"。然而个体之存在性本非局于自体、局于方隅,"此心之万殊"即是"万物之万殊",理气心性原自一体圆融,故尽心即是尽性,尽性即是穷理,穷理即尽气之流行变化之则,由是便可谓宇宙在手、造化生心,而得赞天地之化育而与天地参。

其四,通变以致用的史学思想。黄宗羲的经史之学,最能表现其治学的实践精神与致用的价值取向。清初曾经蔚为大观的实学思潮,就其基本取向而言,则治学精神大抵归于平典质实,实事求是,重视实体践履;治学目的归于深切世情,经济世务,强调学术之实用价值的现实还原。黄宗羲亲历晚明社会之剧变,曾参与直接的政治与军事斗争,于宋元以来学术思想发展之分合有精深的研究,而对于晚明学界空疏之弊洞察尤深,所以在治学上力求革故鼎新。在学术上,黄宗羲经史互为表里,互相发明,相须以行,相辅以用,而共致其开物成务之功;必以穷经成其博,以治史通其变,以道德之推究极其高明,以世事之参详致其效用。黄宗羲充分关注社会、人生之当前的存在状态,从历史本身运动的宏观过程来理解与把握这种状态,反对游离于这种状态而空言道德性命,确认道的存在切实贯穿于社会的自身历史,而强调通经以博古,读史以通变,融通经史以开物成务,从而使学术转换出切于当前世情的实际效用,这正是南宋以来浙东学术的基本精神。黄宗羲一生,编撰了《明夷待访录》、《明儒学案》、《宋元学案》、《弘光实录钞》、《行朝录》、《明史案》、《明文海》等开创中国文化学术史研究的新篇章,即是其经世致用史学思想的绝好实践。

二、浙东后俊:黄宗羲的弟子们

浙东史学流派中,多为黄宗羲的弟子。但在黄宗羲之前还有一位浙东史学派的先驱人物朱舜水。朱舜水(1600—1682),字鲁屿,名之瑜,号舜水,浙江余姚县人。他是我国明清大变革时期的著名学者。朱舜水关注史学研究,注重实际效用,批判程朱理学、陆王心学,阐发圣人之学,对治理国家有自己的一套政治理论,他的史学观点与黄宗羲颇为接近,明亡反清斗争失败后他逃亡日本,讲学二十余年,为中日文化交流作出了巨大贡献。1682年朱舜水客死异乡,日本学者私谥文恭先生,被梁启超誉为明末清初我国学术界"两畸儒"之一。而浙东史学的繁荣,万斯大、万斯同、邵廷采、全祖望、邵晋涵、章学诚等浙东后俊功不可没,他们继承、发展了黄宗羲的史学观。

明崇祯年间，浙江鄞县人万泰（1598—1657，字履安，号悔庵）可谓享尽风光。他曾与黄宗羲同学于山阴，为蕺山学派弟子之一，亦是文昌社领袖之一。他认识到黄氏学术的正宗地位，并延请姚江黄宗羲授八子以经史之学，将先人墓庄（今宁波市西郊管江岸白云庄）辟为甬上证人书院，使得八子各有成就，世人称其子斯年、斯程、斯祯、斯昌、斯选、斯大、斯备、斯同为"万氏八龙"。"万氏八龙"是黄宗羲弟子中继承其史学观的杰出代表。

万斯同（1638—1702），清朝史学家，字季野，学者称其石园先生，谥贞友。万斯同自幼聪明，读书过目不忘，八岁时，即能背诵《扬子法言》。因受业于黄宗羲，学业益为精进，年少而称黄门高足。康熙十八年（1679），清廷开了明史馆，网罗天下有识之士编修《明史》。对研究明史的黄宗羲来说，这确实是一个难得的好机会，但以他这样的身份是万万不能去的。这副担子就落在了万斯同肩上。于是，万斯同以布衣身份参修《明史》，书稿多出其手。这次编写明史是官方的"政府行为"，自然凡来做此事的人非官即吏。但万斯同却遵从师教，不仅不要这顶花翎帽，就连开的工资也是分文不取。诚如万斯同所言："吾此行无他志，显亲扬名非吾愿也，但愿纂成一代之史，可借于以报先朝矣。"

万斯同坚守宗师黄宗羲的治学理念，以经为本，以史为翼，以文为澜，以用为的，熔铸经史，会同古今，以期致用，在史学领域卓有建树，颇得黄宗羲赏识。康熙二十八年（1689）冬，万斯同第一次回宁波探亲，这次返京临别之时，黄宗羲以名句"四方声价归明水，一代贤奸托布衣"相赠。梁启超曾赞扬"清代史学盛于浙，鄞县万斯同最称首出"。

浙东学派中与万斯同这位"布衣史官"同为一个时代的重要成员还有邵廷采。邵廷采（1648—1711），字念鲁，又字允斯，浙江余姚人。他不仅亲承黄宗羲史学精髓，并先后主讲姚江书院达17年之久。他继承、发扬黄宗羲"经世致用"的史学观点，并把这种学术精神与民族意识结合起来。他主张："文章无关世道者可以不作，有关世道者不可不作。"他所著的《东南记事》和《西南记事》，后人梁启超曾有很高的评价，称赞"有永久价值"。

邵廷采之后，就是浙东史学流派的第三代大师全祖望。全祖望（1705—1755），清代著名历史学家、文学家。字绍衣，号谢山，小字阿补，浙江鄞县人。全祖望一生用力最多的是对历史文献的整理、刊刻乡邦文献、钩稽浙东著名书院的学术渊源；孜孜搜集与整理南明历史文献，重视历史地理文献的整理；续补《宋元学案》，黄宗羲著《宋元学案》仅完成17卷，全祖望以10年之功毕其成，完成了学案体；三笺《困学纪文》，七校《水经注》，其主要著作还有《鲒埼亭集》、《汉书地理志稽疑》、《古今通史年表》等。全祖望在搜集、整理和研究历史文献的过程中，始终坚持春秋笔法，秉笔直书。正如刘光汉在《全祖望传》中所云："说者谓雍、乾以降，文网森严，偶表前朝，即膺杀戮，致朝多佞臣，野无信史，其有直言无隐者，仅祖望一人，直笔昭垂，争光日月……"以全祖望之胆识，不愧为当时"史学大柱"。

章学诚（1738—1801），清朝著名史学理论家、方志学家。字实斋，号少岩，浙江会稽道墟（今上虞道墟镇）人。年轻时钻研史学，师事名儒朱筠，乾隆四十三年（1778）中进士，但又"自以迂疏，不敢入仕"。章学诚一生虽然四处漂泊，寄人篱下，但他著作众多，成就斐然。所著之《文史通义》与唐刘知几《史通》并称为古代史学理论名著，可谓博大精深，在历史编纂学、历史哲学、方志学、文艺批评诸领域都有高明之见，略陈如下。

　　其一，"道因器显"。章学诚的哲学思想以其"道论"最有特色，并且是其史学思想的理论支柱。他首先将"道"理解为一种历史范畴，是作为某种客观的历史必然性而呈现于历史过程之中的；唯有当"历史"获得其自身意义并且得到充分显现的时候，这种客观必然性才因与人类主体性相互融通而转化为历史的法则。历史仅仅是人类社会的自我历程，因而"道"也只能在人类社会的历程之中才会获得其自身之本质内涵的充分显现。"道"既然必须在人类社会的不断演进之中才能充分实现其本身的存在及其意义与价值，因而"道"的内容也就绝不仅仅是"自然"的，同时也必然是"社会"的。道即是自然中之必然，当然中之所以然。因此章学诚认为"道不离器，犹影不离形"，"道因器而显"。此并非章学诚的创见，但其卓越之处却在于将这一基本哲学理念融入史学，充分实现了哲学与史学之相互交融，并由此而形成其独特的历史观念与历史诠释方法。将"道"从自然哲学的概念转化为一个社会历史范畴，正是章学诚在理论上的一项重大贡献，也是其历史观念的理论基础。

　　其二，"六经皆史"。章学诚认为，"存道"的目的，根本上就是谋求方略，成就经纶天下之大业，所以说"六经皆器也"（《原道中》）。"若夫《六经》，皆先王得位行道，经纬宇宙之迹，而非托于空言"，因此又可以说"《六经》皆史也"（《易教上》）。"《六经》皆史"之说，陈亮、叶适、王阳明等都有过阐释。章学诚之所谓"《六经》皆史"，其意并非仅以《六经》为史料，而尤以《六经》为特定之"时会"或历史状态之下的"天人之际"之载体，亦即其本身乃是"历史的"。它是史料与史观的统一，思想与现实的统一，天道与人事的统一；所以章学诚的"《六经》皆史"之论，实质上乃解构了《六经》不可动摇的权威性，使《六经》转化为历史范畴而被纳入通常意义上的历史学领域。

　　其三，历史的观念与历史的诠释。当章学诚将"道"的自身演进纳入人类社会历史范畴的时候，他所强调的毋宁说是社会历史运动作为一种过程的统一性与无限性。既然历史与"道"本身运动的穷变通久相统一，并且历史实质上即是人事不断调适以相应于道之必然性的过程，所以历史也只是穷变通久的绵延。这是历史运动在过程上展开的一般特点。对这一特点的重视，表明章学诚试图将传统历史学从史料与事件的一般陈述当中解放出来，而要求把握历史运动之总相的一般法则。

　　其四，史著之类别与史家之标准。在章学诚看来，以往的史家，绝大多数都只是史料家或史料编纂家，而很少有真正意义上的史学家。史学家的著作他称为"著述"或"撰述"，编纂家的著作则是"纂辑"或"记注"。"纂辑"、"记注"实际上只是史料学而不是真正意义上的历史学，其著作归属于文献学范畴而不属于严格意义上的史学著作。真正的史家，必须具有关于历史的独特理解，必须将其史意贯穿于古今之变的追寻与天人之际的体究之中。以体究大道、博通古今、理阐方来、兴起来者作为史家的根本出发点。于是，章学诚强调史家必须具有成一家之言的特质。他独标"史德"，意在充分重视史意、史义、史识的前提下，以史德为史家之内在的制衡条件，以戒史著之流于空言，或一味讲究所谓笔削之义而失去史实之本真，其甚者则妄为褒贬，沦于"秽史"、"谤书"。倘若如此，则史学之生命亦复绝息。因此，章学诚极其推崇司马迁，认为《史记》为"千古之至文"，赞赏《报任安书》所谓之"究天人之际，通古今之变，成一家之言"。章学诚的这些观点对纠正乾嘉考据学的弊端无疑是具有现实意义的，所以梁启超说："《文史通义》实为乾嘉后思想解放之源泉",“实为晚清学者开拓心胸,非直史家之杰而已"(《清代学术概论》)。

章学诚在地方志编撰方面也有突出的成就,先后纂修了《和州志》、《永清县志》、《湖北通志》、《常德府志》、《荆州府志》等。他的《方志立三书议》在方志学理论上有独特建树,使方志学从理论到实践形成了一套独立的体系,并发展成为一门专门的学问——方志学。因此,他也被后人推许为方志之祖。

第五节　近代中国“浙江潮”

历史进入 19 世纪末期 20 世纪初叶,整个中国处于历史大变革的关键时期,革新运动潮起潮涌,波澜壮阔。而当此之时,浙江思想家更是发变革之先声,以“弄潮儿”的姿态活跃在政治思想界。1903 年,一本极具象征意义的文化刊物——《浙江潮》由浙江学人蒋百里、周作人等在日本创办发刊。《浙江潮》“发大声于海上”:“可爱哉,浙江潮,挟其万马奔腾、排山倒海之气力以日日刺激于吾国之脑,以发其雄心以养其气魄。20 世纪之大风潮中,或亦有起陆龙蛇挟其气魄以奔入世界乎?"[①]“浙江潮”涌,标示着勇为人先的浙江人急欲以思想文化之力起区域而抗陆沉的强烈意愿。正是这种强烈意愿的支撑,浙江学人打开了一个属于浙江的文化世纪。龚自珍、章太炎、王国维、鲁迅……群星耀辉,他们的学术和思想在历史上都产生了重要影响。

一、“中国的卢梭”——龚自珍

龚自珍

龚自珍(1792—1841),一名巩祚,又名易简,字伯定,号定庵,浙江仁和(今杭州)人,出身于一个世族书香和三代官宦的家庭。祖父和父亲都在外地做官。他母亲段驯,是著名文字学家段玉裁之女,段玉裁十分喜欢这个外孙。龚自珍 21 岁那年,由外祖父做主,亲上加亲,把孙女嫁给了外孙,希望这个意气风发又有不可一世之气概的外孙,将来当个名臣名相,千万不要只当个名士。然而,龚自珍参加科举考试很不顺利,19 岁乡试中的是副榜第 28 名,以后两次乡试均落第。27 岁乡试,才中举人第 5 名。接着参加会试,连续五次考进士落第,38 岁第六次会试才考中第 95 名进士,还因为楷书写得不好被弃置。在京都,也不过做个小官吏而已。这让一个封建时代的文人心理怎么平衡?一方面龚自珍诗文已天下闻名,冠盖华夏;另一方面,他一次又一次地落榜,被朝廷刷落。而龚自珍绝不是一个散淡无为者,他在文学尤其是诗歌领域早建立了不可取代的地位。他是古典诗史的殿军,他的诗像一片落日的余晖,又散作绮霞,给人以无限美感与遐思;像一曲最后的高歌,响遏行云;像一颗夜空中的流

---

① 蒋百里:《浙江潮·发刊词》,载《浙江潮》,1903 年第 1 期。

星,打破了明清以来诗坛的沉寂;又像那颗拂晓时分的启明星,预示了新时代诗歌的诞生。以柳亚子为首的南社诗人,是对龚自珍诗歌顶礼膜拜、五体投地的崇拜者。柳亚子说:"三百年来第一流,飞仙剑客古无俦。"然后他干脆以龚自珍自居了:"我亦当年龚定庵。"在政治思想上,面对已近尾声的封建时代,龚自珍识破了政治上极端腐朽、生活上骄奢淫逸、民族矛盾日益尖锐的清王朝,感到衰世就要来临了,极具才华又极具洞察力的他发出了变革社会的呐喊。其启蒙学说振聋发聩,梁启超惊呼他为"思想界之放光芒者",进而誉其为"中国的卢梭"。

作为中国近代社会前驱的思想家、文学家和学者,龚自珍在经济学、文学、哲学、佛学等各方面无不成家,从而成为近代具有重要地位和深远影响的开风气人物。

龚自珍率先揭开了中国近代以来思想启蒙的历史,对晚清的维新改良运动曾产生直接影响。梁启超说:"龚(自珍)、魏(源)之时,清政既渐陵夷衰微矣,举国方沉酣太平,而彼辈若不胜其忧危,恒相与指天画地,规天下大计。""晚清思想之解放,自珍确与有功焉。光绪间所谓新学家者,大率人人皆经过崇拜龚氏之一时期。初读《定庵文集》,若受电然,稍进乃厌其浅薄。然今文学派之开拓,实自龚氏。"①

生当国势不振,学界嗜古成癖,世人醉梦升平的年代,龚自珍独以其哲人之慧识、诗人之才华预见了末世的危机,似不堪其忧患意识之沉重,慷慨激昂,磊落使气,急急乎为之奔走叫呼,必欲惊醒世人于昏聩之中。他为人桀骜不驯,为文亦多诙诡谲怪之气。23 岁时作《明良论》,大声疾呼士人无耻乃必致国之大耻:"士皆有耻,则国家永无耻矣;士不知耻,为国之大耻。"(《明良论·二》)龚自珍之所谓"耻",不仅仅属于个人道德之廉耻,而且也是指个人对社会的责任心以及国家的尊严。在他看来,各阶层官僚之个人廉耻与社会责任心之沦丧,即已然意味着国格之沦丧,是为莫大之耻辱。所以他的《明良论》对官场无耻的揭露,既表明他对清政权之全面腐朽已有洞见并由此而产生深沉的忧患意识,也表明他基于这种忧患意识而必欲为其社会现实之困境谋求出路。

正因为这种对社会现实之困境的关注及其出路的寻求,龚自珍首先对自幼即受其陶冶并久已浸润其中的乾嘉古文经学产生了反叛心态,重新倡导对人性与天道的追寻,强调"是道也,是学也,是治也,则一而已矣"。这一思想虽并不见得有多么新奇,但在谨守章句而以名物度数之训释为能事的学术氛围中,却实为一股清新之气,与章学诚"六经皆史"、"必究天人之际,以通古今之变"的议论颇相吻合。道、学、治三者之融会统一,在某种意义上代表了龚自珍试图化解时代困境的努力,这一努力使他走出了乾嘉以来居于正统地位的古文经学,而将关注的重心转移于现实的社会人事,从而以犀利的笔触展开了对社会之现实弊政的批判。在国瘼民穷、社会动乱危及王朝的时代,龚自珍认为,既处衰世而不思更法革新,则王朝必走向其自身的衰朽颓败,则必然有继起者为之大改革。所以只有改革才是扭转衰世进入治世的唯一途径,正所谓《易》道之"穷则变,变则通,通则久"。龚自珍以人才为实现社会改革之"所恃者",因此他亦以满腔热情,最为急切地向茫茫苍苍的沉沉大地呼唤着人才:

---

① 梁启超:《清代学术概论》,上海古籍出版社 1998 年版,第 75—76 页。

九州生气恃风雷,万马齐喑究可哀!我劝天公重抖擞,不拘一格降人才。

龚自珍的历史功绩,就在于在那个充塞着庸人而又浑浑噩噩死气沉沉的时代,首先以其理性的冷峻对专制政体本身进行了深刻的揭露、严厉的批判与尖锐的嘲讽。他欲唤起人格的尊严,向往着个性的解放与自由,由此而激起人们对现实政治与传统文化的重新思考。龚自珍去世以后,中国旋即转入历史上最为耻辱的时代;而在其去世后的30年,他曾预料过的"山中之民"之"大音声"终起,轰轰烈烈的太平天国运动席卷了全中国,真"天地为之钟鼓,神人为之波涛矣"。与此同时,各种社会改革运动乃至推翻清王朝的革命运动终成为无法抗拒的历史潮流。龚自珍既预见了一个耻辱的时代,亦预示了一个波澜壮阔的时代。

在哲学观点上,龚自珍坚持"性无善无不善"之说,反对孟子的"性善"论和荀子的"性恶"论。他批判"天命观",否定"天不变道亦不变"的道德观念,强调万事万物都处于变化发展之中,反对因循守旧、墨守成规。这些哲学上的观点为他坚持改革兴国提供了思想上的保证。

道光十九年(1839),48岁的龚自珍辞官南归,迁居江苏昆山,在丹阳和杭州的书院开始讲学,两年后暴病殁于丹阳书院。龚自珍死得很神秘,以致让人疑窦丛生。他死前一年,鸦片战争爆发,死后一年,《中英南京条约》签订。人们对他的死作过种种猜测,细想却又不以为怪。长期处于精神激烈抗争中的龚自珍,张力和敛力两面夹攻,实在是自己对自己的精神火拼。深刻的预言和瑰丽的诗章乃命运煎熬的火花,一旦耗尽精神,溘然而逝,实又不复可疑。

二、国学大师——章太炎

章太炎(1869—1936),名炳麟,号太炎,余杭人氏,中国近代著名的革命家、思想家和国学大师,杰出的学者。章太炎毕生致力于资产阶级民主革命,虽历经磨难,七遭追捕,三入牢狱,矢志不渝,且又学识渊博,文通古今,生平著述丰富,其学于哲学、文学、史学、语言均有贡献,而尤以阐发"国粹"史学、强调史学对于国家和社会的重要性最为突出。史学论著主要有《尊史》、《征七略》、《焚书》、《哀清史》、《信史》、《论今日切要之学》、《台湾通史题辞》、《史学略说》,等等,在近代史学上具有重大影响。

章太炎

年少时的章太炎,就是一颗在传统文化正统礼教土壤里生长出来的叛逆种子。他从小习汉学,理想大概也是树立在汉学之上的。所以1890年21岁时,便来到杭州孤山脚下的诂经精舍,师从俞樾。他后来那"吾爱吾师吾更爱真理"的惊世骇俗著名宣言中的"师",正是俞樾。1897年,当时的杭州知府林启创办浙江近代第一所新学"求是书院",招生30名,其中便有章太炎。也就是同一年,章太炎却做了另一件大事,与宋恕等人在杭州发起创立了"兴浙会"。这个组织的建立,标志着近代浙江知识分子的新觉醒。

章太炎最初是以革命家名扬四海的。当年,18岁的邹容著《革命军》,34岁的章太炎著《驳康有为论革命书》,结果双双入狱。邹容病死狱中,章太炎于1905年6月出狱,孙中山派人将他迎至日本。孙中山将兴中会、黄兴的华兴会和章太炎的光复会,合并成了中国同盟会,1906年7月,章太炎入会,并担任《民报》总编辑、总发行人。手持如椽大笔的章太炎,与康有为、梁启超大打中国前途往何处去之论战。章太炎与陈独秀伏案挥毫之余,扪虱论道,谈笑风生,指点江山,欲主沉浮,为资产阶级民主革命立下赫赫战功。他的革命理论和宣传家的地位,正是这时奠定的。

1906年9月,章太炎成立了"国学讲习所",周氏兄弟、许寿裳、钱玄同、黄侃等人均为他的学生。在文字、音韵、伦理、逻辑、文学、史地等领域,他是不鸣则已,一鸣惊人;不树则已,一树便是丰碑。

辛亥革命后,袁世凯当了临时大总统,召章太炎到北京任国史馆馆长,还赠以大勋章。但不久互不相容,袁世凯便把他发到了东三省做筹边使。章太炎很认真,顶着严寒北上,怀里揣着《东三省实业计划书》,雄心勃勃地以为从此可以建设边疆、保卫边疆了。结果要钱没钱,要人没人,章先生一筹莫展,只绘制了一幅比较精细的黑龙江省地图。当官要办事,办事要花钱,章太炎只管向袁世凯要,袁世凯只管去暗杀宋教仁。章太炎火了,致电十字:"只管推宕不要你的钱了。"第二天沪上报纸便刊登电文。从此,章太炎看透了袁世凯的真面目,日日在家里大书"袁贼、袁贼",饮酒佐以花生米,吃时去其蒂说:"杀了袁皇帝的头。"1914年1月,章太炎忍不住了,他身穿皮袄,足蹬破靴,手持羽毛扇,拿袁世凯所授的大勋章作了扇坠,来到总统府大闹大骂一场。气得袁世凯杀又不敢杀,放又不敢放,只好把他囚禁在北京钱粮胡同。直到袁世凯死了,章太炎方得解脱。

1917年的护法运动失败以后,章太炎痛感"西南与北方者,一丘之貉而已",从而崇儒尊孔,埋头学问,倡言国学,退出了20世纪初叶那风云骤变、光怪陆离、惊涛骇浪般的中国政治大舞台。然而,1934年以后,章太炎定居苏州,抗战烽烟一起,他立即拍案而起,奔走呼吁。1936年6月,章太炎逝于苏州,遗言曰:"设有异族人主中原,世世子孙毋食其官禄。"

章太炎一生,由一位埋头书斋、勤研经典的学子,卓然而为意志坚强、功勋卓著的革命斗士,转而又成为一代儒宗,堪称近世学界典范。鲁迅先生曾说:"考其生平,以大勋章作扇坠,临总统府之门,大诟袁世凯包藏祸心者,并世无第二人;七被追捕,三入牢狱,而革命之志,终不屈挠者,并世亦无第二人。这才是先哲的精神,后生的楷范。"[1]

伴随章太炎人生道路的曲折回旋,其思想也颇多变化,概而述之,大体有三。

其一,否定的世界观。章太炎的早期思想具有明显的唯物主义色彩,他以"阿屯"为构成世界之基本原质,并肯定其存在的客观性。他认为"境缘心生,心仗境起,若无境在,心亦不生"[2]。依此而论,则主观之心识与作为对象的物境乃处于一种互为条件、互为因果、连续不断的互动关系之中,撤除任何一方,他方即不得成立,这一点显然是包含了某

---

[1]　鲁迅:《关于太炎先生二三事》,载南开大学中文系编:《鲁迅杂文选》,天津人民出版社1976年版,第411页。

[2]　章太炎:《建立宗教论》,载《章太炎全集》第四册,上海人民出版社1985年版,第412页。

种真理性的。但在章太炎那里，心的存在在逻辑上却先于境，乃为心、境关系中之主导因或本因。在理论上，章太炎否定除圆成实性以外的一切现象存在之真实性。就其否定之世界观的充分表述而言，章太炎乃是一"否定的思想家"。其否定的世界观包括"自我之否定"、"物质之否定"、"神之否定"、"自然与社会法则之否定"、"时间与空间之否定"，凡此种种章太炎否定一切之极致，最终便归结为"五无"：无政府、无聚落、无人类、无众生、无世界，以其为理想之至境。

其二，道德的宗教论。章太炎之崇信佛学，提倡释教，固然与其现实境遇有一定关系，但其根本目的却是为推进革命运动。按照他的理解，革命必须以道德为基础，而宗教则与国民的道德水平关涉最为巨大，"世间道德，率自宗教引生"，而"道德普及之世，即宗教消熔之世也"。他认为中国自宋代以降，便唯有"退化"而无"进化"，"善亦愈退，恶亦愈退"，乃至世风浇薄，民德颓败，"于今为甚"，而儒学已不复有振起衰世之力，故必须以宗教发起信心，增进国民的道德，挽民德于颓坏之中而使其重归于道德的淳厚，增进革命的活力。但借某种外力之祈祷以求取心灵之慰安的宗教，如基督教以及佛教中的密宗、净土宗，却"猥自卑屈，与勇猛无畏之心相左"，殊于道德之增进不利，亦须摒弃，"是故推见本原，则以法相为其根核"。另一方面，"学说日新，智慧增长"，乃为法相宗之重兴与普及提供了知识基础。因此，在章太炎看来，法相宗之必行于今日，便几乎有了某种历史的必然性。基于推行宗教的现实性与历史性的理解，章太炎遂进一步提出其关于宗教之本质的理解。在他看来，对于某种外在的或超自然力的信仰与皈依，并以此为前提而要求过一种无益于现实人生之全体的"超凡"生活，并不是宗教的目的与本质特征；恰恰相反，宗教的实质在于激活人们的内在心灵并以勇猛无畏的精神去实现个体之独立的高尚人格，它应该是一种独特的道德体系，其根本目的则在使现实人生转入善美崇高境界。因此，"宗教虽超居物外，而必期于利益众生"。基于这一目的，则是否能够或在何种程度上能够促进全体民众之道德，便应成为衡定宗教及一般学术体系之标准。

其三，相对的个体主义原则。人格的独立性与道德的自主性的强调，已显示章太炎对个体的充分关注。所以在个体与群体关系上，他所予以充分凸现的乃是个体，而在本质意义上对群体予以否定。按照他的理解，由个体所集成的某种群体组织，其本身并没有如该群体名称所标示的那种实体存在，而不过是个体的组合，离散个体，则群体为不存。因此在相对的意义上，个体不仅先在于群体，为群体构成之要素，而且就存在性本身而言，个体相对真实，而群体则为虚幻。他认为在相对的意义上，独立之个体为"实有自性"，为真；集成之群体则"非实有自性"，为幻；所以个体之于群体，唯个体方为真正值得重视与肯定的对象。

三、学界巨擘——王国维

王国维（1877—1927），字静安，号观堂，浙江海宁人。王国维自幼喜爱史学，后又留学日本，广泛接受西方学术与文化，曾任北京大学、清华大学研究院导师，清宫南书房行走之职。王国维在并不长久的一生中，开辟了诸多学术新天地，其学术纵贯古今，博通中外，涉及领域之广泛与研究之精深，令人惊叹。他是最早研究甲骨文的学者之一，并用以印证古史，提倡"二重证据法"，成为"新史学之开山"，而在古器铭文、敦煌文献、西北史地诸方面的贡献亦为不可磨灭；他吸收西方哲学、美学思想，将其运用于中国古典诗词之研究，成为中国近代美学的奠基者；他以哲学的观念去研究、解释《红楼梦》，成为"新红学"的开创者；他首先致力于宋元戏曲史的研究，填补了中国文学史研究之空白；他最早系统地介绍康德与叔本华之哲学体系，并关注德国、英国之哲学文学研究，如此等等。而在获得这些学术成就之同时，他犹有余力从事诗词的创作与批评，其词作格调古雅，意境清逸，意皆清新幽韵，境皆笃意真情，所著《人间词话》，则为词论之经典性作品。王国维一生著述颇丰，各种著作凡 62 种（大部分收入《王静安先生遗书》），又校勘各种书籍达 190 多种。《观堂集林》为其古典研究之成就的集中体现，《静庵文集》、《静庵文集（续集）》主要体现其哲学、美学及教育思想，《人间词话》、《宋元戏曲史》等则为其文艺美学思想的集中反映。

王国维是学界所公认的学术大师，其思想略述如下。

其一，人生观。王国维于 23 岁在上海东文学社求学时最早了解到康德、叔本华哲学，其初接触康德、叔本华哲学即生仰慕之情。他对叔本华哲学推崇备至，认为"其立脚之坚固确实，用语之精审明晰，自有哲学以来，殆未有及叔氏者也"。按照他的见解，"叔氏之哲学所以凌轹古今者"，其根源乃在"其形而上学之系统实本于一生之直观所得者"，"易言以明之，此等经典哲学，乃彼之宇宙观及人生观之注脚，而其宇宙观及人生观，非由此等经典哲学出者也"[①]。正由于对叔本华哲学这种近乎崇拜的原因，王国维本人之人生观，与叔本华保持着相当程度上的同一性。他同样将生命意志或欲望理解为处于永无休止而又无法拘束的盲目冲动之中的原始力量，全部的宇宙人生无非为意志的客观化，故生活之本质即是欲望，是欲望之追求的痛苦与暂时满足的厌倦。

其二，性、理、命新释。《论性》、《释理》及《原命》三篇论文，是王国维以研究康德、叔本华哲学之心得来解决哲学史上关于性、理、命之论争的重要作品，其中亦较集中地体现了其哲学思想。

《论性》的主旨在于阐明性是一个超越于人的知识范围的对象。按照王国维的见解，"今吾人对一事物，虽互相反对之议论，皆得持之而有故，言之而成理，则其事物必非吾人所能知者也"[②]。他依据康德所揭示的二律背反之基本原理，考察了古今中外哲学之人性论，认为他们都不可避免地陷入二律背反。古今哲学之论性，有性善论、性恶论、性无善无不善或可善可恶论，凡此诸种论性之说，若局限于各自的理论限阈而言，都可以说持之有故而言之成理，但如若相互比较，或突破其所假设的理论限阈，则又相互反对或自相矛盾。

---

① 王国维：《叔本华之哲学及其教育学说》，载《王国维文集》第三卷，中国文史出版社 1997 年版，第 318、324、325 页。

② 王国维：《论性》，载《王国维文集》第三卷，中国文史出版社 1997 年版，第 242 页。

《释理》旨在阐明理的主观性质及其在伦理学上的意义。王国维首先考察了中外语言中"理"字的语源，认为汉语中之"理"字，"兼有理性与理由之二义，于是'理'之解释，不得不分为广义的及狭义的二种"①。广义之理为"理由"，狭义之理则为"理性"。作为"理由"，其意义便是由莱布尼茨、康德，尤其是叔本华所阐明的"充足理由律"，其基本内涵乃表明"天下之物，绝无无理由而存在者。其存在也，必有所以存在之故"，因此广义之"理"乃为"吾人知力之普遍之形式"②，作为理性，则涉及关于"直观的知识"与"概念的知识"之基本分别，"直观的知识，自吾人之感性及悟性得之；而概念之知识，则理性之作用也。直观的知识，人与动物共之；概念之知识，则唯人类所独有"。语言是"理性第一之产物"，也表现为人类特别的"知力"，因此所谓理性，实质上便是"知力作用之一种"，"即指吾人自直观之观念中，造抽象之概念，及分合概念之作用"③。根据"理"之内涵的这一考察，王国维遂断言无论理之广义还是狭义，它所显现的都只是主观的性质而无客观的意义，它"不存于直观之世界，而唯寄生于广漠暗昧之概念中；易言以明之，不过一幻影而已矣"④。

《原命》以西洋哲学史上定业论（detemainism）与意志自由之间的论争为主要论述对象，阐明因果联系的普遍法则以及在此前提之下"责任"在实践上的意义。按照王国维的考察，中国哲学史上所言之"命"有二义："通常之所谓'命'，即《论语》所谓'死生有命'是也；哲学上之所谓'命'，《中庸》所谓'天命之谓性'是也。"⑤而西方哲学史上，则有定命论与定业论，前者谓"祸福寿夭之有命者"，后者言"善恶贤不肖之有命，而一切动作皆由前定者"。他认为"我国之哲学家除墨子外，皆定命论者也"，"通观我国哲学上，实无一人持定业论者，故其倡言意志自由论者，亦不数数觏也"，"我国之言命者，不外定命论与非定命论二种。二者于哲学上非有重大之兴味，故可不论。而我国哲学上无持定业论者，其他经典中所谓命，又与性字、与理字之义相近"。

思考与讨论

1. 自东汉以来，浙江出现了哪些重要思想家？
2. 王充学术思想的核心内容是什么？
3. 王阳明"心学"的主要观点有哪些？
4. 南宋浙东学派有哪些重要支派？

---

① 王国维：《释理》，载《王国维文集》第三卷，中国文史出版社1997年版，第264页。
② 同上，第261页。
③ 同上，第256页。
④ 同②。
⑤ 王国维：《原命》，载《王国维文集》第三卷，中国文史出版社1997年版，第269页。

第六章

浙江艺术文化

浙江素以"文化之邦"为国人称道，其艺术文化更是繁荣昌盛。在中国文学发展史上，浙江的诗词、散文、小说、戏曲等各种文学艺术层出不穷，风骚独领。浙江的书画艺术，秉承数千年历史文化的传统，浑厚华滋，明润秀健，形成了极具地方特色的艺术风格，不仅底蕴深厚，而且成就辉煌。而浙江的建筑艺术简直可以说是凝固的艺术，从河姆渡的干栏式建筑，到骑楼与廊棚，再到"垂虹玉带门前来，万古名桥出越州"，凝望浙江建筑，就是品读浙江文化。"一部戏曲史，半部在浙江"，浙江是中国著名的戏剧大省。南戏、越剧、绍剧、甬剧、姚剧、湖剧……弦歌不绝、异彩纷呈的浙江戏剧，是中国戏剧史的重要篇章。浙江的影视文学创作也呈现出蓬勃发展之势，一度引领着中国电影的创作走向。

第一节　风骚独领的文学艺术

浙江的文人创作起步较晚，不及中原地区，是中国古代文学的后起之秀。浙江文学在六朝以后逐步兴起，至南宋时期已蔚成大观，承继元明清时期的繁荣，现代浙江文学成就辉煌，涌现出许多文学大家。

一、诗风词韵，千古流芳

南朝刘宋时谢灵运的山水诗，是浙江最早出名的文人诗。谢灵运（385—433），东晋末宋初的著名诗人，生于会稽始宁县（今上虞市），自小聪慧，博览群书，文章之美，江左第一。永初三年（422）出任永嘉太守，仕途不得意，故寄情山水，创作了大量的山水诗，成为中国文学史上山水诗的鼻祖。其《石门岩上宿》：

朝搴苑中兰，畏彼霜下歇。暝还云际宿，弄此石上月。鸟鸣识夜栖，木落知风发。

异音同至听，殊响俱清越。妙物莫为赏，芳醑谁与伐。美人竟不来，阳阿徒晞发。

全诗写他夜宿石门,期待知音的感受和山中夜静的环境气氛,叙事、写景、抒情融为一体,去除了玄言诗玄言佛理的成分,艺术品质精美。谢灵运山水诗给人印象最深的还是那些散见于各篇中的"名章迥句"。如"池塘生春草,园柳变鸣禽"(《登池上楼》)、"林壑敛暝色,云霞收夕霏"(《石壁精舍还湖中作》)等无数山水佳句,描绘出江南的秀丽景色,表现了大自然的盎然生机。

唐代浙江出现了很多著名诗人,为唐诗的辉煌作出了巨大贡献。骆宾王、贺知章、寒山子、钱起、皎然、孟郊、方干、罗隐、贯休等皆有诗名。苦吟诗人孟郊(751—814)与贾岛齐名,有"郊寒岛瘦"之说。其《游子吟》情意真挚,"谁言寸草心,报得三春晖"一联感人至深,家喻户晓。

两宋期间,浙江诗人更多。临安钱惟演(962—1034)为宋初"西昆体"的代表人物,是《西昆酬唱集》主要作者之一。淡泊名利的林逋是隐逸派诗人的代表,40岁后归隐杭州孤山20年,一生好梅与鹤,有"梅妻鹤子"之称。其"疏影横斜水清浅,暗香浮动月黄昏"(《山园小梅》)是咏梅绝唱;《林和靖诗集》借描写杭州西湖的自然风光,表现其热衷隐逸的生活情趣,作品闲淡清俊,刻画细致。

绍兴人陆游(1125—1210)诗风清朗雄慨,是杰出的爱国主义诗人。他力主抗金,诗作充满了抗金雪耻、收复河山的爱国激情。"壮心未与年俱老,死去犹能做鬼雄。"(《书愤》)直到生命的最后一刻,他想的仍是"死前恨不见中原"。他用其千古绝唱《示儿》:"死去元知万事空,但悲不见九州同。王师北定中原日,家祭无忘告乃翁!"表明了他期望南宋军队有朝一日能收复河山的遗愿。其《游山西村》:

> 莫笑农家腊酒浑,丰年留客足鸡豚。山重水复疑无路,柳暗花明又一村。
> 箫鼓追随春社近,衣冠简朴古风存。从今若许闲乘月,拄杖无时夜叩门。

该诗作于宋孝宗乾道三年(1167)初春,当时陆游正罢官闲居在家。三年前,陆游因在隆兴二年(1164)积极支持抗金名将张浚北伐,符离战败后,同样遭到朝廷中主和投降派的排挤打击,以"力说张浚用兵"的罪名,从隆兴府(今江西南昌市)通判任上罢官归里。陆游回到家乡的心情是相当复杂的,苦闷和激愤的感情交织在一起,然而他并不心灰意冷。"慷慨心犹壮"(《闻雨》)的爱国情绪,使他在农村生活中感受到希望和光明,并将这种感受倾泻到自己的诗歌创作里。《游山西村》生动地描绘了优美的农村风光,充满浓郁的生活气息。其中"山重水复疑无路,柳暗花明又一村"蕴涵哲理,至今被人传诵。这首诗语言质朴清新,塑造了一个游客形象。全诗紧扣"游"字,按时间推移展开叙述,层次清晰,语言生动。中间两联对偶自然工整,显出诗人锤炼字句的非凡功力。陆游流传下来的诗有九千余首,数量之多,冠一时之绝。

南宋中期,永嘉人徐玑、徐照、翁卷、赵师秀,因四人的字中都有一个"灵"字,故称"永嘉四灵"。这一南宋诗派与江湖派黄岩人戴复古等反对当时流行的"江西诗派",主张学习晚唐贾岛、姚合诗歌,促使宋诗发生转变。

词始于唐而盛于宋,婺州张志和所作的《渔夫》五首开浙江词创作的先河。两宋时期,浙江词坛创作得到极大的发展,浙江的词人蔚为大观。根据近人唐圭璋的《两宋词人占籍考》记载,在867位宋代词人中,浙江有216人,占四分之一。如开词体变革之先河的乌程人(今湖州)张先,精通音律、维系南北词脉的钱塘人周邦彦等。尤其是宋室南渡以后,浙江词坛空前活跃,宋后期几个有影响的词家大半出自浙江。避乱来浙,辗转杭州、金华、绍兴、四明各地的李清照以白描手法抒发身世之悲、故国之思,最后终老浙江。她在浙江的名作如《武陵春·风住尘香花已尽》:

> 风住尘香花已尽,日晚倦梳头。物是人非事事休,欲语泪先流。
> 闻说双溪春尚好,也拟泛轻舟。只恐双溪舴艋舟,载不动,许多愁。

此词写于作者晚年避难金华期间,词中"双溪"即金华婺江,其时,丈夫既已病故,家藏的金石文物也散失殆尽,作者孑然一身,在连天烽火中漂泊流寓,历尽世路崎岖和人生坎坷,因而词情极为悲苦。

与李清照同一时代的朱淑真,世居钱塘,两人都是我国女性文学史上的重要作家,被称作宋代女作家的"双子星"。朱淑真生于仕宦家庭,相传因婚后家庭不幸福,抑郁而终。因自伤身世,故以"断肠"名其诗集(《断肠集》)、词集(《断肠词》)。朱淑真的词作委婉细腻,悲戚动人,风格接近李清照。其《断肠词》多写婚姻不幸、闺阁幽怨,著名的有《谒金门·春半》、《蝶恋花·送春》和《眼儿媚·迟迟春日弄轻柔》等。如《减字木兰花·春怨》:

> 独行独坐,独唱独酬还独卧。伫立伤神,无奈轻寒著摸人。
> 此情谁见,泪洗残妆无一半。愁病相仍,剔尽寒灯梦不成。

这首词语言自然婉转,通俗流利,篇幅虽短,波澜颇多。上片以五个"独"字,写出了女词人因内心孤闷难遣而导致的焦灼无宁、百无一可的情状,全是动态的描写。"伫立伤神"两句,转向写静态的感觉,但意脉是相承的。下片用特写镜头摄取了两幅生动而逼真的图画:一幅是泪流满面的少妇,眼泪洗去了脸上大半的脂粉;另一幅是她面对寒夜孤灯,耿耿不寐。

与此风格不同的是,陆游、陈亮的词作多壮语,表现了强烈的爱国情绪。陆游有《渭南词》,风格雄快豪爽,如《诉衷情·当年万里觅封侯》、《谢池春·壮岁从戎》等,他也有缠绵婉转、哀婉动人的词作,最著名的是描写他婚姻失意的《钗头凤·红酥手》。

诗、词在元代以后虽日趋衰落,但其作为文学正统的地位并没有改变。元、明、清三朝,江浙一带成为文坛的重心,随着一批批浙江诗人和一个个浙江诗潮的出现,浙江诗坛取得了令人瞩目的巨大成就。元末诸暨人杨维祯(1296—1370),其乐府诗独具一格,人称"铁崖体"。他反对元代浮艳词风,书写了竹枝词这种民歌风格的新体诗,结集成《西湖竹枝词》。

明代《石灰吟》:"千锤万凿出深山,烈火焚烧若等闲。粉骨碎身浑不怕,要留清白在人间"是杭州人于谦生平和人格的真实写照。清代浙江诗坛出现了一批一流的诗人,诗词成就高于元、明两代。清代的"浙派诗词"在文学史上影响较大,而浙词也在清代中兴,先后出现了"西泠十子"、"柳洲词派"和"浙西词派"。"柳洲词派"是嘉善一带诸姓家族形成的一个词学派别,在明清易代之际对词风嬗变起到一定作用。"浙西词派"以朱彝尊和厉鹗为领袖,作品高雅精致,在清代词坛领百年之风骚,到嘉庆以后才渐趋没落。

五四诗体大解放的声浪促成了中国诗歌从传统向现代的转型,产生了从内容到形式都具有现代意义的新诗。现代浙江有不少新诗的开拓者,尤以浪漫主义诗人徐志摩、现代主义诗人戴望舒、现实主义诗人艾青三位新诗大家最为著名。海宁人徐志摩是20世纪20年代中国诗坛最活跃的诗人、新月派的代表人物,有《志摩的诗》、《翡冷翠的一夜》、《猛虎集》和《云游》四个诗集,作品大都是爱情诗和抒情诗,清丽流动,具有新月派所主张的"音乐美"、"绘画美"和"建筑美",代表作有《再别康桥》等。余杭人戴望舒是30年代现代派的代表诗人,叶圣陶称许他"替新诗底音节开了一个新底纪元",诗集主要有《我底记忆》、《望舒草》、《望舒诗稿》、《灾难的岁月》等。他因成名作《雨巷》获得了"雨巷诗人"的称号。金华人艾青是新诗史上创作时间最长、成果最丰的诗人之一,艾青在中国新诗现实主义诗潮中的贡献,确立了浙江现实主义诗人在此诗潮中的核心地位。1933年,作者第一次用艾青的笔名发表长诗《大堰河——我的保姆》,感情诚挚,诗风清新,轰动诗坛,以后陆续出版诗集《北风》、《大堰河》(1939)、《火把》(1941)、《向太阳》(1947)、《黎明的通知》、《欢呼集》、《宝石的红星》、《春天》等,笔触雄浑,感情强烈,倾诉了对祖国和人民的情感。朴素、凝练、想象丰富、意象独特、讲究哲理,是艾青诗歌的一贯特点。

二、说理叙事,形散神聚

浙江散文始自东汉王充的哲学著作《论衡》,魏晋南北朝时以王羲之的《兰亭集序》为代表。

三国两晋南北朝时期,中国社会陷于长期分裂,北方战事频频,而浙江境内相对安定,大量人口南迁,促成南北文化广泛交流,也促使这一时期浙江文学迅速发展繁荣起来。永和九年(353)三月初三,四十余名诗人汇集于浙江的兰亭,举行了一次文学盛会,与会者"一觞一咏",创作了几十首《兰亭诗》。定居会稽山阴的王羲之为文自然疏爽,他为兰亭诗集作了序言——《兰亭集序》,该序用清新朴实的语言叙事,述志抒怀,在骈文盛行的魏晋南北朝时期尤显其文学价值。

骈文是与散文相对而言的,它是魏晋以后产生的一种文体,又称骈俪文。南北朝是骈文的全盛时期。浙江就出现了很多著名的骈文作家、作品。如会稽山阴孔稚圭,其《北山移文》辛辣地嘲讽了身在江湖、心在魏阙的假隐士;吴兴乌程人丘迟,其《与陈伯之书》情理兼备,酣畅淋漓,是一篇脍炙人口的招降文字;吴兴故鄣(今安吉)人吴均,其《与宋元思书》,写富春江山水之美,动静结合,是一篇千古传颂、精致秀美的骈文。

骈文对后世文学创作影响很大,招来了唐代古文运动对它的反拨,但骈文并没有因此消歇。官至宰相的嘉兴人陆贽,虽身处古文运动兴起时代,草诏奏议却仍沿用骈体,但已尽去骈体藻饰华丽、堆砌典故的积弊,是骈体的"散文化",对后世影响较大。唐代浙江优秀的散文家还有睦州新安(今浙江建德)人皇甫湜,他当时文名极大,与韩愈、白居易齐名。他是古文运动的倡导和捍卫者,但其散文趋奇入怪,有失自然。此外,唐宋还有些诗人,虽然其影响主要在诗不在文,可仍有些散文名篇,如刘禹锡的《陋室铭》、陆游的《入蜀记》等。《陋室铭》篇幅虽短,而韵味深长,可作"隽而膏"而"味无穷"的范例;《入蜀记》勾勒了一幅幅诗情画意的山水画,陆游还因之被誉为南宋文章宗匠。

元代的散文总体水平较低,浙江也不例外,"东南文章大家称者,唯表元而已"(《元史》)。戴表元的散文清深雅洁,流丽风采。元末明初浙江有刘基、宋濂、方孝孺等名臣崛起,在社会上有很大的影响,他们的散文一举扭转了元代纤弱委靡的时风。浦江人宋濂名重一时,被朱元璋称为"开国文臣之首",他作文主张"宗经师古",讲究"文道合一",故他的散文多道学气,其传记小品文和记叙性散文最为突出。如《秦士录》刻画元代邓弼,栩栩如生;《送东阳马生序》追叙自己年少苦学事,情真意切。与宋濂同为"一代之宗"的刘基,其作品中的寓言故事颇具特色,《郁离子》是其寓言体散文集。其中名篇《卖柑者言》,借卖柑者之口,毫不留情地讽刺了元末社会中那些"金玉其外,败絮其中"的达官贵人。方孝孺死后,明初浙江的这个散文派别渐告结束。

明代中叶,文坛以前、后七子的复古派为主流,唐宋派以提倡唐宋文风来反拨复古派"文必秦汉"的作文主张。归安(今吴兴)人茅坤是其中坚人物之一。他评选《唐宋八大家文钞》,使"唐宋八大家"的名目由此盛行。

晚明小品文代表了晚明散文所具有的时代特色,山阴人王思任和张岱(1597—1679)文风独特,跻身于晚明诸小品名家之列。在表现生活化、个性化情调的游赏之作中,张岱的作品尤显出色。《陶庵梦忆》、《西湖梦寻》等通过对往日生活的回忆,体现了对故国的追忆之情,文笔清新,生动传神。其中的《西湖七月半》、《湖心亭看雪》等都是为人称道的名篇。

清初文风,一变于晚明之小品文,内容深沉,题材广阔。余姚人黄宗羲的观点鲜明,杭州人袁枚强调"独抒性灵",文章各有特色。

19世纪末20世纪初的散文文体革命,产生了以章炳麟与秋瑾为代表的浙江新体散文,为现代散文的诞生与成熟做好了充分的准备。中国现代散文呈现出了多元互补、多种风格流派并存与发展的态势,很多浙江散文家成为不同散文流派的领衔人物。以鲁迅、唐弢为代表的"鲁迅风"杂文流派,讲究散文的战斗性、社会性、现实性;而以周作人、俞平伯、梁实秋为代表的闲适派讲究幽默、闲适、趣味;另有以丰子恺为代表的立达派、以茅盾为代表的写实派等。在各种样式的散文中,浙江散文家都有建树:鲁迅是杂文大师,周作人是小品文之王,郁达夫以创作游记驰名,夏衍把报告文学推向成熟,曹聚仁擅写历史小品,等等。新时期浙江散文正通过强调本土化和现代性,逐步走上了振兴之路。

三、杂剧传奇,硕果累累

戏曲作为中国传统艺术的杰出文化成就,自宋元以来繁荣兴盛,受到了广大人民的欢迎。南戏产生于温州,元杂剧一大创作中心在杭州,明清许多著名的传奇作家都产生于浙江,因此可以说,浙江对中国戏曲发展的贡献,是其他任何一个省份都无法比拟的。

两宋时期浙江已经有戏文出现,温州是南戏的发源地。唯一以全本流传至今的戏文《张协状元》,全剧53出,为温州"九山书会"才人编撰,是一本谴责书生负心婚变的戏文,与同时期的《王魁》、《赵贞女》等宋元早期戏文是同一题材,揭露负心男子忘恩负义的不道德行为。南戏发展成熟后,便逐渐向外扩展至杭州、大都、泉州、江西等地。

南戏进入临安后,吸收各方面营养,得到了长足的发展,出现了种种演剧团体,如专演杂剧的绯绿社,有专为班社编写剧本的武林书会和古杭书会。元代南戏几乎传遍大江南北,到元末,其影响超过了元代杂剧,成为当时最大的一种戏剧形式。产生了《荆钗记》、《白兔记》、《拜月亭》、《杀狗记》"四大传奇"和南戏绝唱《琵琶记》等。他们的作者几乎都是温州或杭州的书会才子,抑或两地的文人学士。如《琵琶记》的作者高明(1307—1359)为温州瑞安人。此剧在民间故事和早期戏《赵贞女》基础上,将情节改造为蔡伯喈被逼应考,考中后被牛府招赘为女婿,先后辞婚、辞官都未成行。与此同时,家中遭灾,妻子赵五娘独力维持一家生活,公婆相继饿死后,赵五娘身背琵琶,进京寻夫。由于牛氏的贤惠,赵五娘终于夫妻团圆,并得到了朝廷的旌表。此剧代表着元末南戏成就的最高峰。

南戏在元代影响虽大,但赶不上北杂剧影响深远。元代的浙江,杂剧也十分兴盛。元杂剧的中心先是在大都,从元成帝大德(1297—1307)末年开始,随着南方城市经济和文化的迅速恢复和发展,杂剧创作活动中心逐渐移向杭州。表现之一是大批北方杂剧作家和艺人南下创作杂剧,成为杭州的客籍作家,如马致远、关汉卿、尚仲贤、李好古、宫天挺、郑光祖、秦简夫、乔吉等;表现之二是浙江也涌现了一大批本地杂剧作家,如杭州人范康、鲍天佑、沈和、钟嗣成、金仁杰,等等。这两类作家的作品不可胜数,仅《录鬼簿》和《录鬼簿续编》所载,就约有一百四十余种。突出的如范康的《陈季康悟道竹叶舟》、金仁杰的《萧何月下追韩信》等。

此外还有散曲创作,浙江也贡献不小。庆元人张可久是散曲"清丽"派的代表,创作富江南特色,著有《小山乐府》。嘉兴人徐再思作曲亦以清丽工巧见长,他和贯云石合著有《酸甜乐府》。元代后期不少北方曲家如郑光祖、乔吉、贯云石等寓居浙江,杭州逐渐成为当时的散曲创作中心。

明清两代传奇勃兴,杂剧余势犹存,是浙江戏曲史上又一个辉煌的时期。传奇在明嘉靖至万历间渐趋繁荣,尤以万历年间为盛。名家、名作大量涌现,呈现一派丰收景象。著名戏剧家有钱塘人高濂、海宁人陈与郊、鄞县人屠隆和周朝俊、会稽人孟称舜等。他们的代表作分别是《玉簪记》、《灵宝刀》、《彩毫记》和《红梅记》、《娇红记》。

如果说传奇是参天大树的话,那么杂剧只能算是丛丛灌木,但它也在承前启后的流变过程中独树一帜。虽说明前期浙江的杂剧作家大多由元入明,杰出的杂剧作家不多,可到了明代后期,浙江成为杂剧创作的中心。在60种《盛明杂剧》中,浙江籍作家共14人,创作了29种,几乎占一半。杂剧作家主要有徐渭、王骥得、吕天成、叶宪祖、陈与郊、卓人月、孟称舜等,其中首推山阴人徐渭成就最高。其代表作"四声猿"在戏曲史上占有相当的地位。

入清以后,浙江产生了两位传奇大家,即钱塘的洪昇和兰溪的李渔。他们的代表作分别是《长生殿》和《笠翁十种曲》。其中,《长生殿》是我国戏剧文学的瑰宝。洪昇(1645—1704),出身书香门第,有良好的文学修养,15岁就闻名士林,但仕途不顺,康熙七年(1668)赴北京国子监肄业,生活困顿,他用10余年时间,三易其稿,创作了著名传奇《长生殿》。此剧问世后,立即产生强烈反响,京中著名戏班都聚班演出,康熙亲临观看,十分欣赏。后因人弹劾他在"国恤"期间上演《长生殿》被下狱,革去国学生籍。

《长生殿》与北方同时出现的孔尚任的《桃花扇》并称为昆剧传奇双璧。全剧50出,以唐明皇、杨贵妃的爱情故事为主线,以朝政军国之事为副线,两线交叉发展,彼此关联,情节错综,脉络清晰,内容丰富,曲辞优美,三百年来一直盛传不衰。

现代话剧是在五四新文化运动中诞生、发展的。浙江话剧创作始于陈大悲《英雄与美人》(1920),剧作以闹剧的形式写社会问题,具有开拓意义。夏衍自 1934 年开始创作剧本,其剧作《上海屋檐下》、《心防》、《水乡吟》、《法西斯细菌》、《芳草天涯》等,都具有明显的时代特色,从各个侧面描绘了民族抗战中人们的精神风貌。新时期,浙江地方剧种百花齐放,戏曲创作和改编成果显著。先后出现了甬剧《两兄弟》,昆曲《十五贯》,绍剧《孙悟空三打白骨精》,越剧《胭脂》、《五女拜寿》、《陆游与唐琬》等多种剧本。

四、小说故事,人生百味

丰厚的文化底蕴使浙江产生了无数小说作家,并吸引许多外地小说作家长时或短时寄寓浙江。他们以浙江大量的名人轶事、奇人异事为素材,创作了无数以浙江为故事发生场景的小说。浙江在中国小说史上的地位举足轻重。

《越绝书》和《吴越春秋》是浙江现存最早的两部文言长篇历史小说,是浙江民间文学和小说的发端。两书作者袁康和赵晔都是东汉会稽山阴人,成书年代大致都在东汉,两书的内容都是专述吴越争霸之事。三国以后,浙江文运渐兴,取得了第一次大面积的丰收。

魏晋南北朝时期出现了志人志怪小说,如东晋初年定居嘉兴的干宝著有《搜神记》。受其影响,刘宋时期东阳(今浙江金华)人无疑著有《齐谐记》,吴兴故鄣人吴均著有《续齐谐记》等。这些志怪小说中,都有一些故事发生地为浙江的小说,如《齐谐记·董昭之与蚁王》写钱塘江蚁王报恩的故事,《续齐谐记·徐秋夫治病》记钱塘大夫徐秋夫用针灸茅草人的办法为东阳鬼治好腰病的故事等。

志人小说的代表当推刘义庆的《世说新语》,该书主要记述魏晋间文人名士的言行,有许多反映当时会稽郡、吴郡人物的篇章。如《任诞》中王子猷"乘兴而行,尽兴而返";《言语》中有王子敬"山阴道上行"崇尚自然,顾长康从会稽还,盛赞会稽自然风光之美;《德行》中"阮光禄在剡"助人为乐的高尚品德;《雅量》中"谢安在东山与孙兴公诸人泛海戏";《仇隙》中"王右军素轻王蓝田"等,用以貌取神的手法,将人物本身最有特征、最富于意味的动作和语言,直接呈现在读者面前。此后影响较大的志人小说还有会稽余姚人虞通之的《妒说》、吴兴武康(今浙江德清)人沈约的《俗说》等。

唐代传奇小说繁兴,德清沈既济有传奇《枕中记》和《任氏传》,其中前者托笔黄粱梦境,意在警醒世人,对后世的文学尤其是戏曲创作影响甚大;吴兴(今湖州)沈亚之则是多产传奇的作家,有《秦梦记》、《异梦录》、《冯燕传》和《湘中怨解》等,皆委曲细致,描写生动;缙云杜光庭的《虬髯客传》艺术技巧娴熟,人物描写十分精彩;越州朱庆余有志怪小说《冥音录》,以心理描写细腻见长;客居越中的范摅有记录中晚唐文人轶事的轶事小说《云溪友议》;皇甫松有写唐人饮酒生活的《醉乡日月》,均具有一定的欣赏价值。

宋元是中国古代小说史上的转折期。在以神话、史传为源头的文言小说走向衰微的同时,以话本为基础的白话小说开始走向发达。这一时期文言小说有钱塘钱易的《越娘传》、《乌衣传》等传奇及其笔记小说集《南部新书》,此外还有钱塘沈括的《清夜录》,婺州方勺的《泊宅编》,吴兴周密的《齐东野语》、《武林旧事》、《癸辛杂识》等笔记小说集。其中,《齐东野语》里有不少内容成为后世小说、戏曲的重要素材,卷一《陆务观》记叙诗人陆游与唐琬的婚姻悲剧,读来催人泪下。《武林旧事》记叙南宋临安都市生活和风俗习惯,是杭州地方文献掌故的重要书籍。洪迈虽非浙江人,因他官授两浙转运司干办公事,大半生在临安任职,其志怪小说集《夷坚志》中有很多内容涉及浙江,仅以杭州为故事发生场景的就有86篇,著名的有《钱塘潮》写神明借临安人观潮之际,将所有"凶淫不孝之人"震入水中淹死;《西湖女子》记江西某官人赴调临安时与西湖民家女子相爱无果后,演为人鬼之间的恋爱与婚姻,写得委婉动人;《李将仕》写李将仕到临安参加吏部考选,在清河坊被年轻女子用美人计诈光钱财的故事等。元代笔记有杭州人杨瑀的《山居新语》和陶宗仪的《南村辍耕录》,皆收录一些志人、志怪小说。宋元文言小说的最大贡献在于为白话小说和戏曲提供了大量故事来源,为通俗文学的繁荣打下了扎实的材料基础。

这一时期话本这一市民文学出现并走向繁荣。在当时的娱乐场所瓦肆勾栏中,活跃着很多说书艺人,他们或讲史、或说话(即讲虚构的故事,包括小说、说铁骑儿、说公案、说经四家),在其故事底本即话本中,以浙江人事为题材的话本最多,仅以杭州人事为题材的就有《西山一窟鬼》、《西湖三塔记》、《夜游湖》、《错斩崔宁》、《碾玉观音》、《中兴名将传》、《陈可常端阳仙化》、《新桥市韩五卖春情》等近三十篇。宋元时期说话、白话短篇小说"旧话本"与文人创作的笔记、传奇小说形成分流,是中国小说史上的一大变迁。

明清时期浙江文学繁荣,诸体兼备。长篇小说有《大宋中兴通俗演义》、《西游补》、《于少保萃忠全传》、《说岳全传》、《济颠大师醉菩提全传》等,其主旨皆归依于现实。白话短篇小说在明代有"二拍",即乌程人凌濛初的《初刻拍案惊奇》和《二刻拍案惊奇》,影响甚广,后有《西湖二集》、《西湖佳话》、《型世言》等作品出现,使文人拟话本的创作蔚然成风。这一时期的传奇小说集以明代钱塘瞿佑的《剪灯新话》为代表;志人小说集有钱塘人王晫的《今世说》和女作家严瑞卿的《女世说》;笔记小说创作颇盛,如明代田汝成的《西湖游览志》和《西湖游览志余》富于文学趣味,清代梁绍壬的《两般秋雨庵随笔》也颇有价值,两位作者均籍隶钱塘;明末山阴张岱的《陶庵梦忆》和《西湖梦寻》是轶事小说的精品;清中叶钱塘袁枚的《子不语》则是志怪小说的翘楚。另外,荻岸散人的《玉娇梨》和《平山冷燕》等是著名的才子佳人小说,影响颇大。而杭州女作家陈端生的长篇弹词《再生缘》(又名《孟丽君》、《金闺杰》)是长达20回80卷的七言排律体叙事诗,情节曲折,文辞优美,流传很广。

鲁 迅

浙江对于现代小说的贡献尤为卓越。1918年5月,鲁迅在《新青年》上发表《狂人日记》,开创了现代小说的先河,他的《呐喊》、《彷徨》是非常重要的白话小说集。这些小说大都写于五四新文化运动时期,具有鲜明的时代风格。小说中塑造的一些人物,如孔乙己、阿Q等已经成为现代文学史乃至中国文学中的典型形象。其中的《阿Q正传》还被翻译成多种外文译本,得到国际文坛的赞誉和认可。因此,这些小说集无论在鲁迅的全部作品中,还是在现代文学史上都具有非常重要的地位,是了解中国社会、中国文学和鲁迅的必读之书。

　　同时代的郁达夫,则是创造社的主将,其《沉沦》是中国现代文学史上的第一本白话短篇集。他后来相继发表了《春风沉醉的晚上》、《薄奠》、《迟桂花》等 50 余篇小说。郁达夫的小说多为自叙体,敢于袒露内心隐秘,主观色彩重,抒情性强,揭起了写知识青年内心苦闷纷扰的浪漫抒情小说的旗帜。在 20 世纪 30 年代左翼文学时期,浙江小说成就突出。长篇小说有茅盾的《蚀》三部曲(《幻灭》、《动摇》、《追求》)和《子夜》,中篇小说有柔石的《二月》,短篇小说有茅盾的《春蚕》和《林家铺子》、柔石的《为奴隶的母亲》等,这些作品都是写实主义的成功之作。

　　新中国成立后,浙江小说进入了崭新的阶段。1983 年李杭育以吴越文化为背景的《沙灶遗风》、1985 年张廷竹以自卫反击战为题材的《他在拂晓前死去》,相继获得当年度全国优秀短篇小说奖。著名作家叶文玲,自 1958 年开始业余创作起,至今已有 800 多万字 39 本作品集及一部 8 卷本《叶文玲文集》出版,其中 1995 年的长篇小说《无梦谷》获美国纽约文化艺术中心所颁的“中国文学创作杰出成就奖”。海盐作家余华,自 1984 年处女作《十八岁出门远行》发表后,便接二连三地以实验性极强的作品,在文坛和读者之间引起颇多的震撼和关注,他亦因此成为中国先锋派小说的代表人物。他的《活着》和《许三观卖血记》同时入选百位批评家和文学编辑评选的“90 年代最具有影响的十部作品”。著名作家王旭烽的代表作《茶人三部曲》(《南方有嘉木》、《不夜之侯》、《筑草为城》),2002年获茅盾文学奖。

第二节　才艺兼融的书画艺术

　　中国书法与绘画是姊妹艺术,其本质都是写意的,卓有成就的画家在书法上也往往造诣很深,因此有“书画同源”之说。浙江数千年历史文化和秀美山水的熏陶,历代艺术家的孜孜追求,使浙江的书画艺术形成了极具地方特色的艺术风格,浑厚华滋,明润秀健,注重传统继承,又因时求变,勇于开拓创新。

　　在浙江悠久的书画传统与辉煌历史中,名家辈出:王羲之、王献之、曹不兴、贯休、赵孟頫、王蒙、徐渭、陈洪绶、金农、赵之谦、任伯年、西泠八家、吴昌硕、黄宾虹、潘天寿、沙孟海、陆俨少等艺坛巨子皆誉满海内外。不仅充分体现出浙江书画艺术的雄厚实力,也为中国书画艺术的发展绘就了灿烂的一页。

一、古越至东晋时期的浙江书画艺术

　　早在春秋时期,越国就已经出现主动追求“文字装饰”的“鸟篆书”。“鸟篆书”即“鸟虫书”中的鸟书,是以鸟形为装饰的一种篆体文字。鸟篆的文字构成,与商周金文的篆书基本一致,所不同的是,它的字头字尾寓有鸟形,故名。鸟篆在书写的形式、风格上略作改变或装饰,整个字体均以鸟形装饰,但又完全脱胎鸟的自然形态,既是画,又是字。鸟篆书的成熟和盛行约在公元前 6 世纪后半叶至公元前 4 世纪,跨度在 150 年左右。鸟篆主要铭刻在剑器和青铜器上,在过去的金石著录中,曾出现过一些传世作品,如越王句践之子剑、越王州句剑、吴王光剑等。鸟篆体文字在越国的政治文化艺术发展中具有十分重要的地位。

　　清咸丰二年(1852)余姚客星山出土的《三老讳字忌日刻石》,是浙江书坛最早的书迹,据考证,刻成时间约在东汉建武二十八年(52)以后,碑文分别列左右两方,共217字,书体系由古隶渐变为八分,文字淳厚,是考证东汉"隶变"的重要证据,与当时盛行的刻石纪功之风一致,也证明东汉时期浙江书法艺术已经流行。

　　至东晋,中国文化中心开始南移,浙江书法在王羲之、王献之父子的倡导下迅速崛起,成为浙江书法史上辉煌的时代。"二王"书风在同时代及南朝士族文人中产生了很大的影响,从此奠定了浙江书法的风格基础,千百年来浙江书法一直奉"二王"新体为圭臬。

　　王羲之(303—361),字逸少,琅琊临沂(今山东)人,随晋室南渡,徙居会稽山阴,官至右军将军,人称"王右军"。王羲之年少时跟卫夫人学过书法,以后又博采众长,悉心研究李斯、蔡邕、钟繇的书法真谛。他擅长行书和草书,梁武帝评论说他的字是"如龙跳天门,虎卧凤阙"。王羲之书法成就最高的是其行书,突破了隶书横式体系,吸收草书章法,以连贯气势形成纵势,点画之间顾盼,使翻折、牵丝映带变化丰富。书于浙江会稽的《兰亭集序》是其代表作,充分体现出王氏潇洒俊爽、飘逸遒美的书风,世称"天下第一行书",成为后世的法式和典范。王羲之因此被尊为"书圣"。

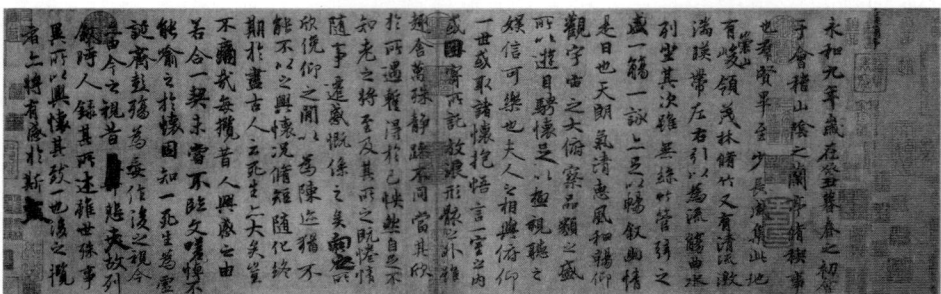

《兰亭集序》

　　王羲之有子七人,但真正称得上子承父业的是他最小的儿子王献之。王献之(344—386),字子敬,一生为官,而且官做得还不小,人称王大令,就是因为他曾做过中书令。王献之自幼从父学书,年少而负盛名,兼精各体,尤以行、草惊世。他继承并发展了王羲之的书法衣钵,并一改当时的古拙之风,用笔英俊豪迈,饶有逸气,赢得了"破体"之誉。王献之存世的墨迹有《鸭头丸帖》;小楷有《洛神赋》刻本,因残存十三行,故也称《十三行》;另有《中秋帖》、《地黄汤帖》、《廿九日帖》等,其中《中秋帖》为《三希堂法帖》之一。王羲之、王献之在书法史上同享盛名,被人们并称"二王",代表了中国古今行书的至高境界。

　　在三国两晋以前,浙江绘画艺术的成就主要体现在陶、骨、象牙、玉、石、木质等原始艺术品的雕刻装饰画,它的源头可以上溯到新石器时代中晚期。春秋战国时期,越国的青铜雕绘,秦汉时期浙江海宁长安镇画像石都堪称一绝。魏晋以后,浙江出现了中国绘画史上第一批有确实历史记载的画家,如尊为"佛画之祖"的东吴画家曹不兴、东晋时期的戴逵,等等。

　　曹不兴,也被称作曹弗兴,吴兴人,详细生卒年代已不可考。东吴黄武年间(222—228),曹不兴名声大噪,叹绝一时。后来的人们评价这一时期的艺术人物,有"六朝四大家"和"吴国八绝"之说,两种说法都离不开曹不兴。奠定曹不兴画史地位的真正原因是他在佛像画领域里的贡献,被认定为中国佛画像第一人。当时天竺僧人康僧会到了东吴,在建业建了江南最早的寺庙,他随身带来的佛像图,成了曹不兴最早临摹的蓝本,从此曹不兴成为中国佛画家之祖。不过民间对曹不兴的兴趣却是从动物开始的,小到苍蝇,大到赤龙。相传他曾经为孙权画过屏风,不小心把一滴墨滴到了画绢上,他就干脆把它画成了一只苍蝇。谁知进献御内之后,孙权以为真的有一只苍蝇停在屏风上,就忍不住用手去拂它。又传东吴赤乌元年(238)冬天,孙权游青溪,突然见一条赤龙从天而降,又凌波而行,就命令曹不兴画下来,然后孙权亲自为此画题词。到了刘宋时,此画为另一位大画家陆探微所见,不由大叹其妙其神。据说那个时候正好天下大旱,人们就把这幅赤龙图放到了水边,没想到立刻就吸水成雾,大雨滂沱,可见画龙之神。

戴逵(325—396),字安道,东晋谯郡铚(今安徽宿县)人,博学能文,工诗善画,儒道皆通,终生不仕,是中国画史上较早的专业画家。戴逵少时便有画名,曾千里就学豫章(今江西南昌)名儒范宣。戴逵中年后以画像精妙见称,有多幅名作传世。其绘画题材广泛,不仅有人物画,而且有《五天罗汉像》等宗教画,《三牛图》、《名马图》等动物画,《吴中溪山邑居图》、《南都赋图》等山水画。戴逵亦长于雕塑艺术,曾造无量寿木像,高一丈六尺,放置山阴灵宝寺。唐时,洛阳白马寺还有戴逵手制的铜佛和二菩萨像。

二、隋唐时代的浙江书画艺术

隋代的书法,上承南北朝,下启唐代,书风巧整兼力,不离规矩,兼有东晋南朝书法的疏放妍妙、北朝书法的方正遒劲。初唐大家的风范规模,在此已经初步形成,隋代浙江著名的书法家主要是智永和智果两位名僧。

智永,俗姓王,佛名法极,南朝陈至隋间的名僧,定居山阴永欣寺,人称"永禅师",系王羲之七世孙。传世作品《真草千字文》乃是典范之作,真草俱佳,笔法精熟,结构匀称,意趣疏淡,代表隋代的最高成就。智永在书论上的贡献在于确立了"永字八法"的理论,确立了楷书笔画书写法则,成为百世经典。智永曾于永欣寺阁上临书30年,复写《真草千字文》800本,凡浙江诸寺院各施一本,随着《真草千字文》的传播,不仅通过各种途径对社会的书风变化产生有利的影响和引导作用,更重要的是对浙江书法的勃兴起到了推动作用,同时也随着禅学的兴起,促使宋元以后浙江禅僧书风的兴盛,成为浙江书法史上一种特殊而重要的书法现象。

隋末唐初,浙江书法基本上都在"二王"书风上发展起来。唐初四大书法家浙江就占了两个:虞世南和褚遂良。

虞世南(558—638),字伯施,余姚人,唐初著名书法家,乃"唐初四家"之一。曾与欧阳询共在弘文馆指导书法,可见当时书名之盛。虞世南书法师承智永禅师,上溯王右军晋朝遗风,在唐初楷书家中,与欧阳询各领风骚,并称"欧虞",欧主峻强,虞主潇洒。虞世南笔致典雅,圆润中和,遒劲妍丽,气韵豁达,尤其是其传世名作真书《孔子庙堂碑》、行书墨迹《汝南公主墓志》等。其书论《笔髓论》提出的"冲和之美"和"解书意",集中反映了唐初书法审美思想,为唐初书论的代表。

褚遂良(596—658),"唐初四家"之一,字登善,钱塘人。官至吏部尚书,封河南郡公,世称"褚河南"。他擅长真书,书学王羲之、虞世南、欧阳询,能登堂入室,别开生面。他的书法融欧、虞为一体,方圆兼具,波势自然,结体较方,比欧、虞舒展。用笔强调虚实变化,节奏感较强,晚年益发丰艳流动,变化丰富。褚氏传世的墨迹有《枯树赋》、《倪宽赞》、《大字阴符经》、《小字阴符经》与《草书阴符经》等。

在唐代,杭州出了大画家萧悦。萧悦最擅画竹,白居易称他画的竹举世无双,知音难觅,萧悦也是个性情中人,一气呵成给白居易画了一幅十五竿竹图。萧悦专心画竹,独树一帜,所创之新风,给后世艺坛带来深远影响。

此外,唐代浙江还有一位特别值得一提的画家——会稽人陈闳,他是画马专家曹霸的得意弟子,也擅长画马。据传,玄宗一次出游时看到壮观的军队时豪情大发,令名噪一时的三位大画家陈闳、吴道子和韦无忝合作一幅《金桥图》,人称三绝。其中唐玄宗胯下的那匹"照夜白",就出自陈闳之手。

唐末五代,著名画僧贯休以画罗汉闻名于世。贯休(832—912),俗姓姜,字德隐,婺州兰溪人。七岁出家为僧,居杭州灵隐寺,后因故赴荆州,得罪荆南节度使成讷而被遣往贵州,七十高龄入蜀。传说他有诗《献钱尚父》,里面有"满堂花醉三千客,一剑霜寒十四州"一句。钱王要他改"十四州"成"四十州",贯休不从,于是避祸四川。贯休诗、书、画皆工。其画师承阎立本,后自成一家,风格奇古不媚,笔法与众不同。他最著名的作品是《画罗汉十六帧》,所画众罗汉造型古怪超凡,胡貌梵相,喜夸张变形,曲尽其态。杭州西泠印社的华严经塔上,就雕着根据贯休的罗汉画像雕刻上去的罗汉像。

三、宋元时代的浙江书画艺术

北宋初,浙江书法名家有林逋、杜衍等人,领地方之风流。

林逋(967—1028),字君复,卒后谥和靖先生,原籍奉化,是一位清高的隐逸诗人。其书艺特点是笔意清劲恬逸,章法疏朗闲阔,清气照人,是个风格鲜明而独特的书法家。林逋书风神朗气清,犹如其为人,最具有宋初书家中"写意"性的典型风格。特别是疏阔至极的章法,在当时已产生很大影响,并成为明末书家所热衷采用的章法形式。

"靖康之变"后,宋朝日趋没落,浙江书法也渐趋消沉,唯有陆游稍有振作。陆游自谓"草书学张颠,行书学杨风",其书法体态天真稚拙,放任自然,气势连贯,流畅洒脱,代表作《自书诗卷》最为后人赞赏。

至元代,浙江书画更是占尽风流,引领艺坛。赵孟頫堪称一代宗主,倡导"古意"、"书画同源",横扫院体陈习,使文人画一跃而为主流。

赵孟頫(1254—1322),字子昂,号松雪道人,宋太祖十世孙。除书法外,赵孟頫还擅长绘画,精通文学,通晓音律,熟谙道释。他最先将"诗、书、画"三绝合为一体,这在艺术品的形制上是一个突破。

赵孟頫的书法,成就最高的是楷书和行书。传世的楷书名作有《胆巴碑》、《湖州妙严寺记》、《仇锷碑》等;小楷有《汲黯传》等;行书作品不少,如《洛神赋卷》、《赤壁二赋帖》、《定武兰亭十三跋》等。他的作品最主要的特点是,无

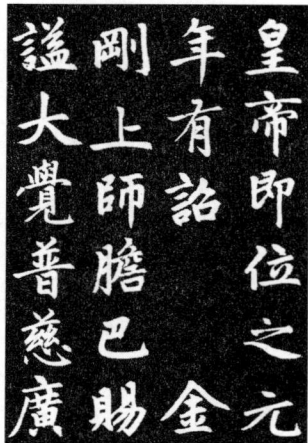

《胆巴碑》

论楷书还是行书,都很工整,四平八稳,温和典雅。赵孟頫上承晋唐、下启明清,是继王羲之、颜真卿之后,中国书法史上第三个影响深远的大师。

赵孟頫在绘画方面也博采众家之长,自成面貌,而且题材广泛,风格多样,山水、人物、竹石、花鸟、鞍马全能,成为元代画坛领袖。流传至现在的山水画,主要有《幼舆丘壑图》卷、《水村图》卷、《重江叠嶂图》卷等。表明他是一位既善于继承传统,而又善于体察自然,自生新意的山水大家。他的人物鞍马画成就也很突出,一方面吸收前人传统,一方面细心体察自然,参以己法,创作出具有时代风格和自己特点的作品,成为唐宋以后又一位画人物鞍马的名家。传世作品有《三世人马图》、《人骑图》、《浴马图》及《秋郊饮马图》。在古木、竹石、花鸟画方面,赵孟頫也是高手,代表作品有《秀石疏村图》、《古木竹石图轴》、《出墙图》、《幽篁戴胜图》等。

元代是中国文人画最为辉煌的时期。文人画在这个时代的画坛上占领了统治地位,成为一种高雅的艺术。元代大画家中,赵孟頫以及"元四家"最负盛名。四家中黄公望、王蒙和吴镇都是浙江人。

黄公望(1269—1354),是中国山水画代表人物,其画艺达到了元代山水画的最高水平。黄公望人住在杭州,往来于三吴之间,那时他就常常到富春江畔去,也在富阳一带的山中隐居。黄公望画《富春山居图》的初衷,是赠送给无用禅师。他用了 7 年时间,才完成了这幅高 31.8 厘米、长 860 厘米的艺术长卷,时间大约在 1353 年间。

这幅传世之作在无用禅师圆寂后不久就开始辗转流传了,关于它流传的过程,本身就是一个传奇。明代成化年间之前,此画在大画家沈周的手里,到弘治年间,已经到了苏州一个姓樊的人家手中了。又过了80 多年,此画到了无锡的谈思重家。再过了 26 年,到了松江的大书法家、画家董其昌手里。然而此后不久,画又到了宜兴的吴之矩家,吴又把画传给了他的儿子吴洪裕。这吴家父子二人,把此画藏在云起楼的富春轩中,收藏有六七十年。1650 年,吴洪裕知道自己行将作古,因为太喜欢这幅画,竟然要此画为他殉葬。正点火烧画之时,侄子吴静安赶到,从火中取出刚刚点燃的画,而画已经被烧成两段,幸运的是基本上还没有破坏原貌。《富春山居图》就这样变成两段,较长的后段称《无用师卷》,现藏台北"故宫博物院"。较短的前段则留在吴静安手里,后来为吴寄谷收藏。1669 年,转让给了一个在扬州做官的姓王的人,直到 1938 年,到了近代上

《富春山居图》

海大画家吴湖帆的手里。到 1956 年的 10 月,上海举办了一个画展,把这一段给展示了出来,另起了个名字,叫《剩山图》。这段画,现今保存在西湖边的浙江博物馆里,堪称镇馆之宝。

吴镇(1280—1354),浙江嘉善人,以梅花道人之名传世。他的家世原本是非常显赫的,但入元以后,他作为宋代望族后裔,坚持一种出世的生活方式,以至于贫困潦倒,独守一生。后人评价他通儒、释、道三家,而诗、书、画亦称三绝。他很喜欢中国文化中的"渔父"意境,一生中画过多幅《渔父图》,寄寓自己向往自然和隐遁出世的志向。

王蒙(1308—1385),字叔明,号黄鹤山樵,吴兴人。出身贵族,父亲是赵孟頫的女婿,他是赵的外甥。这种亲族关系,为他提供了良好的学画条件,也影响了他的人生态度。王蒙工诗、书法,尤擅绘画,受赵孟頫影响,继承董源、巨然传统,自出新意,独具面貌,是元代有创造性的山水画大家。代表作如《葛稚川移居图轴》(现藏故宫博物院)、《青卞隐居图轴》(现藏上海博物馆)等,风格多样,用色亮而明艳。倪瓒评其作品道:"叔明笔力能扛鼎,五百年来无此君。"笔墨繁而不乱,构图满而不臃,结构密而不塞,这种风格明显不同于黄、倪、吴三家。元以后他的山水画被奉为范本,影响至今不绝。他的《青卞隐居图》,画的就是他的故乡湖州,那吴兴县西北卞山,林木苍苍,千崖万壑,被董其昌誉为天下第一。

除此之外的浙江大画家,还有不少,但一般人们会以画梅的王冕为代表性人物,其人被称为元代墨梅第一大家。正是这些大师,绘出了中国文人画的一片辉煌天地。

两宋以后,浙江画家众多。宋室南迁,于绍兴年间重建画院,许多画家也自北方流寓杭州,这使南宋时期的浙江画坛呈现出前所未有的兴旺景象。按《南宋院画录》所载 98 位院体画家中,浙人几占半数。其中以李唐、刘松年、马远、夏圭称为宋四家。除李唐为南渡画家之外,其他三人均为生于斯长于斯之浙人。他们在绘画语言上积极开拓,极大地丰富了中国山水画的笔墨与图式。

四、明清时代的浙江书画艺术

明代中前期浙江书法以著名的大哲学家、教育家、书法家王守仁为代表。王守仁,即王阳明。尽管书法乃其余事,但韵格之高,非当时书家能比,只是书名为其哲学成就所掩,并不以书法名世。王守仁书从王羲之,颇有功力,点画灵润而流美,体态多变而稳重,章法有序而又自然。观其书法,如有飘飘欲仙的感觉。

此外,丰坊(鄞县人)、陶宗仪(台州黄岩人)、姜立纲(瑞安人)等都以书法见长。而徐渭则是这一时期最有代表性的人物之一。

徐渭(1521—1593),字文长,号天池山人、青藤道士等,山阴人。画家兼书法家,擅长行草书,出自米芾、黄庭坚,笔势圆浑沉着,不拘法度,人称书中"散圣"。传世作品有《草书七律诗·春园》、《草书杜诗》和《自谱曲》。

徐渭亦擅长花鸟,兼山水人物、水墨写意,气势纵横奔放,不拘绳墨,开启了明清以来水墨写意的新途径。传世作品有《墨葡萄图轴》、《山水人物花鸟册》、《牡丹蕉石图》、《墨花》九段卷等。

清代著名的书法家有金农、赵之谦等人。

金农(1684—1764),"扬州八怪"之一,字寿门,号冬心,浙江仁和人。英才早发,少年时代投入诗书研读,颇好金石、碑版、书画。书法与郑燮齐名,融合汉隶、魏楷,创造出一种"漆书",用笔方正,棱角分明,点画浓重,横粗竖细,结构紧凑,体势欹侧。传世之作有《隶书相鹤经轴》,是他"漆书"中的佳作。50岁后,金农侨居扬州,开始职业画家的生涯。其绘画于梅竹、佛像、人马、山水、花卉、蔬果、肖像无所不能,造意新奇,构境别致,在当时产生了独特影响。代表作有《玉壶春色图》、《山水人物册》、《自画像》轴等。

赵之谦(1829—1884),字益甫,又字㧑叔,号悲庵,会稽人。以篆刻、书、画名满海内,人称"三绝"。赵之谦继承颜真卿、包世臣书风,改习北碑,并用"钩捺抵送,万毫齐力"之法作书。行楷最为精美,出入北碑,加篆、隶笔法,血肉丰满;隶书参以楷法,用笔流畅,结体匀称,显得生动活泼,神采巧丽;篆书融合三代金石和石刻,并参以隶书和北碑笔意,运锋藏露相兼,字体方圆合度,突破了"玉箸篆"的格式;行草能以北碑方峻之笔,写出流美自然的字体。传世作品有《五言联》、《四体书册》。赵之谦亦擅长花鸟及人物画,能融合宫廷画色彩明丽与水墨写意泼辣挥洒两种画风之长,力避狂怪粗简,以"拙"、"逸"为艺术追求的最高境界,形成自己花鸟画的特色,其作品色彩对比强烈,精神饱满,生气勃发,从艳丽中显示出"拙"、"逸"之气,为花鸟画发展拓开了一条新路。

明代中国画派众多,而且错综复杂,见诸著录的有十多派。其中"浙派"和"吴门派"的影响最大,直至当代仍为其源。

明初戴进所创浙派在画派林立的明代画坛享誉一时,被时人誉为"画中之圣",而始创武林派的蓝瑛被称作"浙派"殿军。他们以其独特面貌在一定范围内影响着当时的画坛。以水墨大写意著称的徐渭"无法中有法",陈洪绶所画人物"森森然如折铁纹",其影响及于晚清。

晚清时期,"沪上三熊"、赵之谦、任伯年、吴昌硕的绘画作品,体现了浙江绘画的传统性格——与时俱新。他们不满于当时画坛因循守旧的沉寂局面,独辟蹊径,以金石篆籀入画,为中国绘画开创了新格局。

戴进(1388—1462),字文进,号静庵,钱塘人。早年随父学画,中年被征入宫,因画艺超群,被谢环等人所忌,离开画院,流寓京城,晚年返回钱塘以课徒卖画为生。他在继承宋画院体基础上,汲取了唐宋壁画、北宋山水、元人水墨之长,形成简劲、纵逸的主体风貌和集大成的综合风格,被誉为"院体第一手"、"行家第一人",称为"浙派"之首。戴进人物画、山水画、花卉画皆工。传世作品较多,前期代表作品有《归田祝寿图》、《达摩至慧能六代像》,反映他师承南宋院体画风;中期代表作品有《夏山避暑图》、《金台道别图》,表现其泛学宋元诸家的风格;后期代表作品《钟馗夜游图》、《春山积翠图》等,融诸家之长,形成行家、戾家意趣的集大成风格。

与"青藤"并称于世的"老莲"陈洪绶则是一位承受着时代大悲剧大苦难的大画家。陈洪绶(1598—1652),字章侯,号老莲,诸暨人。年轻时他曾经师从武林画派盟主蓝瑛,又从学大理学家刘宗周,还进过晚明宫廷作画,最终因不满朝政而南归。他特别擅长人物画,尤其擅长版画,可以说在版画这个领域里,他是有着卓越的贡献的。他的绣像插图,真可以说是驰誉中外。此外,他的书法造诣极深。明亡之后,他的老师刘宗周绝食而死,而他自己也出家绍兴云门寺,剃发为僧。他的传世之作中《水浒叶子》和《西厢记》绣像图,都是绝世珍品。

吴昌硕(1844—1927),原名骏,字昌硕,别号缶庐、苦铁,浙江安吉人,为"海派"后期画坛的领袖。其治印融合浙、皖诸家,自成一派,为"西泠印社"创始人。其书法中篆刻最负盛名,临摹石鼓文,参以西周金文及秦汉诸石刻,融合篆刻用笔。所作书法凝练遒劲,貌拙气酣,富有金石气息。吴昌硕楷、隶、行书皆有造诣,代表作品有《篆书诗轴》、《临石鼓文轴》。吴昌硕30岁始学画,师从任颐,上承徐渭、清初八大山人。他还将书法、篆刻的行笔、运刀章法、体势融入绘画,形成富有金石味的独特画风。存世作品有《墨梅图轴》、《竹石图轴》、《菊花图轴》、《紫藤图轴》、《牡丹图轴》、《天竺图轴》、《葡萄图轴》、《花卉蔬果轴》等。

海派代表画家任颐(1840—1896),字伯年,号次远,浙江山阴人。伯年少时即随其父习画,后得族伯任熊、任薰指导,以卖画谋生,30岁后得上海名家胡公寿推荐,遂誉满上海画坛。在画法上,任颐能联系当时社会实际,注重刻画人物性格,他的花鸟画生动而有神韵,无论花草、翎毛、虫鱼,勾点不苟,极尽其态,设色或清淡或浓艳,极其自然;人物画题材广阔,喜取民间传统故事,也描写现实生活,揭露社会矛盾。所传作品有《关河一望萧索》、《五谷丰登(灯)》、《钟馗》、《倒骑驴图》、《酸寒尉》等,用象征手法对现实作出讽刺,人物画重在取神,立意构思新奇,自创"白描传神"的勾勒技法,对晚清肖像画坛贡献极大。

清末至民国初,浙江画坛亦名家辈出。李叔同、黄宾虹、潘天寿等都是声名远播的大家。

李叔同(1880—1942),名文涛,号叔同,原籍浙江平湖,生于天津。光绪三十一年(1905)东渡日本,在东京西泽画科学习油画和音乐,师从日本著名油画家黑田清辉,极具才华,诗文、词曲、话剧、书法、金石、绘画皆擅。绘画擅长素描、油画、水彩画、中国画。李叔同在南京高等师范任美术主任教习时,提倡写生,用人体模特,是我国早期西画史上卓有成就的画家和教育家。

黄宾虹(1865—1955),名质,字朴存,号叔向、大千等,原籍安徽歙县人,生于金华,卒于杭州。幼年就喜好绘画,一生勤奋,锲而不舍,主张从西洋画中汲取营养,借鉴表现手法,山水画成就最高,与齐白石有"北齐南黄"之称。

潘天寿(1897—1971),原名天授,字大颐,号雷婆头等,浙江宁海县人。吴昌硕称其为"年仅弱冠才斗量",是一位早熟的画家。人物、山水、花鸟众题材皆为潘天寿所擅长,绘画具有高华奇崛的独特风格,具有深厚的传统功力,用笔老练,经常出奇造险。

清末浙江对中国文化的最大贡献之一,就是西泠印社的创立。印学是完全建立在中国传统文化基础上的一门学问。时值清末,金石研究和发展正处于鼎盛时期。众多的金石名家,有志于弘扬和发展国粹,在杭州的篆刻家王福庵、丁辅之、叶为铭、吴石潜等人相聚西湖,研讨印学,于是结社于孤山南麓西泠桥畔,"人以印集,社以地名",取名"西泠印社",并于1904年正式成立。首任社长为吴昌硕,其后,著名金石考古学家、故宫博物院院长马衡继任社长。西泠印社是中国成立最早的著名全国性印学社团。其以"研究印学、保存金石、兼及书画"为宗旨,以篆刻书画创作的卓越成就和丰富的艺术收藏享誉海内外,被誉为"印学研究中心"、"天下第一名社"。

第三节 别成一景的建筑艺术

浙江多山多水,地貌复杂。"山水浙江",这是一个自然的描述,更是一种文化的概括。多山的崎岖,砥砺了浙江人的坚忍和执著;多水的温润,滋养了浙江人的温婉与灵秀。依山而筑,临水而居,是一代代浙江人的生活选择,构成了他们的建筑格局与风貌,也渗透和贯注着他们生生不息的文化流脉。

一、临沼而筑:河姆渡的干栏式建筑

浙江是中国古代文明的发祥地之一,余姚地区的河姆渡文化距今已有 7000 多年历史。河姆渡文化的建筑形式主要是干栏式。干栏式是中国长江以南新石器时代以来的重要建筑形式之一,与北方地区同时期的中原地区半地穴房屋有着明显差别。这体现了南方的中国先民们因地制宜的生活选择与智慧。它通过栽桩架板,建造高于地面的房屋,以适应南方地区潮湿多雨的自然环境。河姆渡干栏式建筑是目前发现的中国最早的木构建筑,其梁架用榫卯衔接,地板用企口板密接,工艺技术相当成熟。干栏式建筑看似简单,其实却为后来阁楼、楼房的营构积累了最初的工艺经验和启示。

7000 多年的风雨飘摇之后,根据现存的那些高高低低、斑驳剥蚀的桩木,以及考古发现的木桨、骨鱼镖(捕鱼工具)等器物,人们推测,河姆渡的那些建筑很可能是濒临湖沼而建的,甚至通过桩木布局的疏密、方向,我们今天还可以大致找到当时搭板来汲水和洗涤的地方,想必那是草木丰美、鱼翔浅底的一方水土。河姆渡干栏式建筑,是远古的浙江先民们临水而建的创造,也折射出他们亲水而居的生活状态。

二、山水人家:浙江的民居

从地域分布看,浙江民居大致有三种类型:浙北平原地区的水乡民居、浙中丘陵地区的村落民居以及浙南地区的山地民居。

在浙北杭嘉湖与浙东北宁绍地区,是水网密布的平原,择水而居是当地浙江人聚居的原则。那些逶迤绵长的水道,自然而又内在地塑造了民居建筑的布局与式样,或夹流而建,或枕河而居,房屋毗邻次第,形成江南水乡一道道美丽的风景,其中最富特色的建筑形式是骑楼与廊棚。

在湖州的南浔古镇东部,有 150 余间临水骑楼民居沿河而建,400 米乌瓦粉墙,蜿蜒逶迤,世称百间楼。百间楼相传为明代董份为女眷、家仆所建的居所,始建时约有楼房百

浙江民居——南浔古镇

间,故得名,距今已有 400 余年。嘉靖年间,董份曾官拜礼部尚书,又被钦点为翰林学士,后来被欧阳一敬举劾,削职为民,回归南浔故里。回乡后,他收族人、创义田、筑义宅、办义仓,做了不少好事。病卒前,董份遗命"毋书吾故官,以白布三尺题曰'耐辱主人'",是对为官的厌倦,更是对为人的坚守。今天,历史的风风雨雨早已飘散,只留下"小桥流水人家"的宁静淡远。楼与楼之间,一道道形态各异的封火高墙相间,有的貌若云头,有的形似观音兜,更多的是三叠马头墙式,或舒卷,或硬朗,高低起伏,错落有致。沿河而行,一座座石桥连理,一道道轻巧通透的过街卷洞口,高高低低的石阶水埠,斑斑驳驳的木柱廊檐,与粼粼清流的波光相掩映,与桨声渔歌的呢喃相交织,构成一幅风姿绰约的江南水墨佳构。

浙江民居——江南水乡

浙江水乡民居中,廊棚的代表当属嘉善西塘。所谓廊棚,其实就是带屋顶的街,廊棚的顶一面与房屋直接连在一起的被称为"一落水",左右两个顶部相连的被称作"二落水",此外还有过街楼形成廊棚的屋顶。造型古朴的西塘廊棚,有的濒河,有的居中,在古镇上长达 1300 多米,一色的黑瓦盖顶,连为一体。关于廊棚的缘起,有"为廊而棚"之说,也有"为郎而棚"之说。这都是颇有意味的。"为廊而棚"说的是廊棚建立的初衷是使商家贸易、行人过往免受日晒雨淋之苦。西塘临河的人家几乎家家都有码头,传说过去有一位老人看到船工们在太阳下干活很辛苦,就用木头和瓦搭起了廊棚,为船工们遮阳。以后,古道热肠的西塘人家家都在门前搭起廊棚,有些人家还在廊棚中建了亭子和椅子供人们休息,廊棚在西塘已有几百年的历史,这一习俗代代相传。西塘镇上店与店相连,各家建的廊棚也就连成一体。即使某家店歇业或搬走,也绝不会拆除廊棚,一旦廊棚破漏,屋主会立即修好。

浙江中部的金华、衢州一带,属丘陵地区,其民居风貌与杭嘉湖的枕河而筑的线性民居布局不同,这里更多的是聚落形态的,有城中的大宅院,也有青山里的古村落。地缘上与皖南古徽州相近,建筑风格也受到徽派的影响。以兰溪诸葛古村落、武义俞源村、东阳卢宅、浦江郑义门为代表的"浙中传统民居建筑营造技艺"已经入选第二批国家级非物质文化遗产名录,其建筑工艺与文化价值越来越受到人们的重视。

东阳城东的卢宅,明景泰七年(1456)至天顺六年(1462)建,是江南现存规模最大、保存最完整的明清古建筑群。卢氏本是《封神榜》中出将入相、分封诸神的姜太公的后裔。明清两朝,卢氏家族诗礼传家,科第绵延,科举场上曾经有过"同胞三凤"、"一跃双龙"、"祖孙父子兄弟同科甲",是当时的名门望族。卢宅规模宏大,是国内唯一一座拥有九进纵深、面阔五间的古民宅,其空间序列与北京故宫紫禁城如出一辙,故有"民间故宫"之称。在中国的传统文化中,宗法人伦是最重要、最普遍的文化观念之一。宗法人伦观念以血缘关系为纽带,强调长幼尊卑的礼法秩序。卢宅以肃雍堂为中轴,在东西两侧形成了多条副线,并以三合院为单元,平面或长或方,不旁生枝节,构成轴线对称、内外有别、尊卑有序、主次分明的严整而封闭的建筑组落。这种整饬严格的布局风格,体现了聚族而居的文化心态和尊者居中的森严等级。

深宅大院的威严与气派和精雕细刻的匠心与才情,构成了卢宅在江南建筑中的独特风貌。东阳是中国木雕之乡,明清两代木雕大师辈出。卢宅这座深宅大院,成为东阳的能工巧匠们施展巧夺天工之能的大舞台。厅堂宅第之内,无论是建筑构件,如斗、梁、枋、拱、檀、雀替、门、窗,还是室内的家具,都巧构细接,别开生面。技法多样,题材或人物,或山水,或花鸟鱼虫,无不雕工精细、形态传神,令人叫绝。享裕堂东侧的三架梁木雕"九狮戏球",由整块千年香樟木精雕而成,高 5 米、直径 1.7 米,采用深浮雕、透雕、圆雕技法,有"东阳木雕艺术之最"的美誉。

建筑是文化的符号。文化中最深层次的,其实是人的观念。在中国历史上,在"宗法人伦"观念之外,另一种最重要的也是最高渺的观念,就是"天人合一"。如果说,东阳卢宅主要体现了"宗法人伦"的礼教观念,那么兰溪诸葛八卦村和武义俞源村则是"天人合一"精神的绝佳写照了。

中国古人从阴阳、五行、八卦的结构来理解天人关系,理解宇宙人生的生生不息。落实在建筑形式中,常常体现为风水的观念。诸葛村就是按诸葛亮九宫八卦阵图布局营建的,现在还住着诸葛亮的嫡传子孙3000 多人,为全国最大的诸葛亮后裔聚居地。整个村落以钟池为核心,八条小巷向外辐射,形成内八卦;更为神奇的是,村外八座小山环抱整个村落,构成外八卦。虽历经数百年沧桑,村落九宫八卦的格局一直未变,其"青砖、灰瓦、马头墙、肥梁、胖柱、小闺房"的建筑风格,成为中国古村落、古民居的典范。

兰溪诸葛村

武义俞源村相传为明朝开国大员刘伯温设计。刘伯温好堪舆之学,上通天文,下晓地理,设计并指挥改村口直溪为曲溪,以溪流为阴阳鱼界线设立太极图。同时,设计了村庄建筑的星象、八卦布局。村周十一道山冈与太极阴阳鱼构成天体黄道十二宫,八卦形排列的 28 座堂楼,对应星象二十八宿,七星塘、七星井呈北斗星状分布,被誉为"处州十县第一祠"的俞氏宗祠正好位于其星斗内。

浙南山地民居代表是永嘉楠溪江流域的古村落。楠溪江秀水流长,文化底蕴丰厚。中国山水诗的鼻祖谢灵运曾经做过永嘉太守,永嘉的山水曾经给他以无尽的灵感,这里的楠溪江因此也被称作"中国山水诗的摇篮"。南宋的"永嘉学派"提倡事功之学,是与朱熹理学、陆九渊心学成鼎足之势的重要学术思想流派。楠溪江流域散布着大大小小无数的古村落,苍坡村、芙蓉村、林坑村、溪口村、枫林村、屿北村、花坦村、蓬溪村、埭头村……建筑形制古拙,结构简朴。

"耕读传家"是聚居在楠溪江的村民们的生活理想。耕田可以事稼穑,丰五谷,养家糊口,以立性命;读书可以知诗书,达礼义,修身养性,以立高德。"耕读传家"既是谋生,又是做人。苍坡村的建筑规划形象地体现着这种理想。古村以"文房四宝"作为规划思想指导其布局,建长 306 米、宽 2 米的直街称"笔街",正对村西笔架山;以两方池作"砚台";砚台两旁搁置长 4.5 米、厚 0.5 米、宽 0.3 米,端头打斜的条石以为"墨";村四周展开的 3000 亩平畴以为"纸",意在激励后代读书入仕,光宗耀祖。

三、波光虹影:桥乡浙江

浙江境内水网交织,阡陌纵横,是典型的水乡。多水则多桥,浙江被美誉为"万桥之省",拥有国内的多项桥梁之最。悠久的历史积淀出浓厚的文化底蕴,于波光虹影中赋予桥的人文内涵。那一座座桥梁,无声地卧于水面,仿佛在向粼粼碧水诉说着自己的历史。

"垂虹玉带门前来,万古名桥出越州。"浙江绍兴是著名的"桥乡",各式桥梁连街接巷,五步一登,十步一跨,可谓"无桥不成市,无桥不成路,无桥不成村"。其中,古桥的品类和数量都堪称国内之最。从适应于小江小河的木梁桥、木拱桥,到适应于大江大河的浮桥,继而发展到石梁桥、三边形桥、五边形桥、七边形桥、半圆形石拱桥、马蹄形石拱桥、椭圆形石拱桥及至跨入当今世界先进拱圈结构的准悬链线拱桥,构成了一个极完整的古桥系列,成为中国古代桥梁发展史的一个缩影,被称为中国的"古桥博物馆"。城东的"八字桥"始建于宋嘉泰年间,是现存最古老的桥。其主桥横跨于南北流向的主河上,东西向两副桥各成撇捺相对,望去宛如书法中大写的"八"字,古拙而大气。这种一桥成三桥的设计,显示了古人的聪颖才智,巧妙解决了复杂的交通问题。绍兴柯桥的太平桥更是独具匠心地考虑到了船只大小与进出量的关系。太平桥的南、北两面均铺设石阶,下置平台,南端经平台分东、西两面下坡。拱桥的北面连接着梁桥,靠南面的三孔较高,渐次降低。整座桥形状若龙首朝天,翻腾水面。既考虑到大船只进拱桥,又兼顾小乌篷船可进低矮的梁桥分流,是河网地区多功能的古代立交桥,堪称我国古代桥梁建造技术的精华。此外,国内仅有的唐代特长形石梁桥纤道桥,国内唯一的连续三孔马蹄形拱桥泾口大桥,国内首次发现的准悬链线拱古桥玉成桥、迎仙桥,都是中国桥梁建筑的精华。

绍兴八字桥

在浙南温州地区,地貌与浙北的水乡平原不同,主要是山地丘陵。这里的叠梁式木拱廊桥非常富有特色。令人惊奇的是,廊桥设计无需桥墩,而是由粗木架成的八字形伸臂木拱。位于温州泰顺三魁镇薛宅村的三条桥始建于宋朝,为世界最早的"廊桥"。而同处于温州泰顺的泗溪镇下桥村的泗溪东桥因其桥型美观舒展大方,保存较为完好,被誉为"最美的廊桥"。该桥始建于明朝,长 41.70 米,宽 4.86 米,净跨 25.70 米,离水面 9.50

米。桥拱上共建有 15 间廊屋,方便往来行人暂驻歇脚,亦可遮阳避雨。当中几间高起为楼阁,屋檐翼角向外延伸飞挑,仿佛耸入云霄,那盘桓于屋脊之上的青龙,大有吞云吐雾之势,于古木苍柏掩映中,愈发显得奇巧夺目。

温州廊桥

　　古桥是文化的象征和符号,历经岁月的冲刷与洗礼,斑驳的桥身记载着历史的烙印,也记载着瑰丽的传奇与美好的佳话。正因为积淀的丰厚,浙江桥的历史才拥有了更加辉煌灿烂的现代书写,从小桥流水到跨越江海。

　　由著名桥梁专家茅以升主持修建的钱塘江大桥是我国自行设计建造的第一座铁路、公路两用的双层现代化桥梁,在我国桥梁设计与建筑史上具有特殊重要的意义。大桥于 1934 年 8 月 8 日开始动工兴建,1937 年 9 月 26 日建成,历时三年零一个月。钱塘江大桥的建成不但极大地方便了钱塘江南北的交通,而且与六和塔一起,构成了西湖风景名胜区南线宏伟壮丽的景观。我们不应忘记:因为日军侵华,1937 年 12 月 23 日,总长 1453 米、历经 925 个日日夜夜、耗资 160 万美元的钱塘江大桥,在通车的第 89 天被迫炸毁。当时,透过苍茫暮色,茅以升先生凝视着由自己亲手指挥建筑又炸毁的大桥残影,写下"抗战必胜,此桥必复" 8 个字。他的夙愿到 1953 年才得以实现。钱江大桥的屈辱与骄傲、创伤与重生,是中华民族抹不去的历史记忆。

四、凝望湖山:浙江的塔

　　塔这种建筑形式缘起于古代印度,称作窣堵坡,是佛教高僧掩埋尸骨的建筑。随着佛教的传播,窣堵坡也广泛扩散,发展形成了塔这种极具东方特色的传统建筑样式。佛教传入中国后,窣堵坡与中土的重楼相结合,历经唐宋元明清各朝的发展,并与临近区域的建筑体系相互交流融合,逐步形成了楼阁式塔、密檐式塔、亭阁式塔、覆钵式塔、金刚宝座式塔、宝箧印式塔、五轮塔、多宝塔、无缝式塔等形态多样、结构各异的类型。

　　位于杭州市西湖北线宝石山顶的保俶塔始建于宋开宝年间,原为九级砖木结构,可以登临,后屡毁屡建,现塔为 1933 年重建的六面七级实心砖塔。相传,吴越王钱弘俶因"纳土归宋"奉诏进京,后久留开封。吴越国宰相吴延爽为祈佑钱弘俶能平安归来而建此塔。塔为砖砌实心楼阁式,高 45.3 米,塔基较小,顶部细窄。朗朗晴空下,远远望去,玲珑秀丽的塔身,宛若一位亭亭玉立的妙龄女子,身姿轻盈地凝望着西湖的碧水悠悠。

　　与其南北呼应、隔湖相对的是赫赫有名的雷峰塔。西湖也因此呈现"一湖映双塔,南北相对峙"的美景。雷峰塔,又名黄妃塔、西关砖塔,位于净慈寺夕照山上,相传是吴越王钱弘俶为庆贺宠妃黄氏得子而建。初建时原拟造十三级,后因财力不济只造了七级。雷峰塔重檐飞栋,窗户洞达,十分壮观。北宋时毁坏,南宋庆元年间重修。明嘉靖时,倭寇入侵杭州,疑塔中埋有伏兵,纵火焚塔。灾后,残存的塔芯通体赤红,呈现出苍老凄凉的凝重风貌。清朝许承祖曾作诗云:"黄妃古塔势穹窿,苍翠藤萝兀倚空。奇景那知缘劫火,孤峰斜映夕阳红。"日暮黄昏,夕阳西下,塔影横空,与落日相映生辉,故名"雷峰夕照"。民间传说中白娘子就是被法海镇压在雷峰塔下。后因塔基被盗砖者破坏过甚,于1924年9月25日倾圮。雷峰塔的倒塌使得西湖十景缺一,这种残缺给人们带来了遗憾,希望复建此塔一直是人们的心声。七十多年后,夙愿终于得偿,雷峰新塔于2002年10月25日落成。有材料认为,雷峰塔的建设在中国风景保护和建设史册上留下了四项"天下第一":塔类建筑采用钢材框架作为建筑支撑、承重主体;塔类建筑中采用铜件最多、铜饰面积最大;塔类建筑内部活动空间最宽敞;塔类建筑内部文化陈设最丰富。

雷峰塔

雷峰塔的朴质敦厚与保俶塔的秀美纤丽形成鲜明对照,明末杭州名士闻启祥有诗感慨:"湖上两浮屠,雷峰如老衲,保俶如美人"。历经风雨春秋,命运多舛的两塔见证了历史的兴衰成败,静静地守望着这一片湖山。

始建于宋开宝三年(970)的六和塔位于杭州钱塘江北岸月轮山麓。据载,为镇服汹涌的江潮,吴越王钱弘俶应延寿、赞宁两个和尚之说修建此塔。"钱王射潮"的典故由此而来。六和塔名取自《本业璎珞经》中"六和敬"之说,又寓"天地四方六合"之意。而在民间传说中,六和塔得名是与青年六和镇江有关。相传,钱塘江里有条兴风作浪的恶龙,经常发起潮水,致使泛滥成灾,民不聊生。一个名叫六和的青年,率领百姓投石填江,战胜恶龙。此后,潮水起落正常,年年五谷丰登。后人遂修建此塔纪念六和。据传,鲁智深和武松皆在此圆寂。六和塔原建时共九级塔身,主要功能是顶上置灯,为江船导航之用。南宋年间重建后,塔高59.89米,外观八面十三层,内芯七层,属双层套筒式结构,是中国现存最早、最完整的平面八角楼阁式塔之一,外形雍容大度,气宇轩昂,造型挺拔,蔚为壮观。塔檐自下而上逐级缩小,檐角上挂了104只铁铃,风过处,铃声铮铮。塔内每二层为一级,由螺旋阶梯相连,面面壶门通外廊。第三级须弥座上砖刻飞禽、走兽、花卉、神仙,形态各异,栩栩如生。塔上各层均能凭栏远眺,览尽江景,极目四望,雄伟壮观的钱塘江大桥横跨江面,与四周环抱的苍郁群山,形成江天一色的壮阔景象。

第四节　弦歌不绝的戏剧艺术

浙江是中国著名的戏剧大省，所谓"一部戏曲史，半部在浙江"。无论是中国梨园，还是世界舞台，浙江戏剧的风采都是醒目、重要而且独特的。

一、源远流长，绚丽多姿

浙江的戏剧历史源远流长，可谓是"中国戏曲的摇篮"。远古人宗教祭祀活动中的巫傩表演乃是"后世戏剧之萌芽"。在浙江，巫傩表演可以追溯到 5000 多年前的良渚时代，并在夏商周三代进一步发展。浙江曾是大禹治水之地，据说大禹颇擅巫傩之舞，其治水时走路的姿势也被巫师仿效，世称"禹步"。汉代百戏、唐代参军戏等是中国戏剧的雏形。海宁、兰溪、鄞县等地的出土文物中，都发现有百戏图绘。参军戏主要盛行于浙东一带。陆羽曾隐居浙东，性情诙谐滑稽，当时还因擅作参军戏脚本而闻名一时，有"陆参军"之称。将其作品演得好的人，则被誉为"擅弄陆参军"。

南戏是中国最早成熟的戏剧样式，旧称"温州杂剧"或"永嘉杂剧"，因为它的故乡就在浙东沿海的温州一带。早在 14 世纪，瑞安才子高明的《琵琶记》代表了南戏艺术的顶峰。在元杂剧最辉煌的时期，杭州是继大都之后又一个创作和演艺中心。剧作家关汉卿、马致远以及名伶珠帘秀都曾云集杭城。明清两代，传奇勃兴。钱塘人高濂、海宁人陈与郊、鄞县人屠隆和周朝俊、会稽人孟称舜等人的传奇作品至今还在戏剧舞台上吟唱流播，幽香袭人。清代的钱塘文士洪昇三易其稿，一出手就轰动曲苑文坛的《长生殿》，更是中国戏剧史上不朽的经典。来自浙江兰溪下李村的李渔则不仅有《笠翁十种曲》传世，还书写了优秀的戏曲理论著作《闲情偶寄》。

戏剧是活生生的舞台艺术，中国戏剧是典型的"以歌舞演故事"。历史上，浙江不仅因为大量剧作家的涌现而诞生了一部部戏剧佳作，同时也为中国戏剧的表演艺术贡献了极为重要的力量。传奇的演唱有海盐、余姚、弋阳和昆山"四大声腔"，浙江就占据了两种。海盐腔用江浙官话演唱，紧做慢唱，不加伴奏，颇受当时文人士大夫偏爱，是红氍毹上的清音雅乐。余姚腔也无伴奏，借人声帮唱，并间夹杂一些亦唱亦白之间的朗诵性唱词，称作滚调，其文辞俚俗，节奏明快，是一种趋于大众化的声腔。这一雅一俗，交璧生辉，显示了浙江戏剧艺术的多元与丰富。这就如同宋元南戏主要来自民间，而明清传奇更多是文人雅士的佳辞丽句，一方面是厚重的生活土壤，另一方面是高品位的文化注入，雅与俗的流变、互动与融合，构成了浙江戏剧乃至中国戏剧最重要的艺术经验与文化传统。

源远流长的历史，奠定了浙江戏剧的现代辉煌。20 世纪以来，地方戏崛起，越剧是其中发展最为迅猛的一支。她以优雅柔美的唱腔，细腻文雅的表演，细致抒情的人物塑造，成为位居京剧之后的我国第二大剧种。绍剧、甬剧、姚剧、湖剧等具有浓厚地方色彩的剧种蓬勃发展，古老的昆剧也在浙江焕发着新的青春。

话剧是舶来的艺术，向来引领风气之先的浙江于此当然不会落后。著名艺术家、教

《上海屋檐下》剧照

育家,后来成为一代高僧的弘一法师,早在 1907 年就于日本发起成立了中国第一个话剧团体——"春柳社",上演了《茶花女》、《黑奴吁天录》等剧目,这是中国话剧诞生的标志。后来的夏衍更成为中国话剧艺术的重要代表作家之一,其《上海屋檐下》以上海弄堂房子的一个横剖面展示了一幅幅悲凉无奈的人生图画,合奏出一曲小人物的生活悲歌。夏衍将黄梅天"阴晴不定"的自然气候与当时的政治气候联系起来,并与寄身其中的人们的内心气候相融合,创造出了深沉、凝重、富有诗意的舞台氛围。2008 年 2 月中旬,屡演不衰的《上海屋檐下》作为国家大剧院开幕演出季的展演剧目进京,再次说明了它在中国话剧史上的地位和价值。

二、柔美秀丽、细腻文雅的越剧艺术

越剧的故乡在山明水秀的嵊县(今嵊州)。清光绪二十三年(1897)清明时节,嵊县东王村落地说唱艺人在用稻桶和门板临时搭起的草台上,演唱了《十件头》、《双金花》等戏,这就是越剧的滥觞。历史上越剧曾被称作的笃班、小歌班、绍兴文戏、绍剧、嵊剧、剡剧等,1925 年 9 月 17 日上海《申报》演出广告首次称为"越剧"。

早期的"小歌班"都是男演员,"绍兴文戏"时期,男班越剧开始出现男女混演的形式。渐渐地,人们发现了女子越剧的独特优势与艺术魅力。越剧第一女子科班是 1923 年 7 月 9 日在嵊县中南乡施家岙村开科的。当时在上海经商的嵊县商人王金水从京戏髦儿戏中得到启发,请来男班著名大面金荣水任教戏师傅,回嵊县举办女子科班。后来,这一天被定为女子越剧的诞生日。女班很快取代了男班,日渐成熟。当时有代表性的演员是施银花、赵瑞花、屠杏花、姚水娟,时称"三花一娟",姚水娟还被观众评选为"越剧皇后"。她获此荣宠后,曾激动地对樊迪民说:"我就要越唱越响,越唱越高,越唱越远。"她一口气吐出了六个"越"字,赞赏"越剧"这个名字好。

20 世纪 30 年代,女子越剧逐渐进入上海,40 年代风靡上海舞台。1942 年 10 月,袁雪芬提倡"新越剧",进行越剧改革,吸收借鉴话剧、电影与昆曲的表演艺术。1946 年,袁雪芬、范瑞娟主演根据鲁迅小说《祝福》改编的《祥林嫂》,大获成功,标志着越剧改革的高潮。但当时的剧团、剧场都由老板一手控制,他们可以任意干涉演出,控制、盘剥和欺凌演员。为了自由地演戏,为了越剧的发展,1947 年 7 月,袁雪芬、尹桂芳、竺水招、筱丹桂、范瑞

"越剧十姐妹"

娟、徐玉兰、傅全香、张桂凤、吴小楼、徐天红等在上海大西洋西菜馆聚会,讨论联合义演,所得款项用来建造自己的剧场,并开设学馆培养演员。她们联合演出的是根据法国作家大仲马的小说《三剑客》改编的《山河恋》,轰动上海滩。这十位演员,后来被称为"越剧十姐妹"。

20 世纪 40 至 60 年代,越剧艺术名家辈出,流派纷呈。著名表演艺术家有袁雪芬、范瑞娟、尹桂芳、傅全香、戚雅仙、竺水招、徐玉兰、王文娟、陆锦花,还有张云霞、金采风、吕瑞英等著名演员。著名的流派有袁雪芬创立的越剧旦角流派袁派、尹桂芳创立的小生行当最流行的尹派、范瑞娟创立的有"活山伯"之称的范派、傅全香创立的有"花腔女高音"之称的傅派、徐玉兰创立的徐派、竺水招创立的竺派、王文娟创立的王派、陆锦花创立的陆派、戚雅仙创立的戚派、金采风创立的金派、吕瑞英创立的吕派、毕春芳创立的毕派、张云霞创立的张派、张桂凤创立的张派,等等。

越剧的题材以才子佳人的爱情戏为主,多表现爱情、家庭、伦常的主题。注重表现人情美和人性美,是越剧艺术最重要的特色,也是它最具魅力的地方。越剧贴近市民阶层,主要反映城市女性的情感偏好与审美趣味,因此,越剧又多被称为"女子越剧"。女子越剧的表演形式决定了越剧的艺术风貌。今天人们说越剧的美学风貌与特色,说的就是"女子越剧"。对于越剧,"女子越剧"不仅是演员结构的问题,更是最根本的审美个性与审美优势。在全国几百个剧种中,全部由女演员演出的,独越剧一家。越剧主要表现的是东方女性的心灵世界之美,即使是塑造男性角色也不例外。女小生是越剧表演的标志性形式,这与京剧中的男旦形成呼应和对照。演员表演都是从异性的角度反观角色,这种表演方式本身就产生一种"间离效果",创造出一种有距离的美感经验。正因为扮演者与角色在性别上的本然差异,就更需要表演者细腻、深入地去探索和表现角色,因此表演的心理蕴涵和情感容量自然就特别丰满、特别动人。而且,越剧女小生所创造的男性美,那些风流倜傥的才子或是俊秀痴憨的书生,其实都是女性眼中的美的男子,这些艺术形象的最深处,积淀的恰恰是城市女性观众对男子美的想象、期待乃至理想。

与京剧、昆剧相比,越剧是一个年轻的剧种,她从浙江嵊县的小乡村走出来,走进都市,走进上海滩,从一个乡下的小妮子出落成温柔端庄的闺秀、典雅清丽的女郎,其探索与创新的脚步从未停止。梅花大奖得主茅威涛已经成为新一代"女子越剧"的杰出代表。舞台上的茅威涛既有尹派小生惯有的洒脱、儒雅与飘逸,更形成了其凝重、大气的独特魅力,一举手,一投足,都透散着浓浓的挥之不去的书卷气和诗意美。她的演唱用情于声、以声带情,独具空灵隽永的美,再与那行云流水的轻逸台风以及儒雅忧郁的文人气质相融合,塑造了一个个翩翩美公子,如唐寅、陆游、何文秀、邹士龙……茅威涛正在创造着越剧舞台上新的诗意空间,而在《寒情》、《孔乙己》、《藏书之家》这些新戏的演出,则显示了她作为新一代浙江越剧领军人物的探索意识与勇气。

三、百花竞放,姹紫嫣红:绍剧、婺剧、姚剧、瓯剧、甬剧等地方剧种

浙江戏剧文化的发达,不仅体现在越剧的全国性影响,而且体现在这里的剧种资源特别丰富。浙江的秀水青山,孕育滋养出绍剧、婺剧、姚剧、瓯剧、甬剧、湖剧、杭剧等多种

地方戏剧样式,可谓百花竞放,煞是一片姹紫嫣红。

（一）独树一帜美猴王:绍剧

绍剧,又名"绍兴乱弹"、"绍兴大班",是明末清初时期形成于浙东地区的一个地方戏曲剧种,被观众誉为"古越神韵"。流行于绍兴、宁波、杭州和上海一带,因其形成于绍兴,并以绍兴地区各县为流行中心,1953年正式定名为绍剧。绍剧舞台表现极具激情,音乐与唱腔激越高亢、粗犷质朴,表演豪放洒脱、文武兼备,善于表现慷慨悲壮的感情。剧目多以冲突激烈的历史事件、民间故事为题材,表现抗敌御侮、惩奸扬忠、锄强扶弱的主题,有影响的剧目,如传统戏有《龙虎斗》、《后磲砂》、《龙凤锁》、《芦花记》、《双贵图》等;1949年后经整理和新编的剧目有《孙悟空三打白骨精》、《于谦》、《龙虎斗》、《寿堂》、《大禹治水》等。

绍剧尤以猴戏独树一帜,它以高亢激越的唱腔、粗犷洒脱的表演深受观众喜爱。"长期以来,猴戏已成为绍剧的一个代名词。可以说,一个孙悟空,既是一部绍剧史,也是整部中国猴戏的历史。"《孙悟空三打白骨精》是绍剧艺术中的经典,1960年被拍摄成电影。著名绍剧表演艺术家六龄童塑造的孙悟空是我国戏曲宝库中熠熠生辉的艺术典型和绍剧猴戏的典范。进入新世纪,浙江绍剧团又推出新猴戏《真假悟空》,一方面继承绍剧猴戏表演的传统,以利落的武打、激情的唱腔和激烈的戏剧冲突,带给观众美的享受;另一方面在传统题材中赋予现代意识,给人以新的启示。

（二）"天下第一桥":婺剧

婺剧,流行于浙江金华地区,俗称"金华戏"。因金华古称婺州,1949年改称婺剧。婺剧是一个多声腔的剧种,吸纳融合了高腔、昆腔、乱弹、徽戏、滩簧、时调六种声腔。婺剧剧目十分丰富,较有影响的有《黄金印》、《孙膑与庞涓》、《三请梨花》、《断桥》、《西施泪》和现代戏《桃子风波》等。

婺剧由于长期在广场、草台演出,形成夸张、粗犷、强烈、明快的表演风格,而且特技表演甚多,如变脸、耍牙、滚灯、红拳、飞叉、耍珠等。如武将出场,以迅速后退一步,并亮一高架子来突出人物,与其他剧种的站定后前跨一步不同。其他剧种一招一式都讲究圆,动作呈连续变化的曲线,而婺剧却往往圆中带直,曲线中出现折线和直线来显示动作的力量与感情的强烈。婺剧的表演讲究"武戏文做、文戏武做",即所谓"武戏慢慢来,文戏踩破台"。婺剧的《断桥》当年被周恩来总理称为"天下第一桥",恰就在于其"文戏武做"的独特表演艺术风貌。白素贞的"蛇步"和一连串的舞蹈身段,许仙的"吊毛"、"飞跪"、"抢背"、"飞扑虎"等跌扑功夫丝毫不亚于武戏。武戏《水擒庞德》正相反,关云长与庞德的开打慢招缓式,在乐曲中徐徐展开,以舞蹈动作取胜。

（三）清新的田野乡风:姚剧

姚剧是浙江戏剧艺术的一朵烂漫山花。它的前身是"余姚滩簧",简称"姚滩",又曾被称为"鹦哥戏",脱胎于当地雀冬冬、白话佬等民间说唱艺术和车子灯、旱船、采茶篮等民间歌舞。1956年6月,"姚滩"定名为"姚剧"。姚剧音乐唱腔以节奏明快、活泼流畅见长,极具民间色彩;表演风格清新自然,不拘泥于戏曲程式,特别注重刻画人物性格和表现真情实感,寓幽默、风趣、诙谐于唱、念、表演之中,富有浓郁生活气息以及江南乡土风致。

姚剧传统剧目计有 72 出,多为反映平民生活、男女爱情的"对子戏"、"三小戏"和少数多角"同场戏",其内容通俗易懂,贴近民众心理,民间语汇丰富,乡土气息浓郁。《十不许》讲述一位姑娘埋怨久别来迟的情郎,提出了必须依从"十件事"方能和好,情郎当然一一依从,有情人重归于好;《双推磨》说的是磨豆腐的寡妇苏小娥与长工何宜度互帮互助,日久生情的故事;还有《秋香送茶》、《三婿临门》、《打窗楼》等,都是深受广大群众喜爱的传统小戏;《强盗与尼姑》、《传孙楼》、《母亲》以及大型现代轻喜剧《女儿大了,桃花开了》等,则是颇受好评的优秀新编剧目。

（四）古老的惊险：瓯剧

瓯剧是浙南温州地区的古老剧种,她和绍剧、婺剧都是有着悠久历史的戏曲珍品。瓯剧以温州官话作为舞台语言,原称"温州乱弹",因温州地处瓯江下游,古称"东瓯",1959 年定名为"瓯剧"。

瓯剧的表演,唱做并重,以做功见长,由于长期活动于农村,具有朴素、明快和粗犷的表演风格。音乐唱腔由高腔、昆腔、乱弹、徽调、滩簧、时调等多种声腔构成,明快流畅,能细致地表达各种人物内心的复杂感情。瓯剧的武戏是独树一帜的,它吸收民间拳术而成的"打短手"、"手面跟头",演员赤手空拳,互相搏斗,时翻时跌,动作紧凑。"打台面"中的"上高"、"脱圈"、"衔蛋"等,亦颇惊险。还有《神州擂》的箭、《火焰山》的扇、《北湖州》的叉、《打店》的枷,以及小生的"麻雀步",旦角的"寸步"、"跌步"、"三脚步",青衣的"背尸"等,都是极具特色的表演特技。

（五）现代气息与都市情味：甬剧

甬剧来自宁波,早期曾名"串客"、宁波滩簧,1950 年定名。清代乾隆、嘉庆年间,大量宁波人到上海经商,甬剧也就成为最早进入上海演唱的外来戏曲剧种之一。甬剧在表演上既借鉴话剧的写实,又吸收传统戏曲的虚拟,形成了虚实结合、"半自然半程式"的表演特点。甬剧特别擅演现代戏,它具有关注市民心理、情操和审美趣味的艺术个性,富有现代气息和都市情味。据柔石小说《为奴隶的母亲》改编的《典妻》是近年来甬剧艺术的杰出代表。

四、"一出戏救活了一个剧种"：浙江的昆剧艺术

昆剧即昆曲,发源于元末苏州地区的昆山一带,至今已有六百多年历史。它原来被称作昆山腔,乃元明南戏四大声腔之一。昆曲是中国现存最古老的戏剧样式,素有"百戏之祖,百戏之师"之称。昆曲典雅秀逸,是中华戏苑中雅文化艺术的杰出代表。无歌不舞,歌舞合一,唱做并重,为昆剧最引人瞩目的表演风格。昆剧音乐圆润细腻悠长,称为"水磨腔",舞姿优雅细腻,其舞台艺术熔诗、乐、歌、舞于一炉,最具抒情写意的诗美。2001 年 5 月 18 日,联合国教科文组织宣布第一批"人类口头和非物质文化遗产代表作"名单,昆曲位列榜首,显示出它的世界性的艺术价值。

浙江是中国昆剧艺术的重镇。浙江昆剧团前身是 1956 年挂牌的浙江昆苏剧团,为新中国成立后昆剧界成立最早的专业昆剧表演团体。浙昆由周传瑛、王传淞、周传铮、包传铎等"传"字辈艺术家领衔培育,80 年代喜呈"传、世、盛、秀"四代同堂的兴盛局面,现在又有"万"字辈新秀崭露头角,薪火相传。

1956年，浙昆排演了经过整理改编的传统剧《十五贯》，以高度的艺术性、思想性轰动全国，《人民日报》发表了专题社论《从"一出戏救活了一个剧种"谈起》，开启了昆剧艺术复苏的新时代。《十五贯》又名《双熊梦》，清朱素臣作。这出公案戏情节曲折离奇，围绕命案、奸情制造戏剧悬念，跌宕起伏，引人入胜。其中，《访鼠测字》一折表现况钟（周传瑛饰）与娄阿鼠（王传淞饰）之间扑朔迷离的心理角逐，以细腻的"做"、"白"见长，是昆剧折子戏的经典之一。

汪世瑜师从周传瑛先生，工小生，冠生、鞋皮生（穷生）兼能，尤以"巾生"见长，有"昆曲巾生魁首"之誉。他脆喉亮嗓，扮相俊美，身段潇洒，尤其擅演风流俊爽的才子书生。汪世瑜的表演不拘程式，注重以情出戏，以情感人，声情并茂。四十多年的舞台生涯，他成功塑造了柳梦梅（《牡丹亭》）、张继华（《西园记》）、侯朝宗（《桃花扇》）、韩琦仲（《风筝误》）、唐明皇（《长生殿》）、赵文清（《浮沉记》）等诸多光彩夺目的艺术形象。《拾画》、《琴挑》、《跪池》等尤其是其拿手好戏。《牡丹亭·拾画》是由巾生一演到底的独角戏，讲述柳梦梅进园拾画，情节简单，舞台空旷，全凭演员表现来填充。汪世瑜的巾生身段程式潇洒飘逸，摹景状物惟妙惟肖，同时声情并茂，真是风采卓然，令人叫绝。进入新世纪，汪世瑜又与苏州昆剧院合作，导演了靓丽且富有诗意的青春版《牡丹亭》，呈现一派"江南春色"之美，蜚声海内外，引领新一轮的昆曲热潮，是近年来中国戏剧界影响最大、最引人关注的事件之一。

第五节　走向繁荣的影视艺术

作为文学的一种重要样式，浙江的影视文学创作也呈现出蓬勃发展之势，一度引领着中国电影的创作走向。夏衍、史东山、沈西苓、袁牧之、柯灵、桑弧、黄宗江等浙江作家的名字，与中国电影文学乃至中国电影联系在一起，是中国电影史无法绕过的重要界碑。其中，夏衍、柯灵等是著名的电影编剧，史东山、沈西苓、袁牧之等是中国电影第一、第二代导演的领军人物，集电影文学创作与电影导演于一身。在他们之后，浙江上虞更是向中国电影贡献了一个重量级人物——谢晋，作为第三代导演的核心人物，谢晋的电影活动横贯当代中国电影50年各个历史时期。而黄亚洲、程蔚东、张光照、张思聪等的影视文学创作，也是中国影视领域难以抹去的秾丽笔墨。

一、最早"触电"的浙江文人：史东山、夏衍、沈西苓

在影视文学创作这一后起之文学样式中，浙江作家有较久远的历史。早在20世纪20年代，史东山就投身早期电影文学作品的创作。那时，他对电影的认识，完全建立在唯美主义的基础上，他创作的《杨花恨》、《同居之爱》，大都是写男女之情的，过度渲染了男欢女爱滥情式的资产阶级生活方式。尽管如此，史东山毕竟是最早渗透到电影文学创作中的浙江文人。因为他的努力，浙江人染指电影文学可推至20世纪20年代初期，给20世纪浙江影视文学的创作开了一个好头，也给20世纪中国影视文学的创作带来生机。

但真正从电影文学角度接触电影的,恐怕要从夏衍算起。有人因此称夏衍为中国电影的奠基人,并不为过。20世纪 30 年代初,"左联"成立后,逐渐壮大起来的中国共产党加强了对电影的领导,积极组建电影小组。夏衍曾参加了这一活动,并且是编剧委员会的主要成员。1933 年,夏衍(化名丁一之)编写的由明星公司拍摄的第一部左翼电影《狂流》终于诞生,这也是夏衍创作的第一部电影剧作。该剧以"九一八"后,长江流域水灾为背景,第一次在电影作品里尖锐地揭示了农村的阶级矛盾和阶级斗争。中国共产党地下组织领导电影运动后所提出的反帝反封建的创作任务,在《狂流》中第一次得到了正确的实践。不久,夏衍又以蔡叔声的化名,把茅盾的小说《春蚕》改编成电影文学剧本。剧本和它的原著一样,通过老通宝一家为养蚕

夏　衍

育茧而奋斗、挣扎、最终失败的经过,再现了中国农民在帝国主义、封建主义、官僚买办和高利贷者的重重盘剥下,一步一步陷入破产的境地。《春蚕》忠于原著的改编,被称为中国"新文坛与影坛的第一次握手"。随后,夏衍写了表现妇女觉醒的《脂粉市场》,通过百货公司女店员的遭遇,揭示在半殖民地半封建的中国社会里,剥削阶级只把妇女当作商品,所谓妇女经济独立、职业平等,实际上只是一种欺骗。女主人公最后毅然离开公司,走进街头人群中的结尾,是有深刻寓意的,它含蓄地指出了妇女的解放是以整个社会解放为前提的,妇女要获得自己的解放,必须投身到整个社会解放的群众斗争的行列中。另一个以妇女为题材的电影剧本是反映妇女走向独立生活道路的《前程》,它透过关于女艺人生活的题材,从女伶苏兰英的生活历程中,提出崭新的主题:依靠男人的寄生生活,并不是一个女人的"前程",要获得人格的独立和自由,必须自食其力。这个主题,在当时,应该是很有现实意义的。夏衍还写过(包括和他人合作)其他一些剧本,像《时代的儿女》、《上海二十四小时》、《压岁钱》等,都是一些经得起时代琢磨的作品。显然,他对中国电影文学与中国电影的开拓与发展尽了筚路蓝缕之功。

除了夏衍外,其他浙江剧作家也在现代为电影文学的创作作出了不同程度的贡献。沈西苓曾经从事过左翼电影活动。1932 年,沈西苓计划写作一个以上海女工生活为题材的电影剧本,夏衍把从事工人运动时调查所得的关于包身工的材料提供给他。当夏衍写出了不朽的报告文学巨篇《包身工》时,沈西苓也写出了电影文学剧本《女性的呐喊》。作者以大量的事实,围绕女主人公叶莲的遭遇,勾画了洋场恶少胡大少爷、工头陈大虎凌辱包身工的无耻嘴脸,暴露了帝国主义、买办资产阶级和封建把头势力互为一体榨取女工血汗的血腥罪行,同时通过叶莲为中心的几个女工的非人生活,展示了包身工被剥削、被压迫、被凌辱的凄惨境遇。沈西苓电影版《包身工》的面世,其反帝反封建的色彩是相当鲜明的。1937 年问世的反映青年出路问题的《十字街头》,标志着沈西苓创作思想的日益成熟与发展。剧作描写了 20 世纪 30 年代四位失业的大学生老赵、阿唐、刘大哥、小徐的苦闷和觉醒。刘大哥是个刚毅的青年,在民族存亡关头,回北方家乡参加抗敌工作去了;小徐消沉懦弱,企图自杀,被老赵搭救后,回老家了;阿唐是个乐天派,以给商店布置橱窗

糊口;老赵则对生活充满信心。显然,作者通过一群知识分子的不同性格和生活道路的描写,肯定了坚定地斗争着的刘大哥,批判了消沉的小徐,而对于老赵们,则着重描写了他们的失业和贫苦、彷徨和挣扎,最后选择了投身社会之路。作品经沈西苓自己导演,搬上银幕后,轰动一时,成为卖座率很高的一部国产佳片。它以低沉的配乐、虚实对比的时空迭映和大量的俯瞰视角,生动地反映了 20 世纪 30 年代中国知识青年处在人生选择的十字路口的精神面貌。沈西苓的最后一部作品是《中华儿女》,这也是作者抗战时期创作的唯一电影文学作品。

二、袁牧之:浙江籍的"电影鬼才"

出生于浙江宁波的袁牧之也是新中国成立以前影响全国的重要电影工作者。他多才多艺,集编剧、导演、演员于一身,算得上是"电影鬼才",不仅创作了大量的电影剧本,还任多部电影的导演,而且主演了《桃李劫》、《风云儿女》、《生死同心》等多部影片。1934年创作的《桃李劫》,是作者写作的第一个电影文学剧本。剧本中的陶建平、黎丽琳是一对富有正气、耿直不阿的小资产阶级知识青年,起初抱着为社会谋福利的热烈幻想从学校走进社会,由于对所遇到的种种不合理的社会现实表露出一次又一次的义愤和反抗,遭到社会黑暗势力的抵制和打击,以至幻想破灭,落得家破人亡的结局。作品再现了这个黑暗社会中正直的小资产阶级分子的悲愤、痛苦、反抗和挣扎,对社会提出了深沉的控诉。1937 年,袁牧之创作了深刻描写都市下层生活的《马路天使》。该剧生动地再现了 20 世纪 30 年代都市下层社会贫苦市民歌女、妓女、吹鼓手、剃头匠、小贩等的苦难生活,同时反映了这些小人物身上所具有的团结互助、正直善良的优秀品质。无论是老王、小陈、小红、剃头匠、小贩或失业者,都是以朋友的欢乐而欢乐,以朋友的痛苦而痛苦,体现了劳动人民相互之间同甘苦、共患难、勇于牺牲自己的高尚品德。作品通过生活在底层的小人物的命运的展示,抨击了当时社会的黑暗现象,歌颂了劳动人民的至善至美。该剧由作者袁牧之导演,成为中国有声电影艺术走向成熟的标志,被誉为"中国影坛上开放的一朵奇葩"。该剧叙事简洁,风格清新隽永,由周璇演唱的《四季歌》更是给影片增添了动人的艺术魅力,经编导袁牧之的精心设计,歌唱有机地融入电影叙事中。伴随《四季歌》的音乐,画面依次呈现绣鸳鸯的大姑娘、战争的炮火、逃难的人群、蜿蜒的长城等,成为比较经典的影像叙事。

三、"孤岛"时期:浙江电影人对抗战的贡献

史东山,在 20 世纪三四十年代创作热情进一步激发,推出的一批作品奠定了他在中国电影史上的地位。其主要作品具有明显的进步倾向,如《长恨歌》、《狂欢之夜》等,反映了 20 世纪 30 年代的社会现实,在读者和观众中产生了深刻影响。1938 年,史东山完成了抗日战争爆发后第一部正面描写抗日战争的剧作《保卫我们的土地》。作品选取了从"九一八"到"八一三"这个时期作为故事发生的背景,通过刘山夫妇的觉醒和老四的堕落以及两者之间的对比与斗争,暴露日本侵略者烧杀抢掠的罪行,鞭挞民族的败类,歌颂反抗侵略、保卫祖国的英雄人民。《保卫我们的土地》表达出当时中国人民要求抗战的民族愿望和爱国主义的庄严主题。1947 年,史东山编了《八千里路云和月》(原名

《胜利前后》），轰动了国内外。作品以抗日战争开始到胜利初期为背景，通过救亡队员江玲玉、高礼彬的经历，并有意和周家荣利用抗战发国难财对比，暴露国民党反动派抗战时消极逃跑、胜利后劫收发财、荒淫无耻的罪恶行径，从一个侧面概括了战时和战后国民党统治区的真实社会生活。由于它的深刻的暴露性，受到广大观众和社会舆论的热情欢迎。

在上海"孤岛"活动的柯灵，其主要电影作品无疑是《乱世风光》。作品以战乱中逃难失散的孙伯修、凌翠兰家庭的演变，揭示了"孤岛"生活的两面：一方面，发国难财的奸商在交易所里兴风作浪，过着荒淫奢侈的生活；另一方面，在物价飞涨下呻吟的贫苦市民，却受着二房东的剥削，在街头冒雨排队买米，为生存而含泪供人消遣。作者以相当敏锐的观察力，较为深刻地揭露了"孤岛"这两种天壤之别的生活。桑弧的第一个电影剧本是1941年的《肉》，1942年还有《洞房花烛夜》和《人约黄昏后》等剧本的诞生。1947年的讽刺喜剧《假凤虚凰》，是他抗日战争胜利后的第一个作品。作品用讽刺喜剧的形式，揭露了旧社会尔虞我诈的生活方式。大丰公司经理张一卿企图用仪表堂堂的理发师杨小毛向征婚的范如华求婚来骗得一笔钱弥补他投机生意的亏空；而范如华并非富家之女，只是个寡妇，希望用征婚的办法来物色一个财貌双全的依靠，维持她不劳而获的生活。作者借助于这些利用旁人来达到自己的目的和企图用金钱来收买一切的可耻行为，对他们进行无情的嘲笑。整个剧本富有喜剧色彩，情节结构巧妙，人物形象生动，对话风趣，达到了相当高的艺术水平。

四、浙籍人在外地：为新中国电影挥毫

新中国成立后的创作，在外地的浙江籍新老作家有夏衍、柯灵、林杉、黄宗江、季康等，不时有佳作问世。夏衍的主要作品是文学名著的改编，有《祝福》、《林家铺子》等。柯灵也表现出改编的天赋，1963年，他根据夏衍的同名话剧改写成电影文学剧本《秋瑾》，塑造了一个忧国忧民、为民族兴亡英勇献身的女革命家的英雄形象，并展示了女革命家丰富而复杂的精神世界。他还将茅盾的长篇小说《腐蚀》改编成电影剧本，揭露了旧时代国民党特务的罪恶。季康作有文学剧本《五朵金花》，这是一部描写少数民族地区青年劳动和爱情生活的喜剧。副社长金花的车坏了，途中得到铁匠阿鹏的帮助，两人相恋，约定来年相会。第二年，阿鹏如约而来，找遍了苍山洱海，巧遇积肥模范、拖拉机手、饲养员、炼铁能手四朵"金花"，造成一系列令人好笑的误会，最后在蝴蝶泉边找到了他心爱的那朵"金花"。剧本通过阿鹏寻找金花的经历，表现了白族人民勤劳、智慧、能歌善舞的民族风情和他们在祖国大家庭里建设社会主义新生活的热情。根据剧本拍摄的电影，将悦耳动听的民歌与多姿多彩又淳朴敦厚的民俗相结合，显得异常美好、单纯、明丽。电影上映后迅速风靡大江南北。此外，黄宗江、石言的《柳堡的故事》，描写的是抗日战争期间的1944年春天，新四军某部班长李进与农村姑娘二妹子在柳堡发生一段纯洁动人的爱情故事，表现了在革命队伍中，个人利益必须服从革命利益、革命集体又应关心个人的主题。黄宗江还作有反映少数民族生活的《农奴》，通过强巴的血泪生活史，揭露了落后、残酷的西藏农奴制度。可以说，这些作家的加盟，使新中国的浙江电影文学的创作增色不少。

五、谢晋:从浙江上虞走出去的电影艺术大师

谢晋,1923年2月出生于浙江省上虞县一个书香门第。童年在上海浦东中学求学,1941年考入四川江安国立戏剧专科学校,受到中国著名戏剧家曹禺、洪深、焦菊隐等师辈的教导和培育;1943年辍学后,跟随洪深、焦菊隐去重庆中央青年剧社工作。在《黄花岗》、《鸡鸣早看天》等剧中任剧务、场记和演员,由此确立了他向导演专业发展的志向。1947—1948年开始电影导演生涯。他在1957年推出成名之作《女篮五号》后,从此一发而不可收,先后导演了《红色娘子军》、《舞台姐妹》、《天云山传奇》、《牧马人》、《高山下的花环》、《芙蓉镇》、《清凉寺的钟声》、《最后的贵族》、《鸦片战争》等。从让人眼睛一亮的《女篮五号》到让人热泪盈眶的《鸦片战争》,始终让万人瞩目。有人称"如果把20世纪分成前后两半,要举出后半个50年中影响最大的一些中国文化人,那么,即使把名单缩小到最低限度,也一定少不了谢晋"。谢晋堪称从浙江走出去的电影艺术大师。他导演的影片频频在国际、国内获奖,他是目前中国获奖最多的电影导演之一。《女篮五号》,获1957年第六届世界青年联欢节银质奖章和1960年墨西哥国际电影节角帽奖;《红色娘子军》,1962年获第一届电影百花奖最佳故事片奖、最佳导演奖;《舞台姐妹》,1980年获第二十四届伦敦国际电影节英国电影学会年度奖;《天云山传奇》,1981年获第一届中国电影金鸡奖最佳故事片奖、最佳导演奖;《牧马人》,1983年获第六届电影百花奖最佳故事片奖;《高山下的花环》,1985年获第八届电影百花奖最佳故事片奖;《芙蓉镇》,1987年获第十届电影百花奖和第七届中国电影金鸡奖最佳故事片奖。谢晋的电影创作,形成了一种把作者主体激情、主流意识形态和观众心理有机地缝合的独特影像修辞,其电影主观激情充沛,富于感人的浪漫言说,多是关于国与家、历史与民族的宏大叙事,又对人性、人情有着深切的把握与表现,既为主流意识形态认同,又为广大观众所喜爱,同时又深得电影评论界的好评,叫座又叫好,创造了雅俗共赏的神话。1964年,谢晋和他人一起把关于浙江越剧的历史故事写进了电影文学剧本《舞台姐妹》,通过竺春花、邢月红等越剧姐妹在解放前所走的不同道路和解放后的人生选择,阐明了做戏与做人的人生哲理。谢晋电影的激情言说、家国关注和人性探索,都在这部表现故乡题材的影片里得到淋漓尽致的发挥。其后的《天云山传奇》、《高山下的花环》、《芙蓉镇》等,艺术上更趋成熟和完美,成为中国电影艺术的瑰宝。

思考与讨论

1. 古代浙江在文学上有哪些重要成就?
2. 列举浙江历代书画艺术大师的代表性作品。
3. 浙江为何被称为"桥乡"?
4. 越剧有怎样的艺术特点?

第七章

浙江民俗文化

　　每个民族都有自己的文化符号,每个民族也都旨在通过强化一些民俗活动使其文化符号得到稳固并深入人心。民俗又是一个民族在悠久的历史变迁中形成的民风习俗,它一旦成形,就被绝大多数民众所遵循和维护,并且以一脉相承的形式或程式承载起这个民族文化心理的传递重担。因此,民俗具有深厚的文化底蕴和文化渗透力。

　　浙江自古就是鱼米之乡、丝绸之府,具有浓厚的商业文化传统。因北方屡遭战乱,人口大量南迁,尤其是南宋定都杭州以后,这种现象更为突出。这样,浙江的民众在行为方式和生活习惯上具有更多的包容性和独特性,这也决定了他们的民俗文化在保持自己的民俗特点的同时,自觉或不自觉地吸收来自全国各地的民俗文化之优长,像岁时节令、婚育寿诞、衣食住行、民间信仰等民俗都能找到其中融通之后的一些民俗痕迹。

第一节　民间年节

　　"一年将尽夜,万里未归人。"春节、元宵、清明、端午、中秋、重阳、除夕等,点缀在一年中的每一个传统节日,都是千千万万中华儿女一个个的文化情结。年节,对中国人来说,就是一种特殊的文化现象,一种弥漫着民俗气息的文化现象。浙江的年节自然也是如此,并且渗透着浓浓的浙江味。

一、春节

　　百节"年"为首。春节是浙江民间年节中最隆重、最热闹的传统节日,也是民俗气息最浓郁的传统节日。

　　浙江的春节起于什么时候,现在难以确考,但春节的隆重和热闹却一脉相承。放鞭炮、祭祀祖宗、给长辈拜年都是浙江各地民众普遍遵循的春节习俗。饮食方面,一般以松糕和汤圆为主,有些则吃长面,希望来年生活甜蜜、健康长寿;在祭祀上,则以祭祀天公和祖宗为主要对象,一般以户为单位,献牲摆祭,顶礼膜拜,态度虔诚而肃穆。也有大型的村祭或族祭,一般多用于祖宗殿宇开光或专门祭祀某一尊神。在祭礼上一般选用形体硕大、膘肥肉厚的整头猪羊,因此有"猪羊祭"之称,仪式繁复而隆重,如义乌的大年祭。春

123

节期间,亲戚间、朋友间和邻里间互相走动,互相问候,谓之贺岁,或拜年。

除此之外,春节期间也有一些地方性很强的民俗活动,如畲族至今沿袭的"摇毛竹"风俗很有特点。畲族分布在浙江的山区,山区的毛竹是他们朝夕相伴的朋友。"摇毛竹"的风俗就是畲族民众在漫长的与竹相处中形成的。相传,古时毛竹娘有两个小孩,大儿叫春笋,小儿叫冬笋,春笋勤快,冬笋懒惰。冬笋小时候经常跑到山里偷吃番薯,而番薯藤又是山洞里山角精的胡须变成的。当冬笋一接触到番薯,睡在山洞里的山角精便跑出来施放毒气。此时,傲然挺立的毛竹翠叶飞舞,蒙住山角精的眼睛,让他无法施展法术,冬笋因此免受毒液的侵袭。此事在畲族民众中迅速传开,并坚信毛竹具有驱妖除邪的功效。从此,摇毛竹成为畲族民众祈福禳灾,希望孩子像毛竹一样快养快长的民间习俗。随着时间的推移,毛竹作为小孩生长的象征意义也凸显出来。

二、元宵节

元宵节,又称"上元节"、"灯节"、"元夜"等。杭州临安是南宋的都城。每当农历正月十五之夜,观灯、猜谜的市民络绎不绝。此外,绍兴的元宵灯市也远近闻名。晚明时期的张岱曾有生动的描绘:"绍兴灯景为海内所夸者,无他,竹贱、灯贱、烛贱。贱,故家家可为之;贱,故家家以不能灯为耻。故自庄逵以至穷檐曲巷,无不灯,无不棚者。"家家张灯,户户挂彩,连庵堂寺观都以木架作灯柱和门额,上面写有"庆赏元宵"、"与民同乐"等喜庆语。

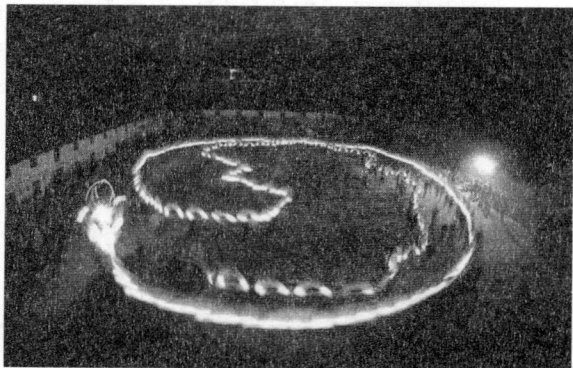
板凳龙

舞龙,被乐清、温州等地民众看成与吃元宵、观花灯同样重要的元宵娱乐活动。他们身上的那种龙情结往往伴随着春节的脚步声而慢慢升腾起来,到农历正月十五月圆之际而进入一种亢奋状态,高潮迭起,激情四溢。布龙、纸龙、木龙(灯板龙)、板凳龙、首饰龙、纱龙、拼字龙,各种质地,各种形状,风格纷呈,妙趣横生,配上民众精彩绝伦的表演,确有美轮美奂的艺术效果。其中,板凳龙,据说源于汉代,由"舞龙求雨"的宗教活动演变而来。相传,在很久以前,温州地区遇上了一场千年不遇的大旱,东海一条水龙跃出水面,催促天公下雨,拯救了一方生灵。但水龙却被玉帝剁成数段,撒向人间。民众感水龙之恩,将其龙体拼凑起来,放在板凳上,称之为"板凳龙"。为纪念这条具有正义感的水龙,他们选择正月农闲的时候,举行舞板凳龙活动。这就是舞板凳龙习俗的由来。

舞板凳龙阵势浩大,舞龙队敲锣打鼓,穿村绕庄。舞龙时,前有大红灯笼开道,后有五彩旗幡拥随,鼓乐喧天。流光溢彩的巨龙,时而似游龙嬉水,排成一字长蛇阵;时而似蛟龙出海,山呼海啸般飞旋而过。

黄岩、台州等地在元宵节则流行一种叫"间间亮"的风俗。该风俗据传始于明嘉靖年间。某年农历正月十四日,民族英雄戚继光率领戚家军追歼一股入侵的倭寇到黄岩,此时天色已晚,百姓纷纷点灯燃烛,烛光遍山盖野,躲藏的倭寇无处逃生,都成戚家军的瓮中之鳖。为纪念这个特殊的日子,黄岩百姓便把元宵节改在正月十四夜,并在房前屋后、橘林内外点灯燃烛,相沿成俗,流传至今。台州也有此习俗,成因稍异。

三、清明节

清明节,由我国二十四节气而来,时间在公历 4 月 5 日前后。其时,春光明媚,草木吐绿,正是出外赏春的大好时机,因此又叫踏青节。《岁时百问》说:"万物生长此时,皆清净明洁,故谓之清明。"

清明节,又与纪念晋国臣子介子推的寒食节有关。寒食节距清明不过一两天。这个节日的主要节俗就是禁火,不许生火煮食,只能吃备好的熟食、冷食,故而得名。因此,清明节又成为为祖先扫墓的最佳时机。湖州一带古有"五日寒食共清明"之说,就是说,从寒食节起,民众就开始祭祀。祭祀分祠祭、墓祭和家祭三种。祠祭规模较大,仪式隆重;墓祭即扫墓、上坟,旧坟插"飘白纸",新坟插"飘彩纸"(彩纸多为红绿两色),诗句"南北山头多坟田,清明祭扫各纷然。纸灰化作白蝴蝶,血泪染成红杜鹃",就是扫墓情形的形象描绘。丽水的扫墓一般定在清明节前三天或后四天,民众称之为"前三后四"。扫墓时,必备点心,墓前茶、酒、饭菜等祭品,插点香烛,向祖先祈求平安。然后,在坟上各处放置纸马,并用土块压住,俗称"飘坟"。清明扫墓风俗,不独浙江,全国皆然。《帝京景物略》有一段记载清明扫墓的精彩描写:"三月清明日,男女扫墓,担提尊榼,轿马后挂楮锭,粲粲然满道也。拜者、酹者、哭者、为墓除草添土者,焚楮锭次,以纸钱置坟头。望中无线纸,则孤坟也。哭罢,不归也,趋芳树、择园圃,列坐尽醉。"唐代诗人杜牧诗云:"清明时节雨纷纷,路上行人欲断魂。"又是一幅生动的清明节的剪影。

四、花朝节

花朝节,又叫花神节,俗称百花生日。江南地区一般选在农历二月十五日举行。它由来已久,最早在春秋的《陶朱公书》中就有记载。至于"花神",相传是指北魏夫人的女弟子女夷,传说她善于种花养花,被后人尊为"花神",并把花朝节附会成她的节日。花朝节作为一个盛大的节日,据传始于武则天执政时期(690—705)。武则天嗜花成癖,每到农历二月十五日花朝节这一天,她总要令宫女采集百花,和米一起捣碎,蒸制成糕,用花糕来赏赐群臣。上行下效,从官府到民间就流行花朝节活动。

花朝节也是浙江民间的一个盛大节日。这一日,杭州的民众都会兴高采烈,争着为庭院里已开、未开的花木挂红着绿,庆祝它们的生日。南宋人吴自牧在《梦粱录》中曾经详细描述过当时杭州人欢度花朝节时的情形:"仲春十五为花朝节,浙间风俗,以为春序正中,百花争放之时,最堪游赏,都人皆往钱塘门外玉壶、古柳林、杨府、云洞,钱湖门外庆乐、小湖等园,嘉会门外包家山,王宝生、张太尉等园,玩赏奇花异木。"据说,花朝节这一天,杭州的地方官员还会带着自己的僚属到郊外劝农,以示勤政爱民。在嘉兴农村则流行在农历二月十二日给农作物、果树过生日的"花朝节"习俗。据崇祯《嘉兴县志》记载:"(二月)十二日为花朝,以是日晴雨占果实盛衰。"相传这一天家家户户都要为果树过生日。一般由老太太和年长的大嫂负责。做法是:先除掉果园杂草,并松开果树旁边的泥土,将近中午时分,将一方红纸贴于果树树干上,然后用稻草逢中捆住,再在树枝的叉口压上一块石头,嘴里轻轻地念道:"桃子今年多哦?多哟!桃子今年大哦?大哟!桃子今年蛀哦?勿蛀!桃子今年脱哦?勿脱!"如果果园里有桃树、梅树、李树、杏树,则要按照桃、梅、李、杏的顺序进行。这种类似祭祀的仪式据说可以让果树硕果累累。而宁波的花朝节却带有浓郁的生活气息。这一天,少女们必须精心制作一件百花娘子布人孩,而成年妇女则停止一切针线生活,大家烧香点烛,膜拜在百花娘娘脚下。民国时张延章《鄞城十二个月竹枝词》曾描绘云:"二月百花生日临,妇女十四作停针。风光最好是初二,闺女露天烧点心。"真实再现了宁波人过花朝节时的情景。

五、端午节

端午节,又称端阳节。关于端午节最早的文字记载见于东汉。据说,农历五月初五,人们用彩色的丝带系在手臂上,用来防避兵役和鬼魅,还有防病防瘟疫的奇效。吃粽子、划龙舟则是后来不断增加的风俗。浙江也有划龙舟的习惯。据唐《语林》记载:"杭州端午日,竞渡于西湖,先期列舟舸于湖滨。"可见,唐朝就有在西湖上进行龙舟竞赛的习俗。道光年间,因有数十名龙舟选手被淹死,官方从此禁止在西湖上龙舟竞渡。

浙江是多雨的地区,尤其端午节前后,潮湿蒸郁,百物生霉。因此,杭州、绍兴、嘉兴、湖州等地都有除五毒的卫生习俗。也就是说,在端午这一天,采用艾叶、菖蒲、蒜头插挂门窗上,在墙角、床下等地方撒播石灰,既除虫又辟邪。有些地方则将剪出的蛇、蝎子、蜈蚣、壁虎、蜘蛛等"五毒"形状的窗花贴在窗户、墙壁等处,以起到辟邪除虫的效果。

喝雄黄酒,也是浙江端午节的民俗内容。杭谚说:"五月五,雄黄烧酒过端午。"在浙江人看来,雄黄酒能够驱妖辟邪,不能喝雄黄酒的小孩则用雄黄酒涂抹在面颊、耳、鼻、额角等处,也能起到同样的作用。有些地方还将吃剩的雄黄酒喷洒房屋壁角阴暗的地方,或者干脆贮藏起来,遇有虫咬,则可以用来解毒消肿。

绍兴、东阳、浦江还有在端午节挂香袋的习俗。节前,姑娘们剪取一小块绸缎,制成一个个精致的形状各异的香袋,内装香料或雄黄,分赠男女儿童佩戴,用以辟邪。

六、七夕节

七夕是中国传统的情人节。每当牛郎织女七夕鹊桥相会的时候,同情或祝福他们的民众都要摆上蔬果、插上香烛,向牛郎织女乞子、乞福、乞寿,女孩们则乞求拥有一双像织女那样能织出多彩图案的巧手,调皮的小孩则躲到葡萄架下偷听牛郎织女的悄悄情话。这就是"乞巧"习俗的来历。乞巧之时,女孩们手拿双眼、五孔、七孔、九孔不等的针,在月光下比赛穿线,谁先穿过就是"得巧"。善歌的姑娘则一边穿线一边唱:"乞手巧,乞容貌,乞心通,乞颜容,乞我爹娘千百岁,乞我姐妹千万年。"

乞巧的风俗在浙江非常盛行。杭州、宁波、温州等地的七夕之夜,家家户户赶制用面粉制作的"巧果",连同莲蓬、白藕、红菱等物品陈列在空阔的庭院之中。然后,槿叶泡水,供女孩子洗濯头发。据说,这一民俗源于织女约会牛郎之前必先洗头的传闻。传说用槿叶洗头就会变得聪明灵巧,所以,古代浙江的女孩子普遍迷信而效仿之,这一风俗主要风行于杭州、宁波一带。杭州民间的乞巧有多种习俗,一种是卜巧,即取小蜘蛛,用小盒盛之,第二天开盒如已结网称为得巧;一种是赛巧,女孩们对月穿针引线,谁穿得快谁就得巧;还有一种是乞巧,即取隔天雨水、井水各半,盛放在露天一夜,再在太阳下暴晒半天,日午时分,女孩们将新竹叶放在水面上,如果映在水底的影子漂亮如花、行动如云、巧妙如物形者为乞得巧。

相比较而言,绍兴、金华、嘉兴等地的做法更能体现七夕民俗的本真意义。在绍兴农村的七夕之夜,许多少女偷偷躲在生长得茂盛的南瓜棚下听牛郎织女的悄悄话,一来祝福牛郎织女的幸福,二来寄托自己渴望千年不渝爱情的期许。金华一带则盛行杀鸡的习俗。在他们看来,只要公鸡不报晓,牛郎、织女就不分离。因此,在七夕杀一只鸡的做法广为大家接受,并成为一种习俗流传下来。嘉兴则流行七夕香桥会的习俗。这一天,附近各村的香客聚在一起,将各自的裹头香搭起一座香桥,再用两支粗官香为桥栏杆,栏杆四周缠上鲜艳的花纹图饰,香桥中央则用香客的檀香包搭成一个桥亭。点燃香烛,香客一一朝拜。香会结束时,香桥焚化,香客边拜边唱:

> 一星桥,二星桥,三来要拜神仙桥。香头伯伯有功劳,搭香桥师傅心功巧。
> 香桥上头好跑人,下头好过九龙船。鲁班先师合拢桥,丝网娘娘看仙桥。仙男
> 仙女同过桥,阿弥陀佛,阿弥陀佛。

七、中秋节

"一年月色最明夜,千里人心共赏时。"这就是中秋节。

中秋节,俗称"团圆节",是近似于春节的传统节日。它源于古代的秋祀祭月,嫦娥奔月的神话又让这一宗教活动笼上一层诗意色彩。唐代文人赏月的习惯,赋予了最亮、最圆的中秋之月丰富的文化内涵。宋承唐风,中秋赏月吟诗不但成为惯例,且首次有集体在中秋明月之夜聚欢宴饮的记载。这一活动迅速在文人和民间推开。中秋祭月、赏月成为宋朝以来广为流行的一项民俗活动。

南宋时期,浙江已有庆祝中秋节的习俗。杭州的中秋明月之夜堪称一片热闹非凡的海洋。一当银蟾光满之时,王孙公子,富家巨室,莫不登楼,临轩玩月,酌酒高歌,"以卜竟夕之欢";中小商户也安排家宴,围坐小小月台,"团圆子女,以酬佳节"(《梦粱录》卷四);市井贫民虽无富户铺张的财力,也要"解衣市酒,勉强迎欢,不肯虚度"明月高悬的美丽夜晚。大家赏月,也祭月,祀品有月饼、方柿、石榴、栗子之类。祀月时在天井中搭台,设案,点斗香,祈求平安。点斗香,即一种灯彩,纸糊作斛形,内盛沙,插香于其中。据《杭俗遗风》载:"其式四方,上大下小,纱绢糊之。上缀月宫、楼台、殿阁、走马灯景,四角挑灯,大者四围各宽二尺许,出售处以琵琶街为最多。"赏月者多在西湖一带,平湖秋月、三潭印月、月岩三处为赏月的最佳之地。《西湖游览志余》卷二〇说:"是夕,人家有赏月之宴,或携榼湖船,沿游彻晓。苏堤之上,联袂踏歌,无异白日。"温州人过中秋,则家家有小摆设,祈求来年天天有福。《温州月令竹枝词》描绘云:"家家望乡度中秋,玉堂里巷人似流。为赏银楼小摆设,玲珑细致口碑留。"中秋小摆设又称微缩文昌帝君殿,是温州明清以来特有的中秋民俗,相传近有五百年的历史。每年中秋节前后,民众的堂屋、生意人的商铺等

都要摆设各种小模型物品,有的是文昌神庙,有的是封疆大吏的衙门、王侯将相的宅第。一般百姓二三桌,有钱人则十几桌不等。

绍兴人的中秋节习俗也很特别。他们祭月除月饼之外,还要准备一个长南瓜。祭完,将长南瓜塞到新妇的被窝里,象征来年多子多福。丽水则在街道搭起祭台,摆上月饼、佛手、香橙等祭品,拈香祝福,寄托来年的希望。

八、重阳节

农历九月初九,两阳相重,故称重阳。老人们在这一天或赏菊以陶冶情操,或登高以锻炼体魄,体会桑榆晚景的乐趣,因此又称老人节。登高,也因此成为重阳节的重要习俗。除此之外,还有插茱萸、饮菊花酒、吃重阳糕等民俗习惯。

杭州有"重阳吃块饼,过冬不怕冷;重阳吃块糕,过冬也不焦"的说法。重阳吃糕,是杭州人过重阳节必不可少的内容。糕点做法也很特别,以糜栗粉和糯米为原料,拌以蜂蜜,蒸熟,切成斜方形,上插彩旗,取名为"狮蛮栗糕"。登高是杭州人重阳节另一项重要的民俗活动,登者不止老人,还有成群结队的小孩和妇女,城隍山、葛岭、初阳台、北高峰都有登高的人群。《杭俗遗风》载:"是日城隍山登高吃糖炒栗子、鸡豆,带游斗坛、文昌、关帝、火德等庙。"可看作是杭州登高热闹场景的一个缩影。

素有古丝绸之乡美誉的桐乡濮院具有与众不同的重阳习俗。这一天,家家户户要吃用赤豆、糯米做成的增智饭。据说,吃了这顿饭,不但强身健体,而且增长智力,所以叫"增智饭"。相传古时有位叫巧哥的织工来到濮院,濮院的丝织业让他萌生了生产新品种的欲望。他坐上织布机,夜以继日地干,饿了以糯米、赤豆饭充饥,渴了就喝一口凉水,终于赶在重阳节织出了新绸。民众都说,巧哥能织出这么漂亮的新绸,都是赤豆、糯米饭的缘故。于是,赤豆、糯米饭是增智饭的说法就在民众中传开。九月重阳节吃增智饭的风俗也因此形成。

九、腊八节

腊八节,原本是古代先民欢庆丰收,感谢祖先、神灵,驱逐瘟疫的一种祭祀仪式,逐渐演化成纪念佛祖释迦牟尼成道的宗教节日,因在农历十二月初八举行,故有"腊八"之称。喝腊八粥是腊八节最重要的民俗活动。传说佛教的创始者释迦牟尼入山修行,走得又累又饿,昏倒在河边。一妇人见状,给他喂了一碗粥。这天恰是腊月初八。从此,腊八喝粥的习俗在民间形成。

浙江是佛教盛行的地区,喝腊八粥也是浙江民间普遍流行的习俗,尤其在佛庙林立的杭州。杭州人在这一天用糯米、桂圆肉、莲子、银耳、红枣、百合、山药、红豆等煮粥,送给亲朋好友,甚至过路的陌生人,目的就是祈福。

十、除夕

除夕是一年的最后一天,俗称过年。这一天,长辈给小辈压岁钱,寄上一份祝愿;贴上一副春联,保宅第人员平平安安;围着火炉守岁,守住一家人的福和寿。这就是除夕民俗的文化内涵。浙江的除夕自然也不例外,其中绍兴的"祝福"更因鲁迅同名小说的缘故而闻名遐迩。

祝福，是绍兴年终大典的岁时习俗，又称"作福"、"作年福"、"作冬福"。《越谚》说："祝福，岁暮谢年，谢神祖，名此。"其实，不全是这样，除了祭祀祖宗、神灵外，还有对幸福的祈求。一年一度的祝福，绍兴人非常重视，一般从腊月十五起就开始忙碌起来，打扫房屋，粉刷墙壁，擦洗家居，置办福礼和年货。所以，从腊月二十至除夕，绍俗均呼夜不呼日，旨在提醒大家：年关将近，万事抓紧。

鲁迅故里的"祝福"

年三十终于来临。祝福伴随第一缕晨曦隆重登场。凌晨起床开始煮好福礼，拂晓之前，搬出两张八仙桌，视桌面木纹横于堂屋前，与祭祖相反，绍兴俗称"横神直祖"。夜晚祭祀时，端上鸡、鹅、元宝肉、猪头、鱼等"五牲福礼"。福礼必须盛于红漆的木桶盘内，福礼上插着筷子，旁边备有一把厨刀，和蒸熟的一碗牲血，表示全鸡、全鹅，一样不缺。除此，还要准备一盘豆腐、一碟盐、数块年糕、一串粽子、三盅茶、六盅酒。福礼的摆法是很有讲究的。鸡、鹅要跪着放，头朝福神；一尾活鲤鱼，用红绳穿过鱼的背脊，悬挂在"龙门架"上，再用红纸贴住眼睛，取"鲤鱼跳龙门"之意。祭神开始，先点燃香烛，男性依辈分大小逐个向外跪拜行礼。礼毕，焚化纸元宝、烧纸等。再将桌子改成直摆，调转福礼，拔下筷子，由外向里叩拜，这就是祭祖了，俗称"做回盘羹饭"。祭祖完毕，用煮福礼的汁汤烧年糕吃，叫做"散福"。

另外，浙江畲民的煺年猪、武义的点火射、东阳的切年糖、义乌的大年祭等过年习俗都很有地方特色，是浙江年俗多样化的表征。

第二节　民间诞育、婚姻、丧葬

诞育、婚姻、丧葬都乃人生大事，每当红白喜事临门，一般人家都会倾其所有，礼请左邻右舍及亲朋好友，有些还会举行宗教仪式，以至相沿成习而成风俗。

一、浙江民间诞育的习俗

呱呱坠地，一声啼哭，人生的征途就这样开始了。作为父母、长辈，都对来到这个世界的小生命充满了欣喜，也寄托着希望。三朝酒、满月酒、周岁庆贺等名目繁多的庆典仪式赶场似的出现，让这个小生命尝够了"集三千宠爱在一身"的滋味。

新生儿出生的第三天叫"三朝"，三朝礼是为新生儿举行的第一个礼节，远近的亲朋好友都会拿着礼物前来喝三朝酒。

三十天过去，新生儿满月了，做父母的又要张罗小孩的满月酒，绍兴、嘉兴、湖州等地在满月之日还要给小孩剃胎发，办剃头酒。剃头是一种象征，剃掉邪气，也剃出小孩的光辉前程。对此，做父母的都很虔诚。剃前，由母亲或外婆、祖母手指沾上一点绿茶水，轻点小孩的额头和发面，口里念叨着："茶叶清白，囡囡清白。"然后剃发。母亲收拢剃下的胎发，先呼家狗，手摸狗背，说："囡囡大起来乖，和小狗一样灵巧，一样胆大。"顺势从狗背上拔下一缕小毛；又唤家猫，摸着猫背，说："囡囡大起来乖，和小猫一样听话，一样活泼。"说完也拔下一缕小毛。胎发杂在狗毛、猫毛中，喷上绿茶水，搓成一个圆形，选用一条红丝线穿起来，两边再串上一颗桂圆和红枣，俗谓"头发圆"。头发圆挂在小孩床边，可以辟邪，也保小孩健康成长。与此不同的是，杭州、湖州长兴则有保留胎发的习俗。生下的男孩如果已有兄姐夭亡，男孩的胎发必须一直留着，直至成辫，俗称"小辫子"。据说"小辫子"可以起到保护小孩的作用，有"小辫子"吊住，邪鬼抢不去，孩子可以平安长大。成人后，小辫子可以剪掉，也可以陪伴终生。这一习俗现还留于民间。

周岁到了，又要举行"抓周"的仪式。抓周，又有"周晬"、"闹周"、"晬盘"、"试儿会"等别名。心急的长辈，太想知道面前这个嗷嗷待哺的小孩的未来。周岁这一天，除了亲友送东西祝贺外，做长辈的还会摆放一些东西让小孩抓寻。据说，小孩抓寻什么，与他的前途是密切相关的。讲究一点的富户人家在小孩面前摆设的一般是：印章、笔、墨、纸、砚、算盘、钱币、账册、首饰、花朵、胭脂、吃食、玩具和儒、释、道三教的经书，如果是女孩的话，还要加设铲子、勺子、剪子、尺子、绣线等物件；普通人家则多简化，只在茶盘内摆放私塾启蒙课本和相关用具，女孩则加放铲子、剪子、尺子等。小孩抓寻之前，长辈不能做任何的诱导，任其挑选。以抓寻之物测卜小孩的志趣、前途和将要从事的职业。如果小孩先抓了印章，则意味着长大以后必秉天恩祖德、官运亨通；如果先抓了文具，则是好学之辈，必有一番锦绣前程；如果先抓算盘，则是善于理财之人，长大必成陶朱事业。总之，长辈们都渴望在小孩一周岁之际寄托他们的厚望。

一般来说，做生日都有逢十必庆的习俗。而在嘉兴地区，还有做"七子"的风俗，就是说，在小孩七岁生日那天，小孩的外公、外婆、舅舅、姑父等长辈必须携带七样带"子"的东西，一路燃放鞭炮，送到小孩家里。做长辈的每拿出一样，就要说上一句吉利话。如：拿鞋子，则说："这双鞋子，乖囡穿上，一步一脚走正路。"拿荔枝，则说："这荔枝，乖囡吃了，甜甜蜜蜜过日子。"诸如此类。小孩一一收下这七样东西，仪式就算结束。湖州民间很在意三、六、九三个数字，在小孩三周岁、十六周岁、二十九周岁、三十三周岁、三十六周岁，做父母的都要举行一定的仪式，以示庆祝。

五十岁以后的生日才能称为"庆寿"。而浙江民间的寿庆是很讲究的。因"十"与"贼"音相近，在浙江很多地方有"男不做十，女不做九"的习俗，如杭州、湖州、宁波、绍兴等地。这些地方的民众为避讳一般提前一年做寿，俗称"做九头"。若父母同庚而合做寿，俗称"双庆"。民间做寿，旧时十分隆重，大厅当中铺设寿堂，别室花厅等处，摆设面碟，邀请吃面，名曰"走马面"。当天的寿筵，称为"桃觞"，由儿子承办；正寿的前一天，谓之"暖寿"，则由出嫁的女儿负责。

俗话称："活到六十六，阎王要吃肉。"杭州、宁波、湖州等都很重视六十六岁这一年的生日。在他们看来，人活到六十六岁，必遇一个难过的关口，宁波人称为"过缺"。因此，六十六寿辰到来的时候,做儿女的主动上门,捎去烧好的六十六块猪肉,也捎去他们真诚的祝愿。

二、浙江民间的婚俗

浙江的民间婚俗一般由合婚、下聘、发行嫁、迎娶、拜天地、见亲、回门认亲等礼仪习俗构成。浙江各地称呼不同,但礼仪习俗基本一致,其内容也大同小异。看下面几个例子:

> 余杭:始以媒妁相通,男家具启东、束帛求婚,女家答焉,谓之"定亲",即古问名、纳彩礼。次行聘,即古纳吉、纳徵义,首饰、币帛颇加于前。继道日,即古请期义。娶日,男女交拜于室,行合卺礼。三日庙见,拜舅姑、定亲,咸以赞相见。亲迎礼本在婚期前一日,俗以三朝婿女回拜于母家,谓之"会门",非礼也。(《临安县志》,清光绪十一年活字印本)
>
> 永嘉:议婚,以男女生辰互易卜算,名曰"合婚"。既吉,然后媒妁通好。其纳彩曰"起帖",具礼仪外,多致饼果遗女氏宗戚。纳币曰"大定",有聘金,备钗钏、色缯、羊酒、糕饼之属,并订婚期。婚先数日,具仪多致粉糍,曰"上头礼"。迨吉,妇至门未下轿,衣冠者掌灯引婿导妇入房,既合卺,亲属咸宴于堂。三朝庙见礼成,谒舅姑,次及亲属,长者皆有所赠遗,妇亦馈献有差。此士庶家所通行者,特繁简有别耳。(《永嘉县志》,清光绪八年刻本)

实际上,各地的婚俗远比这些记载要有趣得多,而且形式多样、风格各异。淳安的传袋、嘉兴的上轿鞋、桐乡的撒蚕花、湖州的蚕花圃、嘉善的抢婚、开化齐溪的偷亲、舟山渔村的彩船迎亲等,都是充满浓郁地方色彩的婚礼民俗。

浙江建德新安江一带的九姓渔民曾长期流行一种叫"水上婚礼"的婚礼习俗。

所谓"九姓渔民"是指陈、钱、林、袁、孙、叶、许、李、何九姓人家。他们世世代代生活在水上,以打鱼、载客为生,很少与岸上人往来,形成了自己独特的习俗。"水上婚礼"是其中最有特色的一种。

水上婚礼的整个仪式都是在船上完成的。在新娘离开娘家之前,新郎家和新娘家都要在船头悬挂一面大铜锣,当天晚上,两船锣声响起,一呼一应,默契配合,每一轮敲打十三下,一轮轮敲打下去。天亮以后,新娘与亲人依依话别。做岳母的站立船头,高声呼叫女婿的名字,谆谆告诫他婚后夫妻相处之事。女婿必须迅速跳过船去,在岳母跟前双膝跪下,并大声回答:"听岳母吩咐,一定记住!"说完,又跳回自己船中,等待女方家送嫁妆过来。接下来是发嫁妆。新娘船上利市婆手拿秤钩,送一件嫁妆,用秤钩勾一下,喊唱一句:"称一斤。"新郎船上利市公接过嫁妆,也应和一句:"长千斤。"送第二件嫁妆,喊唱:"称二斤。"应和:"长万斤。"如此对唱,一直把嫁妆转交完毕。然后,新娘在两位伴娘的搀扶下,款款走向船头。利市婆端出一碗饭,给新娘喂一口,这叫吃"离娘饭"。

新娘船和新郎船约有1米的水域相隔,新娘到新郎船上有两种非常奇特的方式:一种是让新娘端坐采莲盆上,头盖红帕,从水面漂过去;另一种是把新娘直接"抛"过去,俗

九姓渔民水上婚礼

谓"抛新娘"。抛新娘的长者站在船头,腋下捆着一根绸带。利市婆喊:"千金小姐送上来。"新郎船上利市公即回应:"王孙公子站起来。"这时,抛新娘的长者在鞭炮鼓乐声中走上前去,双手托起新娘,轻松地抛向新郎船,新郎船上迎亲的长者则稳稳地接在手中。新娘站在铺在船头的布袋上,从船尾进门。新郎方则放进门炮迎接,接着放胜利炮。胜利炮一响,新郎的船必须驶向上游,行至江心打三个圈,再回到岸边,与新娘船紧紧靠在一起,这叫并彩,接着新郎、新娘拜天地、拜长辈,这叫分大小,然后,新郎、新娘入洞房。整个仪式都是在一种有趣的氛围中进行的。

九姓渔民的水上婚礼1993年上半年经中央电视台摄制成专题片播放以来,已被国内外的观众所熟悉,同时作为浙江省第一批非物质文化遗产被保护。

浙江畲族则盛行一种叫"领酒水"的婚俗。嫁女的一方如果家庭困难,备不齐嫁妆,办不起酒筵,迎娶方必须承担宴请的酒菜,叫领酒水,也叫借镬嫁。迎娶时,女方举行隆重的借镬仪式。仪式开始时,男方派来的当门赤郎(厨师)手捧桶盘,盘中点燃一对蜡烛,旁边放一包索面、一刀猪肉、一双绑腿布,恭恭敬敬立在灶前,新娘的姐妹、嫂嫂立在灶后,长辈和亲友邻居围在四周。当门赤郎作揖,念借镬词,开始向女方家借镬。借镬词不固定,有些就是即兴吟唱的。一般先是一段开场白,接着是念借镬词。借镬词形式上像一则则的谜面,如:

> 借你阿姨四四方方一堵墙(锅灶),中央开个大龙潭(铁锅),借你阿姨铜镜双双对月光(锅盖),借你阿姨金鸡来洗浴(木勺),借你阿姨鲤鱼来翻白(菜刀),借你阿姨玉女吹箫笑眯眯(火筒),借你阿姨双龙抢珠城门内(火钳),借你阿姨三脚落地火焰山(风炉)……借你阿姨象牙银线成双对(筷子),借你阿姨零零碎碎,借对阿姨来烧火,借对舅儿来背桌,桌上吃酒保安康。

借镬词念完,女方姑嫂接走桶盘,借镬就告一段落。一般情况下,女方家的姑嫂先藏起厨房里的炊具,当门赤郎念一件,姑嫂们拿出一件。漏念或念错,必须重念。接下来的杀鸡更富有挑逗性和趣味性。按照风俗,当门赤郎杀鸡时,鸡血必须滴在碗里,如果滴出,则要罚酒。女方姑嫂则使尽花招,让鸡血滴在碗外,然后提着酒壶,端着碗,罚当门赤郎喝酒,一滴罚一碗,不喝就动手灌喝。有经验的当门赤郎下刀后,只象征性地滴几滴血,趁女眷们蠢蠢欲动时,当门赤郎已提鸡走开了。其后的刷锅、烧火等过程,女方姑嫂都有恶作剧的逗弄。场面热闹而有趣。

三、浙江民间的丧葬习俗

浙江的丧葬习俗基本由讣音、小殓、大殓、做七、起灵、谢孝等礼仪构成。如果死者属长辈,后辈必须披麻戴孝,以示悲悼。停丧期间,必须请阴阳先生择地和道士禳解、招魂等,或请僧人"念经三夜,谓之'打道场'",告慰死者,以祓除不祥。浙江民间丧葬方式主要有如下几种:

土葬,是以前通行的埋葬方式,在浙江民间也根深蒂固。这主要源于"入土为安"的传统观念。《周礼》说:"众生必死,死必归土。"《韩待外传》说:"人死曰鬼,鬼者归也,精气归于天,肉归于地。"《礼运》也说:"魂气归于天,形魄归于地。"可见,古人认为人死后形体埋入地下,脱离形体的灵魂才可以归于天。因此,土葬成为人们普遍接受的丧葬方式,汉族尤其如此。

浙江的土葬因地域不同也呈现不同的习俗。在嘉兴,富户在生前就请风水先生择好风水宝地,建造好墓坑,称"喜墓"或"喜坑",墓碑上写上红字,人死入土则改成黑字;贫户采用掼铁具的方式,铁具随意掼在地上,如果铁具头向东,棺材就以头东脚西摆放,如果铁具头向南,棺材的摆放也是头南脚北。葬法有多种:棺材直接入土;先用砖瓦建亭,再安放棺材;用稻草包裹棺材,浮厝三周年后放入墓穴。天台的土葬分热葬、冷葬、甏葬和草灰葬。热葬就是把死者直接埋入土内。埋葬之前,先请风水先生择定地点,由长子在黄道吉日天未晓时携香烛、纸钱及祭品,前去祭山神、土地,然后用锄头掘一锄。接着请匠人在锄头掘下的地方砌坟圹。坟圹的材料因地而取,大多用石板,少数用砖块。坟圹只有前、后、左、右、顶五面,底面不砌,以示死者入土为安。冷葬就是将死者灵柩放在墓地上,不直接入土。过去一般都是先冷葬,过三年再热葬。据说直接葬入土中,死者孽障太重,不得超生。冷葬又分"明坟"和"茅殡"两种。明坟一般是有钱人家,用砖或石板砌成坟屋。没钱的人家则把灵柩放在高燥的山坡上,上面盖上茅草,所以叫"茅殡"。在山区,有些还利用岩穴,将棺材放在岩穴之中。甏葬是一种再葬仪式,也叫做"捉骨葬"。往往是贫穷人家冷葬以后,一时无钱热葬,岁月长了,尸体腐烂只剩下骨头,无法热葬,只好将骨殖放进甏中(也有置于木箱中的),再埋入土内。除此之外,还有一些因子孙移居,不忍把祖先骨殖抛置他乡,就带着骨殖甏迁移。

火葬,在中国的历史也很悠久,最早的文字记载是《墨子·节葬下》:"秦之西有仪渠之国者,其亲戚死,聚柴薪而焚之"。仪渠在今甘肃庆阳县西南。可见先秦时期的仪渠人有火葬的习俗。隋唐以后,火葬之俗传入中原和南方汉人居住的地方。明末清初学者顾炎武在《日知录》中写道:"自宋以来,此风日盛……相率焚烧,名曰火葬,习以成俗。"

浙江的火葬习俗始于五代,当时的吴越两国佛教发达,僧侣和佛教徒基本遵循印度佛教的葬礼习俗,将火化后之骨灰散发到河里回归自然,也有将骨灰供奉在佛塔里供后人膜拜。宋室定都临安后,火葬的风俗从僧侣传播到民间,杭州、湖州、嘉兴、台州、宁波等地都有火葬的现象。

潮葬,浙江沿海地区的丧葬方式。出海风险大,触礁翻船的事时有发生。茫茫大海,渔民是无法找到尸体的,因此,渔民只能用稻草人代替,给稻草人穿上死者生前的衣服,设灵堂祭拜,民谣"嵊山箱子岙,十口棺材九口草",就是这样流行起来的。在祭拜的时候,还要请道士到海边招魂。招魂一般选在夜间潮水初涨时进行。先在海边搭起一个小小的"醮台"。台旁的帐篷里点起香烛,中间放着稻草人,身上贴着死者的生辰八字。等到涨潮时,道士敲响钟声、打起铙钹,口中念着咒语。这时,醮台前有人手扶一杆带根的毛竹,顶梢上挂着一只箩筐,内装雄鸡一只,面对大海,随着道士的咒语,此人不停地摇晃着毛竹。死者家属则披麻戴孝,围着毛竹一圈圈打转,口里呼喊着死者的名字,叫他马上回来;又由一个孩童或亲属呼应,一呼一应,直至潮水涨平,把失落在海里的"阴魂"喊回来,招进稻草人中,由道士引魂回家。次日,将稻草人放进空棺材,送到山上安葬。这种招魂仪式,就叫"潮魂"。

第三节　民间游艺

浙江自古以来令人向往,"上有天堂,下有苏杭",是流行最广的民间谚语之一。优美的山水、旖旎的风光和繁荣的商业经济都在潜移默化地影响着浙江人的性灵和情操。自隋唐起,浙江就在江南繁华地区之列,物质享受和审美陶冶构成该地民众的消费主题,他们有鲜明的休闲意识,沉湎于湖光山色而流连忘返,融入节日的人流和繁华而乐此不疲。因此,浙江的游艺民俗异常发达,每个地区都有一些源远流长、代代相传的游艺民俗,如西湖放河灯、西湖赏桂、钱江观潮、西湖赛龙舟、绍兴社戏、吴山庙会、婺剧戏俗、乐清对歌、畲民对歌、嘉善田歌、南湖船歌、长兴百叶龙、乐清剪纸、浦江斗台戏、义乌板凳龙、永康打罗汉、金华斗牛等。

一、庙会习俗

庙会,又称"庙市"或"节场"。作为一种社会风俗的形成,庙会风俗与佛教寺院以及道教庙观的宗教活动有着密切的联系,同时它又是伴随着民间信仰活动而发展、完善和普及起来的。

浙江庙会由来已久。隋时,绍兴即有南镇庙会。唐、宋时期,民间出现了表演各种杂戏和祭祀舞蹈的"社火"活动。陆游诗云:"酒坊饮客朝成市,佛庙村伶正作场"(《书喜》),就是绍兴地区庙会的一个写照。综观浙江全省的庙会,种类繁多,据统计,大致有正月十一的排田漾庙会,正月十三的城隍庙会,正月十五的陈十四庙会,二月初五的袁化庙会,二月初八的祠山大帝生日,二月十九日的观音庙期,三月初一的双蝶节庙会,三月初三的忠靖王庙会、太保庙会、龙子菩萨庙会,三月初五的祭禹大典,四月初三的西塘七老爷庙会,四月初六的黄神会,四月十八

吴山庙会

灯节,五月初五的曹娥庙会,五月十五的瘟元帅庙会,五月二十的龙王庙会,八月十四的网船会,八月二十五的防风王庙会、杨王老爷庙会,九月十一至十六的夏禹庙会,九月二十七的舜王庙会等。这些都是带有纪念意义的祭祀庙会,其主要目的是为了娱神,以祈求一生的平安,并求风调雨顺、五谷丰登。除此之外,还有大量的集市庙会,如鄞县鄞江桥它山庙会,每年有三月初三、六月初六、十月初十共三次。

杭嘉湖地区经济发达,民众富庶,出现了一些以休闲为主要目的的庙会。吴山庙会,四季不断,各有特色,大年初一到正月十八,赶会的多是杭州本地人,为的是辞旧迎新,求得一年好运;二、三月间,杭嘉湖一带香客纷纷涌进杭城,最后也要到吴山进香。端午、立夏等岁时节日,各行各业休假,也都要上吴山赶庙会。此外,各菩萨生日,都有庙会热闹一番。

一般来说,庙会是中国传统社会中比较少见的全民性的休闲活动。不同阶级、阶层和等级的人,不同职业、性别、民族、地域的人,都可以在庙会中尽情地表达自己的愿望,享受在其他地方不能得到的平等待遇。所以,参加庙会者往往数以万计,并且不分老幼。平时被贵族阶层所轻贱的商人、农民、妇女,尤其是戏子、杂耍艺人、妓女等,都成为庙会活动的主要参加者,甚至是演出的主角。

庙会总是与各种歌舞、百戏表演和商品交易连在一起,沿袭越往后,这种倾向越明显,娱乐的成分也越多、越浓。戏剧歌舞的功能既有原始娱神的遗存,又有后增的娱人的成分。在这种带有双重功能的歌舞戏曲中,也许具有典型意义的是目连戏。目连戏是一种"鬼戏",与傩事活动有一定联系,它源自唐宋,到明代时便形成一二百出的连本剧,连演几天几夜,成为江南庙会或社火中的保留节目。鲁迅文章所介绍的绍兴社戏中的"女吊"、上虞地区的鬼舞"哑目连"、余姚的"跳无常"等都是其表现。大凡年轻者基本都是抱着游逛的心理,或上香许愿,或购买物品,或游逛,或观看各种演出。吴山庙会,除烧香拜佛外,山上山下遍布算命、看相、测字的小摊位,还有卖字画、庙台戏、卖唱小曲、变戏法、耍杂技、卖花、斗鸟以及店家、小贩在寺庙四周和沿山路设摊卖物。人们"闻风而去,满载而归",既闲散了心情,又收获了见闻。湖州南浔的东岳会,"引线灯作绣球、凉伞等形,争新斗艳,为他处所无。击钲鼓随之,游行市上,迎神出观。或为藏头诗句,任人商揣,曰'灯谜'。旬余始终,远近来观者甚众。"(《南浔镇志》,清同治二年刻本)对于大多数乡民来说,娱神、酬神只是一个幌子,松弛劳累的筋骨、获得感官上的满足才是目的。商贩则抓紧兜售商品,以赢得更多的利润。

二、绍兴社戏

"空巷看竞渡,倒社观戏场。"这是陆游描绘绍兴人看赛龙舟、社戏的热闹场景。鲁迅小时候,也酷爱看社戏,一旦看不上,便"急得要哭","东西也少吃"了。后来,他在《社戏》、《无常》、《女吊》等众多的文章中,一再赞扬它,称它为"很好的戏"。沿袭至今,在农闲和盛大的节日里,邀请剧团进村演戏,在绍兴依然随处可见,不减当年"空巷"、"倒社"的盛况。

早先,绍兴的每个乡镇村落都有社庙,水乡称"土地庙",山乡称"山神庙",城镇称"城隍庙"。各地又都有民约,规定春秋两季要祭社,春祭叫"春社",秋祭叫"秋社"。春社祈求五谷丰登,秋社庆贺一年丰收。后来发展为以演戏来祭社,这就是社戏的渊源。随着徽班等的流入,绍兴民间的戏班越来越多,村镇之中倘有发生疫病、暴死和水火兵燹等重大灾变,也都以演社戏来祈求全村平安。后来,逐渐发展到喜庆寿宴,也演戏志庆,于是社戏便由娱神酬神而兼及娱人了。

由于演出目的不同,社戏大体分为平戏、大戏和目连戏三种。绍兴水乡的戏台,十之八九造在土地庙前的小河里,俗称"水台",观众可以站在岸上看,也可以坐在船上看。也有临时搭在陆地上的草台,上蒙一张大白布,用以遮阳挡雨,另用竹箦数张把后台围起来,供演员化装、更衣和休息之用,只留前台让观众看。草台并不大,演大戏就不管用了,至少还需在台边再搭半个台,俗称"个半台"。最难得的要数近距离内,同时搭起几个戏台,请来几个戏班的"对台戏"。1946 年,昌安迎太守会,从三脚桥到官塘桥,相距不过三十米,竟在临街小河中搭了两个台,这边筱兰芳和筱月楼合演《凤仪亭》,那边陈鹤皋与盖茂元合演《吊金龟》,双方卖尽力气,相互争荣,给观众留下了难以忘怀的印象。

三、金华斗牛

金华人称斗牛为"牛相操"或"操牛",据传始于宋明道年间(1032—1033),积习相沿,经久不衰,并与庙会相结合,是百姓喜闻乐见的一种民间游乐活动,其魅力可与西班牙的

金华斗牛

斗牛比赛相媲美,有"东方一绝"的美誉。斗牛一般选定在春秋农闲之际,数十天便举行一次,每年首次角斗称"开角",末次角斗叫"封角"。从开角至封角称为"一案"。地点多选择在周山环抱的水田,面积四至五亩不等,场地两旁扎着彩门,披红挂绿,气氛壮观、热烈。斗牛之日,四方游客三五成群,络绎而至,小商贩也摆起摊子,吆喝起来,斗牛场的四周只见人头攒动。

参斗之牛则饰以勇士之装,由它的主人护送进入斗牛场。东西两门的帅旗手扬起帅旗,鞭炮声起,鼓乐齐鸣。斗牛进入角斗的状态后,先是相对而视,继而眼红耳竖,牛性大发,夹尾低头,四角相抵,奋力争斗,互不相让,撞、挂、顶、抽、落头,技术灵活而娴熟,就像一对久经沙场的老手。金华人王廷扬在《斗牛诗》中曾描述过这样的情景:"进退变化若有知,腾跨牛背声唏唏。必然跃下猛抵顶,落头倒项相拗持。"每当这时,"拆手"往往上场将两牛分开,使之稍作休息,再进入下回的角逐。有时出现败者血肉淋漓、仓皇逃跑而胜者飞起四蹄、穷追其后的精彩场景,全场为之沸腾,观众喊声震天,此起彼伏。胜方立即身价百倍,主人将其重整丽装,众人敲锣打鼓,护送回去,仿佛凯旋的英雄,主人还要大宴亲朋,与大家同享欢乐;败方则觉得颜面尽失,气急之下,贬其为耕牛或出卖宰杀。

第四节　民间信仰

历代民众是天灾人祸的直接受害者,是社会上遭摧残和压迫的主要对象,他们无时无刻不在渴望救助,并无时无刻不在关心着他们的切身利益。当他们通过劳动和斗争能满足其要求时,即能安于现状;而当人力无法达到时,便不顾一切叩头烧香、祭祀鬼神,向各路神灵请求救助,以致成为一种集体无意识而积淀于民众的心里。浙江民众自古就有"信鬼神,好淫祀"的民俗心理,形成了"春祭三江,秋祭五湖"的民俗习惯,因此,在漫长的历史过程中也形成了诸多的民间信仰习俗,大致体现在自然神崇拜、神话和传说人物崇拜,以及佛、道神崇拜三个方面。

一、自然神崇拜

自然神是中国民众因由感官直接感觉到自然力、自然现象及自然物的威力而幻化的一种神灵。对自然神的崇拜是"人类社会发展史上最为普遍的共同信仰形式",其形式极为广泛,"它不仅包括对天体、天象的崇拜,还包括对山石、水火、鸟兽、虫鱼、花草、树木等的多项崇拜"。浙江的民间自然崇拜基本囊括了这些自然神灵,大致有:属于天地的天公爷、日月神、雷电神、水火神、地神、山神、石神,属于植物的秧神、谷神、稻花祭、树神,属于动物的鱼神、鸟神、蚕神、猿神、狗生日、蚱蜢将军生日,属于器物的机神、井神、宅神、厕神、床神、花轿神,属于图腾的龙图腾、鸟图腾和畲族始祖盘瓠等。

日神崇拜　太阳是人类的亲密朋友,它不只是给人类带来光明和温暖,还带给人们一年四季的希望。鲁迅先生曾说:"中国人至今未脱原始思想,的确尚有新神话发生,譬如'日'之神话,《山海经》中有之,但吾乡(绍兴)皆谓太阳之生日为三月十九日,此非小说,非童话,实亦神话,因众皆信之也。"三月十九日给太阳过生日的习俗在东南沿海地区普遍存在,尤以浙江为甚。浙江的绍兴、湖州、杭州、萧山、乌青镇、定海、宁波、鄞县、嘉兴、温州等地都流行这一民俗。这些地方的民众亲切地称太阳为太阳菩萨,把太阳看做是主持公道和带来福音的神明。"老天有眼",即是这种心态的真实体现。每当太阳生日来临的时候,家家户户都在门口插上蜡烛,口诵《太阳经》,祈求太阳菩萨的保佑。湖州人诵的《太阳经》是:

> 太阳明明珠光佛,四大神州照乾坤。太阳一出满天红,晓夜行来不住停。行得快来催人老,行得迟来不留存。家家门前都行过,碰着后生叫小名。恼了二神归山去,饿死黎民苦众生。天上吼我吼晓夜,地下非我没收成。世间吼我来行动,昼夜不分苦万分。太阳三月十九生,家家念佛点红灯。位上神明有人敬,吼人敬我太阳星。有人传我太阳经,合家老小免灾星。吼人念我太阳经,眼前就是地狱门。太阳明明珠光佛,传与善男信女人。每日清晨诵七遍,永世不走地狱门。临终之时生净土,九泉七祖尽超生。务望虔心行到老,后世福禄寿康宁。

蚕神崇拜 浙江的杭嘉湖历来是种桑饲蚕的地区。出土文物告诉我们,早在4000多年前,浙江这块土地上的先民就已懂得养蚕之道,并且普遍视蚕为宝,这样,自然为种桑饲蚕的神话提供了滋生的土壤。从河南移住海盐的干宝,在他的名著《搜神记》里曾记载了流行在杭嘉湖民间的一个故事:

> 太古之时,有大人远征,家无余人,唯有一女。牡马一匹,女亲养之。穷居幽处,思念其父,乃戏马曰:'尔能为我迎得父还,吾将嫁汝。'马既承此言,乃绝而去,径至父所……(父)亟乘以归。为畜生有非常之情,故厚加刍养。马不肯食,每见女出入,辄喜怒奋击,如此非一。父怪之,密以问女,女具以告父……于是伏弩射杀之,暴皮于庭。父行,女与邻女于皮所戏,以足蹙之曰:'汝是畜生,而欲取人为妇耶? 招此屠剥,如何自苦?'言未及竟,马皮蹶然而起,卷女以行……邻女走告其父……后经数日,得于大树枝间,女及马皮尽化为蚕,而绩于树上。其茧纶理厚大,异于常蚕。邻妇取而养之,其收数倍。因名其树曰桑。桑者,丧也。由斯百姓种之,今世所养是也。

从此,种桑饲蚕的神话也随着这则故事的流行而被民众普遍接受。民众又根据这则故事尊奉这位化蚕姑娘为蚕神,亲切地称呼她为蚕花娘娘、蚕神菩萨、马头娘、蚕丝仙姑、蚕皇老太等,并为之塑像,永远祭祀。

祭祀蚕花娘娘,是蚕农的一项日常功课,贯穿于养蚕的整个过程。据《湖州府志》记载,孵蚕蚁、蚕眠、出火、上山、回山、缫丝,几乎每道养蚕程序开始之前,湖州的蚕农都要先行祭祀,求得蚕神的保护。其中,接蚕花、请蚕花和谢蚕花三个程序的祭祀仪式不但不可缺少而且必须隆重。

湖州含山蚕花娘娘塑像

所谓蚕花,是指烧香礼拜的蚕乡女子头上所戴之花,一般用茧子或彩帛做成,也有用彩纸扎成的。蚕花,通常就是蚕花娘娘的代称。所以,蚕农对接蚕花、请蚕花和谢蚕花的仪式都很重视。一般来说,接蚕花的仪式都选在蚕农的家中举行,主持者则是由非职业或半职业的神歌手(学者称为"骚子歌手")担当。

杭嘉湖蚕农把腊月十二日作为蚕花娘娘的生日,很多蚕农就选在这一天请蚕花。请蚕花的蚕农多用米粉做成称之为"茧圆"的米粉团子,作为祭祀蚕神的供品。清代海盐诗人黄燮清有诗句云:"蚕眠桑老红闺静,灯火三更作茧圆。"清濮院诗人陈梓的《茧圆歌》也说:"今年生日粉茧大,来岁山头十万颗。"都指此而言。祭祀过后的"茧圆"成为民众喜爱的节日食品,或自吃,或送亲友,渐成习俗。而在嘉兴的桐乡,请蚕花则在蚕蚁孵出之后举行。这一天,蚕娘头插蚕花,把剪碎的灯草碎末拌和着野蔷薇花细末撒在装有蚕种的纸上,再将这张纸卷起挽在秤杆上,然后用鹅毛将蚕蚁和灯草碎末、野蔷薇花细末一起掸入蚕匾中。蚕农采用秤杆、灯芯等物,谐合"称心如意"成语,寓吉祥之意。

蚕茧丰收了,蚕农又要准备酒肉酬谢蚕花娘娘,俗谓"谢蚕花"。祭祀结束,全家聚餐,享用祭祀用的鱼肉,称为吃蚕花饭。湖州则把这种仪式称为"端午谢蚕花"。湖州蚕农除了祭祀蚕花娘娘外,姑娘们还要到水边戏水,俗称"豁蚕花水",以此庆祝丰收之年的喜悦。

龙神崇拜 浙江很早就有龙蛇崇拜的习俗。舟山群岛的定海马岙、金塘等地商周遗址群出土的印纹硬陶上布满大量的如云雷纹、S形纹、回纹、波状纹、方格纹等几何纹饰,据考证,这些都是"蛇形和蛇的斑纹的模拟和演变",说明至少在公元前11世纪,舟山地区已有对蛇图腾崇拜的习俗。祭龙神,分定期和不定期两种,地点一般选在定海东岳山下的龙王祠。定期祭祀时,舟山群岛的灌门、桃花和岑港三大龙神齐集龙王祠,主持者在供桌上摆放祭品,由地方长官率领各地士绅和百姓代表,跪拜祭奠。不定期的祭祀一般是在久旱不雨的情况下举行,祭祀时,用稻草扎成龙的形状,供在传说有龙神出没的水源处,请道士念咒做法,然后焚烧符牒,这样就会风调雨顺,迎来今年的丰收。清末民初舟山渔民还有"穿龙裤"、"着龙花蒲鞋"的习惯,也习惯称渔船为"木龙",这都是龙神崇拜遗俗的证明。

浙江的黄岩、天台、温岭地处山区,每当干旱无雨的季节,老百姓自发结队,浩浩荡荡地举行求雨取龙的神佛活动,据说多次祈祷都有良好的结果。从此,求雨取龙便成为当地的一项民俗。如果求雨无效,就转入取龙的仪式。取龙时要兴师动众,一村或数村民众都要夹道迎接取龙的队伍。取龙队伍行至龙坛,沐浴斋戒的缟衣长者开始念经寻龙。寻龙只是一种象征性的做法,只要在龙坛边捉到小动物就意味着寻到了真龙。有俗谚为证:"取水取蝾螈,落雨落大通;取水取蜻蜓,落雨落两点;取水取蛤蟆,无水好烧菜。"长者将取到的"龙"装入事先准备好的水斗,用白布或黄布包裹恭敬地送入"龙轿"里,然后起轿回家,将取来的龙悬挂在寺庙里。

二、神话和传说人物崇拜

鲁迅说:"昔者初民,见天地万物,变异不常,其诸现象,又出于人力所能以上,则自造众说以解释之。凡所解释,今谓之神话。""追神话演进,则为中枢者渐近于人性,凡所叙述,今谓之传说。"而那些对历史和人们有非凡贡献的神话人物和传说人物大多因为他们的神性而成为民间顶礼膜拜的对象。浙江民间是神话、传说人物多产的地区,以致相沿成习的人物很多。神话人物有"迹遍江南"的舜、为治洪水"三过家门而不入"的禹、相传为古汪芒国国君的防风氏,后人都建寺庙以祭祀之:舜有舜王庙、禹有禹王庙、防风氏有防风祠。古代的浙江还流传着许多优美、动人的传说故事,其中就有一些被民间视为神灵并崇拜的,这类人物有"天下第一美人"西施、投江觅父的孝女曹娥、双双化蝶的"梁祝",等等。

防风氏相传是远古防风国的创始人、汪姓的始祖。古防风国在现在浙江湖州德清的三合乡封山和禹山之间。其时,正是大禹治水取得成效的时期,而防风氏正是他得力的助手。据《国语》记载,大禹曾经在会稽山大会诸侯,而防风氏因为治理突遇的洪水而姗姗来迟,大禹盛怒之下,将其处斩了。其后,大禹后悔自己的莽撞,在农历八月二十四日给他平反昭雪,二十五日举行隆重的祭祀仪式来纪念这位治水英雄。从此,德清三合乡一带的民众为他建庙,并在农历八月二十四日至二十六日举行防风王庙会。南朝时任昉所撰的《述异记》记录了古时德清人祭祀防风氏的隆重场面:"越俗,祭防风神,奏防风古乐,截竹长三尺,吹之如嘷,三人披发而舞。"这一风俗一直延续至今。

曹娥觅父是历史上的一个真实故事。曹娥是东汉上虞人,父亲溺于江中,数日不见尸体,当时曹娥年仅 14 岁,昼夜沿江啼哭。17 天后,正是五月五日端午节,曹娥想到觅父无望,于是投江自尽。出人意料的是,三天后,曹娥竟抱父尸而出。后人为纪念她,改她所投水的舜江为曹娥江,并在投江之处兴建曹娥庙。当地民众也就在她投江的五月初五日作为祭祀她的日子。在浙江,端午节又多了一层文化含义。

"若要夫妻同到老,梁山伯庙到一到",是宁波地区流行的谚语。该地同时还流传着这样一首歌谣:"梁山伯庙去烧香,拜拜多情祝九娘。少年夫妻双许愿,不为蝴蝶即鸳鸯。"因此,年轻夫妻必到梁山伯庙祭拜,已成宁波地区民间流行的习俗。这种习俗在杭州也颇为流行,民间也盛传一句与宁波相似的谚语:"若要夫妻同到老,双照井中照一照"。双照井是位于杭州草桥门外海潮寺内的一口古井,传说梁山伯送祝英台回家时,祝英台曾用脚一蹬,使枯井冒出清水,并用"古井喜逢春,兄弟双照影。一男并一女,和合天配成"的诗句表达对梁山伯的爱意,可惜的是,梁山伯一时没有领悟,错过了连接丝缘的机会。然而,他们的双双身影,却永远留在了这口清澈的井水里。也因此,海潮寺的双照井成为民众驻足祈愿的地方。每年正月初三,男男女女、老老少少到海潮寺烧香之时,都要在这口井照一照。人们说,老年夫妻照一照,越活越年轻;青年男女照一照,夫妻和睦,白头到老。

三、佛、道中的神崇拜

浙江是佛、道盛行的地区,佛、道在民间也颇有信奉者。据史料记载:杭州人事佛最勤,临安人"疾病多信巫鬼,丧葬多尚佛老",而会稽、余杭、东阳之地"君子尚礼,庸庶敦庞,故风俗澄清,而道教隆洽",湖州民众"疾病则用僧、道作斋醮,死丧则用僧、道作道场,送葬则用僧、道作引导"。因此,佛、道人物自然成为浙江民间崇拜的对象。大致说来,有东晋炼丹家葛洪,救苦救难的观世音,能分别给人赐福、赦罪、解厄的"三官"(俗称"三官爷"、"三官大帝",即天官、地官、水官),南极老寿星,城隍神,"辟谷二十年"的仙姑,"戴高帽,穿白衣,露胸,腰捆草绳,一手持破蒲扇,一手持锁链"的无常,黄大仙以及陈靖姑等。其中,以黄大仙和陈靖姑最有代表性。

黄大仙,原名黄初平,浙江兰溪黄湓村人。相传晋朝时,有一道士路遇黄初平,发觉他是个善良之士,就带他到金华山自己的石屋中,收其为徒。黄初平时年 15 岁,聪明伶俐、悟性极高。他跟随师父学道四十余年而得道成仙。黄初平成仙后,普泽众生,施医赠药,惩恶除奸,彰显正义。民众普遍以神仙视之,称其为黄大仙或赤松仙子,并为其建庙,终年祭祀,相沿成俗,流传甚广,至今香港、新加坡、美国、加拿大等地都颇有信奉者,香火相当兴旺。祭祀黄大仙的活动分春秋两祭,春祭为农历三月十八日,即黄大仙的开仙日;秋祭选在黄大仙的生日,即农历八月十三日。祭祀一般选在黄大仙宫前的广场上举行。祭祀时,黄布铺地,村民面朝祭坛,组成九个纵队,都是白上衣、深色裤、黑布鞋,腰扎黄色丝绸带,每队前方设三张八仙桌,桌上设六副三牲祭品。祭拜人手持蜡烛和清香,随着领祭人或升或拜,仙乐飘飘,整个仪式既庄严、肃穆,又富有浓郁的地方特色。

陈靖姑本为福建古田地区的地方神,起于唐代,而盛行于明清间,大概在清末民初流传到浙江南部温州、丽水一带。相传观音菩萨的两根白发误落人间,化成了残害生灵的两条白蛇。陈靖姑的两位兄长挺身除害却被白蛇吞噬。17岁的陈靖姑抛弃俗念,毅然独上闾山,寻师学法。法成,不但扫除了温州、平阳等地的妖怪,而且斩吞噬兄长的白蛇为三段。可惜的是,白蛇又化作女子从她的眼皮底下逃走了。靖姑怒追至其洞口,坐压在蛇头上而死。从此,古田地区的民众都把陈靖姑当作神灵看待,建庙祭祀。陈靖姑作为一尊地方神也迅速北移浙江的温州,并迅速蔓延,覆盖面达十余县。据史载,清代永嘉的楠溪江很多地方都建有陈十四娘娘祠或庙,时有"祠神到处奉娘娘"之谚流传民间。瓯江流域遍布的大小地方神庙中,也以陈十四娘娘庙为最多,仅温州城就有太阴宫、娘娘宫、广应宫、永瑞宫、坤元宫、凤南宫、栖霞宫等,瑞安有太阴宫,平阳有顺懿庙,丽水有顺懿夫人庙,青田有陈十四庙,都香火颇盛。其他如泰顺、苍南、文成等地畲族民众也有大批信奉者,他们称陈十四为"奶娘"、"仙姑"、"大奶",每年农历正月十五或十月初十,未生育的妇女,往往结伴到陈十四娘娘的庙宇中上香,求赐子息。

思考与讨论

1. 浙江的端午节为什么喝雄黄酒?这与浙江的地域有无关系?
2. 结合鲁迅的小说《祝福》谈谈绍兴的祝福民俗。
3. 浙江的民间信仰习俗主要有哪些?对其中你所熟悉的作简要介绍。

第八章

浙江旅游文化

　　浙江境内,处处奇峰飞瀑、溶洞沁泉;绿林森森,湖沼潋滟;岛屿密织,河流棋布;古镇清幽,桨声灯影里荡漾出千古流淌的江南清韵;名园深深,曲径回廊间透溢着世代累积的审美匠心;亭阁玲珑,楼台崔嵬;宝塔铁马惊风,书楼纸墨飘香。自然风光与人文景观交相辉映,浙江的旅游资源异常丰富,旅游业成为国民经济的支柱产业。

第一节　悠久的江南山水文化

　　江南的山水文化,伴随江南的地域开发,与政治、经济、文化同步发展。

　　远古以来,黄河流域是我国经济、政治的重心。先秦时期的江南,经济文化发展相对于中原来说比较落后。西汉后期至东汉,随着江南开发,加上中原战乱,北方人纷纷迁移逃亡到相对比较稳定的江南。但此时的江南,经济、文化、人口仍远远落后于北方。三国之后两晋南北朝时期,国家分裂,外族入侵,战争频仍,中原地区进一步遭到破坏,北方人口进一步大量逃往南方,不仅为南方的发展带来了劳动力和更先进的生产技术,而且使南北差距进一步缩小。到了唐代,南方的生产力已经达到北方的水平。唐中期,由于安史之乱的破坏,北方基本陷于瘫痪,而南方则超过了北方,成为国家收入的主要来源。五代十国直至现在,南方经济文化已在很多方面将北方抛在了后面。

　　随着江南地域开发和政治经济文化的发展,江南山水文化的底蕴也渐积渐厚。

　　早在远古时期,传说大禹年老的时候,到东方视察,并在会稽山召集部落首领。大禹因病亡故,葬于会稽。

　　公元前 210 年,秦始皇第五次巡游江南,"上会稽,祭大禹",登天柱峰。这位封建帝王为了宣扬他统一中国的功业,命左丞相李斯手书铭文,刻石记功,立于会稽鹅鼻山山顶,这就是著名的《会稽刻石》,天柱峰亦因此而命名为秦望山。

　　汉代历史学家司马迁,为了写《史记》,曾进行过三次全国性漫游,遍览山川胜迹、名人故里,收集史料。他 20 岁时南游江淮,上会稽,探禹穴,窥九嶷,浮沅湘,北涉汶泗,历齐鲁、邹峄,绕彭城,过梁宋以归龙门。他的游迹,更为江南山水旅游文化增添了一抹朝阳的光芒。

　　魏晋南北朝时,政治重心南移,特别是东晋建都建康以后,江南地区得到更深入的开发。当时晋室既无收复北方之力,也无被人南侵之忧,朝野上下晏然偏安。江南山水明秀,云蒸霞蔚,士人遂怡情山水,流连胜景,培养出了细腻的山水审美意识和山水审美情趣。加上偏安的局面有利于士人追求平静和安宁的心境,让他们摆脱对物质与感官的强烈追求,转向更广阔的内心世界去寻求精神的慰藉。因此,名士风度盛行,清谈玄言的时尚风习、高雅脱俗情调的追求和流连山水的审美情趣,促进了江南山水旅游和山水文化蓬勃兴盛。"山水借文章以显,文章亦凭山水以传。"中国旅游文化,从此与江南山水寄情结下了不解之缘。其间出现的谢灵运,便是对江南山水文化发展有最重要意义的人物之一。因仕途不得意,谢灵运在他的永嘉太守任上,伐山开道,脚踏谢公屐,从山水中吸取创作灵感,写出了大量真正意义上的山水诗,被称为山水诗鼻祖。谢灵运游历活动的范围,主要在浙东。

　　隋朝时,炀帝下令开挖修建大运河,将钱塘江、长江、淮河、黄河、海河连接了起来。大运河贯穿黄河流域和长江流域,连接了两个文明,使两个流域逐渐成为一体。大运河的修建使中国水运畅通、发达。从隋至清,很长一段时间里,大运河成了国家经济的大动脉。隋炀帝的荒淫奢侈,在大运河里投下了拂拭不去的阴影,但他乘四层龙舟,从京城浩浩荡荡三下江都(今扬州)的故事,以及最终身死国亡的结局,却又以反衬的手法,成就了江南山水魅力独绝的美名。

　　唐王朝的恢弘气度不仅体现在政治、经济、文化的昌盛上,也体现在旅游活动的蓬勃上。在这个最富有创新精神的朝代,旅游也迎来了它的高潮。唐代的旅游活动不再完全是政治、经济活动的附属物,人们可以根据自己的需要与愿望来支配自己的旅游活动。唐人普遍爱旅游,勇于开发和探访新的旅游资源,旅游文化建设成果斐然。唐代出现了大批由于游学而长年漫游的文人,他们在漫游中增进学识,了解世界,在唐诗里留下了大量关于江南山水的不朽篇章。

　　诗仙李白"五岳寻仙不辞远,一生好入名山游",几乎终身都行走在路上。他先后六七次到吴越一带旅游,中心是剡中地区。李白初出荆门时就向往到越中的剡溪:"霜落荆门江树空,布帆无恙挂秋风。此行不为鲈鱼脍,自爱名山入剡中。"(《初下荆门》)剡川的秀丽风景,使他心醉神迷。天台山和天姥山弥漫着一种神话的传奇色彩,开启了李白想象的大门。在他缤纷的想象中,这里蕴藏了一个"仙之人兮列如麻,云之君兮纷纷而来下"的神仙洞天。李白不仅倾心于越中秀丽的山水风光,也由衷赞美那里的风土人情之美:"会稽风月好,却绕剡溪回。云山海上出,人物镜中来。"(《赠王判官时余归隐居庐山屏风叠》)在《越女词》中,他描写越女"眉目艳星月"的美貌,欣赏她们"笑入荷花去,佯羞不出来"的娇羞情态。李白对越中地区深厚的文化底蕴,更是十分向往。这里曾是谢安、谢灵运和谢朓谢氏家族的居住地。南迁后,北方的士家大族,都集中于东南一带。谢氏一族文采风流,令李白非常仰慕。谢安一生既能高隐东山,又能指挥晋军,在淝水之战中一举歼灭苻秦的百万雄兵,是李白心目中的英雄和高人。在《永王东巡歌》中,李白以谢安自比:"安得东山谢安石,为君谈笑静胡沙。"谢安隐居的东山,在浙江上虞剡溪(又称曹娥江)边上。《梦游天姥吟留别》诗中"越人语天姥,云霞明灭或可睹"中的"越人",即指谢灵运。谢灵运和谢朓是李白最喜爱的诗人。

　　五代时期,江南相对稳定的环境促使了客居文人振兴教化,从而带来了文化的发展和兴盛。公元907年,白手起家的钱镠率族人和八都子弟兵,建立吴越国,此后几十年间,两浙地区成为五代十国乱世中唯一的一方乐土。而杭州从此成为两浙的政治、经济、文化中心。对两浙山水文化的进一步发展,有重要意义。

宋代国力衰弱,对抗外族屡战屡败,特别是南宋,小朝廷偏安临安。这一现实严重挫伤了宋人的自尊心,因此宋人旅游豪气不足。但是山河破碎使他们对古迹凭吊的活动增多,浪漫豪游减少,而增加了对风景的理性思考。繁荣一时的金陵(南京)作为六朝古都,成为宋人吊古伤今的载体。北宋王安石就有"念往昔,繁华竞逐。叹门外楼头,悲恨相续。千古凭高对此,漫嗟荣辱"(《桂枝香·金陵怀古》)的叹息。宋代山水诗多理趣,如苏轼《题西林壁》:"横看成岭侧成峰,远近高低各不同。不识庐山真面目,只缘身在此山中。"南宋理学家朱熹也非常擅长写富有理趣的山水诗,如《观书有感》:"半亩方塘一鉴开,天光云影共徘徊。问渠哪得清如许?为有源头活水来。"这些作品都体现了宋代山水旅游的一个新特征:对风景思考的理性化。

元代国祚很短,版图之大却远过于汉唐。由于元代推行民族歧视政策,限制汉人出海经商和出任朝廷要职,这无疑限制了汉民族旅游的热情,也就制约了江南山水文化的发展。但旅游文化活动仍在继续。意大利商人马可·波罗在他的《马可·波罗游记》里,对杭州极尽推崇:"这座城市庄严和秀丽,堪称世界城市之冠。这里的名胜古迹非常之多,使人们感到自己仿佛生活在天堂,所以有'天城'之名。"马致远在他的《天净沙·秋思》里,也白描出了一幅"小桥流水人家"的江南宁静风景。

明灭元,汉人政权失而复得,士人精神振奋,好出门游乐。加上明代文网森严,士人为避祸全身,多选择归居山林水涯,修筑园林,吟诗作画。明代江南的山水文化,再次达到高峰。明代文学家中,袁宏道、张岱等,都喜好旅游,寻幽探奇,游赏名园,为今人留下了大量优秀的山水小品文。明代地理学家徐霞客,用 24 年时间,遍览浙江、福建、安徽、河南、山西、陕西、河北、江苏、湖南、湖北、广东、广西、云南、贵州等 19 个地区。对嵩山、五台山、华山、恒山、黄山、雁荡山等诸名山做了详细的考察,写出了 60 万字的《徐霞客游记》,被后人誉为"游圣"。

清初出现了两个爱好江南山水的皇帝:康熙和乾隆。他们分别下过六次江南。他们每到一处景点,不是作诗就是品题,对扩大景点的影响起了很大的促进作用,也为这些景点留下了不少文化内容。康熙在杭州时,御题"苏堤春晓"等西湖十景,并作"御制诗",建"御碑亭",使这些景点闻名遐迩。乾隆在其祖父所题外,又另命名"钱塘十八景"、"龙井八景",题写"御制诗"。

锦绣江南,钟灵毓秀,山水美景带来游人络绎游吟,游人咏叹又给山水烙上文化精魂。历经隋唐之恢弘激扬,两宋之哲理,元明清之恬静散澹,随着千百年的历史文化积淀,时至今日,江南的山水文化,已经发展至成熟的顶峰。如今的江南,处处自然山水展现着东方文化的轻灵秀慧,个个名胜古迹透溢出浓郁深厚的人文魅力。

第二节　浙江风景名胜与文博古迹

浙江乃旅游胜地,旅游景点数量众多,类型丰富。全省有重要地貌景观 800 余处,水域景观 100 余处,生物景观 100 余处,人文景观 100 余处;国家级风景名胜区 16 个,省级风景名胜区 14 个,国家级旅游度假区 1 个;国家级自然保护区 8 个,省级自然保护区 8 个;国家森林公园 26 个,省级森林公园 52 个。

经过多年开发和完善,浙江已经建成以杭州西湖风景名胜区为中心的旅游网络,形成东、西、南、北 4 条各具特色的精品旅游线路。

其一,浙东水乡佛国游。游水乡,谒佛国,寻觅唐诗踪迹。

其二,浙西名山名水游。集天地灵气,聚山川精华,西湖、富春江—新安江和安徽黄山 3 个国家级重点风景名胜区连成一线,为中国著名的黄金旅游线之一。

其三,浙南奇山秀水游。北接括苍山,东临大海,以奇山异水、飞瀑流泉著称海内。

其四,浙北丝绸古镇游。京杭大运河纵贯杭嘉湖平原,是著名的蚕乡、丝绸文明的发祥地之一,也是丝绸之路的起点,与苏州、无锡、宜兴等地共同形成古运河—太湖旅游区。

浙江文博古迹众多。全省现有杭州、绍兴、宁波、衢州、临海等 5 座国家级历史文化名城,12 座省级历史文化名城,43 个省级历史文化保护区。有杭州六和塔、岳飞墓,宁波保国寺、天一阁,绍兴古纤道、大禹陵,衢州南宗孔氏家庙,湖州飞英塔等全国重点文物保护单位 73 处,省级文物保护单位 279 处。杭州西湖文化景观于 2011 年被列入《世界遗产名录》,此外,良渚遗址、普陀山、雁荡山、楠溪江和浙北三古镇(湖州南浔、桐乡乌镇、嘉善西塘)被列入世界遗产预备名单。浙江是中国博物馆事业发展较早的省份。浙江省博物馆的前身——浙江省立西湖博物馆始建于 1929 年,是中国早期建立的博物馆之一。浙江现有各类博物馆、纪念馆 140 余个。浙江省博物馆馆藏文物 10 万余件。中国丝绸博物馆、中国茶叶博物馆、杭州南宋官窑博物馆、胡庆余堂中药博物馆、河姆渡遗址博物馆、良渚文化博物馆等在中国众多的博物馆中具有鲜明特色。浙江的藏书之盛在中国自古闻名。宁波天一阁、杭州文澜阁、湖州嘉业堂、瑞安玉海楼等著名藏书楼在保存古代文献、培养人才、促进学术研究等方面负有盛名。

一、浙江著名山水景观

(一) 名山名洞

浙江地形以山地为主,龙泉境内的黄茅尖,海拔 1929 米,是浙江省第一高峰;庆元县境内的百山祖,海拔 1856 米,为浙江第二高峰。浙江有名山 50 多座,名声最显著的有雁荡山、天目山、莫干山、会稽山、天台山、雪窦山、普陀山等。此外,浙江是中国东南沿海岩洞最多的省份之一,有名的岩洞就达 500 多个,主要分为三种:一是石灰岩溶洞,洞内钟乳石千姿百态,景观琳琅满目,著名的如桐庐瑶琳洞、金华双龙洞等;二是火山岩裂隙崩塌岩洞,如雁荡山观音洞等;三是发育在红砂岩中的假喀斯特溶洞,如衢州烂柯山洞等。

雁荡山　雁荡山是国家级风景名胜区。因山顶有湖,芦苇茂密,结草为荡,南归秋雁多所栖息,故而得名雁荡。总面积 450 平方公里,包括北雁荡山、中雁荡山和南雁荡山,其中北雁荡山最为人熟知。

北雁荡山位于温州市乐清境内,距杭州 300 千米,距温州 70 千米。以奇峰怪石、古洞石室、飞瀑流泉称胜。北雁荡山闻名于世,始于南北朝,兴于唐,盛于宋,有"寰中绝胜"、"海上名山"之誉,史称"东南第一山"。其中,灵峰、灵岩、大龙湫三个景区称"雁荡三绝"。

温州雁荡山

中雁荡山原名白石山,位于乐清市西南 10 千米白石镇内,距温州市区 20 千米。险嶂飞瀑,古寺幽洞,潭碧林翠,宋朝王十朋称许为:"十里湖山翠黛横,两溪寒玉斗琼玎"。宋太宗御笔赐"第一山"。

南雁荡山位于平阳境内,在平阳县西部,距温州市区 87 千米,由五代时高僧愿齐率 300 门徒开发。南雁荡山景区面积 97.68 平方公里,奇峰秀溪、幽洞石堑、景岩银瀑,人称"浙南第一胜景"。其东西洞景区景点密集,景色雄奇。半平方公里范围内,有始建于宋代儒教会文书院、仙姑洞道观和唐代的观音洞寺院,三教荟萃,国内罕见。

普陀山 普陀山在杭州湾以东约 100 海里,是舟山群岛中的一个小岛,与沈家门隔海相望,全岛面积 12.5 平方公里,呈狭长形,南北长约 6 千米,东西最宽约 3 千米。最高处佛顶山海拔约 283 米。

普陀山风光秀丽,气候宜人,林幽石奇,洪波浩渺,梵宇隐约,云缭烟绕,负"海山第一"之盛名。它是著名的海岛风景旅游胜地,又是我国四大佛教名山之一,著名的观音文化中心,以"海天佛国"、"南海胜境"著称于世。

全岛有 6 洞、8 泉、15 岩、18 峰、26 山等风光;有百步沙、千步沙、金沙

"海天佛国"普陀山

等沙滩,有潮音洞、梵音洞、炼丹洞、观音洞等洞天,有华顶云涛、朝阳涌日、普陀夕照、宝塔闻钟、莲池月夜等景观,最著名的三大古刹为普济、法雨、慧济。普济禅寺始建于宋,为山中供奉观音的主刹。法雨禅寺始建于明,依山凭险,层层叠建,周围古木参天,极为幽静。慧济禅寺建于佛顶山上,又名佛顶山寺。元代古建筑多宝塔、明代的杨枝观音碑、清初从南京拆迁来的明故宫九龙殿,是普陀山的"镇山三宝"。

双龙洞 双龙洞位于金华北山西北麓的双龙洞景区中心。洞口轩朗,两侧分悬钟乳石酷似龙头,故而得名。相传吕洞宾曾隐身于此,被道教尊为"第三十六洞天"。双龙洞由内洞、外洞及耳洞组成。外洞宽敞,约 1200 平方米,可容千人,常年洞温为 15℃ 左右,冬暖夏凉。内外洞有巨大的屏石相隔,仅通水道,长 12 米,宽 3 米多,水面离穴顶仅 30 厘米。古诗云"洞中有洞洞中泉,欲觅泉源卧小船",如欲观赏内洞,唯有平卧小舟,仰面擦崖逆水而入,"千尺横梁压水低,轻舟仰卧入回溪"。内洞约 2100 平方米,洞内钟乳石、石笋众多,有龙爪、龙尾与洞外龙头相呼应,造型奇特,布局巧妙,诸多景观,幻化多变,使人目不暇接,宛若置身于水晶龙宫。

瑶琳洞 瑶琳洞又称仙灵洞,在桐庐县分水江畔至南乡洞前村的骆驼山北麓,离县城 23 千米,距杭州 85 千米,是一处规模恢宏、景观壮丽的地下世界。整个洞穴风景区的面积约 9 平方公里,由仙灵洞、瑶琳洞、神仙洞、叶板洞、灰洞、沈村洞、洪石洞、碧水洞、兴人洞、石板洞和无名洞 11 个洞穴组成,贯以 3 千米长的地下河,形成一个以瑶琳洞为主体的洞穴旅游胜地。

洞内石笋遍地,钟乳累累,奇峰突兀,崖壁陡峻,峡谷幽深,清泉潺潺,具有"大、深、奇、秀"的特色,洞内常年恒温 17℃—18℃左右,适宜旅游。现已开放的瑶琳仙境,是整个洞穴系统的中部一段。

(二)江河湖泊

浙江是典型的江南水乡,河流、湖泊众多,有钱塘江、瓯江、灵江、苕溪、甬江、飞云江、鳌江、京杭大运河(浙江段)八条水系;有三大名湖:杭州西湖、绍兴东湖、嘉兴南湖,此外又有千岛湖、东钱湖、萧山湘湖、临安青山湖、绍兴鉴湖、云和仙宫湖等知名湖泊。

楠溪江 楠溪江旧称楠溪,位于温州永嘉境内,距温州市区 23 千米。全长 145 千米,是瓯江下游最大的支流。楠溪江融天然风光与人文景观于一体,以水秀、岩奇、瀑多、村古、滩美而闻名遐迩。中国山水诗鼻祖谢灵运任永嘉太守时,曾留下许多脍炙人口的诗篇,故这里又有"中国山水诗摇篮"之美誉。

楠溪江景区面积 625 平方公里,划为七大景区:即楠溪江及沿江农村文化(简称楠溪江岩头中心景区)、大箬岩、石桅岩、北坑、水岩、陡门、四海山,有 800 多处景点。其中,大箬岩历史悠久,香火鼎盛,称"天下第十二福地"。楠溪江是以田园山水风光见长的国家级风景区。反映耕读传家文化的芙蓉村、苍坡村,淳厚古朴,分别以"七星八斗"、"文房四宝"布局,是中国南方古村落的瑰宝。楠溪江的竹筏漂流,安适怡人,堪称一绝。

绍兴东湖 东湖在绍兴城东 5 千米处箬篑山麓,原为青石山,自汉代起,石工相继凿山取石,经千年鬼斧神凿,遂成悬崖峭壁、奇潭深渊。虽出人工,宛若天开。被誉为稽山镜水之缩影。清末会稽名士陶渊明第 45 代孙陶浚宣筑堤围湖,形成堤外是河、堤内为湖,湖中有山,山中藏洞格局。又经百年装点,东湖成为融秀、险、雄、奇为一体的江南园林,有"山水盆景"之美誉。

嘉兴南湖 南湖因位于嘉兴市南面而得名。1921 年,中国共产党第一次全国代表大会在湖中的一艘画舫上完成了最后的议程,庄严宣告中国共产党成立。从此,南湖成为党的诞生地,全国红色旅游经典景区。南湖以"轻烟拂渚,微风欲来"的湖光著称。湖面面积 0.43 平方千米,是一个潟湖。湖中有两个小岛:一称湖心岛,建有烟雨楼;一称小洲,建有化圣祠,俗称"小烟雨楼"。此外,南湖还有清辉堂、乾隆御碑亭、观音阁、鱼乐园、硅化石等十多个景点。

南湖红船

千岛湖 千岛湖位于杭州西部淳安县境内,东距杭州 129 千米、西距黄山 140 千米,是新安江水电站建成后形成的一个大水库。湖中拥有形态各异的大小岛屿 1078 个,故

得名。湖区面积约 580 平方千米,是杭州西湖的 108 倍,蓄水量达 178 亿立方米,比西湖大 3000 多倍。平均水深 34 米,能见度达 9—14 米,属国家一级水体,原新华社社长穆青誉之为"天下第一秀水"。

千岛湖景区内群山叠翠,碧水呈奇,湖面开阔,岛屿星布,自然风光旖旎,生态环境佳绝,既似太湖烟波浩渺,又有西湖娟秀气韵。千岛湖以千岛、秀水、金腰带(岛屿与湖

"天下第一秀水"千岛湖

水相接处环绕着一层金黄色的土带,名"金腰带")为主要特色景观。千岛湖是中国首批国家级风景名胜区之一,也是中国面积最大的森林公园,是"杭州—千岛湖—黄山"名山名水名城黄金旅游线上一颗璀璨明珠。

(三)天下奇观——钱塘潮

"八月十八潮,壮观天下无。"这是北宋大诗人苏东坡咏赞钱塘秋潮的千古名句。千百年来,钱塘江以其奇特卓绝的江潮,不知倾倒了多少游人看客。我国历史上,最著名的涌潮有三处:青州涌潮、扬州广陵涛和杭州钱塘潮。但随着自然环境的变化,青州潮涌和广陵涛逐渐消失了。其他国家有潮涌的河流也有不少,如南美的亚马孙河、法国的塞纳河、北美的科罗拉多河、印度的恒河等,河口都有潮涌,但是这些潮涌的强度和壮观程度,却只有亚马孙河潮涌可以与钱江潮相媲美,而潮涌景色的万千变化,则只能让钱江潮独占鳌头了。钱塘江潮因此成为浙江省十大旅游景观之一,每年观潮节,国内外数十万观潮者像潮水般涌向浙江海宁争睹此"天下奇观"。

农历八月十八日是观潮的最佳时机,从南宋时期就成为传统的"观潮节",民间则把这一天奉为"潮神"生日。人们按照传统习俗,举行各种仪式,祭奠"潮神",祈求平安,寄托美好心愿。海宁为最佳的观潮地,所以钱塘潮也被称为海宁潮。从 1992 年起,海宁创办了国际观潮节,一年一度的观潮习俗得到了恢复,构成当地一种独特风情。

钱塘潮

1. 钱塘潮形成的原因

我国古代有一个流传很广的神话传说。春秋时伍子胥辅佐吴王消灭了楚国,并全力举荐夫差为太子,夫差即位后却远贤臣而亲小人,伍子胥屡谏不从,反被夫差赐剑令其自

刿,死后尸体被抛入江中。伍子胥坎坷一世,戎马一生,最后竟含冤而死,但冤魂未散,怒时便驱水为涛,钱塘江涌潮由此而生。涌潮时,人们还能见到子胥白马素车奔驰于潮头之中。这个故事记载于《吴越春秋》中,在这本书中,还记载了另一个传说。越王句践灭吴后将有功于国家的文种找借口赐死。伍子胥从海上驾潮而来,冲开文种在会稽西山上的坟墓,把他带走。这两位生前分别属于敌对国家且各自忠于主子的大夫,被赐死于同一把属镂剑,死后又携手同游于海上,于是钱塘潮涌就有了二度潮,"前潮水潘侯者,伍子胥也。后重水者,大夫文种也"。

两千多年来,伍子胥驱水为涛的传说已广为流传,伍子胥也被人们奉为了潮神。然而,钱塘潮的形成却和这个神话故事没有关系,其实,潮汐的形成是由于太阳、月球等天体对地球的引力而形成的。农历初一、十五,太阳、月球和地球几乎处于同一条直线,这时的引潮力最大,形成"朔望大潮",又由于潮水与河流的摩擦作用,一般最大涌潮日推迟二至三天,所以初三、十八的潮

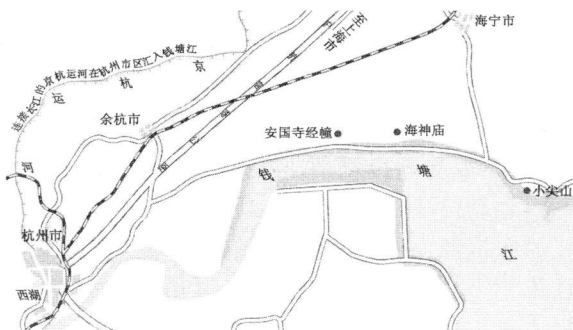

钱塘潮地形图

水最大。而到了初八、二十三,太阳、月球和地球三个天体位置形成直角,此时的引潮力最小,形成小潮。钱塘江海潮的形成与涌潮的壮观景象更与杭州湾得天独厚的地理环境有关。钱塘江入海口呈喇叭状,从外到里,急剧收缩。湾口宽近 100 千米,到距离 89 千米的湾顶澉浦,收缩到 20 千米,往上 50 千米,到大缺口,江宽只有 3.5 千米。故而起潮时,海水从宽达 100 千米的江口涌入,受两侧渐狭的江岸约束,潮势越来越强,抵达澉浦时,潮差比外海大了一倍。喇叭形的河口结构使得在每日的潮汐中有更多的海潮汇入杭州湾,推动湾口附近沉积的泥沙向湾内移动,慢慢地便在河口段形成了一个庞大的、隆起的"沙坎堆积",长达 130 千米。进入湾口的潮波遇到一个个沙坝的阻碍,前锋变陡,涌出水面,波涛后推前阻,涨成壁立江面的一道水岭,涌潮就此形成。长驱直入的潮水至达海宁盐官附近时,潮头最高可达 3 米以上,以每秒 5—7 米的速度浩浩荡荡向上游挺进,势如破竹,声如雷霆,蔚为壮观。

2. 钱塘潮传说

从现有的资料可以知道,钱塘观潮大概产生于东汉,盛于唐宋。

虽然很早就有了伍子胥冤死而为潮神的传说,但现在还没有明确的资料记载在当时钱塘江已有潮涌现象。王充《论衡·书虚篇》提到"浙江、山阴江、上虞江皆有涛"。又说当时钱塘江边"皆立子胥之庙,盖欲慰其恨心,止其猛涛也"。可见,东汉时期,钱塘江已出现了潮涌,只是还没有当时的广陵涛那么著名,也还没有形成钱塘观潮的风俗。

东晋葛洪曾在杭州西湖葛岭隐居炼丹,他的《抱朴子》中也专门探讨过钱塘江潮的成因。东晋顾恺之《观涛赋》生动地描绘了钱塘江怒潮,说明东晋时,钱塘江怒潮更加壮观,已有钱塘观潮的风俗。

唐代李吉甫《元和郡县志》记载了钱塘潮涌的壮观场面和弄潮观潮的风俗,说明唐代钱塘观潮风俗已盛行,规模空前。而此时广陵涛已经消失,钱塘江已成为全国唯一的观潮胜地。唐代不少大诗人到过杭州,观赏过钱塘江怒潮,留下了赞美的诗篇。五代时,十国之一的吴越钱武肃王(852—932)为修筑钱塘江海塘,组织士兵射潮的传说,说明当时钱塘潮十分猛烈。

宋代,钱塘观潮之风更盛,弄潮活动更具规模。南宋偏安江南,杭州成为国都后,观潮之风极盛。农历八月十八这一天被定为"海神生日",朝廷在钱塘江上检阅水师,使观潮、祭潮与观看军事演习相结合。以后每逢农历八月十八,民间便自行汇集观潮,年复一年,久盛不衰。南宋吴自牧在《梦粱录》有翔实记载。宋代词人潘阆在《酒泉子·长忆观潮》中描写了观潮的热闹场面和弄潮的情景:"长忆观潮,满郭人争江上望,来疑沧海尽成空,万面鼓声中。弄潮儿向涛头立,手把红旗旗不湿。别来几向梦中看,梦觉尚心寒。"范仲淹、苏东坡等人也都留下了气势磅礴的观潮诗。南宋周密的《武林旧事》中,也有《观潮》文,生动描述了钱塘怒潮。

唐宋以后,钱塘观潮风俗持续不断,直到今天。明清有关观潮的诗、词、画等作品更是层出不穷。乾隆皇帝六下江南中曾四次到盐官观赏海宁潮,并赋诗10余首。孙中山、毛泽东等一代伟人也曾观钱塘江潮,并留下诗文。

由于江道变迁,钱塘观潮的最佳地点不断下移。唐宋时,观潮胜地在杭州。自明以后,观潮胜地已移到今海宁县盐官镇。

钱塘潮涌的神话传说,与钱塘潮涌相映成趣,并为壮观的钱塘潮涌增添了神奇、灵异之美,也成为钱塘潮汐文化的一个重要组成部分。它使观潮者在观赏钱塘潮涌奇观时,不仅可以欣赏到壮美的自然风景,而且可以体会到钱塘潮涌所蕴含的历史文化韵味。

钱塘听潮 历代咏钱塘潮的诗词往往是不但描绘钱塘潮涌壮观,也描绘钱塘潮涌的声势惊人。"天排云阵千雷震,地卷银山万马奔","雷震云霓里,山飞霜雪中","海面雷霆聚,江心瀑布横",钱塘潮涌壮观雄奇,让人难以忘怀,钱塘潮声亦是声如惊雷,让人惊心动魄。

传说,最早的钱塘潮水并不咸,潮来时既无潮头又无潮声。有一年,钱塘江边来了个巨人,名叫"钱大王",此人身材高大,力大无穷,一迈步便能跨过江。他住在萧山县境内的蜀山上,引火烧盐。他在蜀山上烧了三年零三个月的白盐,用扁担挑只够装一头,他便在扁担的另一头系上块大石。有一次,他挑盐到江边,倦极而眠。这时,正值东海龙王出巡,潮水猛涨,把堆在江边的盐溶化了,潮水从此变咸。大王醒来时,盐已不翼而飞,便四处寻找,未见踪影,忽觉江水发咸。他想,定是给龙王偷吃了,钱大王举起扁担就打海水,鱼虾震死,江水翻腾;东海龙王带人叩头求饶,答应用海水晒出盐来赔偿钱大王。从此,每当潮水来临,先行通报,以便叫醒大王。从那个时候起,潮水一进杭州湾,就出现"隆隆"的潮声。潮水总是一路首先报信,举世闻名的"钱江潮"就是这样来的。

在历史上,还有一个和潮声有关的传说。南宋第一位皇帝赵构即位之始,就被金兵追得东逃西窜,在长期的逃亡生涯中,已似惊弓之鸟。建炎三年(1129),他从建康逃到临安,歇脚于钱塘江边的归德院(在今杭州下城区的潮鸣寺巷内)。一天半夜,忽闻门外喧嚣声,如千军万马,大惊失色,以为追兵又到,翻身欲逃。后探子来报,此乃潮声鼎沸,非金兵也,才知是一场虚惊。为了掩饰自己的惶恐,第二天,以"潮鸣"为题赋诗一首,赐归德院,该院便将"潮鸣"两字制成匾额悬于寺前,潮鸣寺由此而来,潮鸣寺巷也得名于此。

钱王射潮 从民间俚语"黄河日修一斗金,钱江日修一斗银"可以看出,修河造堤的花费是巨大的。钱塘江涌潮汹涌,日夜冲击,钱塘江两岸的堤坝常常被潮水冲毁,潮水给两岸人民带来的灾害是深重的。在钱塘江建造坚如磐石的海塘是历代人民的心愿。

五代时期,钱镠创建吴越国,建都杭州。钱镠在位期间修筑海塘,因涌潮凶猛,多次筑塘均被潮水冲毁,未能成功。钱王向苍天祷告:"愿退一两月之怒涛,以建数百年之厚业。"因传说钱塘潮为伍子胥怒而兴潮,于是在农历八月十八日潮神生日之时,写诗一首:"天分浙水应东溟,日夜波涛不暂停。千尺巨堤冲欲裂,万人力御势须平。吴都地窄兵师广,罗刹名高海众狞。为报龙王及水府,钱江借取筑钱城。"并用铁箱装好放在海门。一面布置祭神,一面备三千支箭,五百名弓箭手,涌潮来临时五百支箭齐发。每潮一箭,"连射五潮,潮退避钱塘,东趋对岸西陵"。海塘由此修建成功。

受钱王射潮的启发,后人不再一味地祈求神灵的保佑,对凶猛的潮水还采取了镇的方法,即建塔镇潮。现存的镇海塔有两座:杭州的六和塔和盐官的镇海塔。

宋开宝三年(970),吴越王钱弘俶命智觉禅师延寿和通慧禅师赞宁建造六和塔,以镇江潮。以后六和塔虽几度损坏和重修,塔身却基本上保持了原貌。这座千年古塔巍峨挺拔,雄伟壮丽,为全国重点保护文物,也是钱塘旅游的重要景点。

盐官镇海塔原名占鳌塔,创建于明万历四十年(1612),塔建成后,屡损屡修,至今已达七次之多。清康熙十五年(1676)重修后,改名镇海塔。最后一次修建是在1985年完成。这座塔原是为镇潮建造的,旨在防止涌潮危害,虽涌潮未能镇住,却成了观潮的好地方。

潮涌失信 唐代李益有《江南曲》:"嫁得瞿塘贾,朝朝误妾期。早知潮有信,嫁与弄潮儿。"潮涌的形成是海洋水体受天体(主要是月亮和太阳)引力作用而产生的一种周期性运动。潮汐的涨落有一定的规律,一般不会出现意外的。但明代的孙承宗在他的《江潮》一诗中却写道:"休嫁弄潮儿,潮今亦失信。乘我油壁车,去向钱塘问。"所谓失信,也称失期,就是该有涌潮的时候,看不见涌潮,也就是古书上称为"潮不至"的现象。在历史上,就有几次潮涌失信的事件。

南宋德祐二年(1276)二月,元军攻杭州。来自北方的元军不知钱塘潮涌的厉害,将军队驻扎在江干沙滩上,此时正是潮来之时,南宋小朝廷暗喜,期盼潮涌将元军连营卷走,可以不战而胜。不料江潮三日不至,人们为之大惊,认为天助元军,宋王朝气数已尽。吴兴华《钱塘江怀古》诗中有"铁甲屯江潮不上"之句。无独有偶,元至正二十七年(1367)也有"元灭之时潮亦不至,但略见江水微涨而已"的记载。难怪明代田汝成会发出"昔宋末海潮不波而亡宋,元末海潮不波而亡元,亦天数之一终也。盖杭州是闹潮,不闹,是其变矣"的感慨。

更巧的是顺治二年(1645)六月清兵进入杭州时,多铎进取浙江,驻营江岸,杭人以为潮至必全军覆没,但江潮连日不至,清军惊为神助。顺治三年五月,也有"时夏旱,水不及马腹,数日,潮不至,贝勒被重甲麾众渡江"的记载。太平军在浙江作战的那段时间,百姓连年逃难,始终无潮,挽救了不少百姓的性命。

其实"潮不至"并非都发生在王朝更迭之际,历史上有多次涌潮失期的记载,只是在朝代更迭之时恰逢潮失信,让人们产生一些联想,容易被记住而已。潮不至,往往因为连年大旱、江道淤塞,妨碍涌潮流动造成的。一般来说,涌潮总是有规律地出现,只是强弱、到达时间有所不同。

二、浙江著名文化古迹

河姆渡遗址　位于距宁波市区约 20 千米的余姚市河姆渡镇,是我国目前已发现的最早的新石器时期文化遗址之一。

河姆渡遗址发现于 1973 年,遗址总面积达 4 万平方米,叠压着四个文化层。其中,第四文化层的时代距今约 7000 年,是我国现已发现的最早的新石器时代地层之一。第三、四文化层保存了大量的植物遗存,动物遗骸,木构建筑遗迹和构件,以及数以千计的陶器、骨器、石器、木器等。

河姆渡遗址

河姆渡遗址的发掘,证明在 7000 年前长江流域同样有着繁荣的原始文化,与黄河流域一样都是中华民族远古文化的发祥地,它是新中国成立以来最重要的考古发现。

良渚文化遗址　良渚文化是我国长江下游太湖流域一支重要的古文明。是铜石并用时代文化,因发现于浙江余杭良渚镇而得名,距今约 4150—5250 年,经半个多世纪的考古调查和发掘,初步查明遗址分布于太湖地区。在余杭市良渚、安溪、瓶窑三个镇地域内,分布着以莫角山遗址为核心的 50 余处良渚文化遗址,有村落、墓地、祭坛等各种遗存,内涵丰富,范围广泛,遗址密集。

良渚文化遗址博物馆

良渚文化以黑陶为特色,制作精美,有的甚至涂漆。玉器非常发达,种类有珠、管、璧、璜、琮、蝉。其中,玉琮雕刻圆目兽面纹,工艺精湛,是中国古代玉器中的珍品,被誉为"玉琮王"。良渚文化促进了中原地区原始文明的极大发展,最终形成了中国的早期文明。

大禹陵　大禹陵位于绍兴市东南郊会稽山景区内,由禹陵、禹祠、禹庙三大建筑组成,临山傍水,气势恢宏,为国家级重点文物保护单位。

禹陵是我国古代治水英雄大禹的葬地,以山为陵。明代洪武年间(1368—1398)钦定为国祭王陵之一。明嘉靖年间改定墓址,当年绍兴知府南大吉立碑并书"大禹陵"三字,此碑至今尚存。

禹祠位于禹陵左侧,为二进三开间平屋,系姒氏宗祠。始建于夏少康时,1986年重建。

禹庙位于禹陵东北侧,坐北朝南,传为禹之子启所建。现禹庙建

大禹陵

于南朝梁初,其中轴线建筑自南而北依次为:照壁、岣嵝碑亭、午门、拜厅、大殿。建筑依山势而逐渐升高。大殿巍然,殿背龙吻鸱尾直刺云天,背间"地平天成"四字为清康熙御题。

西塘镇 西塘位于嘉兴市嘉善县境内,嘉善城区北11千米,是江南六大古镇之一。以"桥多、弄多、廊棚多"闻名于世。这是一座已有千年历史文化的古镇,早在春秋战国时期便是吴越相交之地,故有"吴根越角"和"越角人家"之称。西塘包含了几乎所有江南水乡传统文化的要素,被誉为"江南水乡民俗文化博物馆"。

西塘古镇占地面积1平方千米,9条河道纵横交织,古镇分为8个区块,27座古桥连通市镇。这里地势平坦,环境幽雅,鳞次栉比的明清建筑与纵横交错的市河相映成趣,街衢依河而建,民居临水而筑,处处绿水清洌,户户临波照影,触目所见,诗画人间。

西塘临河而建的沿街廊棚最为独特,现存1300多米长的廊棚,已成为人们赏古寻幽的佳处。西塘坐落在水网之中,这里的居民惜土如金,无论是商号或民居、馆舍,对建造面积都寸寸计较,房屋间的空距压缩到最小范围,由此形成120多条长长的、深而窄的弄堂,长的超过百米,窄的不到1米,出现了多处"一线天"景观。同时,街道弄堂的名称则形象地体现出古镇商贸的繁荣和弄堂的特色,如米行埭、灯烛街、油车弄、柴炭弄、石皮弄等。

乌镇 地处桐乡市北端,西临湖州市,北界江苏吴江县,为二省三市交界处。

小桥流水乌镇景

乌镇属河流冲积平原,地脉高隆四旷,色深肥沃,遂得"乌墩"古名。春秋时,为吴越疆界,吴曾于此驻兵防越,"乌戍"旧名由此而来。秦时,乌镇属会稽郡,以车溪(即今市河)为界,西为乌墩,属乌程县,东为青墩,属由拳县。唐代乌镇隶属苏州府,始称"镇"。宋代分乌墩镇、青墩镇,改称乌镇、青镇。1950年,乌、青两镇合并,称乌镇,属桐乡县,隶嘉兴,直至今天。

作为江南六大古镇之一、我国第一批历史文化名镇,乌镇完整保存着水乡古镇的风貌和格局。全镇以河成街,桥街相连,依河筑屋,深宅大院,重脊高檐,河埠廊坊,过街骑楼,穿竹石栏,临河水阁,水镇一体,一派古朴明洁的幽静,是江南典型的"小桥、流水、人家"。其西栅老街是我国保存最好的明清建筑群之一。石板小路,古旧木屋,梁、柱、门、窗上的木雕和石雕工艺精湛,墙上涂黑色以护墙面。当地居民至今仍住在这些老房子里。

乌镇钟灵毓秀,自古人才辈出,如南朝史学家、文学家沈约,编撰《昭明文选》的梁昭明太子萧统,藏书家鲍廷博,晚清翰林严辰,光绪帝师夏同善,文学巨匠茅盾,文学家丰子恺等。据《乌青镇志》记载,乌镇曾出过 64 名进士、161 名举人。

南浔　位于湖州市东北角,地处杭嘉湖平原腹地,北面太湖,东交江苏省,是浙江省15 个历史文化名镇之首。

南浔建镇已有 1400 多年历史。南宋时便已繁华,明代万历至清代中叶,依赖蚕丝业和缫丝业,成为江浙雄镇,"耕桑之富,甲于浙右"。凭借中国近代最大的丝商群体,南浔在清末成为巨富之镇。坊间以财富多寡,称呼镇上的江南四巨富、八大富及众多财主为"四象八牛七十二金狗"。南浔名胜古迹众多,与自然风光和谐融合,既充满着浓郁的历史文化底蕴和灵气,又洋溢着江南水乡古镇诗画般的神韵。

南浔自古文化昌盛,人才辈出,书香不绝。明代时就有"九里三阁老,十里两尚书"之谚。仅宋、明、清三代,就出了进士 41 名。

南浔著名的名胜古迹有嘉业藏书楼、刘镛的庄园小莲庄、张静江故居、张石铭旧居、百间楼和宋代古石桥等。

第三节　杭州——"世界上最美丽华贵之城"

杭州是中国著名的风景旅游城市,以其美丽的西湖山水著称于世。"上有天堂、下有苏杭",表达了古往今来人们对于这座美丽城市的由衷赞美。元朝时曾被意大利著名旅行家马可·波罗赞为"世界上最美丽华贵之城"。

杭州有着 2200 年的悠久历史,同时也是我国八大古都之一,人文景观同样丰富多彩。古代庭、园、楼、阁、塔、寺、泉、壑、石窟、摩崖碑刻遍布,或珠帘玉带、烟柳画桥,或万千姿态、蔚然奇观,或山清水秀、风情万种,尤以灵隐寺、六和塔、飞来峰、岳王庙、西泠印社、龙井、虎跑泉等最为著名。

杭州有着江、河、湖、山交融的自然环境。全市丘陵山地占总面积的 65.6%,平原占26.4%,江、河、湖、水库占 8%,世界上最长的人工运河——京杭大运河和以大涌潮闻名的钱塘江穿城而过。杭州西部、中部和南部属浙西中低山丘陵,东北部属浙北平原,江河纵横,湖泊密布,物产丰富。杭州素有"鱼米之乡"、"丝绸之府"、"人间天堂"之美誉。

杭州拥有两个国家级风景名胜区——西湖风景名胜区、"两江一湖"(富春江—新安江—千岛湖)风景名胜区;两个国家级自然保护区——天目山、清凉峰自然保护区;五个国家森林公园——千岛湖、大奇山、午潮山、富春江和青山湖森林公园;一个国家级旅游度假区——之江国家旅游度假区;全国首个国家级湿地——西溪国家湿地公园。

一、天堂明珠——西湖

"未能抛得杭州去，一半勾留是此湖。"在杭州做了三年刺史的白居易在以后的时光里不停地回忆着杭州，思念着杭州，西湖就是他回忆思念的中心。西湖，这颗人间璀璨晶莹的明珠，以她特有的美丽闻名于世。多少文人墨客为之讴歌，为之倾倒。山色空濛、水光潋滟、三秋桂子、十里荷花、层峦叠翠、深谷幽壑、峰岩洞壁密布，泉池溪涧纵横，大自然赐予杭州稀世罕见的自然环境，让人不能不感谢上天对杭州人的厚爱。

人杰地灵，西湖不仅揽山水之胜，林壑之美，更以它的人文精神而流芳百世。西湖不仅是一个地域概念，实际上也是江南文化、吴越文化的一个缩影，是中华优秀文化的一个精粹所在。

（一）西湖明珠从天降

西湖的来历，自古以来有很多美丽的神话传说，"金凤、玉龙与明珠的故事"是其中最为脍炙人口的一个。

相传远古时候，住在天河两岸的玉龙和金凤在银河的仙岛上找到了一块璞玉，于是一起把璞玉琢磨了许多年，终于将璞玉磨成了一颗璀璨的明珠。这颗明珠光照到哪里，哪里就树木常青，百花齐放。贪心的王母知道了，就派天兵偷走了明珠。玉龙和金凤赶去索要明珠，王母不肯，于是就发生了争抢，王母的手一松，明珠就降落到人间，变成了波光粼粼的西湖，玉龙和金凤也随之下

"明珠"西湖

凡，变成了玉龙山（即玉皇山）和凤凰山，永远守护着西湖。杭州至今还传诵着"西湖明珠从天降，龙飞凤舞到钱塘"的歌谣。

美丽的传说写出了杭州人民对西湖的喜爱和赞美，那么西湖到底是怎样形成的呢？

根据史书记载：远在秦朝时，西湖还是一个和钱塘江相连的浅海湾。耸峙在西湖南北的吴山和宝石山，是当时环抱着这个小海湾的两个岬角。秦汉时期，由于潮汐的冲击，泥沙在两个岬角淤积起来，逐渐变成沙洲。此后日积月累，沙洲不断向东、南、北三个方向扩展，终于把吴山和宝石山的沙洲连在一起，形成了一片冲积平原，把海湾和钱塘江分隔了开来，原来的海湾变成了一个内湖，这种现象在地质学上称为"潟湖"。起初，潟湖还随着潮水出没。后来，经过多次修筑海塘阻拦海水，再加上海平面下降，西湖才正式形成。

西湖的得名得益于两位著名的诗人。

西湖最早名为钱唐湖，后因传说湖中曾涌现金牛，为"明圣之瑞"，又被称为金牛湖、明瑞湖。到了唐代，杭州成为东南名郡，著名诗人白居易到杭州任刺史，他修筑西湖湖堤，到今天在西湖还有着"一棵杨柳一棵桃"的美丽堤坝。虽然现在我们看到的白堤已不

是白居易所修筑的堤坝了,但杭州的人们永远不会忘记这个热爱西湖的诗人。"西湖"这个闻名世界的名称,最早就见于他的《西湖晚归回望孤山寺赠诸客》和《杭州回舫》两诗之中。

五代时,吴越国建都杭州,造海塘,建佛塔,西湖一带成为"烟柳画桥,风帘翠幕,参差十万人家"的三吴都会。宋代早期,西湖一度失修。但幸运的西湖又迎来了另一位天才诗人苏轼。苏东坡两次任职杭州,他募民浚湖,筑堤湖中,使美丽的西湖再次容光重现。他留下的苏堤成为西湖上最美丽的一道风景线。他的《饮湖上初晴后雨》也让西湖得到了一个美丽的爱称:西子湖。从此,西湖就作为美女西子的象征闻名于天下,成为让人们流连忘返的风景佳丽地。

南宋定都杭州,西湖更加盛极一时,西湖十景就形成于此时。西湖也有了"销金窝"之称。正因为如此,元代时视西湖为祸水,废而不治,到了明初,西湖苏堤以西,已是葑草蔽湖,六桥以下,水流如线。也许是上天不忍美好的事物消失,西湖又迎来了一位重要的人物:太守杨梦瑛。杨梦瑛来到杭州后,致力于疏浚西湖,恢复西湖旧观。在古老的西湖上,与苏堤并驾齐驱,建成了另外一条美丽的堤坝:杨公堤。在明代,西湖还曾有过另一个名称:"西陵",又称"西泠",现坐落于孤山的西泠印社的名称就来源于此。

清代康乾盛世时,康熙六下江南,五次到杭州,巡游西湖,在孤山建有行宫,并御赐西湖十景,勒石立碑。乾隆驻跸西湖,在十景碑勒石题诗,并在孤山行宫后建文渊阁藏《四库全书》,西湖更加扬名于天下。

（二）浓妆淡抹总相宜

"天下西湖三十六,就中最好是杭州。"西湖三面环山,层峦叠嶂;中涵绿水,波平如镜。全湖面积 5.6 平方公里,绕湖一周近 15 千米。环湖的绿荫丛中,隐现着数不清的楼台亭榭,近处波光潋滟,风姿绰约;远处云山逶迤,雾霭漫漫。在宽阔的湖面上,巧妙地布置着一山(孤山)、二堤(白堤和苏堤)、三岛(小瀛洲、湖心亭和阮公墩),把全湖分为外湖、北里湖、西里湖、岳湖和小南湖。西湖三面的群山,根据岩性差别和山势高低,可分为内外两圈。外圈有北高峰、天竺山、五云山等,峰峦挺秀,溪涧纵横,是西湖泉水最多地带。内圈有飞来峰、南高峰、玉皇山、吴山、葛岭、宝石山等,山势较低,多洞穴,著名的有烟霞、水乐、石屋等溶洞。西湖风景区共有 100 多处景点,在旖旎的西湖景色中,最有名的当属"西湖十景"。西湖十景之名出于南宋西湖山水画的题名,后来人们将这些题名汇集起来,和西湖山水相对应,就成了真山真水的西湖十景了,即苏堤春晓、柳浪闻莺、花港观鱼、三潭印月、断桥残雪、曲院风荷、平湖秋月、雷峰夕照、双峰插云、南屏晚钟。1984 年杭州市开展了"西湖新十景"的评选活动。经杭州市民投票和由知名人士组成的评委会评议,最后确定了"西湖新十景",即龙井问茶、虎跑梦泉、满陇桂雨、云栖竹径、黄龙吐翠、吴山天风、玉皇飞云、宝石流霞、阮墩环碧、九溪烟树。新旧十景成为了西湖景区最为亮丽的风景线。

西湖太美了,太丰富了,面对着西湖,宋代的汤促友曾发出过"山色湖光步步随,古今难画亦难诗"的感慨。西湖的景数不胜数,西湖的美变化无穷。春夏秋冬,日月星辰,晨风暮雨,都会有不同的情韵,给游人不同的感受。宋代吴自牧在《梦粱录》中说:"春则花柳争妍,夏则荷榴竞放,秋则桂子飘香,冬则梅花破玉,瑞雪飞瑶。四时之景不同,而赏心乐事者亦与之无穷矣。"

苏堤　春日中最宜去苏堤。苏堤南起南屏山麓,北到栖霞岭下,全长近3千米。南宋时苏堤春晓被列为西湖十景之首,苏堤望山桥南面的御碑亭里立有康熙题写的"苏堤春晓"石碑。苏堤两旁遍植桃柳,四季景色各异,每逢阳春三月,杨柳夹岸,桃花灼灼。苏堤上的六座拱桥,自南向北依次名为映波、锁澜、望山、压堤、东浦和跨虹,元代有"六桥烟柳"之称,被列入钱塘十景之中。

白堤　东起"断桥残雪",经锦带桥向西,止于"平湖秋月",长约1千米。两侧花繁树茂,有绚丽多彩的碧桃,有婀娜多姿的垂柳。白娘子与许仙就是在断桥相会,以借伞为由成就了一段姻缘。绵绵春雨中,漫步白堤,让人产生无限遐思。

曲院风荷　夏日的西湖最美的应是一湖的荷花了。宋代诗人杨万里说:"接天莲叶无穷碧,映日荷花别样红。"赏荷的最佳地点莫过于曲院风荷了。曲院风荷位于西湖西侧,岳飞庙前面。因南宋时有官家酿酒的作坊而得名。近岸湖面大小荷花池中栽培了上百个品种的荷花,莲叶田田,菡萏妖娆。每逢夏日,和风徐来,荷香与酒香四处飘逸,令人不饮亦醉。

曲院风荷

平湖秋月　位于白堤西端,孤山南麓,濒临外西湖。作为西湖十景之一,南宋时平湖秋月并无固定景址,现在的平湖秋月景址,实际上是康熙三十八年(1699)以后才确定下来的。当时将这里原有的龙王堂辟为御书楼,楼前铺建跳出湖面的石平台,悬挂康熙御题"平湖秋月"的匾额。每当秋月之夜,倚窗临水,凭栏远眺,皓月当空,月轮倒映,水天一色,交相辉映,使人有如入广寒宫之感。所以前人题有"万顷湖平长似镜,四时月好最宜秋"的楹联。

三潭印月　赏月的另一个去处是三潭印月。三潭印月岛又名小瀛洲,与湖心亭、阮公墩合称为湖上三岛。岛南面的湖中有三座葫芦形小石塔,成三角形排列,称为"三潭",塔身是一个镂空的石球,球上凿出三个圆圆的洞口,中秋时分,在石塔里点起火,再在圆洞上蒙上薄薄的白纸,熊熊火光,透过白纸,投印在湖面上,十五个闪烁的玉盘,再加上月宫仙子的倒影,十六个月亮映衬于碧水之上,漂荡于波光之间,令人叹为观止。

三潭印月

断桥　明人汪珂玉在《西子湖

拾翠余谈》中有一段评说西湖胜景的妙语："晴湖不如雨湖,雨湖不如月湖,月湖不如雪湖。"因为踏雪游湖在江南实在是太难得了,自然也就让人感到最美了。西湖赏雪的最佳点当属断桥。断桥位于西湖白堤东端,它的名字与《白蛇传》中缠绵悲怆的爱情故事联系

断桥残雪

在一起。断桥残雪是西湖冬季的一处独特景观。由于断桥背城面山,正处于外湖和北里湖的分水点上,视野开阔,是冬天观赏西湖雪景最佳处所。每当瑞雪初晴,站在宝石山上眺望,桥的阳面已冰雪消融,所以向阳面望去,"雪残桥断",而桥的阴面却还是玉砌银铺,故从阴面望去,"断桥不断"。伫立桥头,向西北眺望,孤山、葛岭一带楼台上下,银装素裹,晶莹朗澈,别有一种冷艳之美。

雷峰塔　白娘子和许仙的爱情故事起于断桥,终于雷峰塔。雷峰塔建在雷峰山上,位于西湖南岸南屏山日慧峰下净慈寺前,是吴越国王钱弘俶为祈求国泰民安而建造的佛塔,是西湖的标志性景点。雷峰塔曾几经风火,几度重建。现在的雷峰塔落成于 2002 年 10 月 25 日。

保俶塔　和雷峰塔遥遥相对的是位于西湖北线宝石山上的保俶塔,保俶塔始建于北宋年间,后屡毁屡建,现塔为六面七级实心砖塔,高 45.3 米,为 1933 年按明末以后的原式样重建。雷峰塔敦厚典雅,保俶塔秀丽挺拔。明末杭州名士闻启祥曾将两塔合在一起加以评说:"湖上两浮屠,雷峰如老衲,保俶如美人",道出了两塔不同的风格,这一刚一柔的两座古塔,坐落在西湖南北两岸,映衬着湖光山色,遥遥相望,美丽和谐。

(三)江山也要伟人扶

清代诗人袁枚有诗云:"江山也要伟人扶,神化丹青即画图。赖有岳于双少保,人间始觉重西湖。"道出了西湖之美的一个重要方面:湖山之美与人文之美的完美结合。

西湖山山水水之间,到处有人文的渗透,到处是历史的熔铸。袁枚诗中所说的双少保,就是精忠报国的岳飞和两袖清风的于谦。

岳王庙　杭州岳王庙位于西湖西北角,北山路西段北侧,是历代纪念民族英雄岳飞的场所。

于谦墓祠　位于杭州西湖三台山麓,分为墓区与祠庙区两部分。于谦祠由序厅、正殿、生平事迹厅、兵器室组成。祠后左侧为于谦墓,两旁列石翁仲和石兽,墓前的祭桌与石香炉均为明代原物。石牌坊上镌刻着一副楹联:"血不曾冷,风孰与高。"

秋瑾墓　人们总爱将西湖和女子联系起来,因为西湖的美是温柔的,妩媚的。但在西子湖畔,却葬着一个壮怀激烈的侠女——鉴湖女侠秋瑾。

剑心侠胆的秋瑾,十分眷恋西湖的美景,她曾对好友徐白华流露过埋骨西湖的愿望。秋瑾牺牲后,徐白华在秋瑾的另一个好友的资助之下,于 1908 年将秋瑾灵柩葬在了西泠桥畔,终于实现了秋瑾的遗愿。后来秋瑾墓又几次迁移,1981 年重新迁回,忠魂自此常驻

西湖。

这些壮怀激烈的英雄埋骨西子湖畔,他们的英名和浩然正气长留于西湖的青山绿水之间。使原本温柔旖旎的西湖增加了阳刚之美。还有众多的历史文化名人,也与西湖结下了不解之缘。如著名的白居易、苏东坡、林逋、柳永、龚自珍、苏曼殊、吴昌硕、黄宾虹、潘天寿等,又让西湖增添了厚重的文化内涵。在游览西湖时,可以看到著名诗人白居易的塑像,可以参观苏东坡纪念馆,可以去孤山的西泠印社感受中国印学深远的魅力。这些历史文化名人的遗迹,已经成为西湖湖光山色不可分割的重要部分。他们留下的大量传诵千古的名篇华章,泽润西湖的山水,使西湖之美得到了艺术的升华。题咏西湖的大量诗文著述已成为西湖历史文化宝库不可或缺的一部分。

秋瑾塑像

苏小小墓　西湖是温柔妩媚的,西湖也是宽容慷慨的,西湖不仅接纳了众多的历史文化名人,西湖还接纳了一个柔弱的女子——苏小小。在西泠桥头,有一座圆丘状的墓冢,墓上覆六角攒尖顶亭,名为"慕才亭",据说是苏小小资助过的书生鲍仁所建。苏小小的生平已经不可考,相传是南齐时钱塘名妓,酷爱西湖山水,常常油壁香车穿行在西湖的花柳烟云之中。慕才亭上有一副楹联:"湖山此地曾埋玉,花月其人可铸金。"苏小小十九岁咯血而死,"生在西泠,死在西泠,葬在西泠,不负一生爱好山水"是苏小小的遗愿。西泠桥畔的埋香之所,既了却了佳人遗愿,又为西湖山水增色。

二、流动的文化——京杭大运河

在我们祖国这片辽阔的国土上,有一个巨大的人字结构,支撑着我们民族辉煌的历史:一笔是横亘在我国北方的万里长城,一笔是穿越南北的京杭大运河。可以说,长城是凝固的历史,运河是流动的文化。这条开凿于两千多年前的京杭大运河,在漫长岁月里,承载了太多的历史,留下了无数令后人感慨不已的文化遗迹,是中华文化史上最光辉灿烂的一笔,它同万里长城一样,是中华民族文明智慧的结晶,成为中华民族文明的象征。

(一)大运河的开通与历代的整修

京杭大运河北起通州,南至杭州,流经北京、天津、河北、山东、江苏、浙江六省市,连接了海河、黄河、淮河、长江、钱塘江五大水系,全长 1700 多千米。是世界上最长的人工河流,也是最古老的运河之一。京杭大运河纵贯南北,是我国一条重要的南北水上干线。

京杭大运河的开凿不是一朝一代的成果。大自然的风剥雨蚀,兼之地壳运动以及多少代人的智慧和劳动,才有了今天的运河风貌。

在我国历史上,京杭大运河的开凿工程主要经历了三个时期:

第一个时期是春秋时期。公元前 613 年,楚国的孙叔敖开通扬水和沮水两条运河。春秋末期,位于东南吴国的国王夫差,为实现北图霸业,调集民夫开挖从今天扬州向东北、经射阳湖到淮安入淮河的运河,也就是今天的里运河。因为这段运河途经邗城(今扬州），所以历史上也称为邗沟。里运河全长 170 多千米，把长江水引入到淮河，这条运河就是京杭大运河的起源，是大运河最早的一段河道。后来，秦、汉、魏、晋和南北朝又相继延伸了河道。

第二个时期是隋朝时期。公元 584 年，隋文帝命宇文恺率众重开漕渠（指以运粮为主的人工河道），以保障南北物资的运输。隋炀帝登基之后，开始了对运河的大规模开凿。公元 605 年，隋炀帝下令开凿从洛阳经山东临清至河北涿郡（今北京西南）长约 1000 千米的"永济渠"，又于当年下令开凿洛阳到江苏清江（今淮阴）约 1000 千米长的"通洛渠"，再于公元 610 年开凿江苏镇江至浙江杭州长约 400 千米的"江南运河"，同时对邗沟进行了改造。这样，洛阳与杭州之间全长 1700 多千米的河道，可以直通船只。从此，杭州成了一个迷人的终点符，成为一个江河湖海皆通的城市。

第三个时期是元朝。元朝定都大都后，要从江浙一带运粮到大都。但隋朝的大运河，在海河和淮河中间的一段，是以洛阳为中心向东北和东南伸展的。为了避免绕道洛阳，截弯取直，元朝开凿了从山东临清至江苏清江的会通—济州河，以及从北京经通县到天津的"北运河"，至此才真正形成了北起北京、南到杭州的京杭大运河。

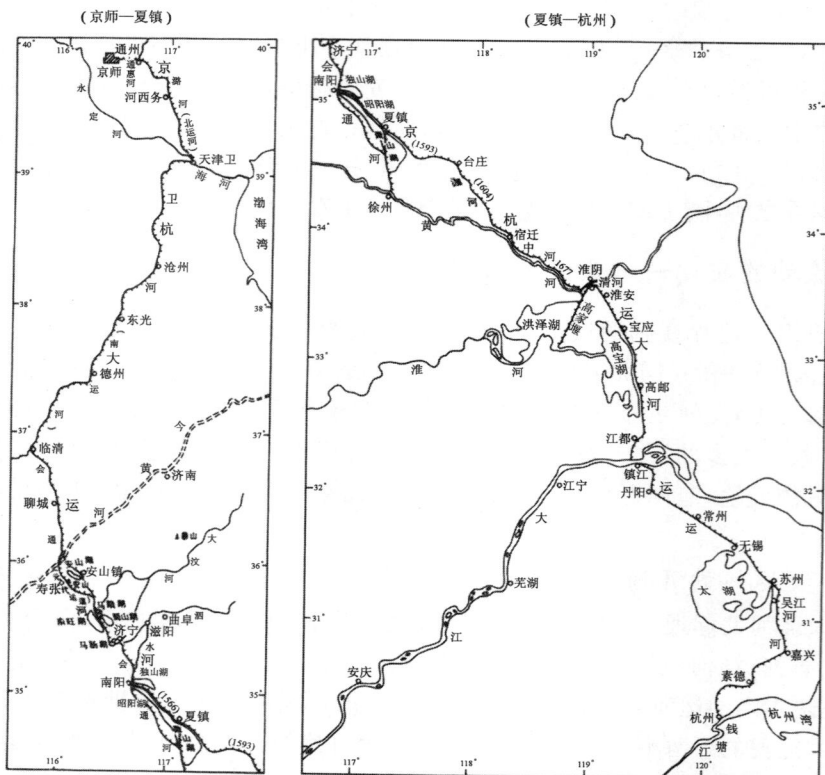

明清京杭大运河形势图①

---

① 图片来源于人民网，http://www.people.com.cn。

大运河肇始于春秋时期，完成于隋代，繁荣于唐宋，取直于元代，疏通于明清，在 2000 多年的漫长岁月里，京杭大运河犹如一条蛟龙，卧身于中华大地，成为我国古代纵贯南北的唯一交通命脉，"半天下之财赋，悉由此路而进"。京杭大运河的贯通，既利于官方的漕运，又利于民间的运输，它推动了运河经济的发展和南北科学文化的交流，使运河地区形成了一条巨大的经济带，孕育出杭州、苏州、扬州等许多经济文化繁荣的城市。它沟通了长江文明与黄河文明，形成了特有的运河文化长廊，留下了无数令后人感慨不已的文化遗迹。

（二）杭州运河游

宋代词人柳永在《望海潮》中描绘杭州"东南形胜，三吴都会，钱塘自古繁华"，其实并不是非常准确的。杭州的历史的确悠久，但真正跻身于世界十大城市的行列，是在京杭大运河开通之后。京杭大运河的开通，对于杭州的发展，有着难以估量的意义。隋代运河的开通，使杭州从一个默默无闻的钱塘小县一跃而成为远近闻名的繁华都市。到了唐代，作为南北交通要道终点的杭州与广州、扬州并列为中国三大通商口岸。南宋时期，江南"漕运"达到鼎盛，手工业和商业空前繁荣。明清时期，运河两岸官办粮仓集聚，被誉为"天下粮仓"。可以说，大运河就是杭州的母亲河。今天，运河杭州段虽然没有了昔日的繁荣胜景，但却依然充满着生机。运河两岸淳朴的水乡民风、众多的名胜古迹、深厚的历史文化让大运河成为一条富有特色的文化旅游带。作为大运河终点的杭州更成为江南运河文化旅游的热点，两岸数不清的驳岸、码头、船坞、桥梁、民居、仓库，凝结着城市的沧桑变迁、闪现着历史古老厚重的光泽。

拱宸桥　拱宸桥是京杭大运河终点的标志，京杭大运河通过拱宸桥和钱塘江相连接。

拱宸桥位于大关桥之北，东连丽水路、台州路，西接桥弄街，连小河路，是杭城古桥中最高最长的石拱桥。创建于明崇祯四年（1631），清光绪十一年（1885）重建。拱宸桥是一座三孔石桥，桥长 98 米，宽 5.9 米。桥身用条石错缝砌筑，上贯穿

拱宸桥

长锁石，桥面呈柔和弧形，造型优美，气势雄伟。"宸"，意为帝王宫殿，"拱"即为拱手之意，表示敬意。高大的拱形石桥，象征对帝王的相迎和敬意，拱宸桥由此而得名。

拱宸桥的两岸，曾是杭州最为繁华的商业区，是南北货物的集散地，商贾云集，千帆过尽。随着时光的流逝，繁华不再，但桥西岸古意盎然的老宅，东岸景色优美的运河公园，依然让拱宸桥成为杭州运河文化旅游的中心。1986 年 1 月，杭州市人民政府将之定为市级文物保护单位，并再次修缮拱宸桥。现在，虽然经历了百年风雨，粗放雄伟、古朴沧桑的拱宸桥依然气势雄伟地跨于运河之上。

富义仓　京杭大运河的重要功能就是漕运，运河沿岸的仓储业也随之发展起来。在京杭大运河杭州段，古时从拱宸桥到卖鱼桥一带，曾有许多依河而建的码头和仓库。清

光绪十年(1884)修建的富义仓可存谷物四五万石,当年杭州所用的米粮皆从运河漕运而来,储于富义仓,与北京的新南仓并称为"天下粮仓"。

富义仓地处运河与胜利河交汇处,运河霞湾公园一侧,占地10亩,共有4排仓储式长房,内有砻场(即碾坊)、碓房(舂米的作坊)、司事者居室等。另有1亭供歇息,是杭州现存唯一的运河航运仓储建筑,具有重要的文物价值,现被列为杭州市文物保护单位,经过修缮,建成了富义仓遗址公园。作为中国古代仓储文化的一个缩影,富义仓成为运河文化、漕运文化的见证。

小河直街 小河直街位于拱墅区运河河西,地处京杭大运河、小河、余杭塘河三河交会处,是目前杭州最完整的一条历史古街区,被誉为杭州运河历史"活化石"。小河直街历史悠久,南宋时期就是著名的物资集散地,明清时代是繁华的商埠码头,商贾云集,热闹非凡。到了清代的中晚期,餐饮业、茶点业、百货业等渐渐兴起,小河直街更是盛极一时,被称为杭州十八景中的"北关夜市"。现在这里还完好地保留着运河码头、驳岸、河埠、传统民居建筑和商铺建筑,是现代杭州真正反映运河历史风貌的唯一街区。与小河直街毗邻还有个小河公园,小河民居作为清末民初所建的典型,是集商住、居住、休闲功能为一体的历史文化街区,在这里可以让人体会到运河人家的平淡和闲适,让人感受到江南水乡民居所散发出的悠悠古韵。

流淌了千年的大运河,是我们民族的骄傲。随着时代的发展,运河的实用功能越来越小,运河的繁华也成为了过去,京杭大运河的一些河道已经壅塞,沿岸的一些古迹也在逐渐消失。为了保护我们民族的文化珍品,2005年12月15日,91岁的著名城市规划建筑专家郑孝燮,82岁的著名文物古建筑专家罗哲文,以及62岁的浙江省工艺美术家、全国著名的铜雕塑家朱炳仁,3位平均年龄79岁的老人联名致信京杭大运河沿线18位市长,建议京杭大运河申报世界文化遗产。大运河申遗工作由此拉开序幕。我们可以期待,在不久的将来,古老的运河一定会重新焕发出青春的光彩。

思考与讨论

1. 唐代的旅游文化有哪些特色?
2. 宋代的山水旅游出现了哪些新特征?
3. 浙江有哪些国家级重点风景名胜区?
4. 浙江有哪些著名的文博古迹,试列举十种,并作简要解说。

第九章

浙江教育文化

浙江教育发端甚早,在公元前 5 世纪晚期,越王句践已认识到教育的重要意义,并有积物育人、开展教育的举措,经过"十年生聚,十年教训",终于打败了吴国。西汉末年到魏晋南北朝,北方战乱频仍,大批士族、农民、手工业者移居江南,不仅加快了中原文化与越文化的融合,也促进了浙江教育的发展。浙江在两宋时期已经奠定了学术繁荣、文风鼎盛的基础,至元、明、清三代,依然教育发达,文风不衰。浙江古代教育形成了官学与私学平分秋色、相互补充的局面。

第一节　民间"私学"与教育传统

私学是指官方教育以外的私人团体或个人在固定时地所办的各种形式的教育。由于官学名额有限,入学条件苛刻,且时兴时废,而古代兴办私学不用官方批准,为了给学童提供更多的就读机会,很多官绅、商人、市民、农民捐款或集资兴办数量巨大的私学,弥补了官学的不足,同时也为书生后来接受官学教育奠定了基础。这一不同于官学的教育类型,有力地推动了学术思想的发展。私学历时 2000 余年,在中国教育史上占有重要的地位。

私学类型按照授课对象的年龄可分为小学和大学:小学主要招收六七岁至 15 岁的未成年儿童,大学主要招青年或成年。按授课内容难度可分为蒙学和经学:蒙学主要是初级的启蒙教育,给未识字的儿童提供初步入门学习的机会,以识字、写字、习算为主,汉代称"学馆"、"书馆"或"书舍",后世称"私塾";经学属高级深造性质,主要是为已有蒙学基础者提供进一步深造的场所,内容包括经书、诗赋、策论。汉朝时,经师大儒设立"精舍"、"精庐",后世称为"书馆",书馆又按其程度高低分为"大馆"和"小馆"。书院是私学的高级表现形式,它的前身就是汉魏以来的"精舍"或"精庐",书院因其特殊性和重要性,后面专列一节进行详述。

私学按其设置可分为坐馆、家塾和义塾。有钱的人聘请教师在家教读子弟,称为教馆或坐馆;教师私人在家设馆教授生徒,称为家塾或私塾;地方上出钱聘请教师在公众地方设塾以教贫寒的子弟,称为义塾或义学。每塾人数多寡不一,少则几人,多则几十人、几百人,程度参差不齐,既没有固定的学习年限,也没有完备的教学制度,教学方法完全采用个别教授。所用教材,有前代流传下来的《三字经》、《百家姓》、《千字文》等,清代有所补充,有各类改编本、续编本,又有各种《千家诗》、《神童诗》、《幼学琼林》、《增广贤文》、《孝经》及"四书"等。

一、浙江私学的发展

浙江的私学较早出现在古代教育发端甚早的绍兴,从东汉思想家王充《论衡·自纪篇》所载"八岁出于书馆,书馆小童百人以上"可以看出,早在东汉建武十一年(35),浙江上虞已有启蒙教育性质的书馆,且规模已达百人以上。王充记载,当时私人教学可分三个阶段:一为识字与学书,相当于小学程度;二为习《论语》、《尚书》,相当于中学程度;三为习专门经学,相当于大学程度。王充晚年弃官回上虞,一面著述,一面自己设馆收徒教授,直至去世,为绍兴境内办私学之始。东汉和帝永元时期(89—105),会稽太守张霸设立义学,学徒数以千计。会稽余姚人董春,立精舍,远方门徒从学者常数百人。此后,私学在民间稳步发展,遍及浙江城乡,数量远远超过官学。

魏晋南北朝时期,大批名儒避乱隐居会稽,设立私学,授徒讲学。会稽郡的虞(余姚)、魏(上虞)、孔(山阴)、贺(山阴)四姓豪族,均设有自己的族塾。东晋时,王、谢两姓都有氏族私学。五代吴越国因为战乱,官学也受到冲击,唐时州县之学多废毁,民间私人聚徒讲学,家庭教育居多。五代时期,吴越国青溪(今淳安)方昊在唐亡后隐遁山谷,拒绝钱镠招抚,在上贵精舍聚徒讲学终生。而流寓明州的侯官(今福州)人林鼎跟随父亲林无隐读书达旦,阅抄无数。吴越国钱氏王室的家庭教育更是出色,后人称颂"钱氏子弟俱擅文采"(《十国春秋》卷八三《仁熙传》)。五代时期,许多浙人进士及第,在全国也颇有影响。

唐代,农村学塾兴盛。长庆三年(823),元稹任浙东观察使兼越州刺史,驻越七年,"于平水市(今绍兴县平水镇)中,见村校诸童竞习歌诗,召而问之,皆对曰:'先生教我乐天、微之诗',固亦不知予之为微之也"(《白氏长庆集序》)。南宋时,学塾尤其发达,不仅府城有相韩旧塾等著名私塾,在乡村,农家子弟亦多利用农闲入学。

私学除了家塾、族塾和村塾外,还有义塾。义塾亦称义学,系私人集资置产或以地方公产公款所设的免费学塾。宋咸平二年(999),新昌县著名学者石渥、石待旦父子创建石溪义塾,系绍兴府境内举办义塾之始。此后,又有两宋更迭时期(1127年前后)周瑜所创嵊县渊源堂义塾,南宋姚崇景所创嵊县晋溪姚氏义塾,嘉泰三年(1203)、绍定四年(1231)所创新昌县桂山西塾和桂山东塾,元大德六年(1302)所创诸暨白门义塾,大德末年至大初年(1308年前后)所创诸暨店口义塾,至正初年(1341年前后)所创山阴县湖门义塾等。

义塾一般拥有学田等资产,以租息作为办学经费。收家族内子弟或贫寒学童免费入学,教材、文具多免费提供。部分义塾还为肄业生童提供伙食补贴及参加乡试、会试旅费。塾师多为秀才、童生,由办学者聘定。教学内容和教学方法大多与一般学塾类同。部分义塾近似书院,广招四方士子,聘请名儒大师讲学。

南宋时期,浙江私人讲学十分兴盛。温州乐清王十朋聚徒梅溪,从学人数达数百人;婺州义乌的喻南强、傅藏每年收弟子数百人,有时多达上千人;台州私人讲学以临海的徐中行,黄岩的邱浙、蔡梦说,温岭的蔡希点四人最有名。徐中行是胡瑷高足,晚年教授远近,足迹几遍浙江,来学者肩摩袂联。

元代各地自愿聘请教师或自办家学而设立的义学与家学,都属于私立学校性质,政府各从其便,不加干涉。此时,鄞县程端礼著成《程氏家塾分年日程》,此书是一部著名家塾教学计划,全书重视循序渐进和基本训练,强调熟练通透和复习考查,曾被当朝国子监颁给郡邑教育作为范式,明代也奉为准绳,清代还刊刻此书广为流传,对当时及后代的家塾都有较大影响。

明代规定,义学由府州县监督管理,每年必须向学政报送师生名册,由此浙江各地遍设义学。台州府和府属6县建有义塾111所,其中黄岩有43所。私塾亦盛于清代,浙江东阳县最多时达500余所。为适应一般人学幕和经商的需要,绍兴府内学塾特别发达,各县除普设义塾外,几乎村村有私塾,有的一村数塾,深山穷村也不例外。仅诸暨在清代创设的各类学塾就多达700余所。各县都有一批学生较多、规模较大的义塾。如会稽县的袍渎敬敷义塾、陶堰惜荫义塾、孙端孙氏义塾等,规制完善,教学严谨,培养了大量人才。一些地方还出现了别具特色的学塾,如嵊县县城冯筱村女塾专收女生,会稽孙端嘉读书屋设文武两科,嵊县后宅村武书房以习武为主、学文为次等。

明清私学继宋元之后仍盛而不衰,按其程度,大致可分为两类:一类是低级阶段的蒙养教育,另一类为高级阶段的书院。低级阶段的蒙养教育多称私塾,一般有三种形式:一是"门馆"、"家塾",二是"村塾"、"族塾",三是"坐馆"、"教馆"。

清代最有特色的私学是幕学,幕学尤以浙江绍兴为盛。清代中央政府主要通过科举等方式广揽人才,扩大官僚队伍,拥有庞大的统治机构。各级地方政府的官员又用聘请的方式,广招"佐治"之才,辅佐办理政务。这类智囊性人物有多种称谓,如幕僚、幕宾、幕友、幕府、馆师、馆宾、西宾、师爷等。幕僚成为人才的一种出路,为此清代就出现了相当数量的专攻幕学之士。清代虽无专门教授幕学的学校,但有不少人主动向有名的幕僚之士求教,后者也往往乐于言传身教。浙江萧山人汪辉祖,是清代誉满全国的绍兴师爷、幕学家,他有40年的幕府经历,吏治经验非常丰富。他勤于总结,留下了多部关于幕学与吏治的著作,如《佐治药言》、《续佐治药言》、《学治臆说》等,阐述了清代幕业的技术原则与道德规范,提出就幕宜慎、律己立品、尽心事主、保民便民等见解,为清代幕友的典范。其幕学思想具有广泛而深远的影响,在清代幕府文化中具有重要的地位。

清代绍兴府学塾特别发达,绍兴人外出游幕当师爷或经商者很多,足迹几乎遍布全国各地,"绍兴师爷"成为师爷的代名词,从而名扬海内外。

清末,各县部分义塾改设小学堂,当新式小学在中国大地萌生、壮大之时,旧的蒙学机构——私塾并未随之退出历史舞台。为了利用既有的教育资源,挖掘民间办学潜力,浙江曾先后三次比较集中地对私塾进行改良:第一次在晚清新政后期;第二次在1915年至1920年;第三次在1932年至1937年。私塾改良的进程随着义务教育的推进而不断深入。新中国成立初期,浙江民间办学的热情十分高涨。据1950年下半年统计,全省共有民办和私立小学18772所,占当时小学总数的89.8%。1956年下半年起,私立中小学逐渐消失。

二、浙江著名的私塾

石溪义塾 北宋进士石待旦于宋咸平二年（999）在新昌县南石溪创建。石待旦（985—1042），字季平，原籍京兆，随祖父自会稽徙居新昌，隐县南石溪山水之间。他亲自掌教石溪义塾，到义塾求学者达数百人，取科第达官有名于时者有二十余人。石待旦办学尊师重教，师长他就，他便一直送到离塾1千米的凉亭上，后人沿称"古望师亭"。范仲淹任越州知州时，尊称石待旦为"石城先生"，并聘其为稽山书院院长。石待旦办义学的业绩闻于朝廷后，特赐"清之景公问宗孝正奕祖"十个字作石氏子孙的名行。

相韩旧塾 南宋乾道年间（1165—1173），山阴学者韩度及其孙韩性在蕺山讲学，创蕺山相韩旧塾，元代大画家王冕曾在此从学。后明末大儒刘宗周亲自讲学，创立了著名的蕺山学派，被后人誉为"千秋正学"。当时慕名前来求学的，有清代史学开山鼻祖黄宗羲、著名戏曲理论家祁彪佳、绘画大师陈洪绶、思想家陈确、文学家张履祥以及姜希辙、章正宸、王毓蓍、熊开美、周之璇、叶敦艮、叶廷秀等一代名士。这里人文荟萃，名师踵至，明代文学家陈子龙、清代史学家全祖望、史地学家齐召南、哲学家徐庭槐、文字学家段玉裁、经学家孙星衍、史学家莫晋、文学家蒋士铨、理学家宗稷辰、文史学家李慈铭、文学家马传煦等名家大师都曾担任主讲或院长，培养了一大批经世致用的杰出人才。梁启超在《饮冰室文集》中赞道："江浙名人大半出于门下！"清乾隆十三年（1748），全祖望主讲蕺山书院，复辟其斋，名曰"相韩旧塾"。

横城义塾 南宋景定二年（1261）邑人蒋沫创建，地址在东阳县西南15里的横城，义塾聘请状元方逢辰为师，学生不远数百里负笈而来。据《横城义塾志》载，景定二年、五年及咸淳三年（1267）3次题名，来自义乌等19县的学生624人。方逢辰亲订《横城义塾纲记》，确定其办学目的不是猎取功名利禄，而是钻研学术，学以致用，造就人才。义塾管理，一遵白鹿洞规。学生初入学为陪供生，后考其德业而升行供生，教养有节。学习教材有"四书"、"五经"、《资治通鉴》、《史记》、《汉书》、《朱子大全》等。后曾一度中止，元至元间（1264—1294）重振，元至正间（1341—1368）蒋沫四世孙宏其制度，来学子弟数百人，供给衣粮庖厨四十余年，造就了不少人才，宋濂、方孝孺、刘基等均受业其间。后刘基题有"两朝义学"的匾额。1988年，横城村建成"两朝义学纪念馆"。

三味书屋

三味书屋 清末绍兴著名私塾。鲁迅12岁在这里求学，塾师是寿镜吾老先生。而寿家台门是鲁迅的塾师寿镜吾先生家的住屋。寿家台门由寿镜吾的祖父峰岚公于嘉庆年间购置，总建筑面积795平方米，前临小河，架石桥以通，西有竹园，整幢建筑与周家老台门隔河相望，闻名中外的三味书屋就在寿家台门的东侧厢房。

三味书屋约有35平方米，是三

长间的小花厅,本是寿家的书房。正中上方悬挂着"三味书屋"匾额,是清朝著名书法家梁同书所题。寿镜吾老先生在此坐馆教书长达 60 年。鲁迅的座位最初在书屋的南墙下,由于别人常进出后园,走来走去影响他学习,就要求老师更换位置,把座位移到东北角。鲁迅使用的是一张有两个抽屉的硬木书桌,桌面右边有一个一寸见方的"早"字,是鲁迅当年刻下的。

三味书屋后面有一小园,南北不过两丈,东西一丈多宽,后壁上挂有署名赵孟頫的"自怡"匾额一块,在亭外粉墙上还有寿镜吾之父寿云巢亲笔题写的一首四言诗:"栽花一年,看花十日。珠璧春光,岂容轻失?彼伯兴师,煞景太烈。愿上绿章,飙霖屏绝。"园内有桂花树、蜡梅树。鲁迅在三味书屋读书时,常和同学们来小园嬉戏玩耍,他们在这方小天地里抓蟋蟀,找蝉蜕,看蚂蚁背苍蝇等。

三味书屋距今已有一个多世纪,但仍保存完好。房子、桌椅、匾额、对联等大多都是当年的原物。新中国成立后,三味书屋主人的裔孙寿积明等将它慨赠国家。三味书屋作为国家重点文物得到妥善的保护,并成为鲁迅纪念馆的一个重要开放场所。

浙江私学源远流长,形式多样,不仅为国家培养了大批有识之士,还形成了浙江良好的教育传统。浙江之所以能跻身于中华民族古老文明的发祥地之一,并成为遍布于东南一带"百越"文化的发祥地,其深厚的教育传统积淀功不可没。

第二节　誉满神州的江南书院

书院是中国古代特有的一种介于私学与官学之间特殊的教学组织形式。除部分得到朝廷和地方官府的鼓励和资助外,大多书院以私人创建或主持为主,都收藏了一定数量的图书。老师聚徒讲学时,以自学读书为主,讲学指导为辅,尤其重视师生间的讨论和辩论。如果说书院属于私学性质,那它也不同于一般的私塾、社学、义学,并不是以识字、日用常识、基本伦理、行为规范为主要学习内容,而是以讲学和学术研究为主要活动内容,是高于一般蒙学化私塾的特殊教育组织形式,属于高等教育的范畴。

最早使用书院之名的是唐代官府,唐玄宗创置丽正书院、集贤书院,但这两所书院都是官府的修书之所,还不是培养人才的教育机构。作为教育组织性质的书院开始于唐末五代私人聚书讲学活动。其主持者多为地方宿儒,或当地守土官吏,称"山长"、"洞长"或"堂长";办学经费主要来自院田,院田多数是由私人捐赠,有些由政府拨给。书院的活动除讲学和学术研究这一主要内容外,还有祭祀和收藏图书。它不仅能弥补官学之不足,满足读书人的需要,还有助于社会文化水平的提高,在中国教育史上占有重要的地位。

一、浙江书院的发展

浙江古代书院源于唐、兴于宋、衰亡于清末,历时一千三百余载,遍及全省,对浙江古代学术文化的发展和人才的培养,曾起着重要的推进作用。

浙江书院发轫较早,据方志所载,唐代浙江已建有五所书院,它们分别是绍兴丽正书院、建德青山书院、象山蓬莱书院、诸暨溪山书院、龙游九峰书院。

宋初书院大多是由私人隐居读书讲学发展起来的,虽说规模都不是很大,组织机构也很简单,但它们补充了官学的不足,在宋初教育发展史上发挥了十分重要的作用。当时影响较大的浙江书院有建在浙江江宁府(今金坛县)三茅山的茅山书院,它在当时与徂徕书院(山东)、石鼓书院(湖南)、岳麓书院(湖南)并称为天下四书院。南宋时期书院发展达到鼎盛时期,数量多、规模大、地位高、影响广,几乎取代官学成为当时的主要教育机构。宋代数百所书院中80%建于南宋,南宋理宗朝(1225—1264)达到高潮。南宋书院大部分分布在文化繁盛的江南之地,江西最多,浙江居第二,其中主要有:慈溪慈湖书院、杜洲书院、石坡书院、竹洲书院和楼氏精舍,东阳石洞书院、西园书院、南湖书院、安田书院、横城精舍,金华丽泽书院、道一书院、鹿田书院,淳安石峡书院、瀛山书院,衢州柯山书院、清献书院、明正书院,缙云美化书院、学道书院、独峰书院,宁波涌东书院、翁洲书院,绍兴稽山书院、和靖书院,台州上蔡书院,温州虎丘书院,永嘉浮沚书院,湖州安定书院,睦州龙山书院,永康五峰书院,开化包山书院,江山逸平书院,临海樊川书院,平阳会文书院,龙游玉渊书院,上虞月林书院,崇德传贻书院、白杜书院等。尤其是金华吕祖谦的丽泽书院影响特大,它与白鹿洞书院(江西)、岳麓书院(湖南)和象山书院(江西)并称为南宋四大书院。

这些书院规模都很大,设施齐全,制度完备,且差不多都由著名学者主持或主讲。书院传授的内容主要是经学,研究经史文献,以开物成务为宗旨,讲求实学实用,受到人们欢迎。也有一些书院传授朱学和陆学。如明州慈溪杨简、鄞县袁燮、奉化舒璘和定海沈焕四人是浙东陆门弟子,号称甬上四先生(或明州四先生),他们对传播和弘扬陆学发挥了巨大作用,在浙东一带形成陆学研究中心,浙东一带的书院多成为讲习陆学的基地。

元代统治者对书院最初采取了由注意保护到鼓励发展的政策,这一政策是服从和服务于元代的"汉化"文教方针的。为了改变书院自出现以来"盛于南国而北方未之有"(王旭《中和书院记》)的状况,开始实行"南学北移",使元代书院的地域分布与宋代相比有了很大变化,元代浙江省的书院相对减少。浙江各地建书院仅80余所。其中著名的有杭州西湖书院、东阳八华书院、婺州正学书院、开化包山书院、金华丽泽书院、湖州安定书院、处州美化书院、绍兴和靖书院等。元代统治者后来对书院采取了由积极创办到加强控制的政策,使元代书院渐趋官学化,书院的山长与府州县学官一样,须经礼部或行省及宣尉司任命或备案;书院的生徒经守令举荐、台宪考核后,或用为教官,或取为吏属。元代著名的学者在浙江担任书院山长或讲学的有马端临主讲衢州柯山书院,程端礼出任稼轩书院山长,金履祥主讲仁山书院,这些著名的学者在浙江的讲学活动,对于元代浙江文化的发展和程朱理学在浙江的传播产生了重要影响。

明初,书院被视为旁门左道而遭禁止,后经百余年的发展,科举腐败,教育空疏,官学日益衰落。在一些学者的倡导下,书院开始复苏。当时兴办书院和讲学者,最著名的当数王守仁。他34岁(1505)开始在京师授徒讲学,此后在贵州建龙岗学院,在贵阳主持文明书院,在南京授徒讲学四年,在江西修建濂溪书院,在绍兴自辟稽山书院,一生坚守传道者的精神,致力于教育事业,培养了大批人才。王守仁的讲学活动,对明代书院的发展影响很大:"自武宗朝,王新建以良知之学,行江浙两广间,而罗念庵、唐荆川诸公继之,于是东南景附,书院顿盛。虽世宗力禁而不能止。"(沈德符《万历野获编》)王守仁死后,"王门弟子"在浙江境内纷纷建立书院,奉祀老师并传播王学,有力地推动了明代浙江书院的发展和文化的普及。明代浙江书院数量大增,并继承和发扬了宋元时期的讲学之风,涌现出一批颇具特色的书院。其中较著名的书院有会稽稽山书院,杭州万松书院、崇文书院,永康五峰书院,余姚姚江书院,宁波二程子讲堂,绍兴证人书院、蕺山书院、阳明书院,金华丽泽书院等。

清朝初年,统治者唯恐私学的讲学会导致反清复明活动,故不予提倡,极力予以抑制。后来清朝统治者看到私学屡禁不止,便改变了政策,提倡兴办私学及各种书院。清代浙江书院在规模上趋于鼎盛,全省有 500 余所。清政府在提倡兴办书院的同时,通过掌握书院的经费、控制书院师长的聘用以及书院的招生、学生的考核等措施加强了对书院的控制,从而使书院官学化倾向日趋严重。按讲学内容,当时的书院大致可分四类:以讲理学为主、以学习制艺为主、以学习实学为主、以博习经史词章为主。清代浙江绝大多数书院已演变成同官学无区别的考课式书院,并同官学一样沦为科举的附庸。但仍有几所独具特色、影响极大,在学术史和教育史上占有重要地位的书院,如黄宗羲创办的甬上证人书院,专为商籍子弟创办的杭州紫阳书院,阮元创办的专门研究经史和训诂的诂经精舍等。

清末随着西方列强的入侵、民族危机的加深、西学东渐的刺激和书院自身的颓败,改革书院、变革自强的呼声日趋强烈。光绪二十七年(1901),清政府将书院改设为学堂。于是,从唐代兴起的浙江书院历时 1300 余载,至此基本结束,所有书院藏书陆续为各地图书馆接收。清末的改制在封建书院藏书向近代图书馆转变中起到催化和促进作用,也使中国古代教育与近现代教育得以血脉相通。因此,我们可以说书院在"改制"中获得了永生。

二、浙江著名的书院

丽正书院　南宋乾道年间(1165—1173)吕祖谦开创的讲学会友之所。1166 年,吕祖谦之母病逝,他护丧返里,在武义明招山建庐守墓,讲学读书,四方学子争相问学。1173年,吕祖谦又遇父丧,再次居明招山守墓,聚徒讲学。吕祖谦讲学之所,称"丽泽"。"丽泽"的意思是两泽相连,水流不息,犹如君子学友往来,以文会友,交流学术。时人遂以丽泽书院相称。吕祖谦讲学的一大特色是主张兼容并包,不持门户之见。他常邀请永嘉学派薛季宣、叶适、陈傅良和永康学派陈亮等前来讲学,旨在研传经世致用之学,培养经国济世之才,倡导真才实学和功利。他拟订学规,编著教材亲自主讲,四方来学者甚众。该书院在教育、著述中培养了一批高足,创立了金华学派,其嫡传弟子有吕祖俭等 89 人。吕祖谦谢世后,书院由其胞弟吕祖俭主持,弘扬吕学。嘉定元年(1208),州官李大异应吕氏门人之请,出钱修建丽泽书院。1246 年迁址双溪重建,奏请理宗赐匾额,时少章、何基、王柏相继任山长。书院除讲学外还出版书籍。1265 年迁址旌孝门外印光寺故址。元初,由金履祥主讲,1293 年扩建,大德间(1297—1307)毁于火,后复建又毁。明天顺间(1457—1464)吕氏后人重建书院。1722 年金华知府张坦让将丽泽书院和崇正书院合并为"丽正书院"。1903 年金华知府把书院改办为金华府中学堂。

八华书院　元代许谦长期讲学之所,地址在东阳西南八华山。元延祐(1314—1320)

初年，许谦自金陵归，在八华山开门讲学，远近学者慕名而来受业，及门之士，达到千余人。"其教人也，至诚淳悉，内外殚尽；尝曰：己有知，使人有知，使人亦知之，岂不快哉！或有所问难而词不能自达，则为之言其所欲言而解其所惑。讨论讲贯，终日不倦。"（《元史·许谦传》）他对学生要求严格，手订《八华学规》作为门生的行为准则。八华书院一直办到明清时期。

万松书院　位于西湖南线景区万松岭。万松岭上原为报恩寺，寺院修建于唐贞元（785—804）年间，唐时白居易和宋时苏东坡都曾是这里的常客，在与寺僧谈禅说理之余都留下了笔墨。万松岭的地名就出自白居易"万株松树青山上"的名句。明弘治十一年（1498），浙江右参政周木改辟为万松书院。嘉靖初年，明代理学家王阳明曾在此讲学，继续在这里宣传他的"致良知"学说，推动了书院的复兴。清康熙帝为书院题写"浙水敷文"匾额，遂改称为敷文书院。万松书院曾是明清时期杭城规模最大、历时最久、影响最广的浙江省文人汇集之地，与当时的崇文书院、紫阳书院、诂经精舍并称为

杭州万松书院

杭城"四大书院"。有联为证："浙水重敷文，看此山左江右湖，千尺峰头延俊杰；英才同树木，愿多士春华秋实，万松声时播歌弦。"袁枚等莘莘学子曾来这里求学，明代的王阳明，清代的齐召南、秦瀛等大学者也曾在此讲学。几百年来，万松书院为浙江乃至全国培养、输送了无数人才，对历史文化名城杭州形成尊师重教、育才树人的民风有其独特的历史地位和作用。

稽山书院　嘉靖三年（1524）王守仁在归省绍兴时，于会稽山建立稽山书院。他在此聚八邑彦士讲习，并亲自讲学，宣传他的"致良知"学说，湖广、广东、直隶、南赣等地来听讲者多达300人。其中著名的门生有王艮、刘邦采、黄宏纲等。王守仁的讲学活动，对明代书院的发展影响很大："流风所被，倾动朝野。于是缙绅之士，遗佚之老，联讲会，立书院，相望于远近"（《明史》卷二三一）。浙江的"王门弟子"在王守仁去世后，纷纷建立书院：嘉靖十三年（1534），学生李遂在衢麓建精舍，精舍诸生又分建龙游水南会和兰西会；嘉靖十六年，沈谧在秀水县文湖建书院；嘉靖十九年，学生周桐和应典在永康的寿岩建书院。这些书院一方面奉祀老师，另一方面传播王学，有力地推动了明代浙江书院的发展和文化的普及。

崇文书院　明万历二十七年（1599）巡盐御史叶永盛建于杭州栖霞岭。清康熙十二年（1673）歙县诸生汪秦镏重修，康熙御题"正学阐教"，榜曰"崇文"。雍正十一年（1733）盐道张若震新之，疏其泉为月池，中为飨堂，辟其左为亭，敬摹御书勒石，后为敬修堂，再后为诸生斋舍，延进士施学川为山长，诸生云集，会而课者月至三四百人，张亲为品题，优其奖赏。乾隆八年（1743）巡抚常安再次重修，其后按察使徐恕、运使阿林保俱相继修葺；二十四年盐道原衷戴于崇文、紫阳两书院设膏火、严课程、遴委监院。嘉庆五年（1800）盐

政延丰复加修葺。道光十八年(1838)巡抚乌尔恭额重修,邑人胡敬主讲,又购得隙地,濒湖起楼曰"仰山";二十六年巡抚梁宝常重修。咸丰十一年(1861)毁于兵燹。同治四年(1865)布政使蒋益澧重建;六年因墙屋风损,布政使杨昌濬复加修葺。光绪元年(1875)重修斋舍;五年布政使卢定熏重修,祀前布政使蒋益澧于西斋,额曰"食旧德斋",以仰山楼后为东斋,三额曰"知不足斋"、"劝学斋"、"愿学斋"。光绪六年布政使德馨重修,二十八年改为钱塘县小学堂。今已不存。

甬上证人书院 康熙七年(1668)由杰出的思想家、教育家黄宗羲在宁波创办。甬上,即以宁波为中心的浙东一带,素有结社讲论之风,故家子弟多结文社。其中的策论会在1667年曾联合甬上万斯同、万斯大等27人,集体到余姚黄竹浦向黄宗羲拜师求学,返回宁波后,成立讲经会,把黄宗羲思想作为讲经会的宗旨。为了支持讲经会,黄宗羲第二年欣然应邀至甬上讲学,正式创立甬上证人书院,并亲主教席。黄宗羲在此讲学,强调穷经、读史、经世,力改明末空疏、浮华、浅薄的鄙陋学风。重视发扬经史致世的学风,是黄宗羲学术思想的一大特色,也是甬上证人书院的独特学风。书院自康熙七年创建至十四年结束,前后经历8年,参加讲会的人数估计有百余人。在黄宗羲的思想和学术风格熏陶下,形成了以甬上证人书院弟子为主力的"浙东史学派",其流风被于浙东乃至全国,其学脉传于乾嘉以至清末的浙东学派。

诂经精舍 地处浙江杭州府治孤山之阳,左三忠祠,右照胆台,面对西湖。它是由清代著名学者阮元于嘉庆六年(1801)正式创建。嘉庆二年,阮元督学浙江,遴选浙江能够从事经学研究的人,构屋50间,聚居于孤山之阳,编撰《经籍纂诂》一书。次年八月书成,阮元招兵部侍郎入都。不久,又奉命抚浙,于嘉庆六年正月,将原来修书旧地建为书院,取名"诂经精舍",招收历年由浙江11郡所选拔的优秀生员来精舍读书。同时又在西偏筑第一楼,为生徒游憩之所。阮元创办诂经精舍,与当时浙江的敷文、紫阳两书院以科举考试为办学目的不同,是以提倡培养经世致用的人才为主,指导学生研究经义,旁及词赋,多攻古体。其办学宗旨是崇尚汉学,培养经史学术人才。诂经精舍在办学期间,培养了大批著名学者,如黄以周、朱一新、章炳麟、陈澧等都是诂经精舍出来的佼佼者。光绪十二年(1886)十月,第一楼遭火灾焚毁,次年改建许郑祠,并于旧址增建式古堂,作为诸生讲习之所。光绪二十三年七月,巡抚廖寿丰奏请将杭州的敷文、崇文、紫阳、诂经、学海、东城等六书院,改为专课中西实学之"求是书院",后于光绪三十年停办。

第三节　近现代"官学"与教育转型

浙江在春秋战国时就开始了官方"兴学"。据《吴越春秋》和《越绝书》记载,越王句践就以"十年生聚,十年教训"为基本国策积极"兴学"。秦统一各国后,在浙江地区设置郡县,郡县设有"学室"。能入"学室"者必是"吏"之子,称为"学子"。在汉代,凡郡、国设立的称为"学",凡邑(县)、侯国设立的称为"校",凡乡设立的称为"庠",凡聚(村落)设立的称为"序"。郡国的"学",相当于专科学校,"校"相当于中等学校,"庠"与"序"则属地方小学。此时,浙江的余姚等县就已有县学。

三国以后,浙江是当时东南政治经济文化中心,虽战乱频仍,但教育一直为统治者所重视,并不同程度地兴学办校。唐代设国子监来管理全国的教育工作。地方官学设府学、州学和县学,县内又有乡学与市(镇)学,所有府、州、县、乡各学校,统一由长史直接掌管,其职权相当于今日的教育厅长,而直属于国子监。浙江在这时建有湖州、明州、越州、衢州、处州州学,以及富阳、新城、象山、诸暨、余姚、嵊县、松阳、乐清县学。府、州、县学均设教官执掌,唐代称"文学"、"博士"、"助教"。五代时期,教育废弛,而两浙在吴越国的统治下社会安定,采取了一系列顺应民心的政策,使浙江的经济、文化得到了前所未有的发展,曾建国学,聚图籍,所以在五代十国的纷乱社会中,唯吴越国人才济济。由此也折射出当时吴越国的教育,它培养出了诸如罗隐等许多文化名人。

宋代开始,教育渐趋稳定。浙江府、州、县学广为设置,建有临安府学、台州州学、婺州州学、严州州学、嘉兴府学,以及钱塘、仁和、余杭、临安、盐官、嘉兴、海盐等几十所县学。南宋定都临安之后,浙江的学校教育事业得到了突飞猛进的发展,城内陆续建起太学、宗学、武学、医学、算学、书学、画学、幼学等国立学校,使临安成为全国的文化教育中心。地方更是县县有学。临安是南宋学校教育最发达的地区。1143年,在临安城内纪家桥东,由原岳飞故宅扩建而成,设立南宋太学,是全国最高学府。南宋太学办学134年,直至宋亡遂废。1294年,太学旧址被改建为西湖书院。

元朝地方官学设路学、府学、州学、县学,都属于普通性质的学校。此外,还有诸路医学、诸路蒙古字学、诸路阴阳学,都属于专门性质的学校。据方志记载,元代浙江境内所辖的11路54个县,都分别设有学校。其中乌程、归安、金华、西安等县学都是元代新建的。元代教学的创新就是在农村办社学(乡村官办学校)。浙江城乡各地纷纷建立社学。明朝重视地方教育,而且将地方官学和科举取士从制度上合二为一;同时从行政管理上完善了提督学校官的建制,统一管理、监督地方儒学。浙江各府、州、县均设有学校,乡村建立社学。明代建立的县学有秀水、嘉善、平湖、桐乡、孝丰、汤溪、泰顺、太平、云和、宣平、景宁等县学。清朝的地方官学,不同于唐宋以来的建制,趋向单一化,仅设传授儒家经典和宋明理学的学校,有府学、州学、县学、卫学、社学,统称"儒学"。清初浙江全省府学11所,县学75所,也就是说浙江各府州及所辖县均设有学校。

1901年,清政府通令全国改书院为学堂,省城书院改设大学堂,府、厅及直隶州书院改设中学堂,州县书院改设小学堂。浙省闻风而动,一时官立学堂勃兴,较大程度地推动了浙江教育的发展。特别是求是书院、国立艺术专科学校、杭州府中学堂、之江大学等官办学府,标志着浙江近现代教育的进步。

一、从求是书院到浙江大学

1897年7月设立的浙江求是书院是浙江近代教育的先声,由浙江巡抚廖寿丰的奏请而设立,委任杭州府知府林启为总办。1901年奉诏将省城书院改设大学堂,十月改求是书院为浙江求是大学堂,改总理为监督;1902年去求是名称,名为浙江大学堂;1902年遵奏定章程,凡省会所设学堂,定名曰高等学堂,即于当月改称浙江高等学堂;后于1914年停办。

浙江高等学堂停办后,随着中小学校的日益增多,高等教育显得更为薄弱。为此,

1918 年,浙江省教育会曾提出设立浙江大学。1921 年,省议会建议筹办杭州大学,并于 1922 年选举蔡元培、蒋梦麟等九人为筹办杭州大学董事,后因经费问题,未成现实。1927 年 5 月,省务委员会会议通过设立浙江大学研究院计划案,聘张人杰、李石曾、蔡元培、马叙伦、蒋梦麟、胡适等九人为筹备委员,拨前高等学堂、陆军小学堂、罗苑及文澜阁为研究院院舍。后筹备委员会因研究院规模大、需费多,又议决暂缓设立,先筹办大学。是时,国民党中央决定在全国设四所中山大学,第三中山大学设于杭州,并在江苏、浙江试行大学区制。同年 8 月,国立第三中山大学正式成立,改组浙江公立工业专门学校为第三中山大学工学院,浙江省公立农业专门学校为第三中山大学劳农学院,并接收浙江省教育厅的行政职权,管理浙江大学区内教育行政事宜。1928 年 4 月,第三中山大学改名为浙江大学,7 月接大学院令,又冠以"国立"二字,8 月增设文理学院。1929 年 6 月,大学区制停止试行,8 月将浙江省教育行政职权移交给浙江省教育厅,此时起,浙江大学成为直属中央的高等学府。

二、从国立艺术院到中国美院

1928 年,时任大学院院长的蔡元培先生择址杭州西子湖畔,创立了全国第一所综合性的国立高等艺术学府——国立艺术院,设国画、西画、雕塑、图案四个系及预科和研究部,开始了"美育代宗教"的实践,揭开了中国高等美术教育的篇章。1930 年秋,因艺术不合大学组织法,改称国立杭州艺术专科学校,改系为组。1932 年秋,为培养音乐人才,增设音乐组。1933 年秋,增设书画研究会及实用艺术研究会。国立艺术院在其后的发展历史中,数迁其址,几易其名,历经风雨。先后又改名为国立艺术专科学校、中央美术学院华东分院、浙江美术学院,一直发展到如今的中国美术学院。林风眠是首任校长,潘天寿亦担任过校长。该校在 20 世纪中国乃至国际有影响的杰出艺术人才有:黄宾虹、刘开渠、吴大羽、颜文樑、倪贻德、李苦禅、李可染、吴冠中、赵无极、朱德群、罗工柳,等等。

三、从之江大学到杭州大学

第一次鸦片战争前,西方传教士为了传教的需要,创办了一些学校。鸦片战争后,1844 年,英国基督教长老会东方女子教育会传教士蔼乐德赛到宁波传教,首创女塾,招收学生数十人,这是浙江第一所洋学堂,也是中国第一所女子学校。1845 年,美国北长老会传教士麦嘉谛牧师(D. B. McCartee)在宁波开设男生寄宿学校,名为崇信义塾,这是浙江最早的男子洋学堂。19 世纪末 20 世纪初,外国教会在浙江的教育事业有较大的发展,1917 年,全省有各类教会学校共 128 所;至 1923 年,浙江 75 个县中 42 个县有教会学校 219 所,大部分集中在杭嘉湖及宁绍一带,边远山区如江山、常山、龙泉、云和等县也办起了教会学校。

之江大学(Hangchow University)就是在崇信义塾基础上发展起来的一所教会大学,也是那时中国的 13 所基督教大学之一。该校于 1867 年迁往杭州皮市巷和大塔巷相交处,改名为育英义塾;1897 年开设大学课程并改名育英书院;1911 年迁至月轮山六和塔西侧;1909 年美南长老会加入;1914 年改名为之江大学;北伐战争期间一度停办;1931 年向中国政府立案,因为只有文、理两个学院,定名私立之江文理学院;抗日战争期间曾经迁至安徽屯溪、上海、福建邵武、贵阳、重庆等地；到 1948 年因已拥有文、商、工三学院，得以恢复之江大学名称。1951 年被浙江省文教厅接管，美籍教员离校回国；1952 年全国高等学校院系调整，该校土木系、机械系并入浙江大学，商学院并入上海财经学院（今上海财经大学），工学院建筑系并入上海同济大学，航空工程系并入中央航空学院，文、理学院部分并入复旦大学，部分并入浙大文、理学院，浙江师专、俄专，之江大学余下文、理学院合并，组建浙江师范学院（杭州大学前身，今浙江大学西溪校区），校址设在原之江大学处。

四、门类齐全的专业学校

师范学校　随着新式学堂的大量出现，培养师资的师范学堂也在全省各地陆续兴办。浙江最早设置的师资训练机构是 1905 年浙江高等学堂所设的师范科和师范传习所。大规模的师资训练机构是 1906 年 10 月浙江巡抚张曾敭应地方人士之请，奏准在省城设立的"浙江两级师范学堂"。1912 年，两级师范学校更名为浙江省立第一师范学校，校长为经亨颐。除官办师范外，各地私立师范也随之蜂起。至 1917 年，全省共有师范学校 11 所，即杭州的浙江第一师范学校、嘉兴的浙江第二师范学校、吴兴的浙江第三师范学校、鄞县的浙江第四师范学校、绍兴的浙江第五师范学校、临海的浙江第六师范学校、金华的浙江第七师范学校、衢县的浙江第八师范学校、建德的浙江第九师范学校、永嘉的浙江第十师范学校、丽水的浙江第十一师范学校。同时，处州第一女子学校也改为处属县立女子师范学校。

体育学校　1912 年，沈钧儒、吕祖望等创办私立浙江体育专门学校，设二年制专科，招收高中毕业生及同等学力者，设一年制特修科，招收高中毕业生或同等学力、担任中小学体育教师 1 年以上者。浙江体育专门学校设童子军，这是本省对青少年进行德、智、体教育之始。

政法学校　清朝末年，社会黑暗腐败，为了澄清吏治，培养各级行政干部，1906 年，公立浙江法政学堂开办。1907 年，杭州设立官立法政学堂，培养地方政法人才。清末，学部通令各省普设法政学堂，浙西和浙东地区均设有公立或私立的法政学堂。公立浙江法政学堂民国后改名为浙江公立法政专门学校，成为近代浙江司法教育之肇始。

科技学校　为了引进西方工业技术，浙江创办了工业学堂、医药学校、农林学院、铁路专科学校等。

杭州蚕学馆　1897 年秋，杭州知府林启鉴于蚕丝为浙江特产，而蚕种、缫制均不知法，出口日减，乃创立蚕学馆，在西湖金沙港怡贤亲王祠和关帝庙旧址建造馆舍。此馆为中国最早的农业专科学校，开全国风气之先。据钱均夫《求是书院之创设其学风及学生活动情形》记载："设立养正书塾，其设施程度，则仿佛中小学兼而有之；求是书院仿佛中学，复兴与日后为大学预科之高等学堂相等，而蚕学馆则仿佛今日之职业学校也。"

浙江医药专门学校　1912 年 7 月由慈溪人韩清泉在其私人所办的浙江病院基础上创办。次年添设药科，改名浙江公立医药专门学校，此为我国最早设立的自办医学专门学校。1915 年，教育部召开全国教育成绩展览会，浙江公立医药专门学校，因成绩优异，获"绩学宏仁"匾额。为原浙江医科大学的前身。

此外,1920 年,浙江在原省立甲种工业学校的基础上成立了浙江公立工业专门学校。1924 年,浙江省立甲种农业学校改为浙江公立农业专门学校。1896 年 7 月,浙江巡抚廖寿丰创办浙江武备学堂,1906 年 5 月改设浙江陆军小学堂。大量专业学校的兴办,促进了浙江文化与科技的进步与发展。

五、日渐兴盛的中小学校

杭州府中学堂 这是与求是书院、蚕学馆同为浙江讲求新学最早之学府。校址在杭城大方伯,即今树范中学之遗址。初为养正书院,由林启于清光绪中叶创立,1911 年改为杭州府中学堂。设国文、外国语、算学三科,为中学之主要科。

绍兴中西学堂 于 1897 年由山阴徐树兰(仲凡)先生捐资创办。以古贡院之山会豫仓为校舍,于 1897 年 3 月 3 日正式开学。每生习国学、外国学(英文、法文任选一种)、算学三科。不习国学,专学外国文、算学者称为附课生。1912 年 1 月,山阴蔡元培先生出任校长。同年 7 月,外国文除英文、法文外,添课日本文,于是将中西学堂更名为绍兴府学堂。

小学教育 浙江近代小学,初皆由旧式私塾改良而成,以清嘉庆年间设立的杭州宗义塾、正蒙义塾为最早,后陆续设立蒙泉义塾、元善义塾、辅仁义塾。1893 年萧山正性义塾改设的蒙养小学,1898 年新昌士绅筹设的知新学校,以及 1899 年杭州知府林启创设的养正书塾,是当时几所知名的新式小学。各地绅商亦纷纷设立公立或私立的小学堂。1902—1903 年,清政府先后颁发《钦定学堂章程》和《奏定学堂章程》,浙江省小学设置有章可循,自城镇及乡村,踵起兴办小学。依程度分,有初等小学堂、高等小学堂,和两者于一校的两等小学堂三种;以立别分,又有官立小学堂、私立小学堂和公立小学堂三类。1907 年,清政府又颁布《女子小学堂章程》,明文规定女学由家庭教育入小学教育体系,但须男女小学分立,自此又有女学堂一类。至 1909 年,全省各府、州、县设置小学堂 1890 所,学生 71219 人。1912 年,浙江省教育司根据南京临时政府教育部颁发的《小学令》、《普通教育暂行办法》,拟订《对于小学教育的办法》,学堂改称学校,小学分为高等小学校、初等小学校两级。高等小学校由县设立,初等小学校由城镇设立。又发布通令:凡私塾设在学校附近一里半以内者,下学期一律停闭,以后随小学校之增设,私塾随之取消。各地小学得到进一步发展,全省设立小学 6013 所,初等教育得到较大程度的发展。

思考与讨论

1. 浙江有怎样的教育传统?
2. 书院为何以江南为盛?

第十章

浙江宗教文化

浙江自东汉以来,政治、经济、文化等发展迅速。无论是在中国土生土长的道教,还是外来佛教、基督教、伊斯兰教等都在浙江得到迅速发展。宗教对浙江的社会民众心理、性格、伦理道德乃至经济生活均产生了重要影响。认识和了解浙江宗教,不仅具有较强的历史意义,而且还有极强的现实意义。

第一节　源远流长的道教

道教以"道"为最高信仰而得名,是中国土生土长的宗教,其从产生到发展有漫长的历史。道教融合了先秦道家思想、黄老之学、神仙方术信仰、鬼神信仰和巫术崇拜等各种思想,对我国古代社会政治、经济、文化艺术、科学技术等各方面均产生过重大影响。道教思想早已渗透到中华民族的文化习俗、民族性格中,对国人的思维方式也产生很大影响,因而鲁迅先生曾说:"中国根柢全在道教。"浙江作为文化大省,道教曾经长期繁荣发展,涌现出相当多的道教名人,大量著名道教典籍出自浙江籍道士之手。

一、道教的诞生以及在浙江的早期传播

浙江古代由于和中原相距较远,民风较淳朴,在春秋战国时期仍然保留了巫术观念、鬼神崇拜思想等原始的宗教思想。秦统一全国后,越地文化和中原文化迅速冲突并融合。道家思想和鬼神崇拜在越地盛行,为道教在浙江的迅速发展奠定了基础。东汉时期由于战乱,大批北人迁徙到浙江,他们的到来不仅为浙江带来了当时先进的生产工艺,也带来了先进的文化、宗教信仰以及先进的管理方式,浙江本地文化和中原文化迅速冲突、交融,促使浙江文化迅速繁荣发展。

东汉时期神学、经学衰落,儒学已经不能维持从前独尊之地位,思想界出现了严重的信仰危机。在这种情况下,不少有识之士被迫从儒学之外寻找新的精神支柱,而中国土生土长的道教思想正好适应当时多数士人的精神需要,适应此种社会潮流。道教经典《太平经》从而诞生,《太平经》作者提出了一套比较完整的道教式的社会改革方案和人生理想,企图以此来重建人们已经破落的精神家园。同时,东汉社会矛盾日益尖锐,人民生

活非常艰辛,他们需要寻找新的庇护,张角建立起太平道,张修、张鲁在汉中创立了五斗米道,给教徒新的希望,民间道教信仰在全国迅速蔓延。此外,随着佛教在中国的迅速发展,很多富有民族感情的士人,觉得非常有必要形成一种能代表中国传统的宗教信仰,来抵御外来佛教的入侵,在儒家思想日益腐化的时期,以道家思想为基础进行改良的道教信仰得以萌芽并迅速发展。

魏伯阳　东汉时期,中国道教史上最重要的作品之一应为浙江人魏伯阳创作的《周易参同契》。魏伯阳,东汉著名炼丹家,生卒年现不可考,会稽上虞人。《周易参同契》以《周易》为立论基础,成书稍晚于《太平经》,其中"参"为三之义,即指《周易》、黄老、炉火;"同"为通之义;"契"为书契的意思。《周易参同契》全书分上、中、下三篇及《周易参同契鼎器歌》一首,约6000余字。上篇多言易道,次之以内养,间言炉火;中篇以内养为主,次之以易道和炉火;下篇以炉火为主,次之以内养和易道。以《周易》揭示的阴阳之道为基础,参同汉朝流行的黄老思想,讲述如何运用炉火炼丹。由于《周易参同契》把方士炼丹同周易卦象、黄老养生三者参同合一,以此为据说明炼丹及养生之道,加之作者经常用象征等隐喻手法来表情达意,使得本来就相当神秘的炼丹理论更加玄奥难懂。《周易参同契》被誉为"万古丹经之王",展现了古人在医学及养生学上的重要成就,并通过炼丹过程积累了大量的化学反应等知识,为我国医药学、气功学、养生学、化学等发展留下了大量宝贵遗产。

二、魏晋南北朝时期的浙江道教

道教诞生初期主要是在民间传播,起初未能得到统治阶级的认可,但随着民间道教活动受到上层社会的控制,官方意识的神仙道教开始兴起并始终得到统治阶级的认可,得以迅速发展。魏晋南北朝是道教理论迅速发展的时期,道教当时在浙江的传播也非常广泛,从社会底层到高层都有很多浙江人信仰道教。三国时期,葛玄已经在赤城、桐柏等地炼丹,建立了法轮院、桐柏观等道观。东晋时期许多世家大族有很多著名士人相信道教。王羲之经常与道士交往,在民间至今还流传着王羲之手写《道德经》以换取道士鹅的轶事,这至少说明王羲之对道教的喜爱。王氏世事张氏五斗米教,至王羲之之子王凝之病笃,孙恩起义军进攻会稽,作为内史的王凝之往静室请鬼兵相助结果被起义军所杀。谢家担心好不容易得到的宝贝儿子谢灵运夭折,将其送到钱塘道士杜子恭处养至15岁。道教不但在浙江上层统治阶层中传播,下层民众也有很多人相信,这为当时浙江涌现出大量道教名人和道教典籍奠定了扎实的社会基础。

葛洪　字稚川,号抱朴子,丹阳句容(属今江苏省)人。葛洪乃葛玄从孙,出身世宦名家,13岁父亡,家道从此中落。他从小就有一种强烈的求知欲,没有书,就到处向别人借,无钱买笔墨,就拿木炭在地上练字。曾经也想和大多数儒生一样建立一番功业,却因为社会环境、家庭以及个人好恶等各种原因无法成为纯儒。葛洪炼丹之足迹遍及浙江名山大川,杭州龙井、灵隐、天竺、南屏山,会稽山阴、梅山,余杭天柱山等许多地方都有葛洪留下足迹的记载,并在杭州宝石山修抱朴庐著书立说。从我国道教发展史来观察,葛洪及其作品《抱朴子内篇》占有非常重要的地位。他在《抱朴子内篇》中猛烈抨击民间道教活动,提出"仙可学至",认为普通人也能通过自己的努力得道成仙,宣扬学仙修道可以不废世事俗务,努力调和儒道间的矛盾,使得道教更易于被统治阶级所接受,为道教迅速在上层社会流布奠定了理论基础。

陆修静(406—477) 字元德,号简寂,吴兴东迁(今浙江吴兴)人。早期《道藏》的编辑者,也是我国道教斋戒与仪范的制立者。陆修静主张儒、佛、道三教合流,认为斋醮是求道之本,然后复以礼拜,课以诵经,即能成道。陆修静编纂了第一部道教经书总目——《三洞经书目录》,并将道教经典概括为《三洞》:《洞真经》(《上清》诸经)、《洞玄经》(《灵宝》诸经)与《洞神经》(《三皇经》)。陆修静还对《洞玄灵宝》进行刊正,并撰《道教斋戒仪范》100余卷,建立起比较完备的道教斋醮仪式。经陆修静改革后的道教成为南朝天师道正宗,是道教从民间形态发展过渡到官方形态的重要改革者,在道教史上具有非常重要的意义。

顾欢 生卒年不详,字景怡,一字玄平,吴郡盐官(今浙江海宁县西南)人。父、祖以农为业,自幼好学,家贫,无力就学,乡中有学社,欢于壁后倚听,无遗忘者。前半生治儒学,积极仕进,晚年服食,事黄老,信道教,是道教上清派的信奉者和重要传人。顾欢是南朝释道斗争中的著名人物,曾作《夷夏论》论释、道两教之是非、优劣。顾欢宣称道教是产生于华夏的圣教,佛教出自西戎,虽然两教皆可化俗,但只能适合各自的国度,即佛教更适合于西戎,而道教则适合华夏,得出的结论是佛教应该回到其本土去。顾欢用中国传统的贵华夏、贱夷狄的观点来反对佛教,遭到佛教徒的强烈反对,成为南朝齐初佛道之间论争的导火索。

三、隋唐五代时期的浙江道教

经过葛洪及陆修静等一大批道教徒的改革和发展,道教在魏晋南北朝时期从民间逐步进入上层社会,从此之后多数时间道教能得到上层统治者的重视和扶持,隋唐到北宋时期,道教的社会地位大为提高,道教宫观日益增多,规模日益宏大。道教理论进一步发展,道教学者层出不穷。浙江的道教在这一时期处于极盛时期,浙江由于风景秀美,得到许多道教徒的青睐,道教宫观遍布浙江全省。道教徒敬仰的十大洞天浙江有三处,黄岩委羽山洞被视为道教第二洞天,天台赤城山洞为第六洞天,仙居括苍山洞为第十洞天。著名的浙江道教徒有叶法善、司马承祯、杜光庭等。

叶法善 生卒年不详,字道元。括州括苍县(今浙江丽水)人。出身于道士世家,自曾祖以下三代均为道士,皆有摄养占卜之术。叶法善精于阴阳、占卜、符箓之术,据称尤能厌劾鬼神。唐高宗曾诏其入京师,为其加爵位,叶坚辞不受,求为道士,后留在高宗内道场,供奉甚厚。曾劝高宗说:"金丹难就,徒费财物,有亏政理,请核其真伪。"(《旧唐书》)自高宗、武后、中宗,历50年,道教一直受到李唐最高统治者的宠信。

司马承祯(647—735) 字子微,法号道隐,河内温(今河南温县)人。少好学,不愿意做官,遂为道士。事潘师正,传其符箓及辟谷导引服饵之术。后游名山,隐于天台山之玉霄峰,自号"白云子"或"白云道士"。武后召至京师,与陈子昂、卢藏用、宋之问、王适、毕构、李白、孟浩然、王维、贺知章交往甚密,时人称为仙宗十友。司马承祯汲取儒家的正心诚意和佛教的止观、禅定学说,阐述道教修道成仙理论,认为"神仙亦人"。人的禀赋本有神仙之素质,只要做到无物无我,一念不生,与道合一,即可成仙。在其所著《坐忘论》中,提出了修道的七个"阶次",即七个步骤:第一,"信敬",修道者首先要有虔诚的信仰,对修道之事不疑惑;第二,"断缘",即断绝俗事尘缘,不为俗累;第三,"收心",即收心离境,住无所有;第四,"简事",要求修道之人处事安闲,不以物累;第五,"真观",即善于观察,不为外物所迷;第六,"泰定",即形如槁木,心若死灰,无感无求,寂泊之至;第七,"得道",即形随道通,与神合一。司马承祯以老庄思想为依据,吸收佛教禅定等修炼方法,是道教由外向内寻求成仙之道的理论先驱。

杜光庭(850—933)　字宾圣(一云字宾至),号东瀛子,处州缙云人。青少年时代,勤奋好学,博览群书。唐懿宗朝应九经举,赋万言不中,乃弃儒入道,师事天台道士应夷节,为司马承祯五传弟子。尝谓汉天师、陆修静撰集的道门科教,因岁久废坠,乃考定真伪,条列始末,为天下道流遵行。郑畋荐其文于朝,僖宗召见,赐以紫服象简,充麟德殿文章应制,为道门领袖。时人盛赞其为"词林万叶,学海千寻,扶宗立教,天下第一"。杜光庭学识渊博,精通儒道经典,又与和尚为友,对佛教也有一定的研究。他提出以五日为一周期,每日安排不同的学习内容,而以第五日为游憩时间;循环往复,周而复始,有张有弛,劳逸适度,遂得精进,这种学习方法现在看来仍然具有很强的可行性。杜光庭生平著述极丰,对道教的教理教义、神话传说、斋醮、科仪等,进行了系统的整理和阐发,对道教的建设有过多方面的贡献。其著作不仅反映了他所处时代的道教面貌,也为北宋时期道教的再度复兴积累了一定的经验,为道教文化史上影响较大的一位重要人物。

四、两宋时期的浙江道教

浙江从宋代以后经济日益发达,文化日益繁荣,宗教文化更是迅速发展。宋元时期道教在浙江得到了较大发展,道观遍布浙江全省,杰出的道士更是不胜枚举。

张伯端(?—1082)　一名用成(或谓得道后改名用成),字平叔,天台人,金丹派南宗五祖之一,人称"悟真先生"。自谓幼亲善道,涉猎三教经书,以至刑法、书筭、医卜、战阵、天文、地理、吉凶死生之术,靡不留心详究。唯金丹一法,阅尽群经及诸家歌诗论契。少业进士后为府史,因触犯"火烧文书律"而被遣戍岭南。从此仕进途绝,一直屈居下僚。后于成都受异人传授丹诀,乃著《悟真篇》阐扬。张伯端主张以内丹为修仙途径,而以"性命双修"为其内炼大旨。以人体为鼎炉,以精气为药物,以神为火候,通过内炼,使精气凝聚不散,结成金丹。同时,他继承陈抟内丹修炼的系统方法,将炼养分成四个阶段进行,即:筑基、炼精化气、炼气化神、炼神还虚。另外值得重视的是张伯端提倡三教合一,将禅宗心性之说引入内丹,其丹法以先修命、后修性为基本特征。他继承钟吕一派观点,认为道自虚无生万物是顺生过程,内丹修炼则反之,当复归虚无,与道合一。他将道教修炼形气作为修命,又将禅宗"明心见性"同内丹中的"炼神返虚"调和起来而当作修性,主张先命后性,最后回归虚无。张伯端所创作的《悟真篇》是道教最重要的炼丹理论及实践著作之一,与《周易参同契》齐名,对后代影响极深。张伯端的弟子有记载的主要有马默、张履、陆师闵、刘永年、翁葆光等人,相传石泰、薛道光、陈楠、白玉蟾一系得其正宗。

林灵素　温州人,少从浮屠学,苦其师答骂,去为道士,善为幻术,往来淮、泗间。宋徽宗笃信道教,下诏求天下有道之士。政和年间左道箓徐知常荐林灵素于徽宗。林称徽宗本为上帝之长子,天上神霄玉清王,号长生大帝君,特下降人世治理黎民。又称自己本是神霄府仙卿,名褚慧,下降佐帝君之治。徽宗信其言,令改名灵素,赐号通真达灵先生,建上清宝箓宫供其居住。政和七年(1117)二月,受命宣讲神霄玉清王下凡经过,又令京城官民受"神霄秘箓",由是京城信徒日众。徽宗又设立"道学",由林灵素主持修"正一黄箓青醮科仪",编排三界圣位,校正丹经子书,删定道史、经、灵坛等。他因早年与僧人结怨,欲尽废佛教,怂恿徽宗于宣和元年(1119)下诏,改佛号为大觉金仙,其余为仙人、大士,僧为德士,寺为宫,院为观。在京师四年,先后被封赐为金门羽客、通真达灵元妙先生、侍中大夫、冲和殿侍晨等。相传林灵素能"呼风祷雨"、"召神驱鬼"。《宋史·方技列传》谓其每"假帝诰、天书、云篆,务以欺世惑众"。宣和元年五月,都城大水,林灵素登城做法,不料却遭到役夫举挺袭击,仓皇逃走,徽宗始知其为众所怨。他又与皇太子争道,终触怒徽宗,以为太虚大夫,斥归故里。关于林灵素的被放归,还有一说:他登城治水,水势不退,回奏令太子设四拜。是夜水退尽,京城之民皆仰太子圣德,他因而上表乞归。九月,全台上言:"灵素妄议迁都,妖惑圣听,改除释教,毁谤大臣。"宋徽宗终觉林灵素所为太过虚幻,贬其为太虚大夫,斥回故里。宣和末年林灵素死于温州。

五、元明清时期的浙江道教

元朝以后,全真道和正一道发展迅速,金丹派南宗慢慢并入全真道。这个时期浙江各地的道教依然保持发展的态势,道观香火不断,高道不断涌现。

杜道坚(1237—1318) 元代著名道教学者,字处逸,号南谷子,安徽当涂人。14岁那年,得异人传书,爱上道教学说,17岁时在天庆观跟从蒙庵葛师学习道教知识。后来到茅山,蒋宗瑛传授其大洞经法,为茅山派嫡传弟子,后远游至钱塘、湖州。元兵南渡,道坚冒着生命危险,叩见军门太傅淮南王巴延,为民请命,以不杀无辜相请。王悦其言,禁止将士劫掠,时人深感之。元平定南宋后,杜道坚应征入朝,陈述当务之急在于求贤、养贤与用贤。因杜道坚坚辞不受官,放归江南,凡杭州之宗阳观、纯真观,湖州之升玄报德观,皆归杜道坚住持。大德七年(1303),授杭州路道录、教门高士。杜道坚深于玄理,晚年所著《道德玄经原旨》四卷为其主要著作。

冷谦 字起敬,号龙阳子,钱塘人,或曰嘉兴人。元末明初以黄冠隐吴山(在今浙江杭州)。冷谦精于《易》,崇尚道家思想,绘画也很有名。冷谦还精通音律,善鼓琴,飘飘然有尘外之趣。明代洪武初年(1368),授协律郎,参与制订雅乐,著有《太古遗音》一书,曾由当时著名文人宋濂为之作序。明清间传冷谦神异事甚多,《古今图书集成·神异典》引《巳疟编》云:"(冷谦)遇异人传异术。有友人贫,不能自存,求济于谦。谦曰:'吾指汝一所往焉,慎勿多取。'乃于壁间画一门,一鹤守之。令其人敲门,门忽自开,入其室,金宝充牣,盖朝廷内帑也。其人恣取以出。"后被查出,官差逮冷谦,谦隐身入瓶中。逮者"以瓶至御前,上问之,辄于瓶中应如响。上曰:'汝出,朕不杀汝。'谦对:'臣有罪不敢出。'上怒,击其瓶碎之,片片皆应,终不知所在。"

元朝龙门派道士王中立同样为浙江道教发展作出了重要贡献,他曾经在台州天台山、委羽山传道,当委羽山大有宫毁于战火后,时在大都崇阳观的王中立多次疏请重建,大有宫得以恢复重建。王中立不久从大都回到台州担任大有宫的住持,在王中立的住持下,龙门派从委羽山大有宫传向天台山桐柏宫,并迅速在台州传播,并进而传入温州,明清年间,全真道在浙江继续传播,但由于清朝统治者的政策压制,清中期后全真道的发展受到一定的抑制。正一道在浙江大多在民间传播,其间也涌现出一些名人高道,清中期后慢慢走向衰落。1949 年新中国成立后,大部分道士还俗,道教发展受到影响。"文化大革命"后,政府实行宗教自由的政策,道教得以恢复发展,1982 年杭州抱朴道院被列为全国重点开放宫观,1983 年杭州市向社会各界重新开放抱朴道院。1999 年,浙江省道教协会在杭州成立,浙江涌现了大量的高道,一批有志于道教研究的学者也开始在全国崭露头角,浙江的道教又步入良性发展之中。

第二节　自成脉络的佛教

佛教是源于印度次大陆的世界性宗教,大约在公元 1 世纪之后由中亚和印度一带经由陆路和海路传入中国,先是在中国北方传播,东汉末年传入浙江。得益于浙江独特而优异的地理环境,相对宽松的社会文化环境和较发达的经济环境,佛教在浙江迅速发展。佛教给浙江带来的不仅仅是印度的风土人情,更重要的是全新的教义、独特的宗教氛围和修炼方法,为浙江文化的繁荣发展作出了自己的贡献。

一、佛教在浙江的传入

(一)佛教初传

佛教何时何地传入浙江是一个非常复杂的历史问题,充斥着许多历史传说,主要路线大概可分为北线和南线。

北线主要是陆路,佛教经由西域通过著名的丝绸之路直接或间接传播到中国北方。东汉末年三国两晋时期,由于北方连年战乱,胡人大量涌入并迁往江南,有很多僧人进入当时已较为发达的浙江地区,东汉末年最早来浙江传教的是安息国名僧安世高,后世还有著名佛教翻译家支谦。

南线为著名的海上丝绸之路,由于西域反叛,陆路不通,佛教由中印度路经交趾,由会稽传入浙江。三国时期,由于各种原因,东吴更重视向南扩张,使得交趾成为当时全国最大的通商港口,而且是当时中外政治经济以及文化交流的中心之一。东吴繁荣的经济和较为开放的文化政策吸引了大批胡僧,还有一批天竺僧人也来到当时的东吴传道。享有盛名的天竺僧人康僧会可能就是从交趾到会稽,然后转往建业。

(二)佛教在浙江的传播

两晋南北朝时期,佛教在浙江得到更为广泛的传播,名刹大量出现,涌现了灵隐寺、阿育王寺、天童寺等名闻中外的著名寺庙。百家争鸣,出现了阐发和弘扬般若学思想的各种流派,共"六家七宗"即本无宗(本无异宗)、即色宗、心无宗、幻化宗、识含宗、缘会宗,名僧辈出。

由于隋唐长期实行较为宽松的宗教政策,特别是在唐代,由于政治开明,经济发达,国力强盛,宗教文化政策较为开明,促使佛教在两晋南北朝的基础上进一步发展。流派纷呈,形成了天台宗、华严宗、法相宗、禅宗、三论宗、密宗、律宗、净土宗等各宗并立的局面。佛寺和僧尼数量迅速增加,名刹和名僧大量涌现。智顗大师在浙江天台山创立我国最早的佛教宗派天台宗,对后世影响深远。吉藏大师在绍兴嘉祥寺经过长时间的钻研,奠定了三论宗的基本教义。中唐后其他宗派在浙江也相继兴盛起来,高僧大德不断涌现。

浙江佛教的繁盛时期应该在五代以及宋代。五代十国时期,吴越国未受战乱之扰,经济繁荣,历代钱王实行"信佛顺天"的国策,以杭州为中心,大力发展佛教,仅杭州就建佛寺 260 多座,各地高僧大德云集杭州,佛教中心由会稽一带转移至杭州。而后吴越归降北宋,吴越国免遭战乱的破坏,佛教文化得以保留,南宋迁都杭州,佛教一直极度繁荣,成为当时我国东南部的佛教中心。五代十国时期,浙江最盛法眼宗,宋代以后,律宗、天台宗、禅宗、净土宗等均有很大发展。

经过了五代、宋代的极盛后,浙江佛教在元明清时期同中国佛教一样开始走下坡路。元代浙江流行临济宗,临济宗的活动中心在浙江天目山,所以天目山在元代佛教界占有重要的位置。另外天台宗和华严宗也有一定程度的发展和传播。明代浙江佛教以净土宗和禅宗为主,临济宗依然是禅宗传播时的主要流派,禅宗经历过明中叶的衰落,明末清初再次繁荣。净土宗也有一定程度的发展,出现了禅净合一的趋势,被尊为净土八祖的莲池大师、净土九祖的智旭大师的主要活动地点均在浙江,净土宗在浙江有较大的发展。清朝浙江佛教延续了明朝的传统,仍然以禅宗和净土宗为主,雍正后禅宗衰落,净土宗成为最重要的流派,由于净土宗信仰具有较多世俗的成分,佛教信仰进一步世俗化。

近代由于帝国主义的入侵,为救亡图存,不少佛教界人士进一步发展佛教教理,兴办佛学院,重视理论研究,佛教各宗在浙江重新兴盛起来。但此时各宗虽然均有独自理论,但却在信仰目标上同时指向净土法门。新中国成立后浙江的佛教进入一个崭新的发展时期,在 20 世纪 50 年代初,佛教有过一定的发展,后由于"文化大革命"的影响,佛教发展受到了一定的打击。改革开放后由于国家的重视,浙江的佛教有了进一步的发展。

二、浙江佛教的代表人物及其贡献

(一)浙江佛教早期代表人物及其贡献

三国两晋南北朝是中国历史上一个分裂动荡的时期,也是一个思想大解放和宗教大融合的时期,来自西域的佛经翻译和佛法传播推动了浙江佛教的迅速发展,以下我们列举一些赫赫有名者。

安世高(约 2 世纪)　安息国名僧,名清,字世高,原为安息国太子,由于热爱佛教,毅然放弃世俗权力,弘扬佛法。此公通晓多国语言,来洛阳后很快掌握汉语,将大量佛经翻译成汉语。东汉灵帝末年,避乱江南,辗转至会稽,在会稽广收门徒,最后在会稽遇害。安世高可谓佛经汉译的创始人,对佛教在中国的发展传播贡献卓越。

康僧会(?—280)　三国吴僧人。祖籍康居,世居天竺,后移居交趾。年十余父母丧,服满出家。好学博览,通内外典籍。时江东佛法未盛,立志东游弘法。吴赤乌十年(248)至建业,设像行道,孙权为之立建初寺,曾在浙江海盐建造金粟寺。译有《六度集经》8 卷、《旧杂譬喻经》2 卷,现均存。

支遁(314—366)　号道林,俗姓关,陈留人,即色宗代表人物,根据《世说新语》等的记载,支遁不仅是名僧,还是东晋名流所推崇的玄学大师,佛玄思想在其身上较为和谐地融合起来，将外来佛教有意识地本土化，为佛教融入当时社会作出了巨大贡献。

慧皎（497—554）　会稽上虞人，俗家姓氏失载。学通内外，兼通佛教与儒道百家之学。曾撰《涅槃义疏》10卷及《蕃网经疏》等著作，流行于世（均已佚）。所著《高僧传》30卷为其唯一留存之作品。慧皎在写作《高僧传》时，态度极为严谨，搜集了大量史料，进行了颇为严谨的考证，取得了超越前人的伟大成就，其书为佛教界名书，个人也因此名垂佛典。《高僧传》所创立的僧人总传的体例，成为后代续作之楷模，是中国佛教史上不朽之篇章。

（二）隋唐浙江佛教代表人物及其贡献

隋唐是中国佛教发展的鼎盛时期，也是佛教各宗各派创立的关键时期，根据方天立先生在《古代浙江籍佛教学者与中国文化》一文中的统计，四朝《高僧传》有记载的佛教僧人达82名，占总数的63％。由吉藏和智颉大师分别创立的三论宗和天台宗是我国最早的佛教宗派，都形成于隋代的浙江。

吉藏（549—623）　隋唐僧人，俗姓安，中国佛教三论宗创立者及集大成者。祖籍安息，先世避仇移居南海，住在交广（今越南、广西）一带，后迁居金陵而生吉藏。吉藏7岁随父出家，师事法朗。19岁开始参加讲经活动，听者钦服。隋平定江浙后，赴会稽嘉禅寺弘法，世称嘉禅大师。他博学多识，历受陈、隋、唐王室的尊荣，恃才傲物，行不拘检。他的著述共计40余种，其中有的已经散失，有的真伪尚未确定，现存尚有26种。

智颉（538—597）　世称智者大师，天台宗的实际创立者。俗姓陈，家居荆州华容（今湖南华容县），父亲是梁朝的官吏。17岁时，在荆州长沙寺发愿为僧。次年，依湘州果愿寺沙门法绪出家，授以十戒。30岁来到金陵九宫寺弘扬佛法，38岁入住浙江天台山，48岁奉诏在金陵讲学。智颉大师深受陈隋两朝帝王礼遇，陈宣帝和陈后主曾先后下诏向大师请教，永阳王陈伯智从授菩萨戒。隋朝建立后，统治者对智颉大师同样非常重视。隋开皇十一年（591），授太子杨广菩萨戒，获智者大师的美誉。智颉一生造寺36所，隋开皇十八年（598），杨广按照智颉遗愿，于天台山建立天台寺，后改名国清寺。

南北朝时，南朝佛教多重义学，北朝佛教盛禅学。隋灭陈后，南北统一。智颉力求打破南北佛教之间的差别，提倡"定慧双修"，学行综合南北佛法。天台宗的出现标志着中国佛教的发展进入了新的阶段，从原来的吸收印度佛教为主的学习期转向创建自身理论体系的开拓期。天台宗不仅对中国佛教界产生了重要影响，日本、朝鲜，尤其是日本深受其影响。日本在其影响下形成了以京都为中心的天台佛教文化圈，有佛寺3200余所，僧众400余万。值得一提的是宋代复兴天台宗的尊式法师（964—1032）来自浙江宁海。

澄观（737—838，一说738—839）　越州山阴人，字大休，华严宗四祖。11岁时，从宝林寺霈禅师出家，21岁后，遍游全国名山大川，虚心学习各种佛教知识。曾研习《大乘起信论》、《涅槃经》、《华严经》；也曾学习过天台《摩诃止观》、《法华经》、《维摩经》等；又拜谒牛头山惟忠、径山道钦等人，究学南宗禅法；复参见慧云，学北宗禅法。兼通吠陀、五明、秘咒仪轨、经传子史之学，尤其重视华严宗的理论。德宗兴元元年（784）正月至贞元三年（787）十二月，澄观大师用四年时间撰成《华严经疏》20卷，名声大振。晚年居五台山清凉寺专讲《华严经》，弘扬华严宗佛法。澄观国师身历九朝，先后为七帝讲经，弟子有宗密、僧叡、法印、寂光等人。武则天时期，法藏大师创立华严宗，但在很长一段时间内，华严宗的发展缓慢,直至澄观法师的出现才使得华严宗再度辉煌。

这一时期著名的浙江僧人还有曹洞宗的创始人良价法师(唐越州诸暨人,807—869)、南山律宗的创始人道宣法师(长兴人,596—667)等。

(三) 五代及五代后浙江佛教著名僧人及其贡献

吴越国以及宋代是浙江佛教的极盛时期,杭州成为当时佛教的中心,涌现了大量的高僧,明清时期佛教在浙江均有一定的发展。

文益(885—958)　法眼宗创始人,唐五代余杭人,俗姓鲁,7岁出家,20岁在越州开元寺受足戒,但一直未能开悟,直到受到罗汉桂琛大师的点化才豁然开悟。文益强调禅教并重,南唐中主李璟对其礼敬有加。李璟先迎其至金陵住持报恩院,事以师礼,赐号"慧净",并从之受戒,因建清凉寺,故称"清凉文益"。四方僧众,事之如圣,纷纷前来学法,不下千人。高丽、日本等国也有不少僧人奉之求法。南唐中兴元年(958)闰七月五日病逝,葬于江宁县丹阳乡。李璟谥为"法眼大禅师"。其禅法后人称为"法眼宗",为禅宗五大家之一。

文偃法师(864—949)　云门宗创始人,俗姓张,姑苏嘉兴(今浙江嘉兴)人,因在韶州(今广东韶关)云门山传播佛教禅宗学说,世人称其为"云门文偃"。文偃法师天资聪颖,据说具有过目成诵的才能。于化导学人时,惯以一字说破禅旨,所谓的"云门一字关"。又有谓之为"云门三字禅"者,也就是常以"顾、鉴、咦"三字启发禅者。有《云门匡真禅师广录》3卷及《语录》1卷行世。其禅法后人称为"云门宗",为禅宗五大家之一。云门宗在浙江有很大发展,北宋时契嵩(1011—1072)提倡"三教一致",在杭州灵隐寺广传禅法,从者甚众,南宋后云门宗逐渐衰落。

省常(959—1020)　净土宗七祖,俗姓颜,钱塘人。7岁出家,17岁具戒,以坚持戒律称名,发菩提心,结社互励,为净土因行。在杭州昭庆寺,效法庐山莲社故事,结净行社,士大夫与会者,有相国王文正公旦等120人,皆称净行弟子,与僧千人,同修净业。因净土宗提倡一念成佛,教义简单,方法简便,称只要专心念"南无阿弥陀佛"便可往生西方净土,深受普通民众欢迎。在省常大师的倡导下,吴越各地集会念佛者日益增多,净土宗在民间迅速发展。

道济和尚

道济(1150?—1209)　南宋僧人,俗姓李,又名湖隐、方圆叟,浙江天台人。民间通称济公,其神异故事广泛流传。传说他言行类似癫狂,嗜酒肉。根据《湖隐方圆叟舍利铭》所载,道济生活落拓,寝食无定,衣无完衣,所受布施供养,不久即付酒家。对于老病僧人,他尽力备办药物相助,无故不入富贵人家。后常居杭州净慈寺。《清一统志》载净慈寺曾一度毁于火,他到严陵山(今浙江桐庐)一带募化,使净慈寺得以恢复旧观。临终前作偈曰:"六十年来狼藉,东壁打到西壁。如今收拾归来,依旧水连天碧。"有《钱塘湖隐济颠禅师语录》记载其神异事迹,济公这一形象,可谓家喻户晓,深受百姓喜爱。

三、浙江佛教名山古刹

浙江自古山灵水秀,众多高僧大德乐意在此营造古刹大寺,而众多佛教名山大寺的存在,充分昭示了浙江作为佛教大省的深厚文化积淀。

国清寺　天台山国清寺位于天台县城北 3.5 千米的天台山麓,建于隋开皇十八年(598),现存建筑为清代重修。国清寺现有殿宇 14 座,房屋 600 多间,主要建筑都依清代官式营造,分布在三条轴线上,中轴线上依次有弥勒殿、雨花殿、大雄宝殿。大雄宝殿正中设明代铜铸释迦牟尼坐像。像的背壁,有以观音像为中心的慈航普渡群塑,殿两侧列元代楠木雕刻的十八罗汉坐像。殿东侧小院中一隋梅,传说为隋代天台宗五祖章安手栽,主干枯而复生,逢春繁花满树。寺前有唐代僧人寒山、拾得的桥厅,寺后有柳公权、米芾、朱熹等的手迹。唐贞元年间(785—804),日本高僧最澄到天台山国清寺学习天台宗义理,回国后创立了佛教天台宗。该宗教徒尊国清寺为祖庭,时时来华参谒,促进了中日文化交流。同时该寺在朝鲜等东亚国家,以及东南亚各国影响深远。

灵隐寺　灵隐寺始建于东晋,印度僧人慧理来杭,看到这里山峰奇秀,以为是"仙灵所隐",在飞来峰下修建灵鹫寺(久废),在北高峰下修建灵隐寺。五代吴越国时,曾两次扩建,大兴土木,灵隐寺全盛时有九楼、十八阁、七十二殿堂,房屋1300 余间,僧众达 3000 人,为江南著名寺庙,南宋宁宗年间评定江南寺院,灵隐为"五山第二",1983 年被评为全国重点寺院。

灵隐寺

普陀山观音寺　普陀山为中国四大佛教名山之一,为观世音菩萨的道场,位于杭州湾以东约 100 海里的莲花洋中,处舟山群岛中部。佛经记载,观世音菩萨的道场是在印度洋上的洛伽山。唐大中十二年(858),日本僧人慧锷从五台山请了一尊观音像归国,船在舟山群岛梅岭大小二岛处遇礁不前,慧锷以为这是菩萨到家了,不愿"东渡",便在岛上搭篷供奉观音,名"不肯去观音院"。到南宋嘉定三年(1210),朝廷指定梅岭为专供观音之佛地。后根据补怛洛迦山的译音,将梅岭大小二岛,一称普陀山,一称洛伽山。明万历三十三年(1605),朝廷扩建普陀观音寺,赐额"护国永寿普陀禅寺"。1982 年国务院将其列为第一批国家重点风景名胜区之一。1997 年农历九月廿九,南海观音露天铜像建成。

南海观音

除此之外,浙江佛教名刹还有很多,有三论宗祖庭会稽嘉祥寺、天台山祖庭之一明州延庆寺、曹洞宗祖庭天童寺、禅宗祖庭杭州净慈寺。其他著名寺院还有杭州上天竺法喜寺、中天竺法净寺、下天竺法镜寺,宁波慈溪普济寺,绍兴山阴灵嘉寺,桐乡福严寺,等等。

四、浙江佛教主要宗派

佛教传入中国后,迅速蔓延至浙江,魏晋南北朝主要的宗派有"六家七宗",代表人物很多是活跃在浙江的高僧大德。如即色宗代表人物支遁、本无宗代表人物竺法潜、识含宗代表人物于法开。隋唐至两宋时期浙江创立了天台宗、三论宗、南山律宗以及禅宗诸派,净土宗在浙江也有很大的发展。

天台宗的创始人为僧人智𫖮,智𫖮后有灌顶大师、湛然法师、道邃大师,宋代僧人义通、义寂、知礼,明代智旭、传灯,近代谛闲、宝静均对天台宗的传承作出了非常重要的贡献,这些人同为浙江僧人。

三论宗为隋代高僧吉藏大师创立于会稽嘉祥寺。南山律宗创始人为浙江长兴人道宣和尚,著名后学有文纲、道岸、允堪、元照以及近代的弘一法师,主要活动均在浙江。禅宗在浙江同样有很大发展,慧能弟子允觉是永嘉人、慧忠是诸暨人。禅宗重要宗派之一云门宗创始人文偃法师是浙江嘉兴人,禅宗重要宗派之一法眼宗创始人文益是唐五代余杭人。净土宗在浙江的发展也令人瞩目。净土宗虽然缺乏严密的传法世系,但一般认为从净土五祖少康到十一祖实贤,均主要活动于浙江,而且大多为浙江籍高僧。

第三节 多元并存的基督教、天主教及伊斯兰教

由于历史原因,中国一般称罗马公教为天主教,新教为基督教或者耶稣教,本节所说的基督教指的是新教。"伊斯兰"是阿拉伯语,含"和平"、"顺从"之意。伊斯兰教为穆罕默德于公元6世纪在阿拉伯创立。在旧时中国,又被称为"大食法"、"回教"、"回回教"、"天方教"、"清真教",等等。该教以《古兰经》为根本经典,与佛教、基督教并称世界三大宗教。基督教、天主教以及伊斯兰教在浙江均有比较广泛的传播。

一、浙江基督教文化和天主教文化

在中国,天主教最早可以追溯到唐代的景教,景教又称聂斯脱利派,其创始人聂斯脱利不赞成混同耶稣的神性和人性,拒绝以圣母玛丽亚为崇拜对象,后被斥为"异端"。根据《大秦景教流行中国碑颂》的记载,635年,景教教主阿罗本来到唐都长安传教,这是有文字记载的中国天主教的开端。为适应中国地方文化,景教传教士初期传教时大量借用佛教、道教的语汇,天主称"佛",传教士为"僧人",教堂为"寺",用道教的"无"和"道"等概念来描绘天主教教理。晚唐时期由于武宗灭佛,景教由于大量借用佛教词语等原因受牵连。唐末景教在中原地带的传播被禁止,但景教依然在蒙古一带广泛传播,随着蒙古族入主中原,景教重新在中原兴盛起来。1294年罗马教皇派传教士蒙高维诺来到大都,创设中国天主教第一个教区,并在大都先后建立两座教堂,发展教友6000余人。随着天主教源源不断地传入,元朝时杭州和温州都有天主教创立的教堂。当时人称天主教堂为

"十字寺"。杭州天主教堂位于清泰街,建于 1284 年,教堂名为样宜忽木勒大普兴寺(样宜是新的意思;忽木勒普兴为叙利亚文,寺庙的意思),天主教在浙江全省有一定的发展。但当时天主教把传教重点放在蒙古人和色目人等少数民族上,忽视了多数人口的汉族,随着元朝的灭亡,天主教在中国的传播遭受重挫。

明末清初,天主教第三次来华大规模传播,代表人物是意大利传教士利玛窦。鉴于中西传统文化的巨大差异和中国的实际情况,传教士开始学习汉语和儒家经典,穿上了传统的中国衣服,取很地道的中国名字,用中文撰写大量天主教经典,并用中国古典名著来解释天主教教义。明嘉靖年间,葡萄牙传教士在宁波建立了两座天主教堂,明万历后,先后有意大利传教士利玛窦、利利思,法国传教士金尼阁,西班牙传教士庞迪我,葡萄牙传教士伏若望、费若德等来到浙江传教。这些传教士来到浙江,尊重浙江当地的社会习俗,主张应允许中国教徒祭祖祭孔,融合耶儒,力图在耶儒之间求得平衡,论证天主教教义与儒家思想并不相违背。在传教过程中,部分传教士充分认识到华人在传播天主教时所具有的特殊作用和意义,开始培养本地的神职人员。除了一般的市民信奉天主教外,不少具有较高文化水准的官员也开始信奉天主教。

杭州常有传教士到宁波进行传教活动,至 1640 年,宁波天主教已粗具规模,五年内入教 560 人,并建有神甫住房。杭州名流李之藻笃信天主教,编辑出版了中国天主教第一部丛书"天堂实函"。1643 年,意大利耶稣会士卫匡国来华,先到兰溪,后到杭州居住。卫匡国在杭州期间常到宁波、金华、兰溪等地传教。1646 年,在金华、兰溪两地建造教堂。不久,多明我会士在白沙建立圣母堂和传教士墓地。1654 年 6 月,卫匡国抵罗马,为中国礼仪进行申辩,终获教宗允准敬孔祭祖。1659 年,在今杭州中山北路开始另建天主教堂,至 1661 年新堂内部启用。同年六月初二,卫匡国因霍乱感染逝世,葬杭州大方井。1708 年,康熙指令耶稣会士测绘全国地图(全图于 1718 年竣工,称之为《皇舆全览图》),测绘浙江地图的是冯秉正、雷孝思、德玛诺。测绘结束后,德玛诺留住杭州,1718—1719 年,德玛诺曾到嘉兴、平湖、海宁、硖石、王店、新枫、塘栖等 10 多个教友点了解情况,并在杭州北郊建造了世界上第一座耶稣圣心堂。1723 年,朝廷下令禁止天主教传播,天主教受冲击衰落,教堂改为祠堂。1730 年,李卫任浙江总督后,德玛诺被驱逐出境,杭州天主教堂被改为天后宫。此后,传教士转入隐蔽活动达 100 年之久。

1807 年英国传教士马礼逊来到中国,揭开了近代中国基督教(新教)的历史。鸦片战争后,伴随着西方帝国主义的入侵,大批传教士纷纷来到中国。凭借鸦片战争所签订的诸多不平等条约,传教士把他们的活动范围由沿海通商口岸逐步扩展到内陆。由于基督教是伴随着帝国主义的坚船利炮而传入中国的,在很多中国人心中,基督教传教士无异于帝国主义侵略者。加上一部分传教士来中国后无视中国传统文化,行为不受约束。起初加入基督教的很多人是一些趋炎附势者,这些人本是地痞无赖,仗着洋人的势力更是趾高气扬,不可一世。种种因素造成中国人民反教情绪日益高涨,他们称基督教为洋教,教民被称为"假洋鬼子"。在这种情况下,基督教在中国的早期传播受到很大的抵制,传播甚为不畅。

经过几十年的传教摸索,一部分基督教传教士认识到只有把基督教与中国传统文化相结合,走"孔子加耶稣"的传教路线,才能更好地在中国传播基督教。外国传教士充分认识到自身在中国传教存在很多限制,于是开始大量启用本地传教者。从 19 世纪下半叶开始,浙江部分传教士和爱国人士开始关注中国教会自立问题,力图改变"洋教"之形象,建立具有地方民族特色的基督教、天主教。

1846 年 3 月 26 日,天主教浙江代牧区成立,法籍石伯禄为第一任代牧,主教堂从定海迁到宁波,先后在药行街、江北岸建造教堂。1910 年 5 月 10 日,浙江代牧区一分为二,成立浙东、浙西两个代牧区。1924 年,浙东代牧区改为宁波代牧区,浙西代牧区改为杭州代牧区。后台州从宁波代牧区划出,成立台州代牧区。台州代牧区是全国最早由中国籍神职人员管辖的 6 个代牧区之一,首任代牧是定海人胡若山。1941 年,设杭州、宁波、台州、丽水 4 个代牧区。据 1949 年统计,全省共有教友 94694 人、神甫 187 人、修女 184 人、圣堂 70 座、祈祷所 500 处。此后,浙江天主教活动受到限制。1957 年建立浙江省基督教"三自"爱国会;1979 年底,宁波、温州、杭州天主教爱国会恢复活动,宁波和衢县麻蓬天主堂首先恢复宗教活动;1980 年 4 月,浙江省天主教第二届代表会议在杭州召开,正式成立浙江省天主教爱国会;1982 年 5 月成立浙江省基督教协会。

二、浙江伊斯兰教文化

"伊斯兰"是阿拉伯语,含"和平"、"顺从"之意。该教以《古兰经》为根本经典,与佛教、基督教并称世界三大宗教。国内大多数学者多支持陈垣先生把唐高宗永徽二年(651)大食国派使者朝贡作为伊斯兰教传入中国内地的开端。唐宋年间,中国经济发达,海外贸易繁荣,大批阿拉伯人来华经商,他们来华后往往聚居在一起,形成或大或小的聚居区,即所谓的"番坊",坊内建有礼拜寺。不少"番客"定居中国,与华人杂处,并且娶妻生子,出现"土生番客",他们是中国最早的穆斯林。不少"番客"长期生活在中华文化圈中,受到中国传统文化的熏陶,有不少穆斯林的后代精通中国传统文化,他们或精通经史,或擅写诗歌,或长于绘画。我国四大清真寺之一的杭州凤凰寺就建于唐代。凤凰寺位于浙江省杭州市中山中路,因其形似凤凰而得名。凤凰寺不但和泉州的麒麟寺、广州的狮子寺、扬州的仙鹤寺并称为我国伊斯兰教四大古寺,而且在阿拉伯世界也享有盛誉。

杭州凤凰寺是由阿拉伯人自己建造的最古老的四大清真寺之一,当时比较简陋,至宋代已具有一定规模,先后曾名礼拜寺、真教寺、回回堂。元代时,由回回大师阿老丁于至元十八年(1281)捐金重建,到 1341 年始建成较完整的具有中国和阿拉伯文化特色与传统相交融的礼拜寺,元代又重建(现大殿为元代建筑原貌),1493 年,杭州回回堂失火焚毁,1892 年重修后改称"凤凰寺"至今。1928 年为支持当时政府辟建中心马路(即今天的中山中路)的需要,拆除了凤凰寺的大门、寺内高层望月楼

杭州凤凰寺

和长廊等一半面积。1953年杭州市人民政府拨款整修了大殿,保持了元代原貌。凤凰寺于2001年6月被定为全国重点文物保护单位。现在前后门面都有穆斯林餐厅,为许多来杭州的穆斯林朋友解决了吃住问题。

北宋淳化三年(992),政府在明州(今浙江宁波市所属)设立市舶司,后建立波斯馆。大量阿拉伯人来明州经商,伊斯兰教也随即传入宁波,他们在城东南狮子桥北修建清真寺,以后历代皆有修建。元代由于蒙古族的对外扩张和中西交通的通达,大批信奉伊斯兰教的阿拉伯、波斯、突厥人来华,分布在全国各地,他们来浙江后大多数不再认为自己是外来者,而是在浙江安家立业,并与汉族、维吾尔族、蒙古族居民通婚,后逐渐形成一个特殊的民族——回族。明王朝采取非常手段促使穆斯林汉化,禁止色目人自我通婚,必须与汉人通婚,甚至还禁止色目人宰杀耕牛,禁止穿胡服,禁用胡名胡姓,伊斯兰教的传播受到较大的影响。此时形成了以陕、甘、宁、滇为主的回族聚居区。从杭州到通县的运河两岸都有回民居住。北京、南京、泉州、广州等地也有回民散居其间。

辛亥革命杭州光复后,南山路清波门城墙被拆时,发现了三座古墓,墓碑是阿拉伯文,经专家研究是阿拉伯先哲卜哈提亚氏和他的两个随从的墓葬。在柳浪闻莺公园内有丁鹤年的墓厅,丁鹤年是回回大师阿老丁的曾孙,元末明初的诗人、学者。

思考与讨论

1. 浙江道教发展的历史轨迹是怎样的?

2. 佛教如何传入浙江? 隋唐时期浙江佛教有哪些宗派和代表人物?

3. 伊斯兰教是如何完成中国化历程的?

第十一章

浙江军事文化

　　浙江自越王句践以来，就形成了一种忍辱负重、发愤图强的历史文化传统。这种文化传统首先体现在浙江人民独立自强、同仇敌忾的历史传统和社会心理上，其次还体现在出现了一批优秀的军事家和军事著作。浙江发生的战役和军事思想是中国军事学的重要组成部分，是前人留下的宝贵军事遗产，也是中华文化遗产的一个重要组成部分。

第一节　吴越争霸与胆剑精神

一、吴越争霸

　　大国争霸是春秋时代的显著特征。在齐桓公首霸之后，晋、楚两国相继而起，逐鹿中原，争当盟主，但终因旗鼓相当，势均力敌，在春秋中叶以后，出现并霸的局面。在这样的形势下，晋景公采纳申公巫臣的意见，开始联合吴国，企图利用吴国牵制楚国的右翼，使楚国不能腾出手来招架晋国的攻势，从而谋取利益。

　　吴国偏居东南沿海地区，与越国为邻，有断发文身之俗。据《吴越春秋》记载，当时吴国"险阻润湿，又有江海之害，君无守御，民无所依，仓库不设，田畴不垦"。严格地说，它还不能算是一个国家，只是一个部落群体。在中原列国眼里，吴是一个经济、文化十分落后的蛮夷之国。公元前584年，晋景公派申公巫臣到吴国传授车战射御的技术，并唆使吴国背叛楚国。于是吴国不断侵伐楚国，又攻打巢、徐等吴楚之间的小国，弄得楚国忙于应战，疲于奔命。在晋国的扶植下，吴国的军事力量发展得很快，国土日益扩展，声望日益提高。中原诸侯国家和吴国开始建立了联系。公元前522年，伍子胥从楚国逃到吴国，做了相国。他教给吴王阖闾"立城郭，设守备，实仓廪，治府库"等"安君治民，兴霸成王"之道（《吴越春秋》），使吴国由极为落后的蛮夷之邦，一跃而成为军事强国。公元前506年，吴王阖闾以孙武为大将、伍子胥为副将，联合蔡、唐两国兴师伐楚。孙武是杰出的军事家，为了切断楚国本部与方城之外的联系，他采取中间突破的战略，率领吴军从淮河流域西进，后舍舟登陆，翻越大别山，与此同时，唐军东进袭取大隧、直辕、冥厄三隘（在今武胜关一带），蔡军循汝水至淮河，南下直取訾梁（在今固始县）。这两支偏师堵住了楚军北上中原,东通齐、鲁的要道,从侧翼牵制住楚军,使楚军不敢正面迎击吴军,而吴军却乘机扫荡楚国东境沿途的城镇,从容西进,跟蔡、唐两路军队会师,将楚国拦腰截为两段,隔汉水同楚军对峙。楚司马沈系成发现问题的严重性,向令尹子常建议:"请令尹封锁汉水,自己以方城外人毁掉吴军舍弃的舟船,回过头来封住大隧、直辕、冥厄三隘,然后夹击吴军,一定能胜利。"令尹子常接受了这个建议。可惜他听信楚大夫史皇的离间,断然改变主意,轻率地领兵渡汉水,与吴军对阵于柏举(今湖北麻城),结果一败涂地。吴军乘胜穷追猛打,五战五胜,攻占了楚国的郢都。

楚国的惨败有内外两方面原因,外因是晋、吴联合力量超过楚国,内因是楚国政治腐败,而起决定作用的是内因。楚国的政治腐败突出表现在用人问题上。楚国出人才,可楚平王专信奸邪,加害贤良,后来楚昭王上台,也胸无大志,只勉强立国,致使大批人才有的消沉,有的流走。像范蠡,出身于布衣之家,是个旷世奇才,而"时人尽以为狂"(《越绝书》)。他琢磨,楚国不用自己,不能直接报效于父母之邦,不如东去助越,以越制吴,消除楚国东顾之忧,将全部的才智曲折地贡献给生养自己的故国。于是,他邀好友文种一起告别了家乡,踏上东去越国的道路。

越国是古代越族建立的国家。传说其先祖乃大禹的后裔,被封于会稽,"文身断发,被草莱而邑"(《史记·越王勾践世家》),历二十余世而至允常。公元前 510 年,吴王阖闾攻越,正是允常在位时。吴王阖闾攻占郢都后,庆功作乐,流连忘返,国内很空虚。越王允常乘机袭吴国。吴王阖闾之弟夫概也悄悄溜回吴国,自立为王。恰巧这时,楚大夫申包胥哭秦廷七日,求来救兵,吴王阖闾被迫跟楚国讲和,匆忙回师,赶跑夫概,保住王位,而楚国也侥幸复活。楚昭王接受了痛苦的教训,开始励精图治。为了解除吴国对楚国的威胁,他采取联越制吴的策略。

吴王阖闾决心打败越国。公元前 496 年越王允常死,其子句践继位。吴国起兵攻越,吴越两军战于樵李(今浙江嘉兴南)。吴国的军队阵列整齐,越王句践派敢死队冲锋失败,就改用罪人在阵前集体自杀,吸引吴军的注意力,然后偷袭吴军,越将灵姑浮挥戈刺伤吴王阖闾,吴军败退,阖闾死于途中,其子夫差继位。夫差派专人侍立宫门,每逢夫差出入,便发问:"夫差,越王杀害你父亲的仇恨你忘掉了吗?"夫差则回答:"没有,不敢忘!"过了两年,吴国出动精兵攻越国。夫椒(古山名,在今江苏吴县西南太湖中)一战,越军大败。越王句践仅剩 5000 人,被吴军包围于稽山。文种、范蠡说服句践忍辱图存,厚赂吴王夫差的宠臣伯嚭,向吴求和。吴相国伍子胥表示反对,他举夏代少康中兴的故事,劝告吴王,消灭越国,以绝后患。吴太宰伯嚭既贪图越王句践的财货,又嫉妒相国伍子胥的功劳,极力怂恿吴王答应越国的请求。吴王夫差终于允许求和,但条件是越国必须臣服于吴国,并要句践到吴为奴三年。句践回国后,身边总放着一个苦胆,坐卧饮食不忘先尝苦胆,借以牢记会稽之辱。范蠡为句践制定了一套保民、富国、强兵的方针。句践亲自耕田,夫人亲自织布,食不加肉,衣不重彩,礼贤下士,赈贫恤死,深得民心,越国很快富了起来。相反,吴王夫差因胜利而骄傲自满,腐化堕落,偏信奸佞太宰伯嚭,杀害忠诚的相国子胥,政治日趋腐败。吴王夫差看不到越国是自己的心腹之患,一心想北上争霸。公元前 483 年,他乘齐景公新死之机,伐齐,在艾陵打败齐军。公元前 482 年,吴王夫差通知中原诸侯到黄池(今河南封丘县西南)开会。会上,吴、晋两国争当盟主,结果歃血时，先吴后晋，鲁、邾等小国也分别"赋予吴八百乘"和"六百乘"（《国语·楚语》）。黄池之会使吴国达到了北上称霸的目的，但也标志着吴国霸业的终结。就在吴王夫差参加黄池之会的时候，越王句践率兵攻占吴都，俘虏了太子友。夫差闻讯后，急忙从北方撤军回国。但吴军长途跋涉，疲劳不堪，无法抵抗越军的进攻。夫差只得派伯嚭携带丰厚的礼物去越国求和。越王句践估量眼下还不能灭掉吴国，就答应同吴国讲和。公元前478年，越国再次攻吴国。两国军队在笠泽夹水对阵。夜里，越军左右两小队兵卒或左或右，击鼓呐喊，佯攻吴军两翼。吴军分兵防御，而越国三军主力暗暗涉水，猛攻吴国中军，吴国大败。公元前473年，越军第三次大规模进攻吴国，将夫差包围在姑苏山上，彻底打败了吴国。

这时，越国已成为地跨江、淮的东方大国。越王句践率领军队北渡淮河，在徐州（今山东滕州市）与齐、宋、晋、鲁等国诸侯会盟。各国都听越的号令。周元王正式派人赐给句践祭肉，称他为霸主。此后，句践为长期称霸中原，迁都琅琊（今山东诸城市）。直到战国中期，越国才被楚国打败。

二、胆剑精神

越王句践

据史载，两千多年前，越人就有"善用剑"、皆好勇的刚强遗风，尤其是越国把尚武精神和拓展意识推崇到了顶峰。当时，作为绝对珍品的越王青铜剑，既是冶金工艺的代表，更是越国开疆拓土的实力之象征。

"会稽乃报仇雪恨之乡，非藏污纳垢之地。"句践卧薪尝胆，韬光养晦，用他的一生实现了越剑的价值，完成了复国的使命，诠释着独特的"胆剑精神"。

"胆剑精神"一词，出于1961年曹禺以越王句践"卧薪尝胆"为素材创作的五幕史剧《胆剑篇》。该剧在公演期间受到观众普遍认可，主人公隐忍坚毅、刻苦自励、发愤图强的精神感动了整个处于危难中的中国人，人们将之提炼概括为富有时代与民族意义的"胆剑精神"。

胆剑精神中的"胆"，本义是指卧薪尝胆，引申为艰苦创业、励精图治的胆识，反映出越人敏慧善谋的"柔性"。"剑"，本义是指越王宝剑，引申为披荆斩棘、战无不胜的勇气，蕴涵着越人强悍豪爽的"刚性"。南宋状元王十朋将绍兴人文精神概括为"慷慨以复仇，隐忍以成事"。这是对胆剑精神所蕴涵的绍兴人双重性格特征的最好注脚。一方面，刚毅硬气、百折不挠，有着"三千越甲可吞吴"的英雄气概；另一方面，韬光养晦，以屈求伸，等待时机，以图东山再起。

长期的艰难困苦，也容易使人的意志变得消沉与麻木。因此越王句践在"生聚教训"期间仍十分注意保持全民精神的昂扬张力和凌厉剑气。有一个"越王敬礼怒蛙"的故事很能说明这个问题。《吴越春秋》卷一〇中记载："（句践）道见蛙张腹而怒，将有战争之气，即为之轼。其士卒有问于王曰：'君何为敬蛙虫而为之轼？'句践曰：'吾思士卒之怒久矣,而未有称吾意者。今蛙虫无知之物,见敌而有怒气,故为之轼。'于是,军士闻之,莫不怀心乐死,人致其命。"正是这种教育,在越国出兵伐吴争霸之时,越王剑才能扬眉出鞘,挥洒出一片凌厉的王霸之气。

胆剑精神有着浙江文化的鲜明特征。句践卧薪尝胆,"十年生聚,十年教训"的史实,是越人独特精神的最好体现。在历史上,绍兴名士曾深受胆剑精神的影响,"铁肩担道义,妙手著文章",他们的出类拔萃,不断张扬了胆剑精神。越文化作为中国唯一具有海洋文化性质的富有生命力的文化,随着越族的迁徙,不断在东南沿海,乃至全国流播,这种形态推动了胆剑精神的传播。

第二节 尽忠报国与岳庙文化

在中国,岳庙是一种颇有文化内涵的建筑。靖江生祠岳庙、泰安岳庙、汤阴岳庙、杭州岳庙……处处彰显的是精忠报国的雄心壮志与凛然正气。

在众多的岳庙中,杭州的岳庙最负盛名。它位于杭州栖霞岭南麓,建于南宋嘉定十四年(1221),明景泰年间改称"忠烈庙",经历了元、明、清、民国,时兴时废,代代相传一直到现在。现存建筑于清康熙五十四年(1715)重建,1918 年曾大修,1979 年全面整修,使岳庙更加庄严肃穆。

岳庙是历代纪念民族英雄岳飞的场所。岳飞是南宋初抗击金兵的主要将领,但被秦桧、张俊等人以"莫须有"罪名诬陷为反叛朝廷,陷害致死。岳飞遇害前在供状上写下"天日昭昭,天日昭昭"八个大字。岳飞遇害后,狱卒隗顺冒着生命危险,背负岳飞遗体,越过城墙,草草地葬于九曲丛祠旁。21 年后宋孝宗下令给岳飞昭雪,并以五百贯高价悬赏求索岳飞遗体,用隆重的仪式迁葬于栖霞岭下,就是现在岳坟的所在地。嘉泰四年(1204),即岳飞死后 63 年,朝廷追封其为鄂王。后朝廷谥其武穆号,复改谥忠武。

岳飞从军后大部分时间都在江南一带,他的传奇生涯在对金兵的作战中得到了完美的展现。可就是这样一位令敌闻风丧胆的名将却不能实现自己"直捣黄龙"的夙愿,反而被秦桧罗织罪名害死,忠良遗恨风波亭,长眠于西子湖畔的青山秀水。

一、岳母刺字与"岳家军"

岳飞,河南相州汤阴永和乡孝悌里人。1103 年二月初五,岳飞降生之时,据说一只大鸟在岳家院落上空飞鸣而过。因此,岳家新生儿即取名岳飞,字鹏举。

岳飞"少负气节,沉厚寡言,家贫力学,尤好《左氏春秋》、孙吴兵法"。而且"生有神力",未成年时,就能拉开 300 斤的强弓。12 岁,从汤阴枪手陈广学"击技",一县无敌,后又随同乡人周侗学骑射,诸般武艺无所不精,是一位文武双全的少年,深受乡人赞赏。

岳飞 19 岁时投军抗辽。不久因父丧,退伍还乡守孝。1126 年金兵大举入侵中原,岳飞再次投军,开始了他抗击金军的戎马生涯。与母临别时,母亲在岳飞背上刺"尽忠报国"四字,岳飞铭记在心。

抗金之时,岳飞勇于征战,屡破金兵。曾被以"智勇才艺,古良将不能过"誉之。后金军攻破开封,俘获徽、钦二帝,北宋王朝灭亡。靖康二年五月,康王赵构登基,是为高宗,迁都临安,建立南宋。岳飞上书高宗,要求收复失地,被革职。岳飞遂改投河北都统,任中军统领,在太行山一带抗击金军,屡建战功。

建炎三年(1129),金将兀术率金军再次南侵,杜充弃京师还建康。秋天,兀术继续南侵,改任建康留守的杜充不战而降。金军得以渡过长江天险,很快就攻下临安、越州(今绍兴)、明州等地,高宗被迫流亡海上。

岳飞率孤军坚持敌后作战。他先在广德攻击金军后卫,六战六捷。又在金军进攻常州时,率部驰援,四战四胜。此后,岳飞在牛头山设伏,大破金兀术,收复建康,金军被迫北撤,时岳飞28岁。从此,岳飞威名传遍大江南北,声震河朔,并升任通州镇抚使兼知泰州,拥有人马万余,建立起一支纪律严明、作战骁勇的抗金劲旅"岳家军"。

当时南宋朝廷漂流在海上,南宋的残兵败将散聚各地,"多行剽掠","军无复纪律"。而岳飞的岳家军却赢得了"冻死不拆屋,饿死不掳掠"的口碑,这与岳飞严格治军紧密相关。他有句名言:"文官不要钱,武官不怕死,天下太平矣。"岳飞精韬略,善运筹,博采众谋,团结民众,行师用兵善谋机变,作战指挥机智灵活,不拘常法,强调运用之妙,存乎一心。正因为岳飞严于治军,重视选将,信赏明罚,爱护士卒,所以,岳家军常能以少胜众。金军为此发出了"撼山易,撼岳家军难"的感叹。

绍兴六年(1136),岳飞再次出师北伐,攻占伊阳、洛阳、商州和虢州,继而围攻陈、蔡地区。但因孤军深入,不得不撤回鄂州(今湖北武昌)。此次北伐,岳飞壮志未酬,写下了千古绝唱的名词《满江红》:"怒发冲冠,凭栏处,潇潇雨歇。抬望眼,仰天长啸,壮怀激烈。三十功名尘与土,八千里路云和月。莫等闲,白了少年头,空悲切! 靖康耻,犹未雪。臣子恨,何时灭?驾长车,踏破贺兰山缺!壮志饥餐胡虏肉,笑谈渴饮匈奴血。待从头,收拾旧山河,朝天阙!"这首激昂的词是岳飞一生的写照,也成为了后世很多时期激励国人奋起反抗的精神力量。

二、风波亭之恨

绍兴七年(1137),岳飞升为太尉。他屡次建议高宗兴师北伐,一举收复中原,但都为高宗所拒绝。绍兴九年,高宗和秦桧与金议和,南宋向金称臣纳贡。这使岳飞不胜愤懑,上表要求"解罢兵务,退处林泉",以示抗议。次年,兀术撕毁和约,再次大举南侵。岳飞奉命出兵反击。相继收复郑州、洛阳等地,在郾城和金兀术1.5万精骑展开激战。岳飞亲率将士,向敌阵突击,大破金军精锐铁骑兵"铁浮图"(侍卫亲兵)和"拐子马"(左右两翼钳攻的骑兵)。这场战役便是历史上著名的郾城大捷。

此役之后,岳飞乘胜向朱仙镇进军(离金军大本营汴京仅45里),金兀术集合了数万大军抵挡,又被岳飞击溃。岳飞此次北伐中原,一口气收复了颍昌、蔡州、陈州、郑州、郾城、朱仙镇,消灭了金军有生力量。南宋抗金斗争有了根本的转机,再向前跨出一步,沦陷十多年的中原就可望收复了。在朱仙镇,岳飞招兵买马,联络河北义军,积极准备渡过黄河收复失地。他兴奋地对大将们说:"直捣黄龙府,与诸君痛饮耳!"

正当岳飞奋勇前进、胜利在望的时候,高宗和秦桧却一心求和,以"孤军不可久留"为由,在一天之内连下12道金牌,强令岳飞退兵。岳飞抑制不住内心的悲愤,仰天长叹:

"十年之功,毁于一旦!所得州郡,一朝全休!社稷江山,难以中兴!乾坤世界,无由再复!"他壮志难酬,只好挥泪班师。

岳飞回到临安,立即陷入秦桧、张俊等人设置的诬陷当中。绍兴十一年(1141)七月,秦桧唆使监察御使万俟卨首先发难,上书指责岳飞"爵高禄厚,志满意得,平昔功名的志向,日渐颓惰"。八月,岳飞的枢密副使之职被免,改任闲职。之后,秦桧唆使岳飞手下的副统制王俊诬告岳飞部将张宪准备谋反。十月,朝廷将岳飞及其子岳云逮捕入狱。无论如何严刑逼供、诬陷罗织,从岳飞身上,秦桧一伙找不到任何反叛朝廷的证据。但岳飞仍于农历除夕夜,被赵构以"莫须有"之罪名"特赐死",时年39岁。

"壮志饥餐胡虏肉,笑谈渴饮匈奴血。"何等的英雄气概,以岳飞之能,"驾长车,踏破贺兰山缺"也并非无望,然朝廷昏庸,岳飞十年之功竟毁于一旦。

"白首为功名。旧山松竹老,阻归程。欲将心事付瑶琴。知音少,弦断有谁听。"岳飞怀精忠报国之赤子之心,欲有一番作为,而高宗、秦桧却处处压制,令岳飞报国无门。旧山还在,只是山松山竹已老,挡住了岳飞北上的征程。岳飞不畏马革裹尸,面对帝王圣意却只能一声长叹,真是"知音少,弦断有谁听"。

"天日昭昭,天日昭昭!"岳飞临刑前只写下这八个大字。何为天?何为日?历史只留下一声悲鸣。

三、岳庙文化

走进岳庙,不只是走进一段历史,更是仰望一尊英灵,浸入一页文化。

瞻仰岳庙,头门是一座二层重檐建筑,巍峨庄严,正中悬挂"岳王庙"三字竖匾,继而是一个天井院落,中间是一条青石铺成的甬道,两旁古木参天。正殿忠烈祠重檐中间悬着一块"心昭天日"横匾,出自叶剑英手笔。大殿正中是彩色岳飞塑像,身着紫色蟒袍,臂露金甲,显示出岳飞的英武。殿两面壁上是明代莆田人洪珠写的"精忠报国"四个大字。坐像上面悬着一块"还我河山"

岳王庙

的横匾,是岳飞手迹,左右两边各悬一块"碧血丹心"与"浩气长存"横匾,是原佛教协会会长赵朴初和已故西泠印社社长沙孟海所书,正殿后面两旁是岳母刺字等巨幅壁画,展示了岳飞保卫国家的英雄业绩。大殿天花板上绘有"百鹤图",373只鹤形态各异,生动自然,可谓岳飞浩然气节和坚贞性格的象征。正殿西面有一组庭园,入口处有精忠柏亭,内有枯柏8段,传说这棵柏树原在大理寺风波亭边上,岳飞遇害后树就枯死了,后来就移放在岳坟边上,称为精忠柏。入庭园,南北各有一条碑廊,北面碑廊陈列的是岳飞的诗词、奏札等手迹,南面是历代修庙的记录以及历代名人凭吊岳飞的诗词。庭园中间有一石桥名精忠桥,过精忠桥便是墓阙,造型古朴,是1978年重修时按南宋的建筑风格建造的。

墓阙边上有一口井名忠泉。进墓阙重门就是岳飞墓园,墓道两侧有石马、石虎、石羊各一对,石俑三对,正中便是岳飞墓,墓碑上刻着"宋岳鄂王墓",左边是岳云墓,墓碑上刻着"宋继忠侯岳云墓",两墓保持宋代的式样。墓前一对望柱上刻有一副对联:"正邪自古同冰炭,毁誉于今判伪真。"墓阙后面两侧分列秦桧等四人的铸铁跪像,供人唾骂,遗臭万年。墓阙后重门旁有对联一副:"青山有幸埋忠骨,白铁无辜铸佞臣。"

现今的岳庙,不再只是一处墓园,而是一种文化的象征。它所寓含的是从岳飞身上体现出来的崇高精神,为国家和个人的尊严宁死不屈的高尚人格,对世人具有强烈的感召和激励作用。

第三节　镇海口海防遗址的文化记忆

浙江镇海是我国重要海防要塞之一。在中国近代史上,曾发生过多次抗击外敌入侵的战斗,尤其是中法镇海战役,是中国近代海防抗击外侵战斗中,取得辉煌战绩的经典战例。如今,战争的硝烟已经散去,战场的炮孔也被雨打风吹去,但战地的历史,却永远刻在我们民族的文化记忆里。

镇海口海防

镇海地处我国海岸线中段,北临杭州湾、长江口,南连闽、粤,为南北转运、补给和海上交通之要冲,战略地位极其重要,素有"海天雄镇"、"浙东门户"之称。自明中叶以来,镇海军民先后经历了抗倭和抗英、抗法、抗日等闻名中外的抗击外敌入侵的自卫战争,为后人留下了许多可歌可泣的英雄业绩和十分丰富而又珍贵的海防遗址。

明朝中叶,倭寇勾结不法商人,接连不断侵犯江苏、浙江、福建、广东等地,到处攻城劫寨、杀人放火、奸淫掳掠。倭寇的骚扰,激起了浙江军民的强烈反抗,明朝政府派重兵征剿倭寇,名将卢镗、俞大猷、戚继光先后驻守镇海,在招宝山上建威远城,并屡与倭寇鏖战于甬江南北,威震海疆。第一次鸦片战争期间,舟山失陷,镇海成为抗英的前哨阵地,著名的抗英将领葛云飞曾负责镇海的防务,杰出的民族英雄林则徐和钦差大臣裕谦莅镇督战,爱国军民同仇敌忾,血战英军,民族气节光昭日月。中法战争时期,法国远东航队司令孤拔率舰队侵犯镇海口,浙江巡抚刘秉璋、浙江提督欧阳利见、宁绍台道薛福成等亲率大军筑防御敌,守备吴杰亲操大炮炮击法舰,重伤法军司令孤拔,迫使法军败退,使法舰北上骚扰威胁京津的企图破灭。在中法战争镇海战役中,我镇海军民数战皆捷,取得重大胜利,在近代中国反侵略斗争史上写下了光辉的一页。抗日战争中,镇海军民曾多次击退日军的进攻。1940年7月17日,日本侵略军从镇海城关和现北仑区的小港两翼登陆,镇海爱国军民在招宝山、戚家山等地与日本侵略军激战,击毙、击伤日军 400 余人,使敌人仓皇败退。在这片英雄的土地上,一代又一代爱国志士用自己的血肉,凝聚成不畏强暴、抵御外侮、自强不息的民族精神,为后人留下了一部生动形象的爱国主义教材——镇海口海防遗址。

现存镇海口海防遗址共有 30 多处,主要分布在以招宝山为轴心的 2 平方公里范围内。镇海口北面现存的主要海防遗迹有浙江军民抗倭的重要遗迹威远城、月城、安远炮台、烽难、明清碑刻以及后海塘遗址等。其中,后海塘遗址,城塘合一,既能挡住海潮冲击,又能抵御外敌入侵。城塘是用大块石板条构筑而成的夹层塘,气势宏伟,蜿蜒数千米。在镇海口南面,现存的主要海防遗迹有金鸡山顶涂望台、靖远炮台、宏远炮台、戚家山营垒等。如此集中的海防遗迹,在全国是罕见的。它们既是我们的先辈用血肉之躯铸成的历史丰碑,同时也记载了外国侵略者的累累罪行。此外,还有各个历史时期军政首脑题词碑记、民族英雄殉难处、侵略者的登陆处以及历次战争留下的各种兵器、各类古籍史料等文物。这些遗留下来的文物古迹,是我国人民热爱祖国、不畏强暴、抗御外侮、自强不息的历史见证。

思考与讨论

1. 什么是胆剑精神？如何继承和发扬胆剑精神？
2. 结合岳飞尽忠报国谈谈岳庙文化的民族根基。

第十二章

浙江饮食文化

人类的饮食偏好与方式,及其长期以来在群居生活中所形成的地域性特征,与其生存的环境有着密切联系。浙江地处东海之滨,地理环境多样,物产丰富。北部河道纵横,平原广阔,素称"鱼米之乡";西南丘陵起伏,树木葱郁,盛产山珍;沿海渔场密布,岛屿众多,水产资源丰富。浙江民众在长期的生产和生活实践中,充分利用本地富饶的自然资源,创制出许多富有地方特色的菜肴,积累了宝贵的经验,终于独树一帜,创立了浙江菜系,成为中国著名的八大菜系之一。浙江源远流长的饮食史,形成了独具特色的饮食文化。

第一节 浙江饮食文化的生态环境

生态环境是指由生物群落及非生物自然因素组成的各种生态系统所构成的整体,主要由自然因素形成,并间接地、潜在地、长远地对人类的生存和发展产生影响。生态环境包括自然环境和社会环境两大类,不同自然环境中的人群都有自己独特的饮食方式。浙江的地理位置、自然环境和资源条件以及政治、经济、文化的不同情况,在饮食习俗上大体可以分为杭嘉湖平原、西南丘陵山地、东南沿海城镇和岛屿地区等四个主要饮食习俗区域。各地区历代传承的饮食习俗、惯例及菜肴烹调方法,均各具特色。

一、杭嘉湖平原饮食习俗

杭嘉湖地区是指杭州(包括郊区各县)、嘉兴、湖州以及宁(波)绍(兴)平原地带。这里地处美丽富饶的长江三角洲平原,阡陌纵横,良田成片,河港错综,水网密布,气候温暖,物产丰富。农产品一年三熟。盛产稻谷、蚕桑、豆类及各类水生动植物,素称"鱼米之乡"。

杭州市及各县城镇以大米为主食。在菜肴上,杭州菜历史悠久,是浙江菜中最负盛名的一种,被称为"杭帮菜"。其主要特点是做工精细,清鲜爽脆,因时而异,风味诱人。经过长期的发展、演变,到清代,正宗杭菜又产生了不同的流派。一为以竹斋街王润兴为代表的"饭店派"(亦称"城里帮");一为以楼外楼为代表的"湖上派"(亦称"湖上帮")。两派竞争,推动了饮食业的发展。现在的杭菜,除恢复和改进传统佳肴外,又创造了不少新菜,如笋干老鸭煲、百鸟归巢、掌上明珠、糟烩鞭笋、哪吒童鸡等。

各地民间由于自然资源的不同,又产生了具有本地特色的饮食习俗,湖州、嘉兴一带水乡,最喜食鱼虾黄鳝。如鳝丝、鳝糊、爆鳝等,均为当地传统名菜,并为筵席所必备。海盐澉浦乡间每年除夕夜,要烧一块四四方方的大块猪肉(至少2公斤),用稻草整块扎好,焖煮成酥肉,红酥而香腻,俗称"东坡肉"。在湖州等地,有吃乌龟肉的风俗。民间认为龟肉富有营养,把龟肉当作珍贵佳肴,吃法有"清炖龟"、"红烧龟"等。民间喜欢吃蟹和蟛蜞。每到春季,笋是民间最佳的美味之一。杭州笋以天目笋最佳,鲜而香嫩,为他处所不及。

杭嘉湖平原地区的特色风味小吃,也负有盛名。它以米类、豆类食品为多,用料广泛,制作精细,讲究甜、糯、松、滑的风味。如杭州西湖桂花藕粉、桂花鲜栗羹、青团、八宝饭,嘉兴的鲜肉粽子、各式糖年糕、酒酿、蒸团、蟹粉包子,湖州的猪油豆沙粽子、双林子孙糕、丁莲芳千张包子,海宁的藕粉饺、虾仁鲜肉蒸馄饨、雪菜虾仁锅面、桂花糕、桂花白糖小汤团,平湖的鸡肉线粉,绍兴的香糕,宁波的猪油汤团、龙凤金团、雪团、蜂糕、酒酿三圆、糯米素烧鹅,等等。不少小吃历史悠久,代代相传,至今不衰。有些小吃,还伴有生动的民间传说;有些小吃,根据群众心理,其命名含有吉祥的意思;有些小吃是吸收外地名点之长经改进而成的。

杭州人爱喝茶,宋代的临安已有茶肆多家。四时卖奇茶异汤,冬月添七宝擂茶,此俗一直流传至今。城乡有茶室,有专供清茶的,有在红茶里放玫瑰花瓣的,有在绿茶里放几朵桂花的,有加青果(橄榄)的"橄榄茶",有加姜末、丁香、萝卜丝的,山区还有加细嫩笋干的。喝了几杯茶后,把杯中青果及其他东西细嚼吞食,因此,饮茶俗称"吃茶"。诸种茶中,以风味茶最具特色。做法是将橙子切成细片,用盐腌,拌入芝麻,与茶叶相杂泡饮,是农家的常用茶。有青烘豆时也加上一撮,就叫烘豆茶,这是待客的上品茶。

二、西南丘陵山区饮食习俗

西南丘陵山区以金华、丽水为主,兼及绍兴、台州部分山区。这些地区崇山广布,峡谷众多,间有狭长的山间盆地。农业以麦类、杂粮为主。绍兴属于浙北平原的一部分,金华、兰溪、龙游等地处金衢盆地,开发较早,土地平坦,河渠纵横,历来以产粮为主,有浙江"第二粮仓"之称。

这里的主粮有稻米、小麦、玉米、番薯等。在菜肴上,有以绍兴风味为代表的地方菜系。擅长以鱼虾河鲜和鸡鸭家禽、豆类、笋类为主要原料,讲究香酥绵糯,原汤原汁,鲜咸入味。烹调方法以蒸、炖、炸、炒、烧为主。常用鲜料配腌腊食品同蒸或同炖(俗称"笃")。蒸法又以扣蒸居多,且多用绍兴酒烹制,香味浓烈。绍兴菜主要来自民间,富有江南水乡风味,被誉为"带着泥土气味的农民食品"。很多菜肴的原料都产自本地。如绍兴霉干菜全国闻名。清汤越鸡,是绍兴的"菜中皇后"。绍兴腐乳,是民间最普遍食用的家常菜,制作精细,其品种按大类分有醉方、红方、棋方、白方、青方等。绍兴腐乳具有色、香、味俱全的特色,最宜于吃粥和水泡饭、冷饭时佐餐。如果拌上点麻辣油,其味更佳。而吃剩后,还可冲上沸水做成"腐乳汤",风味也不差。

金华地区除盛产火腿外,民间还有制作"南肉"和"风肉"的习惯。

在山区,日常菜肴除四季所出的新鲜蔬菜外,往往用干制、腌渍等加工方法,如咸渍菜、腌菜梗、腌菜蕻头、腌萝卜、榨菜、腌辣红菜顶、汤菜、泡菜等;干制菜类有萝卜条、萝卜丝干、菜干等。山区出产冬菇、冬笋,如丽水的"炒二冬",就是以这两者为主料炒制而成的,其特点是冬笋鲜嫩松口,冬菇香气浓馨,成为传统风味菜。

在小吃上,以面类及杂粮为主料,制作点心以咸、香、松、脆为特色。如麦饼头、大饼、单麦饼、肉麦饼、蛋肉饼、花麦饼(即荞麦饼)、玉米饼等。其他小吃有天台的花边鲜肉饺,临海、兰溪的豆腐丸子,绍兴的野味五香田螺,等等。

三、东南沿海城镇和岛屿饮食习俗

东南沿海城镇和岛屿是指舟山、温州以及宁波、台州沿海一带地区。这里为东海之滨,海上大小渔场密布,水产资源十分丰富。尤其是舟山这个我国最大的群岛,古称"海中洲"。温州市是我国著名的滨海城市,这里人口稠密,商业发达。宁波的东部、北部濒临东海,是我国著名的港口城市,饮食业兴旺。市区及"三北"(即余姚、慈溪、镇海三县北部)、鄞县一带属宁绍平原。这里兼具山海之利,素称"鱼米之乡"。台州傍山面海,有岛有山,物产丰富。因此,这个地区形成了自己特有的饮食风俗。

在主食上,平原地区与城镇以大米为主,也有以玉米、高粱为主食的。山区和渔乡的居民多利用涂田、山地种植番薯。逢番薯收获季节,多以番薯和饭粥合煮。在菜肴上,有以宁波风味为代表的浙江地方菜系,以鲜咸合一,蒸、烤、炖海鲜见长,讲究鲜嫩、香糯、软滑,注意保持原汁原味。

宁波的十大传统名菜,大部分用鱼鲜制成,并享有盛名。其中有:苔菜拖黄鱼、腐皮包黄鱼、黄鱼海参、彩熘全黄鱼、红烧河鳗以及冰糖甲鱼、火腿全鸡、荷叶粉蒸肉、网油包鹅肝、苔菜小方烤等。其他还有三丝拌海蜇、油爆大虾、宁波摇蚶、蛤蜊鲫鱼等。汤清味纯的鲻鱼肉丸汤是具有宁波风味的夏令时菜,食之回味无穷。宁波菜多用雪里蕻咸菜和苔菜作辅料,因而菜味大多咸里带鲜。

温州菜俗称"瓯帮菜",也是驰名全国的地方菜。它的种类繁多,但大多采用近海鲜鱼与淡水小水产类,活杀活烧。烹调方法讲究鲜炒、清汤、凉拌、卤味。其名菜有三丝敲鱼、带扎鱼筒、三片敲虾以及鸡茸菜心等。

舟山的彩熘黄鱼、炒鳗鲞丝、炒梭子蟹,是该地久传不衰的名菜。舟山及沿海地区日常菜肴均以海鲜为主,除熟食外,还有腌制、干腊和生食的习俗。

在小吃方面,沿海地区群众充分利用海味做原料,创制出许多别有风味的食品。用鱼类制作的风味小吃特别多,如鱼丸、鱼饼、鱼面等。

渔乡各种酒宴都离不开鱼类,尤其喜宴最讲究吃鱼。十二冷盘中除四盘水果外,炸货有炸鱼块、炸鱼片、炸虾等;片菜中有鳗鱼干片、目鱼干片、蟹肉片、鱼饼片等。正菜中鱼类菜有全黄鱼、全鲳鱼、目鱼花、鳗鱼块、带鱼段、鱼饼、漂丸、鱼面、鱼羹、鱼肉馄饨、泡鱼胶等。

第二节　浙江菜肴的发展历史与特色

浙江菜肴特色鲜明,历史悠久。黄帝《内经·素问·导法方宜论》曰:"东方之城,天地所始生也,渔盐之地,海滨傍水,其民食盐嗜咸,皆安其处,美其食。"《史记·货殖列传》中就有"楚越之地⋯⋯饭稻羹鱼"的记载。由此可见,浙江烹饪已有几千年的历史。

一、浙江菜肴的发展历史

浙江烹饪的历史,与浙江历史进程同步,直可上溯到吴越春秋。越王句践为复国,加紧军备,并在今绍兴市的稽山,旧称"鸡山",办起大型的养鸡场,为前线准备作战粮草用鸡。故浙菜中最古的菜首推绍兴名菜"清汤越鸡"。其次是杭州的"宋嫂鱼羹",出自"宋五嫂鱼羹",至今也有880年的历史。杭州近郊的良渚和浙东的余姚河姆渡两处人类活动的古遗址中发现,从猪、牛、羊、鸡、鸭等骨骸中证明,浙菜的烹饪原料在距今四五千年前已相当丰富。东坡肉、咸件儿、蜜汁火方、叫花童鸡等传统名菜均离不开这些烹饪原料。

南宋建都杭州,北方大批名厨云集杭城,使杭菜和浙江菜系从萌芽状态进入发展状态,浙菜从此立于全国菜系之列。800多年前的南宋名菜蟹酿橙、鳖蒸羊、东坡脯、南炒鳝、群仙羹、两色腰子等,至今仍是高档筵席上的名菜。除了清汤越鸡外,绍兴的鲞扣鸡、鲞冻肉、虾油鸡、蓑衣虾球,宁波的咸菜大汤黄鱼、苔菜小方烤、冰糖甲鱼、锅烧鳗,湖州的老法虾仁、五彩鳝丝,嘉兴的炒蟹粉、炒虾蟹等,都有几百年的历史。温州近闽,受闽菜影响,烹调上讲究清淡,以海产品为主,像三丝鱼卷、三片敲虾等菜也历史悠久。

民国后,杭菜首先推出了龙井虾仁等新菜。但以杭菜为主的浙江菜系,基本上分为三大派别,一派是以烹调北方风味的"京帮"馆子,即烹饪一致看重的大帮菜,以烹调高档原料为主,如鱼翅、海参、燕窝以及烤乳猪、挂炉鸭子(北京烤鸭),此帮杭州最强。另一派是以红烧为拿手的徽帮,主要分布于杭、湖(吴兴)、宁波等地,菜品以入味、重油、重芡、重色、经济实惠为主。另一帮即本地菜,真正的土生土长菜系。杭州规模较大的有西湖楼外楼,开设于清道光年间,以西湖醋鱼、龙井虾仁闻名。城内清河坊的王润兴,人称"皇饭儿",其鱼头豆腐(人称木榔豆腐)、件儿肉、腌笃笋最为拿手。绍兴有兰香馆,专做蓑衣虾球、头肚醋鱼等标准绍菜。浙东宁波有东福园,其咸菜大汤黄鱼、冰糖甲鱼等名菜是正宗的宁波地方传统菜。

浙江菜肴有它自己独特的烹饪方法。除人们的地域性口味偏爱外,富饶的特产也是其中因素之一。宋嫂鱼羹是用鳜鱼在水中煮过,剔除鱼骨后将鱼肉放回原汤中加少许酱油、糖和较多的醋,不加油制作。类似的工艺,还有西湖醋鱼。西湖醋鱼制作简单,鱼经宰杀,刀工处理,水煮后捞出加调料而成,但技术标准要求很高。像这种烹调方法,全国名菜绝无仅有。绍兴名菜白鲞扣鸡也有类似情况,把鸡与白鲞(咸味黄鱼干品)放入同一只碗中,不加油,蒸后芳香入味。宁波盛产黄鱼,将黄鱼与咸菜同煮,做出来即为汤浓、味鲜、清口的咸菜大汤黄鱼。嘉兴过去盛产大闸蟹,除小吃店摊外,酒楼饭店不出售整只湖蟹,而历来用蟹粉(即湖蟹的肉)烹制菜肴。浙南重镇温州,讲究用汤,"三片敲虾"、"三丝敲鱼"均用高级吊汤。此外,杭州的泥烤菜"叫花童鸡",用茶菜做配料的"龙井虾仁"等,都有独特的烹调技术。

二、浙江菜肴的特色

浙江菜系的风味特色主要表现在以下几个方面。

(一)选料要求细、特、鲜、嫩

浙江得天时之利,全省四季物产资源丰富,为烹饪原料的取用提供了坚实的物质基础。具体来说,其原料的选用主要表现在:一是选料精细,根据烹调的要求,选用原料的精华部位,充分体现菜品的高雅上乘;二是充分利用本省的土特产、山珍野味,使菜品充分显示地方风味特色;三是讲究所用烹饪原料的鲜活,以求突出原料的本味;四是所用原料讲究品种和季节时令,以充分体现原料质地的柔嫩与爽脆,所用海错河鲜、果蔬之品,无不以时令为上,所用家禽、畜类,均以特产为多,充分体现了浙菜选料讲究鲜活、用料讲究部位,遵循"四时之序"的选料原则。

(二)烹调方法多样,尤擅长炒、炸、烩、熘、蒸、烧

"熟物之法,最重火候",浙江菜常用的烹调方法有三十余类,因料施技,注重主配料的配合,口味富有变化。其所擅长的六种技法各有千秋:炒以滑炒见长,要求快速成菜,成品质地滑嫩,薄油轻芡,清爽鲜美不腻;炸的菜品外松而里嫩,火候恰到好处,以包裹炸、卷炸见长;烩的技法所制作的菜肴,汤菜融合,原料鲜嫩,汤汁浓醇;熘的技法所制作的菜品脆(滑)嫩滋润,卤汁醇香,风味独特;蒸的技法所创制的菜品讲究火候,注重配料,主料多需鲜嫩腴美之品,突出原料的鲜美之味;烧的技法所烹制的菜品,更以火工见长,原料要求焖酥入味,浓香适口。另外,浙江的名厨高手烹制海错河鲜有其独到之处,适应了江南人民喜食清淡鲜嫩之饮食习惯。烹制鱼时,多用过水为熟处理程序,约有三分之二的鱼菜是以水为传热介质烹制而成,突出了鱼的鲜嫩味美之特点,代表菜当首推杭州的西湖醋鱼,滑嫩鲜美,有口皆碑。

(三)口味注重清鲜脆嫩,保持原料的本色和真味

清代杭州人李渔《闲情偶寄》曾认为"从来至美之物,皆利于孤行",意思是要吃上等原料的本味。但是烹饪的发展证明,所谓突出原料本味,并非原料之"野"味(此"野"味乃指原料未经烹调之味),而是将原料经合理、科学地烹调,去其糟粕,留其精华。去其糟粕,即除熟处理外,还需用葱、姜、蒜、绍酒、醋等调味品,达到去腥、膻,增香的功效,去除原料的不良之味,增加原料的香味。例如,浙江名菜"东坡肉"以绍酒代水烹制,醇香甘美。由于浙江物产丰富,因此在菜品配制时多以四季鲜笋、火腿、冬菇、麻菇和绿叶时菜等清香之物相辅佐。原料的合理搭配所产生的美味非用调味品所能及。如雪菜大汤黄鱼以雪里蕻咸菜、竹笋配伍,汤料鲜香味美,风味独特;清汤越鸡则以火腿、嫩笋、冬菇为原料蒸制而成,原汁原味,醇香甘美;火夹鱼片则用著名的金华火腿夹入鱼片中烹制而成,菜品鲜香合一,食之香嫩清鲜,其构思真乃巧夺天工。此类菜品例子不胜枚举,足以证明浙菜在原料的搭配上有其惟妙独到之处。在海错河鲜原料的烹制上,浙菜多以增鲜之调味品和辅料来进行烹制,以突出原料之本味,这也是浙江菜在调味中所遵循的一个原则。

（四）菜品形态讲究，精巧细腻，清秀雅丽

"浙菜"此风格可追溯到南宋，《梦粱录》曰："杭城风俗，凡百货卖饮食之人，多是装饰车担，盘盒器皿新洁精巧，以耀人耳目……"另据记载，赵宋偏安江南，建都临安，宫廷中就设有"蜜煎局"，专制各色雕花蜜煎以供御用。"蜜煎局"的厨师或以木瓜雕成"鹊桥故事"，或"以菖蒲或通草雕刻天师驭虎像于中，四围以五色染菖蒲悬围于左右"。由此可见南宋时期厨师食雕技艺之高超。当今浙江名厨运刀之娴熟，配菜之巧妙，烹调之细腻，装盘之讲究，将烹饪技艺与美学有机结合，创造出了一款款美馔佳肴。

第三节　杭州、宁波、绍兴、温州四大支系当家名菜

浙江菜系的构成，是由杭州、宁波、绍兴、温州为代表的四个地方流派组成。杭州菜是构成浙江菜的重要组成部分，得天独厚的地理位置使其尽享优越。宁波、绍兴濒临东海，兼有渔盐平原之利，菜肴以鲜咸合一的独特滋味为多见，菜品众多，色泽与口味较浓。温州地处浙南沿海，"瓯"菜多以海鲜入馔，口味清鲜、淡而不薄，风格自成一体。

一、杭帮菜当家品牌

杭州自南宋以来，一直是东南经济文化重镇，烹饪技艺前后一脉相承。杭州菜继承了南宋古都流传下来的"京杭大菜"，集全省各地菜肴精华为一体，发展演变出一大批引人入胜的杭州传统菜。杭州菜以制作精细、清鲜爽脆、淡雅细腻的风格，集中体现出浙菜的主要风味特色。

1956 年，在杭州市工人文化宫举办了饮食博览会，从各大餐馆选送的 200 多个菜中选出 36 个杭州名菜，集中反映了"杭菜"的风味特色，后经浙江省人民政府认定发布。这36 个名菜是：西湖醋鱼、东坡肉、龙井虾仁、干炸响铃、叫花童鸡、八宝童鸡、百鸟朝凤、栗子炒子鸡、红烧卷鸡、糟鸡、杭州酱鸭、杭州卤鸭、火蹱神仙鸭、蛤蜊氽鲫鱼、春笋鲥鱼、清蒸鲥鱼、糟青鱼干、斩鱼圆、鱼头豆腐、鱼头浓汤、生爆鳝片、油爆虾、虾子冬笋、番虾锅巴、一品南乳肉、蜜汁火方、排南、咸件儿、荷叶粉蒸肉、栗子冬菇、火腿蚕豆、糟烩鞭笋、南肉春笋、油焖春笋、西湖莼菜汤。这些名菜的共同特色是讲究原汁本味，注意轻油、轻浆、轻糖，多用本地土特产和时令鲜货，具有清、鲜、脆、嫩和南北风味交融的特点。

西湖醋鱼　　"西湖醋鱼"是杭州的传统风味名菜。这道菜选用鲜活草鱼作原料，烹制前一般先要在鱼笼中饿养一两天，使其排泄肠内杂物，除去泥土味。烹制时火候要求非常严格，仅能用三四分钟。成菜胸鳍竖起，鱼肉嫩美，别具特色；色泽红亮，酸甜适宜，鱼肉结实，无泥土味，鲜美滑嫩，带有蟹肉滋味。

"西湖醋鱼"的创制，相传出自"叔嫂传珍"的故事。说的是古时西湖边上住有宋氏兄弟，以打鱼为生，当地恶少赵大官人欲占其嫂，杀害宋兄，宋弟告官不成，宋嫂劝小叔外逃，制糖醋鱼为其饯行。后小叔得功名回杭，除暴安良，但宋嫂已逃遁，无法寻找。偶然在官友处赴宴，宋弟又尝到这一酸甜味的鱼菜，才知是嫂嫂所作。原来嫂嫂隐居在官家当厨工，叔嫂终于团聚。后人传其事，仿其法烹制醋鱼，成为杭州传统名菜。

1929 年西湖博览会前,杭州城里供应的只有"五柳鱼"和"醋熘块鱼",其制法与清时袁枚所撰《随园食单》记载的"醋搂鱼"相似。之后经改进出现了"醋熘全鱼",新中国成立后,"醋熘全鱼"改名为"西湖醋鱼"。

东坡肉 "东坡肉"的特点是:以黄酒加酱油、香葱、姜、冰糖作汤水,将大块的带皮五花肉放在密封的砂锅中用文火焖制。烧出来的肉油润鲜红,酥烂如豆腐而不碎,味道香糯而不腻口。

"东坡肉"的说法最早见于明代晚期沈德符的《万历野获编·物带人号》:"古来用物,至今犹系其人者……如胡床之有靠背者,名东坡椅,肉之大截不割者,名东坡肉……"清乾隆、嘉庆时,扬州席上已有东坡肉出现。顾禄《桐桥倚棹录》亦载有东坡肉。李渔的《闲情偶寄》中也谈到东坡肉,可见那时东坡肉已经作为美味为士大夫们所乐道。稍后的绍兴人童岳荐的《调鼎集》中,才有了东坡肉的具体制法:"肉取方正一块,副净,切长层,约二寸许,下锅小滚后去沫,每一斤,下木瓜酒四两(福珍亦可)。炒糖色入,半烂,加酱油。火候既到,下冰糖数块,将汤收干,用山药(蒸烂去皮)衬底。肉每斤入大茴三颗。"做法和风味基本与今无异。除了杭州的东坡肉外,四川、江苏、湖北、广东、河南等苏东坡到过的地方,都有各种各样东坡肉,但以杭州东坡肉最为出名。

龙井虾仁 "龙井虾仁"选用鲜活大河虾,配以清明前后的龙井新茶烹制,取料讲究,清鲜味美,虾仁玉白、鲜嫩,茶叶碧绿、清香,色泽雅丽,风味独特,食后清爽开胃,令人回味,是杭州的传统风味名菜。

相传,清朝乾隆皇帝下江南时,恰逢清明时节,他将当地官员进献的龙井新茶带回行宫。当时,御厨正准备烹炒"白玉虾仁",闻着皇帝赐饮的茶叶散发出的一股清香,他突发奇想,将茶叶连汁作为佐料洒进炒虾仁的锅中,烧出了此道名菜。杭州的厨师听到此传闻,即仿效烧出了富有杭州地方特色的"龙井虾仁"。

干炸响铃 "干炸响铃"又叫"炸响铃",采用杭郊泗乡(现富阳受降乡)生产的豆腐皮,卷入精细里脊肉末等炸制而成,腐皮薄如蝉翼,成品色泽黄亮,鲜香味美,脆如响铃。食时辅以甜面酱等调料,其味更佳,是杭州传统风味名菜。

传说古时这道菜最初出现时并不是现在这种形状,也不叫这个名称。在杭城的一家酒店,有一天,一位好汉慕名进店要点炸豆腐皮这道菜下酒,不巧豆腐皮刚刚用完,而他一定要吃这个菜。店主说原料远在泗乡(杭州市郊)定制,他即返身出店跃马挥鞭,不多时就把豆腐皮取来了。厨师甚为感动,为他精心烹制,并特意把菜形做成马铃状,来纪念他爱菜心切、驰马取料这件事。于是,后人才称此菜为"炸响铃"。

清蒸鲥鱼 鲥鱼为海河洄游性鱼,因每年定时入江而得名。平时生活在海中,每年4—6 月由海洋溯江而上,进行生殖洄游,孵化后的幼鱼在江湖中生长,当年深秋幼鱼顺流而下,至河口和近海生活。鲥鱼初入江时丰腴肥美,富含脂肪,生殖后体瘦味差,故民间有"来鲥去鲞"之说。鲥鱼出水即死,故以应时且鲜活为贵。鲥鱼圆鳞大而薄软,鳞片与皮肤之间富含脂肪,故烹调时可以不去鳞。

"清蒸鲥鱼"是文人居士肴馔中的名菜,此菜选用富春江鲥鱼,以端午节前后捕获的最好,配以火腿、笋肉、香菇等清蒸而成。由于鲥鱼鳞下脂肪肥厚,富含矿物质,故清蒸时不必去鳞。此菜色泽多样,银鳞闪烁,鱼肉肥腴鲜嫩,鱼鳞吮之油润,食时情趣横生。此菜是杭州传统名菜中的夏令时菜,且具有温中补虚、清热解毒之功效。

西湖莼菜汤 莼菜是杭州西湖著名的特产,要数三潭印月出产的最为肥嫩。采用莼菜制成的"西湖莼菜汤",原名"鸡火莼菜汤",是用鸡脯肉、火腿丝和名贵的莼菜烧汤而制成的佳肴,此汤莼菜翠绿,鸡白火红,色彩鲜嫩,味醇清香,汤纯味美,是杭州传统名菜。

莼菜因味道清香,营养丰富,富含胶质和维生素而被人赏识。《晋书》中记载:晋朝的张翰当时在洛阳做官,因见秋风起,思家乡的美味"莼羹鲈脍",便毅然弃官归乡,从此引出了"莼鲈之思"这个表达思乡之情的成语。莼菜汤又寓意着深厚的思乡、思国之情,故而近年来,一些国外归来的侨胞、远离家乡的游子,来到杭州,也常点食这道名菜,寄托自己的情思。

二、宁帮菜当家品牌

宁波风味包括浙东沿海地区的地方风味。以海鲜为常用原料,注重原汁原味,讲究鲜嫩、香糯、软滑,由于爱用雪里蕻咸菜和苔菜作辅料,菜味大多咸里带鲜,形成一种鲜咸合一的特殊风味。宁波菜不仅在浙江各地有影响,而且很早就进入上海,成为上海菜的重要一支。1956 年宁波城隍庙烹饪献艺盛会,评出"宁波十大名菜",冰糖甲鱼、锅烧河鳗、腐皮包黄鱼、苔菜小方烤、火踵全鸡、荷叶粉蒸肉、彩熘全黄鱼、网油包鹅肝、黄鱼鱼肚、苔菜拖黄鱼榜上有名。

冰糖甲鱼 "冰糖甲鱼"另一别称为"独占鳌头",是十大名菜之首,也是正宗宁波菜馆"状元楼"的看家菜。此菜色泽明亮,原汁原味,香甜酸咸,绵糯润口,风味独特。此菜是一种滋补品,甲鱼与冰糖同炖,具有滋阴、调中、补虚、益气、祛热等功能。

说起此菜,还有一段耐人寻味的故事。在两百多年前的清代,"状元楼"是宁波最大和最有名气的菜馆,但开业时此店并不叫状元楼。据说,一日,有两个秀才进京赶考,前来此店饮酒,要吃"独占鳌头"一菜,店家捧出一碗"冰糖甲鱼"。两个秀才吃后,觉得非常满意。此菜不但色、香、味、形俱佳,而且还有独特的宁波地方风味。他俩美滋滋地饱餐一顿,然后继续进京赶考。结果一个得中状元,一个考上探花。自此以后,店名遂改为"状元楼"。

锅烧河鳗 宁波多江河湖泊,所产河鳗甚多。在本地江河湖泊所产者,俗称"本塘河鳗",更是鳗中之珍品,肥壮、背黑、肚白、嘴小、头大。锅烧河鳗,又以剔骨锅烧河鳗最为著名。此菜需用本塘河鳗,烧制要有高超技术。首先,将半公斤左右大的河鳗去内脏,蒸得烂熟。这时,富含脂肪的鳗皮已呈半透明蝉翼状,将鳗骨剔出,再放到锅内红烧,并且鳗皮不能有破损。锅烧河鳗的特点是,色泽黄亮,鳗肉鲜嫩,绵糯香醇,味鲜而略甜,汁浓有泡,是一道滋补名菜,佐酒极品。

苔菜小方烤 苔菜小方烤选料和制作都比较简单。将薄皮五花肋条猪肉切成小块放入油锅,同时加入黄酒、酱油、红腐乳卤及白糖等佐料,先以小火煮片刻,然后用旺火收卤汁,放置盆内待用;选取本地产苔菜若干,将苔菜扯松,剪成一寸多长,放入油锅速炸至酥,立即捞起盖在肉上,再撒上少许白糖即可。

猪条肉营养丰富,精肥相间,味道鲜香软糯;苔菜色泽翠绿,香气扑鼻,味道鲜美,令人食欲大开。此菜颜色红绿相间,酥糯相济、鲜香相配、咸甜相共,别具风味,富有宁波地方特色,且价廉物美,很受食客的欢迎。

雪菜大黄鱼 雪菜大黄鱼,又叫"雪菜大汤黄鱼",是一道家常名菜,虽未列入十大名菜,却着实是宁波菜的代表。大黄鱼肉嫩味鲜少骨,自古有"琐碎金鳞软玉膏"之誉。雪里蕻咸菜,质地脆嫩、鲜美可口,有一种特殊的鲜香味。以这两种为主料烧制的雪菜大黄鱼,具有鱼肉嫩、菜香浓、清口鲜洁、营养丰富的特点,备受食客青睐。

雪菜大黄鱼的选料和制作都十分讲究。选取新鲜大黄鱼,洗净后在背部两面肉厚处用刀略划几个口子,用本地种植的雪里蕻腌制的咸菜切成末,冬笋切成薄片,备用。然后,将大黄鱼用油煎至两面稍黄,烹入黄酒,加盖焖片刻后,加水、姜,放入雪菜、笋片以及食盐,用猛火烧沸后,再用小火烧数分钟,待汤汁呈乳白色时,撒些葱末,即可装碗,把汤汁倒入碗内即可。

三、绍兴菜当家品牌

绍兴风味以烹制河鲜、家禽见长,有浓郁的江南水乡风味,用绍兴酒糟烹制的糟菜、豆腐菜又充满酒乡田园气息。讲究香糯酥绵,鲜咸入味,轻油忌辣,汁浓味重,且因多用绍酒烹制,菜肴醇香隽永。著名的绍菜有:干菜焖肉、白鲞扣鸡、糟熘虾仁、鲞鱼烧豆腐、清汤鱼圆、豆豉烧鱼、绍虾球、红乳卤蒸笋鸡、糟熘鱼白等。

清汤越鸡 "清汤越鸡"系用绍兴著名特产"越鸡"烹制成肴。绍兴曾是春秋时期越国的故都,越王台就建于卧龙山东侧(今府山)。相传,越鸡原先是专供帝王后妃观赏玩乐的花鸡,后外流于民间,经精心饲养,纯种繁殖,日饮两泉之水(即卧龙山东侧的泰清里附近的"龙山"、"蒙泉"两泉),捕食山麓虫豸,逐成为优良的食用鸡种,民间多用它清炖而食。据传,清乾隆皇帝广游江南,巡至绍兴偏门外,时值当午,腹感饥饿,步入一村民家中,求便饭一饱。乡妇见是远方来客,即宰鸡一只,装入大碗,端放在饭架上,待水沸饭熟,鸡也炖熟。酱油蘸鸡,咬骨吸髓,喝尽汤汁,乾隆吃得津津有味,赞不绝口。回京后,还念念不忘。1933年10月柳亚子夫妇南下来到绍兴,品尝后将"清汤越鸡"的特点概括为八个字:"皮薄、肉嫩、骨松、汤鲜"。现在,这道名菜几经绍兴厨师的改进,加上火腿、香菇、笋片作辅料,更具特色。鸡取用整只嫩母鸡,配以火腿片、笋片、香菇、绍酒等佐料清炖而成。鸡肉白嫩,骨松脆,汤清鲜。

干菜焖肉 干菜焖肉是绍兴最有代表性、最富文化内涵的菜肴,也是广受游客钟情的特色菜。绍兴霉干菜是著名的特产,绍兴人日常食用,可算得上绍兴饮食文化的象征物。"干菜焖肉"原是当地农村妇女烹制的家常菜。民国初年,绍兴菜馆用干菜和肋条肉加调味料制成菜肴,香味浓郁,肥而不腻,鲜美可口,吸引了大批食客,使它成为绍兴城里一款著名的菜肴。

制作干菜焖肉,一是原料必须正宗而且质量好,干菜以新鲜和嫩者为好,猪肉以肥瘦兼有的五花肉最理想。猪肉切成块状,干菜切成短短的小条(可以根据自己的喜好切得很短,甚至成末状)。传统做法是在碗内铺一层干菜后再放一层猪肉,然后上面再来一层干菜、一层肉,装满放好为止,适当加上少许白糖和料酒即可上笼水蒸,直至肉酥。这种方法效果很好,但费时,成本也较高。现在人们一般改用煮和蒸相结合的办法,效果不错。在干菜和猪肉按需要切好后,混放入锅内,加水将原料全部浸没,然后用旺火将水烧开后改用文火。烧至水干,发出香味,盛入碗中再用水蒸,肉变红,干菜变酥即成。此菜特点:干菜乌黑,鲜嫩清香,略带甜味,肉色红亮,越蒸越糯,富有黏汁,肥而不腻。

白鲞扣鸡 "白鲞扣鸡"是绍兴民间的传统佳肴。"白鲞",即用大黄鱼加工制成的咸干品,味鲜美、肉结实,为名贵海产品,中医认为其味甘、性平,可开胃、消食、健脾、补虚。"越鸡",为绍兴历史贡品、名特产,鲜嫩肥美,中医认为其味甘、性温,可温中益气、补精添髓,白鲞与越鸡配伍,同蒸成肴,可谓锦上添花,其味更胜一筹,两物均具滋补之功,加之新鲜,咸鲜互补,两味渗合,鸡有鲞香,鲞有鸡鲜,咸鲜入味,香醇清口,富有回味,不愧为肴中之珍品,绍兴"咸鲜合一"风味的典型代表。

将熟鸡脯肉切成均等的长方块12块。鸡翅膀切成6块。白鲞切成10块,每块长2厘米、宽1厘米,剩余部分切成小方块。备中碗一只,用花椒和葱姜5克垫底,把鸡脯肉依次摆碗的中间,白鲞放在鸡肉两侧,然后将鸡翅肉与剩下的白鲞块放上,加入绍酒、原鸡汁汤,上笼屉蒸至白鲞肉熟透,出笼扣在汤盘中。拣去葱姜、花椒,放入味精和烧沸的原鸡汁汤,淋上熟鸡油即成。

糟熘虾仁 绍酒既是上乘饮品,又是调味佳品,酒糟是黄酒酿造中的副产品,其味醇厚、异香,以酒糟调味烹制食物,历史悠久,风味独特。"糟熘虾仁"选用鉴湖所产的青壳大河虾,现挤现烹,糟汁调味,滑溜成菜,虾仁洁白、鲜嫩,糟香诱人食欲。

将酒糟放入碗内,加清汤搅匀,滤去糟渣,加入精盐、味精、白糖和湿淀粉调匀。炒锅置旺火上,滑锅后,加入油至三成油温时,投入浆虾仁滑油至断生,捞起沥油,炒锅留底油回置火上,投入葱段炝锅,烹入绍酒,倒入糟汁,拣去葱段,淋入亮油,放入虾仁,用勺推匀,起锅盛入浅羹盘中,撒上葱丝即可。

四、温州"瓯菜"当家品牌

温州古称"瓯",地处浙南沿海,当地居民的语言、风俗和饮食起居等方面都自成一体,素以"东瓯名镇"著称。"瓯菜"以海鲜入馔为主,口味清鲜,淡而不薄,烹调讲究"二轻一重"(轻油、轻芡、重刀工),代表菜有三丝敲鱼、爆墨鱼花、锦绣鱼丝、马铃黄鱼、双味蝤蛑、橘络鱼脑、蒜子鱼皮、五味煎蟹、雪丽红梅、大汤鱼脯、蟹黄扒鱼翅等。

三丝敲鱼 三丝敲鱼是温州民间传统佳肴,相传已有百余年历史,每当逢年过节或亲朋相聚,主人们总要用特制的小木槌敲几张"敲鱼",烧一碗热腾腾的敲鱼菜款待客人。

温州人家家户户几乎都会做敲鱼,而且非常讲究。过去都选用黄鱼来制作,而今因其价格昂贵,所以采用大的、刺少、肉厚细嫩的鮸鱼代替。其做法是先把鮸鱼对剖分成两片,拆去头、尾、脊背并去皮,先在砧板上抹上一些干淀粉,鱼片也滚上淀粉,然后放在砧板上用木槌敲烂,边敲边撒干淀粉,经常翻身防止鱼肉粘在砧板上,直至敲成薄饼大小,再用开水烫熟,过冷水漂凉,拿出对切,再顶刀切成1厘米多宽的长条状。"三丝"是用鸡脯肉、火腿、香菇切成的细丝。配上三丝,菜心几根,再加鸡汤、盐、味精、鸡油、绍酒精心调制,便成了滑爽、崩脆、细腻鲜甜的三丝敲鱼了。

将敲鱼和"三丝"加清汤烹制而成,故称"三丝敲鱼"。该菜汤清味醇,鲜嫩爽滑,独具风味。品味再三,发觉作料中的诸般滋味已尽在其间:甜中透辣、辣里溢香、香中渗鲜、鲜里含酸、酸中有咸、咸里带甜……简直妙不可言。

爆墨鱼花　温州人以墨鱼作原料,能制作很多菜肴,以爆墨鱼花最有特色。墨鱼肉剞花刀,烧熟后片片墨鱼卷曲成麦穗状,造型美观,色泽洁白,卤汁紧收,脆嫩爽口。没有深厚的刀功,难以发挥特色,是一道刀工、火候并重的名肴。

将墨鱼肉剞上麦穗花刀,再切成长5厘米、宽2.5厘米的长方块。取小碗一只,放入精盐、绍酒、胡椒粉、味精、白汤和湿淀粉,调成芡汁。将墨鱼入沸水一氽捞出,然后,取炒锅置灶上,添熟猪油烧至七成热时,将墨鱼油爆,然后取出沥油,原锅留底油下入蒜末、葱末、姜末,煸出香味倒进墨鱼,烹入芡汁,快速翻炒卤汁紧包墨鱼即成。

双味蝤蛑　蝤蛑是温州民间对当地青蟹的习惯称呼。蝤蛑栖息于温暖而盐度较低的浅海,体呈椭圆形,青绿色,头胸甲短而宽,肉质细嫩腴美,是蟹类中的上品。该菜选用9、10月间出产的蝤蛑,以清蒸和锅贴两种烹调技法制成,形态活泼,色彩艳丽,一菜双味,肉如膏脂,鲜美异常,辅以米醋佐食更佳。

将海鳗肉剁成泥,加入精盐和清水,搅打上劲,加鸡蛋清、味精打透。炒锅置中火,下入熟猪油、葱末、姜末、蟹肉煸炒,再加入精盐、绍酒、味精和醋,炒透盛起,待用。将熟猪肥膘切成圆形片,逐片用刀跟戳几个洞,然后,取一盘,撒上干淀粉,用鸡蛋清和干淀粉调成糊,放入猪肥膘片,挂匀后摊放在盘中。将炒好的蟹肉分放在肥膘上,再用鱼茸覆盖,缀上蟹黄、香菜叶。将炒锅烧热,下入熟猪油润遍锅底,将蟹饼排列在锅内,置小火上煎至肥膘结壳,加入冷油,把鱼茸淹没,慢慢煎熟,去尾油,再煎至底部金黄取出。将蝤蛑洗净,揭盖去腮及沙袋,清洗后放在盘中,加入葱结、姜片,洒上绍酒,上蒸笼用旺火蒸熟。把清蒸蝤蛑斩去脚尖,每只切成8份,螯足拍裂,按蟹的原形装在腰盘的两端,放上原蟹盖,蟹饼排列在盘的中央,间隙处衬以香菜、姜丝。

蒜子鱼皮　鱼皮即鲨鱼皮。《本草纲目》中李时珍说:"其皮刮治去沙,剪作鲋,为食品美味,食之益人。"有"解诸鱼毒、杀虫、愈虚劳"之功能。蒜子鱼皮即以鱼皮为主料,加大蒜烹制而成,具有蒜香浓郁、鱼皮软糯、味道鲜美之特色,为温州民众推崇的酒席大菜之首。

将水发鱼皮切成长方形的厚片,投入沸水锅中煮3分钟,转锅换水再煮3分钟,捞起沥净水;将炒锅置中火上,下入熟猪油,烧至七成热,投入葱段、姜片煸香,舀入白汤和黄酒,下入鱼皮滚烧5分钟捞出,拣去葱段、姜片;将炒锅置小火上,下入熟猪油,放进蒜瓣慢慢熬软,滗出部分油待用;炒锅中投入葱、姜末,改用旺火,烹入黄酒,加酱、肉卤、白糖、胡椒粉、清汤,放进鱼皮,烧沸后,改用小火焖10分钟;再转为旺火,加味精,用湿淀粉勾芡,淋上蒜油推匀,装盘即成。

思考与讨论

1. 结合浙江饮食文化的历程谈谈浙江历史发展的轨迹。
2. 列出你所熟悉的浙江名菜。

参考文献

[1]金普森,陈剩勇.浙江通史[M].杭州:浙江人民出版社,2005.

[2]佘德余.浙江文化简史[M].北京:人民出版社,2006.

[3]滕複,叶建华,徐建春,等.浙江文化史[M].杭州:浙江人民出版社,1992.

[4]张荷.吴越文化[M].沈阳:辽宁教育出版社,1996.

[5]方杰.越国文化[M].上海:上海科学出版社,1998.

[6]王旭烽.走读浙江[M].杭州:浙江大学出版社,2004.

[7]陈坚.浙江现代文学百家[M].杭州:浙江人民出版社,1988.

[8]张慧禾.古代杭州小说研究[M].杭州:浙江大学出版社,2007.

[9]袁行霈:中国文学史[M].北京:高等教育出版社,1999.

[10]浙江人民出版社.浙江风物志[M].杭州:浙江人民出版社,1985.

[11]董平.浙江思想学术史[M].北京:中国社会科学出版社,2005.

[12]管敏义.浙东学术史[M].上海:华东师范大学出版社,1993.

[13]王凤贤,丁国顺.浙东学派研究[M].杭州:浙江人民出版社,1993.

[14]钱茂伟.明代史学的历程[M].北京:社会科学文献出版社,2003.

[15]佘德余.越中曲派研究[M].北京:中国文联出版社,2000.

[16]中国戏曲志浙江卷编委会.中国戏曲志(浙江卷)[M].北京:文化艺术出版社,1997.

[17]徐宏图.浙江戏曲史话[M].杭州:浙江古籍出版社,2002.

[18]杨仁恺.中国书画[M].上海:上海古籍出版社,2003.

[19]叶大兵.浙江民俗[M].兰州:甘肃人民出版社,2003.

[20]浙江省民间文艺家协会.浙江民俗大观[M].北京:当代中国出版社,1998.

[21]中国民间文学集成浙江卷编委会.中国民间故事集成(浙江卷)[M].北京:文化艺术出版社,1997.

[22]蔡敏华.浙江旅游文化[M].杭州:浙江大学出版社,2005.

[23]王明煊,胡定鹏.中国旅游文化[M].杭州:浙江大学出版社,1998.

[24]应舍法.名山·名水·名城·名窟[M].杭州:浙江人民出版社,2006.

[25]香港中国旅游出版社.游走浙江[M].汕头:汕头大学出版社,2008.

[26]曲铁华.中国教育发展史纲[M].哈尔滨:东北师范大学出版社,2006.

[27] 张彬.浙江教育史[M].杭州：浙江教育出版社,2006.

[28] 邵祖德,张彬.浙江教育简志[M].杭州：浙江人民出版社,1988.

[29] 张彬.从浙江看中国教育近代化[M].广州：广东教育出版社,1996.

[30] 王炳照.中国古代书院[M].北京：商务印书馆,1998.

[31] 谢恩光.浙江教育名人[M].杭州：浙江教育出版社,1994.

[32] 陈永昊,余连祥,张传峰.中国丝绸文化[M].杭州：浙江摄影出版社,1995.

[33] 刘克祥.蚕桑丝绸史话[M].北京：中国大百科全书出版社,2000.

[34] 杨楠.良渚文化与中国文明[J].中原文物,2002(2).

[35] 王慕民.河姆渡文化新论：海峡两岸河姆渡文化学术研讨会论文集[C].北京：海洋出版社,2002.

[36] 姚国坤,朱红缨,姚作为.饮茶习俗[M].北京：中国农业出版社,2003.

[37] 毛祖法,梁月荣.浙江茶叶[M].北京：中国农业科学技术出版社,2006.

[38] 卿希泰.中国道教史[M].成都：四川人民出版社,1996.

[39] 詹石窗,盖建民.中国宗教通论[M].北京：高等教育出版社,2006.

[40] 任继愈.中国佛教史[M].北京：中国社会科学出版社,1988.

[41] 陈荣富.浙江佛教史[M].北京：华夏出版社 2001.

[42] 金宜久.伊斯兰教史[M].南京：江苏人民出版社,2006.

[43] 顾长声.传教士与近代中国[M].上海：上海人民出版社,1981.

[44] 李永鑫.胆剑精神文集[M].浙江绍兴市社联编印,2005.

[45] 邓广铭.岳飞传[M].北京：人民出版社,1983.

[46] 镇海口海防历史遗迹领导小组编.中法战争镇海之役 110 周年学术研究会论文集[C].北京：人民出版社,1996.

[47] 浙江省饮食服务公司.中国名菜谱·浙江风味[M].北京：中国财政经济出版社,1988.

[48] 何宏.中外饮食文化[M].北京：北京大学出版社,2005.

[49] 戴宁.杭州菜谱[M].杭州：浙江科学技术出版社,1988.

[50] 戴宁,林正秋.浙江美食文化[M].杭州：杭州出版社,1998.

[51] 盛钟健.浙江省文学志[M].北京：中华书局,2001.

[52] 王嘉良.浙江世纪文学史[M].北京：中国社会科学出版社,2000.

后 记

　　地方文化表现当地社会历史发展的轨迹,是一个地方社会发展进程的具体体现。一个地区人民的凝聚力来自广大人民对本地区文化的认同感与自豪感。浙江山清水秀,人文荟萃。千百年来,特有的地理环境和生产生活方式,历史上多次的文化交融,造就了灿烂辉煌、底蕴浑厚的浙江文化传统。从史前河姆渡、良渚文化,到大禹治水、句践图治;从南宋定都,风云际会,到五四潮起,群英领袖;再到改革开放,"走在前列",浙江文化世代传衍,历久弥新,始终显示出强大的生命力。继承与传播浙江文化,就是要通过对浙江历史文化的解读与当下现实发展的有机结合,提升浙江人民的文化自豪感和责任感,达到增强文化凝聚力的作用。

　　与此同时,也应该看到,浙江有着丰富的历史文化资源和源远流长的文化传统,是名副其实的文化资源大省。但文化资源大省不等于文化强省,全省文化生产力的发展与浙江文化的丰富资源尚有距离。要让文化资源发挥作用,复兴传统文化,发展文化产业,建设文化强省,必须在人才培养上实现创新,充分发掘历史文化资源,最大限度地提升现有文化层次和文化品位,提高浙江文化的整体竞争力和辐射力。因此,在浙江高校课程设置中渗透浙江文化以及浙江人文精神,是培养浙江经济建设人才的需要,是浙江文化产业发展的需要,是浙江社会长远发展的需要。今天的学科知识,就是明天的生产力。有理由相信,这一教学实践,终将促进浙江文化有机地转化为能动的经济创造力、巨大的社会凝聚力、核心的文化竞争力。

　　在省内高校开设浙江文化地方特色课程,把浙江文化的优良传统与建设浙江文化的使命感渗透到人才培养的过程之中,更实际、更有效、更深入、更长远地把浙江省情、民情的教育贯穿到高等教育之中,早在多年前就为智者所谋,并付诸行动。浙江师范大学、绍兴文理学院、台州学院等高校都有开设此类相近课程的尝试,效果良好。

　　为配合浙江文化课程的开设,编写一部水平较高又适应教学的教材,亦在两年前全省汉语言文学专业学科建设联谊会上就为部分学者、专家倡议,尔后也在相关场合得到许多高校教师的共鸣。近期,浙江工商大学、浙江工业大学、杭州电子科技大学、浙江师范大学、浙江财经学院、中国计量学院、浙江科技学院、浙江旅游职业学院等高校有关院(系)相与协商,决定共谋此举。当这一计划开始实施时,浙江省教育厅、浙江工商大学的有关领导表示赞赏,并给予了充分支持,浙江工商大学出版社亦愿鼎力相助。这都使教材的编写成为可能，也让编撰者感受到了一份责任。2008年初，由省内十余所高校近二十名教师参加的编委会成立。经过将近一年的努力，这部三十余万字的《浙江文化教程》终于告成。

本书各章节的执笔人如下：

导论，由罗昌智（浙江工商大学）执笔。

第一章"浙江文化的历史生成"，由王丽梅（浙江工商大学）执笔。

第二章"浙江农业文化"，由李玉娥（浙江工商大学）执笔。

第三章"浙江科技文化"，由阮小波（浙江科技学院）和罗昌智共同执笔。

第四章"浙江商业文化"，由姚红（浙江财经学院）、谭耀炬（浙江财经学院）、韩欣悦（浙江大学）共同执笔。

第五章"浙江思想文化"，由罗昌智执笔。

第六章"浙江艺术文化"，第一节"风骚独领的文学艺术"由张慧禾（杭州电子科技大学）执笔；第二节"才艺兼融的书画艺术"由罗昌智执笔；第三节"别成一景的建筑艺术"由张晓玥（浙江工业大学）执笔；第四节"弦歌不绝的戏剧艺术"由张晓玥和李蓉（浙江工商大学）共同执笔；第五节"走向繁荣的影视艺术"由叶志良（浙江师范大学）执笔。

第七章"浙江民俗文化"，由聂付生（浙江工商大学）执笔。

第八章"浙江旅游文化"，第一节"悠久的江南山水文化"、第二节"浙江风景名胜与文博古迹"由赵素文（中国计量学院）执笔；第三节"杭州——'世界上最美丽华贵之城'"由珊丹（中国计量学院）执笔。

第九章"浙江教育文化"，第一节"民间'私学'与教育传统"、第二节"誉满神州的江南书院"由张慧禾执笔；第三节"近现代'官学'与教育转型"由罗昌智执笔。

第十章"浙江宗教文化"，由舒仕斌（杭州电子科技大学）执笔。

第十一章"浙江军事文化"，由方坚铭（浙江工业大学）执笔。

第十二章"浙江饮食文化"，由何宏（浙江旅游职业学院）执笔。

全书经由特邀顾问徐斌教授审阅，最后由罗昌智统稿、改定。在本书的写作过程中，曾受益于许多学界前辈与大师有关浙江历史文化的著述和典籍，编撰者在注释与参考文献中都尽量予以注明，若有疏漏，恭请谅宥。书中部分图片引自网络，供教学参考之用，在此感谢原作者。因为是多人合作的成果，难免在体例、文字风格等方面磨合不够，瑕疵多见；在内容上也难免存有谬误，敬请批评指正。

罗昌智

2008年12月10日于杭州